CEO EXCELLENCE

The Six Mindsets That Distinguish the Best Leaders from the Rest

Carolyn Dewar, Scott Keller, and Vikram Malhotra

キャロリン・デュワー、スコット・ケラー、ヴィクラム・マルホトラ

マッキンゼー CEOエクセレンス

一流経営者の要件

マッキンゼー・アンド・カンパニー・ジャパン
シニアパートナー・CEOエクセレンスグループ 監訳

尼丁千津子 訳

早川書房

マッキンゼー　CEOエクセレンス

——一流経営者の要件

CEO EXCELLENCE
The Six Mindsets That Distinguish the Best Leaders from the Rest
by
Carolyn Dewar, Scott Keller, and Vikram Malhotra

Japanese edition supervised by
Mckinsey & Company, Inc., Japan,
Senior Partner CEO Excellence Group
Translated by
Chizuko Amacho
First published 2022 in Japan by
Hayakawa Publishing, Inc.
This book is published in Japan by
arrangement with
the original publisher, Scribner, a Division of Simon & Schuster, Inc.
through Japan Uni Agency, Inc., Tokyo.

装幀／早川書房デザイン室

トーマス、グレイ、イブニング・ツェグレディ
フィオナ、ラクラン、ジャクソン、カムデン・ケラー
メアリー、マルー、デバン、ニック・マルホトラ

そして

私たちにエクセレンスを探求しつづける機会をくれた、
マッキンゼー・アンド・カンパニーのパートナーと同僚たちに本書を捧げる

目次

※訳者による註は小さめの（　）で示した。

『マッキンゼー　CEOエクセレンス』日本語訳版を発刊するにあたって

マッキンゼー・アンド・カンパニー・ジャパン
シニアパートナー・CEOエクセレンスグループ

マッキンゼー・アンド・カンパニーは、一九二六年にアメリカ合衆国で設立以来約一世紀、初のアジア拠点として一九七一年に日本オフィスを開設して半世紀を迎えている。現在世界六七カ国一三三拠点にわたり活動しているが、いずれの時代・地域においても、もっともCEOの近くで共に経営課題の解決に取り組んできたファームであることは間違いないであろう。

我々マッキンゼーのシニアパートナーは、世界中で日々CEOカウンセラーとして、マクロからミクロまでのさまざまな知識や知見の蓄積、企業価値を最大化するガバナンスやポートフォリオ戦略の考察、課題解決を導く先進的なフレームワークや手法の開発、実際のイノベーションの実現や利益創出および組織変革に邁進している。そして、それらに加えて、CEOのとるべきリーダーシップや行動様式のアドバイスや提言も日常的に行う必要があるため、常に先回りをして考え動きCEOや経営陣にとって有用な存在であるべく研鑽をしている。

そのなかで、大方のＣＥＯが一生に一度の大役を果たされる一方で、我々は職業柄、さまざまな国や産業にわたる多くの企業の多くのＣＥＯについて、その最初から最後までの成功や失敗を、何度も繰り返し見ることとなる。そこには、必然として成功する企業や成功するＣＥＯの共通項が集合知として集約されるが、他方、対面する各企業・各ＣＥＯのそれらとの乖離やばらつきもはっきりと見えてしまう。そして、特に日本においては、各企業や各ＣＥＯ個人による無手勝流経営が多いことが否めないことも、率直な感想として持っている。社長・ＣＥＯ職の使命や役割、そして要件の正確な理解と適切な行動がなされることで、日本企業にはまだまだ相当な発展の余地が残されており、その改善と進化は日本経済に残されている大きな鉱脈であるとさえ認識している。

世界的には、感染症パンデミック、地政学不安、エネルギー保障、異常気象、食糧危機、脱炭素、インフレ等々、国内的にも、円安、物価高・コスト高、少子高齢化、財政危機、インフラ老朽化、低労働生産性、デジタルシフト等々、事業や経営を左右するベースとなる前提の多くが、同時多発的に未曾有の変化に直面しており、過去百年を見ても最大の変曲点を迎えている。

すなわち、企業経営においては、会社の方向性を定め、それに則した戦略を構築し組織を別の方向に動かしていくといったことが極めて重要になる局面となっており、これまでの現場主導型の経営から、ＣＥＯが方向転換をリードする時代に差し掛かっている。ＣＥＯという役職のフルポテンシャルにまだまだ改善の余地がある日本では、より飛躍的にＣＥＯ力を向上させる必要に迫られているが、この高難度な経営が求められる局面でＣＥＯ職の責務を果たすためには、従前とは比較にならないほど、その役割に求められる全ての要素において高いレベルでＣＥＯとしてのトレーニングがなされ、同時に自らも必死に成長を遂げていく必要がある。

本書は、上述の通り、経営者・ＣＥＯの卓越したリーダーシップ、すなわち「ＣＥＯエクセレンス」こそが未来を左右する時代と捉え、マッキンゼーのこれまでの経験と分析に基づき、リーダーとして最高最大のパフォーマンスを発揮するための一流のマインドセットと行動様式について、その要素を突き止め言語化したものである。持続的で包摂的な未来世界の形成を共に実現すべく、ＣＥＯカウンセラーとして、日本の全ＣＥＯに伝えたい「ＣＥＯエクセレンス」の奥義として本書を上梓する。

最後に、極めて広範で難解なＣＥＯの責務をコンパクトに凝縮したものとするため、本書は一つ一つの文言にこだわって執筆・翻訳されたものであり、読者におかれては、深く丁寧にご自身の解釈も入れながら読み進んでいただくことを強くおすすめしたい。また、本書はＣＥＯのみならず、同候補者やトップマネジメントを目指す人を想定して書かれたものであるが、内容としては、経営幹部・管理職・若手の社会人にいたるまで、あらゆるリーダーにとって有用なマインドセットと行動様式についての示唆を与えるものでもあると考えている。この点、我々はなるべく多くの高いアスピレーションをもったビジネスパーソンに本書をお届けし、読者がリーダーとして卓越した成長を遂げるための一助となることも期待している。

二〇二二年一一月

はじめに

卓越した才能は、決して偶然手に入るものではない
——アリストテレス

メリーランド州の海辺に佇《たたず》む、風光明媚な町セント・マイケルズ。そこではマッキンゼー・アンド・カンパニーが主催する、今年度のリーダーシップ・フォーラムが行われている最中だった。会場には、近々最高経営責任者《ＣＥＯ》に就任予定の三〇名が集まっていた。秋雨の中でのワークショップ初日の夜、司会のヴィック（本書の三名の共著者の一人でもある）が投げかけた次の興味深い問いかけに、みな一斉に話を止めて注目した。「ＣＥＯの本来の役目とは何でしょう？」

それを受けて、一人目のゲストスピーカーである世界最大級テクノロジー企業の伝説のＣＥＯが、「私が自信を持ってみなさんに言えるのは、ＣＥＯの役割とは詰まるところ次の三つです……」と話しはじめた。そして、それらについて一つずつ掘り下げながら、わかりやすく説明した。説得力に満ちた講演だった。夜もふけて初日が終わると、みなこれまでの謎が一気に解けたようなすっきりした気分で会場をあとにした。

だが、それは長くは続かなかった。翌朝、グローバル金融サービス会社の元トップである次のゲストスピーカーが例のヴィックの質問に答えると、再びもやもやした気分に襲われた。いや、彼女が裏

づけとなる事例とともに理路整然と語った「CEOの三つの主な役割」は、どれも納得できるものばかりだった。ただ、昨夜のゲストスピーカーが挙げた三点とは、まったく違っていたのだ。そしてその夜、世界で最も名高い学術医療機関の一つでトップを務めた人物が、トリを飾る三番目のCEOスピーカーとして話した内容は……もう、おわかりだろう。前の二人とはまたしてもまったく異なる、「CEOの役割で最も重要な三つの点」だった。

翌朝、スコットとキャロリン（ともに本書の共著者）は、出席者たちが今後の参考にすべき最も重要なポイントをできるだけ簡潔にまとめて、ワークショップを締めくくった。その後、車で最寄りの主要空港へ向かう一時間半の間、私たち三名の共著者はゲストスピーカーたちがそれぞれ挙げた三点があまりに大きく異なっていたことについて話しあった。もし四人目のスピーカーがいたら、またしてもCEOのまったく違う役割が挙げられていただろう。ゲストスピーカーたちが挙げたアドバイスはどれも重要で役に立つものばかりだったが、全体としてはまとまりに欠けた内容になってしまったというのが、私たち三名全員の感想だった。

もやついた気分は、収まりそうになかった。CEOへのカウンセリングを日々行っている私たちマッキンゼーのシニアパートナーは、CEOがその役割をどう果たすかがいかに重要であるかをよくわかっている。上位二割に属する高パフォーマンスCEOが在職期間中に実現する「株主総利回り」（TRS）は、平均すると一般的なCEOの二・八倍強だ。もう少し具体的な例を挙げると、スタンダード《S》・アンド《&》・プアーズ《P》500インデックスファンドへ一〇〇〇ドルを投資した場合、それがその後一〇年にわたって従来の平均水準で成長すれば、一六〇〇ドルを若干下回る程度まで増えるだろう。一方、上位二割に属する高パフォーマンスCEOが率いる企業に同額を投資すれば、一万ドル以上に増やすことができるのだ。その差は非常に大きい[1]。

そのうえ、企業の業績を予測する判断材料としてのCEOの重要度は、今や二〇世紀半ば当時の倍以上だ。[2] この「CEOがもたらす影響」は、ますます不確実性が増し、将来の予測が困難な世界（VUCA）において、より一層重要性が高まるのは間違いなく、「企業とは株主の利益を生むためだけに存在するもの」というミルトン・フリードマンがつくりだした概念を大きく超えた「ステークホルダー資本主義」が広がりつつある。実際今日では、政府や慈善団体よりも企業の行動のほうが、環境、ヘルスケア、格差問題、人権といった社会問題に、より大きな影響を与えるとみられている。

空港に着く頃には、「CEOの本来の役目とは？」という例の問いかけへの決定的な答えを整理しよう、ということで私たち三名の意見はまとまった。その答えを手に入れるだけでも、参加しているCEOにとって極めて有益なはずだ。だが、そこからさらに踏み込んで、「ベストCEO」の働き方が他のCEOたちといかに異なっているのかと、その理由についても明らかにしたかった。そのためには、自身の役割を実に見事にこなしているCEOたちの、内面を深く探らなければならない。

この探索は、CEO本人のみならず、取締役会、投資家、従業員、監督機関、顧客、仕入先、地域社会といった、CEOを取り巻く多くのステークホルダーからも歓迎されるはずだというのが、私たちの共通の思いだった。というのも、ここ二〇年においては、「フォーチュン500」入りした企業のCEOの三割が就任から三年もたずに去っていき、しかもそれらの新CEOの五人に二人は就任後一年半以内に辞めている。[3] こうしたリーダーたちにとって、CEOに求められる役割とは何かを、ベストなCEOたちから集めた教えとともに示した入門書があれば、必ずや役立ったはずだ。

しかもあらゆる面で、CEOの仕事はますます大変になっている。今日のCEOたちは、従来の企業経営に比べてはるかに多くのことを推進しなければならない。たとえば、急激に加速しているデジタル変革に対応して、従業員の再訓練やサイバーセキュリティ問題に取り組まなければならない。しかも、今日のリーダーたちは、従業員がヘルス（健康）とウェル・ビーイング（満足）、ダイバーシティ（多様性）とインクルージョン（包括性）を感じられるかどうかに、これまで以上に配慮する必要がある。サステナビリティ（持続可能性）への関心、パーパス（社会における企業の存在意義・志）起点の組織を求める世間の声、幅広い社会問題に対して発言できるCEOへの期待は、どれも高まりつつある。リーダーたちはそうした声に耳を傾けるのみならず、ほんの数時間で（良くも悪くも）激しい感情を引き起こしかねないソーシャルメディアによる世間の詮索や行動への反響にも備えておかねばならないのだ。

その結果、CEOが心身ともに消耗して燃え尽きる恐れは、かつてないほど高くなっている。二〇〇〇年から二〇一九年にかけて、アメリカにおけるCEOの平均在職期間は一〇年から七年以下まで減少した。[4]また、世界的に見ると、同時期におけるCEOの離職率は、およそ一三パーセントから一八パーセント近くにまで増加した。[5]これはたとえ安定した経済環境下で利益が増加したときでさえ、トップが立ち向かわなければならない挑戦は計り知れないほど大きくなりうることを示している。そして、そうした点に加えてCEOたちが直面する現実について、ゼネラルモーターズ《GM》CEOメアリー・バーラ（四七三ページ参照）は次のように語っている。「CEOという立場は、思いのほか孤独です。それまでは配属先がどこであろうといつだってリーダーに相談してきたのに、CEOになったとたん、頼れる上司が一人もいなくなってしまうのです」

当然ながら、規模の大きな上場企業のCEOが直面している問題の大半は、中小企業の経営者や非営利団体の運営者といった、他のリーダーたちが抱えているものと実質的には大差ない。ゆえに、大企業を経営しているベストなCEOの知見は誰にとっても役立つだろうと、私たちは考えた。さらに、二〇一九年秋にマッキンゼーのウェブサイトに掲載されたスコットとキャロリンによるレポート

"The Mindsets and Practices of Excellent CEOs"（卓越したCEOのマインドセットと行動習慣）が評判を呼んだことで、その思いは確信に変わった。この記事はその年の同サイト内で最大級のアクセス数を稼ぎ、その後もベストテン入りしつづけている。

二一世紀のベストなCEOとは、いったい誰だろう？

トップレベルの高パフォーマンスCEOとは、いったいどういうものか？ そもそも企業の業績は、CEOにはどうにもできない要因に大きく左右されるのではないだろうか？ たしかに、そのとおりだ。実際、過去の研究開発投資、引き継いだ負債の水準、地域的なGDP成長率、それに業界動向といった、企業の財務的な成功を決定づける要因の半数以上はほぼ、現職CEOの力の及ぶ範囲外だ。だが裏を返せば、これは、結果に影響を与える要因のおよそ四五パーセントは、CEOという一人の人物の手に委ねられていることも意味している。[6] 私たちは、トップリーダーが影響を及ぼせる領域で目立った変革を起こしたCEOが誰なのかを突き止めたかった。

次の図が示すとおり、私たちはまず、この一五年の間に大手上場企業上位一〇〇〇社のいずれかでCEOを務めた人物全員のリストづくりから始めた。その数は二〇〇〇人を超えた。次に、在職期間に基づいてリストをふるいにかけ、CEOの役割を担っていた年数が六年未満の人をすべて外した。そうすることで、一貫して成功を収めた実績を持つ人物に徹底的に絞ることができた。その結果、リストには一〇〇〇人をわずかに下回るCEOが残った。さらに、CEOが影響を及ぼせる業績面に基づいて、リストを再びふるいにかけた。このとき、できるかぎり多くの外部要因を調整した。私たちは絶対的なリターンからさらに踏み込んで、在職期間中に実現した「超過TRS」（在職期間中の

高パフォーマンスＣＥＯ選出方法の概要

この15年間に、大手上場企業上位1000社のいずれかでCEOを務めた（注1）。

かつ、CEO在職期間が6年以上。

かつ、実現した「超過TRS」の順位で上位4割に入っている（注2）。

かつ、各種「ベストCEO」リストに入っている（注3）。

多様な業界、地域、性別、人種、株式所有構造（注4）を考慮して評価

＋54人　在職期間と実績、および／または評価の規定条件を満たしている。

計200人　21世紀のベストCEO

（注1）2020年3月時点の「フォーブスグローバル2000」の上位1000社。
（注2）在職期間中の「株主総利回り」（TRS）が同業他社をどれほど上回ったか。成長率は地域的な差を考慮して調整されている。
（注3）『フォーチュン』の「ビジネス界で最も影響力のある女性」、『バロンズ』の「トップ30CEO」、『ハーバード・ビジネス・レビュー』の「トップ100CEO」、『CEOワールド』の「最も影響力のあるCEO」、『フォーブス』の「アメリカで最も革新的なリーダー100人」より。
（注4）株式所有構造の例には、公開、非公開、同族所有、非営利などがある。

「株主総利回り〔TRS〕」〈地域的な成長率の差を考慮した調整後TRS〉が同業他社をどれほど上回ったか）で上位四割に入っているCEOを選んだ。リストの人数は五二三名にまで絞り込まれた。

その後の検討では、各CEOの倫理的な振る舞い、従業員満足度、企業の環境的および社会的な影響度、サクセッションプラン（後継者育成計画）の堅牢さ、といった要因を考慮した。また、引退したCEOについては、退任後に事業が財務的に年々成長しつづけたかどうかも考慮に入れた。

こうした判断基準は『ハーバード・ビジネス・レビュー』誌の「トップ100CEO」、『バロンズ』誌の「トップ30CEO」、『CEOワールド』誌の「最も影

響力のあるCEO」、『フォーブス』誌の「アメリカで最も革新的なリーダー100人」、あるいは『フォーチュン』誌の「ビジネス界で最も影響力のある女性」といった、多くの既存の「ベストCEO」リストですでに取り入れられ、厳密な評価が行われているため、こうしたリストに少なくとも一度は登場していることを条件としたさらなる審査を行った結果、一四六名のCEOが残った。

だが、この集団には一つ問題があった。リストの中身が、ビジネス界であまりにも長く優位を占めつづけてきた白人男性に大きく偏っていたのだ。リスト内の女性は八パーセント、有色人種は一八パーセントにすぎなかった。しかも、アメリカが中心で、おまけに医療やエネルギーといった特定の産業のCEOが過小評価されているように見えた。それらは、グローバルに見た今日のビジネス界の状況を反映していなかった。それゆえ、実績や能力についてはあくまで高い判断基準を保ちつつ、過小評価されていると思われる産業でのベストなCEOをさらに探すことにした。たとえば、大企業上位一〇〇〇社に入っていなくても（とはいえ、何十億ドルもの収益がある、あるいは何千人もの従業員を抱えているという点からすれば十分大きな企業だが）、「超過TRS」での上位四割入りを実現しつつ、先頭に立って目覚ましい変革をもたらしたCEOもリストに加えている。

この新たな判断基準を導入したことで、女性CEOを四割近く増やせた。その中には、オランダのウォルターズ・クルワーを、デジタル化に出遅れた出版社から、世界中で二万人近い従業員を擁して五〇億ドル以上の収益を生み出す専門的ソリューション・ソフトフェアのトップ企業へと変革した、ナンシー・マッキンストリー（四四九ページ参照）も含まれている。マッキンストリーは『ハーバード・ビジネス・レビュー』の二〇一九年度の「トップ100CEO」で、女性として最高位だった。女性の場合と同様に、私たちが作成したリスト内の有色人種の数も、およそ三割増加した。その中の一人は、半導体会社やシステム会社を顧客とするケイデンス・デザイン・システムズを率いる、マレーシア生まれのリップブー・タン（四三五ページ参照）だ。社会が混乱していた時期に同社の経営を引き継いだタンは、顧客ファーストの姿勢と抜け目のない市場拡大戦略を通じて、二〇二〇年末までに同社の収益を二七億ドル近くにまで増やし、時価総額を三八倍以上の四〇〇億ドル近くにまで引き上げた。

さらに、各種産業や地域の構成バランスの調整を続ける中で、私たちが定めた実績や能力の基準を超えている非上場企業や非営利企業も見落とさないようにした。その結果リストに入ったCEOの中には、中東の非公開小売り巨大複合企業《コングロマリット》のマジドアルフッタイムを、顧客体験提供におけるグローバルな先駆者へと変革しているアラン・ベジャニ（四七一ページ参照）も含まれている。ベジャニがCEOに就任してから、マジドアルフッタイムは収益を六八億ドルから一〇〇億ドル近くにまで増やし、一六カ国で計四万人を超える従業員を抱えるまでになった。非営利医療機関クリーブランドクリニックのトビー・コスグローブ（四六五ページ参照）もリスト入りした。コスグローブは二〇〇四年には収益が三七億ドルの地域医療ネットワークだった同機関を、二〇一七年の退任時には収益が八五億ドルに達する屈指のグローバル医療システムへと成長させた。

最終的には五四名を新たに加えて、さまざまな業界、地域、性別、人種、株式所有構造からなる、ちょうど二〇〇名のCEOリストが完成した。作業を終えた私たちは、二一世紀の今の時代における「世界のベストCEO」リストとして納得のいくものができたと感じていた。驚くべきことに、同業他社のライバルたちよりも秀でたこの二〇〇名の集団がつくりだした時価総額を見積もったところ、およそ五兆ドルになった。これは、世界第三位の経済大国である日本のGDPとほぼ同じだ。

本調査の最終段階では、現実的なアプローチを取ることとした。統計学的には、最低六五名を調査することで（二〇〇名中）、全体についての信頼度九五パーセントの調査結果を得られることから、私たちは一年かけてその数のリーダーたちへの聞き取り調査を行った（付録2では、聞き取り調査に応じた全CEOの略歴を紹介している)。

では、私たちが選んだ優れたCEOとはどんな人々だろうか? 通常「ベストCEO」という言葉からすぐに思い浮かぶのは、ジェフ・ベゾス、ウォーレン・バフェット、マーク・ザッカーバーグ、イーロン・マスクといった、歯に衣を着せずに積極的に発言する創業者CEOを象徴する面々だろう。たしかに、彼らはさまざまな媒体で何度も取り上げられてきたし、この二〇〇名のリストにももちろん入っている。とはいえ、私たちは検討する中で、自社株を大量に所有していることでより自由に動ける創業者CEOは、あえて最小限にした。

リスト入りしたマイクロソフトCEOのサティア・ナデラ(四四六ページ参照)は、創業者ではない。このソフトウェア巨大企業に目覚ましい文化的な変革をもたらした立役者であるナデラは、思い切った手法で同社を成長させ、卓越した共感力で同社を率いた(その際には、脳性麻痺の息子を育てた経験から学んだことも生かしている)。資生堂の魚谷《うおたに》雅彦(四三二ページ参照)も、リストに入ったCEOの一人だ。一五〇年の歴史を持つこの日本の大手化粧品会社で初の外部出身CEOとなった魚谷は、従業員の自律性を促し、イノベーションを起こすことで同社を変革した。魚谷の手法は、彼の二〇年近くにわたる日本コカ・コーラ社長時代に、グローバル本社の五人の歴代CEOとの経験を通して学んだことから編み出されている。魚谷の在職中、日本はコカ・コーラにとって最も収益の高い地域になった。

マリリン・ヒューソン(四五五ページ参照)の謙虚さにあふれたリーダーシップスタイルは、九歳のときに父親が急死し、母親が一人で五人の子どもを育てなければならなくなったという境遇で培われたものだ。働きながら苦労して学校に通っていた頃のヒューソンは、自分がやがてロッキード・マーティンのCEOになり、その役目を担った自身が顧客ファースト戦略を通じて、世界最大の規模と影響力を有する軍需企業という同社の立場を不動のものにするなど、想像すらしていなかった。ゲイル・ケリー（四五三ページ参照）はジンバブエで教師、そして南アフリカで銀行の窓口係としてキャリアを積んでいたときに会得した、シンプルで現実的なリーダーシップスタイルを実践することで、オーストラリアで最も古い銀行であるウエストパックのCEOとして同行の現金収入を倍にし、モーニングスターの二〇一四年度「年間最優秀CEO」にも選ばれた。

リスト入りしたCEOはみな、独自の経歴と人生を辿って今日のような人物、そしてリーダーになった。そうした背景の違いにかかわらず彼ら全員に共通しているのは、CEOとして卓越した手腕を発揮したという点だ。私たちは聞き取り調査と分析を通じて、その理由と手法を明らかにすることができた。

ベストなCEOをそれ以外のCEOと分かつものは何か？

私たちは各CEOに、長時間の聞き取り調査を何回にも分けて行った。この聞き取り調査の目的は、単に情報を集めて整理することのみならず、こうしたリーダーたちが輝かしい実績を築くことが出来た理由について深い考察を引き出すことにあった。そうした奥深い知見を得るために、臨床心理学に由来するラダリングという聞き取り調査手法を用いた。これは、ストーリーを語る、挑発的な質問を投げかける、仮定の質問をする、ロールプレイングを行う、前の発言に戻って尋ねる、といったさまざまな聞き取り方法を駆使して、質問相手がなぜそういう意見を抱いているのか、なぜその行動をとったのか、といった潜在的理由について、複数の深層的な要因を明らかにしていく手法だ。

この取り組みでまずはっきりしたのは、セント・マイケルズで開催されたリーダーシップ・フォーラムでゲストスピーカーたちが話していた「三つ」のCEOの役割より、実際の責務ははるかに多か

CEOの6つの責務

ったことだ。今回の調査の結果、CEOが主に果たすべき「六つ」の責務が明らかになった。それらは**「方向を定める」**、**「組織を整合させる」**、**「リーダーを動かす」**、**「取締役会を引き入れる」**、**「ステークホルダーと連携する」**、**「自身のパフォーマンスを最大化する」**の六つである。また、これらの責務には、それぞれにより細分化されたサブカテゴリーの要素もあった。たとえば、「方向を定める」では、ビジョンを描く、戦略を決定する、経営リソースを配分するといったサブカテゴリーが含まれる。「組織を整合させる」では、企業文化、組織設計、人材強化といったことが関連してくる。他の四つも同様だった。CEOたちへの聞き取り調査を進めるにつれて、「CEOとして成功するためには、この六つの主要な責務と、それに関連するサブカテゴリーの要素のどれもが重要である」という、私たちの結論の正当性は幾度となく実証された。

この六つの責務はベストなＣＥＯに限られたものではなく、あくまでＣＥＯの仕事とは何たるかの全体像を説明したものだ。この分類結果を、聞き取り調査を行ったＣＥＯたちに初めて示したとき、反応が二つに分かれた。一方は非常に肯定的だった。マスターカードの前ＣＥＯで、現在は代表取締役会長を務めているアジェイ・バンガ（四七四ページ参照）は、「これは極めて優れたまとめ方です。ＣＥＯなら誰もが、自身の役割をまさにこのように捉えておくべきでしょう」と述べた。もう一方の反応も肯定的ではあったが、「これではあまりに多いので、もっと簡単にまとめられないものだろうか？」という思いが見て取れた。だが、そう感じたリーダーたちと、どの項目をリストから外せるか時間をかけて議論したところ、最終的には「この六つの責務とそれぞれのサブカテゴリー要素は、やはりどれも極めて重要で外せないね」という結論に全員達したのだった。

では、この六つの責務で、ベストなＣＥＯがそれ以外のＣＥＯと何が違うのかというと、六つそれぞれの責務への取り組みに対するマインドセットと、サブカテゴリー要素についての行動様式だ。イートンの前ＣＥＯサンディ・カトラー（四六四ページ参照）は、次のように語っている。「偉大なＣＥＯたちが、小さくまとまらずに大胆なゲームをすることを可能たらしめているのは、他のＣＥＯとは異なるマインドセットと行動様式にあります。特に私が言いたいのは、大した変化を生み出さないことには余計な時間を費やさずに自身の効果効率を最大限にすることに時間を使う、ＣＥＯにしかできないことに集中する、ということです」

私たちは調査の一環として、ベストなＣＥＯたちがこの六つの責務それぞれにかけた時間の割合が、在職中に変化したかどうかも調べた。時間の使い方には、何らかのパターンやサイクルがあったのだろうか？　たとえば、会社の方向決めや組織の再設計に費やした時間は、在職初期のほうがあとよりも多かったのだろうか？　さらに踏み込んで調べたかった私たちは、聞き取り調査を行ったＣＥＯたちに対して、「在職期間の最初の一年半」「最後の一年半」「それ以外の期間」において、六つの責務それぞれにつき、１００点の「重要度ポイント」を振り分けてもらうという課題にまで取り組んでもらった。

そうして得られたデータを詳しく分析したのだが、結局、明確なパターンは存在しないという結論に達した。ＣＥＯたちが六つの責務をどう優先づけるかは、特定のビジネス状況、そして各ＣＥＯの独自の能力と優先順位づけの複雑な相互作用によって決まることがわかった。そして、この調査で判明した最も重要な点は、取り組み方は各自異なるにもかかわらず、回答したＣＥＯはみな在職期間中のいずれの段階においても、この六つすべての責務に常に注意を怠っていなかったことだ。つまり、曲芸の皿回しに例えるならば、ベストなＣＥＯたちはこの六枚の「皿」を、外部や内部環境に応じていずれかを速くも遅くも回しつつ、常に六枚を同時に回しつづけているのだ。

最後に、私たちはベストなＣＥＯが在職していた期間中の同企業の業績を確認し、何らかのパターンに沿った長期的な波の上下があるかどうかを調べた。この調査を行ううえで、経営幹部に特化した人材紹介会社による過去の調査結果は事前に把握していた。それは「ＣＥＯの一年目は上々で、翌年は『二年目のジンクス』に嵌り、三年目から五年目は回復して好調、六年目から一〇年目（そこまで長く続けば）は気が緩んで油断し、そして引退を目前に控えた一一年目から一五年目は緊張感を取り戻して復活する、というパターンがある」というものだ。[7] これはすべてのＣＥＯを調査対象にした場合は正しいのかもしれないが、ベストなＣＥＯはそうしたパターンを示さないことが今回の調査から判明した。では、ベストなＣＥＯたちの場合はどうなのかというと、彼らは在職期間中、長期間持続する大きな価値を毎年のようにつくりだす。「勝つ」という意味を定期的に問い直し、自身の戦略を大胆な新手を繰り出して更新していくのだ。

これらの点を踏まえて、本書を六つの部に分けた。各部ではCEOが果たすべき六つの責務を一つずつ取り上げ、それぞれの責務においてベストなCEOと他のCEOを分かつマインドセットがどんなものなのかを探っていく。それらのマインドセットがいかにベストな行動習慣につながるかを、各部をそれぞれ三つの章に分けて深く掘り下げる。各章ではベストな行動習慣がどんなものであるかを学べるのみならず、ベストなCEOが実際どのようにしてそれを実践しているのかも知ることができる。本書の終盤では視点を少し変えて、CEOたちが自身の六つの責務をどのように優先づけているのか、そしてCEOの職務をいかにうまく前任から引き継いで、後任へ託すのかについて考察する。さらに、CEOの仕事が将来的にどう変化していくのかについても探っていく。

「CEOエクセレンスとは？」の答えはなぜ捉えにくいのか

すべての調査を終え、発見がまとまった現在において振り返ってみると、想像していた以上にとりわけ強く印象に残った点が三つある。それは、CEOという役職がいかに特殊なものであるか、CEOがいかに多くの矛盾に直面するか、そして、この役目を全うするためにはいかに膨大な量の仕事をこなさなければならないか、というチャレンジだ。

第一のチャレンジについては、私たちが話を聞いたCEOのほぼ全員が、大きな事業部門や機能部門を率いてきた経験が自身にはあるので、この役目を担うための準備は万端だと思っていたが、実際はまったくそうではなかったと語っていることだ。それは、損益を管理する、戦略を策定する、あるいはチームを率いる際のやり方が前の役職のときと著しく異なる、ということではない。彼らが戸惑ったチャレンジは、組織の中で唯一同僚が一人もいないこのトップの役職が、いかに孤独かということとだった。CEOは、すべてに対して責任がある。ストップ・アンド・ショップをはじめとする食品小売店を傘下に多数有する、アホールド・デレーズの前CEOディック・ボーア（四七〇ページ参照）は、次のように語っている。「たとえ事業部門や地域のトップに立ったとしても、あくまでチームの一員であり、同じような役目の同僚がいます。しかし、同じ企業であってもCEOになると、最終的にはすべて一人で決断しなければなりません。『これはどうしても無理です。なぜなら……』などとは言えません。絶対に。何があっても、もう誰のせいにもできないのです。すべて自分の責任ですから」

CEOの役目が孤独であることに続く、二つ目のより大きなチャレンジについて最も的確に言い表しているのは、パリを本拠地とするグローバルな自動車部品メーカーであるヴァレオのCEOジャック・アシェンブロワ（四七五ページ参照）の、「CEOの役目とは、ありとあらゆる矛盾の交差点のようなもの」という言葉だ。何度も議論をする中で、アシェンブロワが指摘する矛盾の全貌が明らかになっていった。具体的には、短期的な結果を出さなければならない一方で、長期的な成果をにらんだ投資もしなければならないこと。時間をかけてデータや情報を集めて分析しなければならない一方で、チャンスを逃さないために素早く動かなければならないこと。過去を尊重して継続性を生み出さなければならない一方で、将来に向けて破壊的なイノベーションを起こさねばならないこと。株主のために価値を最大化しなければならない一方で、他のステークホルダーにもプラスの影響をもたらさなければならないこと。そして、非情な決断を下せるほど強気でなければならない一方で、フィードバックをお願いする謙虚さも持ち合わせなければならないこと、などだ。「一流の知性を持ち合わせているか否かは、頭の中に二つの相反する考えを同時に持ち合わせていても、頭脳を問題なく機能させつづけられるかどうかで判断できる」というF・スコット・フィッツジェラルドの考察は、CEO

の役割をこなせるかどうかの判断基準としてぴったりくるものだと言えるのではないだろうか。このあとの章で詳しく取り上げるが、ベストなCEOはこうした明らかな矛盾に対して見事な折り合いをつけ、その双方をどちらもより強く満たす有益な結果を生み出していく。

だが、それは決して簡単ではないがゆえに、三つ目のチャレンジが発生する。それはCEOの肩にのしかかる六つの責務の大きな重みでも見てきたが、こなさなければならない仕事量の多さだ。周りからは、CEOという役職の仕事は、全体的な方向性決めと、さまざまな場でスピーチをする程度にしか思われていない。だが、現実はまったく違う。グローバルなスポーツウェアメーカーのアディダスでCEOを務めるカスパー・ローステッド（四四〇ページ参照）は、「この仕事の大半は、あらゆる未解決の問題に対処することです」と指摘している。CEOの効果効率を長年研究してきたスタンフォード大学教授ニコラス・ブルームが、「正直言って、ずっとする仕事です。私はやりたくありません。大企業のCEOになったら、週に一〇〇時間働かなければなりません。人生が仕事一色になります。週末がつぶれます。尋常でなくストレスがたまります。たしかに、非常に大きな特権を手に入れられます。しかし、それにはありとあらゆるものが付随してくるのです」と言うのも無理もない(8)。

このCEOの三つのチャレンジに対する理解が深まったことで、私たちが問いかけていた「世界で最も成功し最も影響力の大きい企業や機関のリーダーたちが、実際には何をしているのか？」、そしてさらに重要な「そういったリーダーは、なぜそうしたやり方をしているのか？」という疑問への決定的な答えに、より一層近づいた。

本書が他と一線を画しているわけは？

この一連の調査を行うにあたって、もしかしたら私たちの問いかけにはすでにどこかで答えが出されているのではないか、という疑問が生じた。そのため、私たちが今回企画したような内容の書籍を他に知っているかどうかを、CEOたちに尋ねた。その結果、我々のこの深掘り調査は先例のないものであると確認することができた。保険関連の専門的なサービスを提供するグローバルな企業エーオンのCEOグレッグ・ケース（四六七ページ参照）は、「CEOとして成功した人物がどんな方法で自身の役目をこなしていたかを、さまざまな業界や地域を対象にして長年にわたり調査分析を行い、体系立てられたパターンとして示した書籍ですか？　そうした調査がこれまで行われてこなかったというのはある意味信じがたいのですが、実際私は聞いたことがありません。そういった本があれば、非常に有益なものになります」と話している。

その一方で、学問の世界のどこかでこうした研究が行われているのではないか、とも私たちは考えた。そこで、CEOの役割について科学的手法を用いて分析した研究記録をできるかぎり探して、すべて確認した。最も古い記録は一九六〇年代後半に行われたカナダ人学者ヘンリー・ミンツバーグの研究で、数名のCEOに一週間ずつ同行してひたすら観察しつづけるというものだった。その報告によると、CEOには会社の顔、リーダー、調整役、監視役、宣伝役、広報担当、起業家、問題処理係、リソース配分係、交渉人という一〇の役割があるという。(9) このミンツバーグの研究は画期的ではあったが、既存の概念と実際との差を示すことに重点が置かれていて、ベストなCEOと他のCEOとの差を明確にしようとするものではなかった。その傾向は、年代にかかわらず他の研究でも見られた。たとえば最新のものでは、両者ともにハーバード大学教授であるニティン・ノーリアとマイケル・ポーターがCEOの時間の使い方について調査した優れた研究があるが、その中ではCEOの時間の使い方の効果効率や、ベストなCEOの時間の使い方が他とはどう違うのかについては掘り下げられていなかった。

それ以外のCEO研究の大半は、成功を収めたCEOの能力の特徴を調べるものだった。ハーバード大学、ペンシルベニア大学ウォートン校、世界経済フォーラム、フォーブス・コーチ・カウンシルといった機関、あるいは、ラッセル・レイノルズ、スペンサースチュアート、ghSMARTなどの、経営幹部に特化した人材紹介会社による調査は、たしかにみな独自の手法や視点はあるが、調査結果は総じて、CEOとして成功するためには人間関係構築力、レジリエンス（復元力）、リスクを厭わない姿勢、決断力、戦略的思考力といった能力が必要だというものだった。この調査結果は、CEOを目指している人にとっては、その椅子に辿り着くために役立つかもしれない。とはいえ、CEOになった人が自分は実際に何をすればこの役職をうまくこなせるのかを知りたい場合は、ほとんど参考にならないのだ。

一方、それらすべての研究で特筆すべきは、「成功を収めたCEOは、ハリウッド映画に出てくる典型的なCEOのように、みな人を動かしたりやる気を起こさせたりするカリスマ性に満ちている」という通説が誤りだと示された点だ。今回の一連の調査での経験から、私たちもその点に同意できる。もちろん、カリスマ性が大きいリーダーのほうが世間の注目を浴びやすいのは確かだが、私たちが聞き取り調査を行ったベストなCEOたちは、用意していた回答を読み上げるのではないどころかはるかに鋭い問いかけをしていたし、感動的なスピーチをすることはないが自らの行動自体でより雄弁に語っていた。

そんな中、*The Secrets of CEOs*（CEOに学ぶ秘訣）の著者スティーブ・タッピンのある発言によって、調査を続けていた私たちは自分たちの方向性が正しいことに大きな自信を持った。何百人ものCEOの生き方を研究してきたタッピンは、CNNに次のように語っていた。「おそらくCEOの三分の二は、悪戦苦闘しているのではないでしょうか。CEOとしての役割をうまくこなす方法を学べる場があるようには思えませんので、彼らの大半は無理やりこなそうとしているはずです」[10]

とはいうものの、私たちが思い描いている類の「CEOプレーブック」が存在しないということは、そういったものをつくるのは無駄だからではないかという疑問もあった。もしかしたら、各CEOの性格や事情はあまりに異なっていて、「時間の使い方」や「特徴的な能力」以外に一般化できる要因はないのかもしれない。スタンフォード大学のニコラス・ブルームはまさにそう考えているようで、「データを見ると、成功する方法は何通りもあることがわかります。それらはみな、特定の事例研究の題材としては有用かもしれませんが、何らかの共通の秘訣は今なお見つかりそうにありません。他より優れている人は当然いるけれど、彼らを際立たせているものが何なのかを突き止めるのは極めて難しい、としか言えないのです」と指摘している。[11]

だが、私たち自身の経験と直感から来る思いは、そうした考えとは異なっていた。しかも、自分たちはマッキンゼーのシニアパートナーとしての仕事を通して、答えを見つけるために必要な経験を十分に蓄積しているとも感じていた。何しろ、私たちは長年にわたりCEOのカウンセリングを専門としており、マッキンゼーがアクセスできるCEOの数は他のどんな機関の追随も許さない。私たちの同僚は六七カ国に散らばっていて、フォーチュン500およびグローバル1000の八割以上という幅広いクライアント企業にサービスを提供している。さらに、マッキンゼーは調査と分析に毎年七億ドル以上投じているが、その大半はCEOに関連するトピックだ。

私たちの結論は、この調査で明らかになった極めて重要な六つのマインドセットと行動習慣こそが、二一世紀のベストリーダーと他との差であるということだ。新たな競争、破壊的変化、デジタル化、差し迫った社会問題や環境問題、あるいは経済崩壊といった、周囲を取り巻く重大な事態に対処しなければならないとき、他のCEOたちが凡庸な成果しか出せない中で、ベストなCEOはこれらのマインドセットと行動習慣によって優れた成功を収めることができる。端的にいえば、上位勢は他とは違う考え方をしているということであり、彼らが日々とっている行動は他とは大きく異なっている、ということだ。

念のためお断りしておくと、私たちはベストなCEOがあらゆる面で秀でていると言っているわけではない。それどころか、そんなCEOにはいまだお目にかかったことがない。実際のベストなCEOは、いくつかの面では非常に優れていて、他の面ではたとえ模範的とまではいかなくても着実に仕事をこなしている。本書の最終章では、CEOたちがなぜ自身の能力を最大限に発揮できるのかについて取り上げるが、自身が極めて優れているのはいくつかの面だけであると彼らがわかっているからこそ、あのセント・マイケルズでのリーダーシップ・フォーラムで、ゲストスピーカーのCEOたちは重要な役割としてまったく異なる点を挙げたのだ。それは、与えられた状況で最高の結果を出すための、重要な能力がそれぞれ異なるからだ。とはいうものの、CEOが自らの役割において秀でた分野が多ければ多いほど、より優れた成果を出せる可能性が高いことが今回の調査で判明している。ゆえに、本書は上場、非上場、非営利にかかわらず、どんな組織のリーダーにとっても有用な指南書になりうると考えている。

さらに、本書で紹介している成功につながるマインドセットと行動習慣の多くは、自身のベストを目指したい若き将来のリーダーたちの成功を下支えすることは間違いない。この本のすべての読者が、自ら誇りに思え世界から感謝される、伝説的なリーダーシップを身につけるべく、本書から知識と刺激を得られることが、私たちの最大の願いである。

「方向を定める」ためのマインドセット

大胆であれ

大胆さは才能であり、力であり、魔法である
——ゲーテ

今日の複雑に入り組んだ世界では、CEOの多くが不確実さを最小限に抑えようと努め、間違いを犯さないよう用心している。これは合理的な心がけではあるだろう。というのも、企業のステークホルダーに多大な影響を及ぼす仕事においては、「慎重さは勇気の半分を占める」という古いことわざが、まさに道理にかなっているように思えるからだ。しかしながら、こうした用心深いマインドセットは、結局のところ、翌年一時的に落ち込むがその次の年以降は成功を見込むという、実は決して実現することのないあの恐ろしい「ホッケースティック型の事業計画（結局は立てた計画を下回る）」をもたらすことが証明されている。

ベストなCEOたちは、用心深さがつくりだしてしまうこのよくある悪循環を理解しているがゆえに、それとは異なる大胆なマインドセットで会社の方向を定めている。そうして、運は大胆な者に味方するという信念に基づいて、不確実さも受け入れる。彼らは運命を受け入れるのではなく、運命を

つくりだす者であり、歴史を変えられるチャンスを常に探して活かそうと行動する。こうしたマインドセットを持つCEOは、全企業のエコノミックプロフィット（資本コストを差し引いたあとの利益）の九割がほんの一割の企業によって生み出されたものであることや、業績で上位二割に属している企業のエコノミックプロフィットが、上位二割と下位二割を除いた六割の中間層企業のエコノミックプロフィットの三〇倍以上であることもよく理解している。しかも、さらに厳しいことに、平均的な業績の企業が一〇年以内に上位二割入りできる確率は、一二分の一にすぎないのだ[12]。

ベストなCEOたちは、真の成功を実現する難しさをよくわかっているがゆえに、「方向を定める」ための三要素であるビジョン、戦略、リソース配分に、大胆さをもって臨んでいる。次の三つの章で、各要素を一つずつ見ていこう。

第一章 ビジョン構築を昇華させるための行動習慣

ゲームを再定義する

無難な行動では世間の役には立てない
――マリアン・ウィリアムソン

実話に基づいた映画『インビクタス　負けざる者たち』の極めて重要な場面で、ネルソン・マンデラはラグビー南アフリカ共和国代表チーム「スプリングボクス」キャプテンのフランソワ・ピナールに、「チームがベストを尽くせるようにするために、君はどのようにはたらきかけているのか」と問いかける。ピナールは臆することなく「手本になることです。私は手本を見せてチームを率いていこうと、常に考えてきました」と答える。すると、マンデラは「それはまさに正しいと思う。だが、彼らが自覚しているよりもさらに高い能力を引き出すには、どうすればいいだろう？　これは極めて難しいことだ。自分自身をさらなる高みへと駆り立てるものは何だろうか？」と、さらに深い問いを投げかけたのだった。

マンデラのこの問いへの答えは、話が進むにつれて明確になっていく。活躍を期待されていなかったにもかかわらず、スプリングボクスは一九九五年のワールドカップで優勝する。この勝利は、ラグビーの世界チャンピオンになりたいという思いよりも、アパルトヘイトという負の遺産によって分裂していた国民が一つになれるチャンスだという願いに、より強く動かされた結果だった。マンデラとピナールは勝利の意味そのものに対する見方をうまく変えることで、チームとしてプレーする意識と意欲を劇的に高めた。

非常に大きな成功を収めたCEOたちから話を聞く中で、彼らもやはり同じように自身の会社にとって勝利が何であるかについての見方を変えてきたことに、私たちは感銘を受けた。このCEOたちはただ野心的な目標を掲げたのみならず、成功の定義さえも変えてしまったのだ。一例を挙げると、マスターカードの前CEOアジェイ・バンガは、かつての自身の革新的なビジョンとそれを思いついた経緯について次のように語った。「オフィス内を移動していたとき、階段に書かれていた『商取引の中心、マスターカード』というキャッチフレーズを目にしました。すると『でも、商取引の大半は現金じゃないか?』という疑問が生じたのです。そして、この会社では現金に注目する人が誰もいないことに気づきました。動向を気にしていたのは、主にビザ、アメックス、中国銀聯、あるいは各国の政策だったのです」

「そこで」バンガは話を続けた。「全世界で行われている商取引で、現金が占める割合を調べてみました。すると、消費者による取引に限ると、現金は八五パーセント以上を占めていたのです。弊社のビジョンは『現金を絶滅させる』だと私が言うようになったのは、そこからです。電子商取引が占めている一五パーセント内でのシェア拡大を競うよりも、(まだ)電子ではない八五パーセントの中でのシェア獲得を目指しました。そうして、この『現金を絶滅させる』ビジョンを、中核事業の成長、顧客基盤の拡大、新規事業の立ち上げのための戦略へと発展させたのです」

次の例では、もしネットフリックスの共同創業者兼CEOリード・ヘイスティングス（四五六ページ参照）が、「アメリカでナンバーワンのDVDレンタル会社になること」というビジョンを従業員たちに推進していたら、同社がどうなっていたかを想像してみてほしい。それがネットフリックスの表向きの中核事業だった一九九〇年代末から二〇〇〇年代の当初なら、このビジョンは何の疑問もなく受け入れられていたに違いない。だが、もしヘイスティングスがそうしたビジョンの実現を目指していたら、彼は今回の聞き取り調査の対象にはならなかっただろうし、同社は当時の主要ビデオレンタル会社であるブロックバスターと同じ道を辿っていたはずだ。だが初めから、ヘイスティングスはDVDレンタルよりもより一層大きくて、しかももっと大胆に動ける勝負の舞台に狙いを定めていた。

二〇〇二年の『ワイアード』誌のインタビューで会社に対する自身のビジョンを尋ねられたヘイスティングスは、「二〇年後の私の夢は、映画制作者や映画制作会社のための独自ルートを提供する、グローバルなエンターテインメント配信サービス会社を有することです」と答えている。[13] のちに、私たちの聞き取り調査で彼は次のようにつけくわえた。「会社の名称を『DVD郵送レンタル』といったものではなく『ネットフリックス』にしたのは、そういうわけだったのです」

ヘイスティングスの答えは、ネットフリックスが現在のような成長を遂げた今となっては理にかなっていると思われているが、以前はそうではなかった。だが、そうしたより発展的なビジョンがあったからこそ、ビデオストリーミング配信サービスへの移行、クラウドへの賭け、ネットフリックスオリジナル作品の制作、全世界での急速な拡大といった、ビジョンに基づいた大がかりな戦略的な動きが、状況にかなって大きく花開いたのだ。

次の表は、私たちが聞き取り調査を行ったCEOたちがビジネスのゲームに対する見方をいかに大胆に再定義したかを、いくつか紹介したものだ。

あなたの会社にとって、勝利とはどんなものですか？			
CEO	企業名	「ゲームに勝つ」ためのビジョン	「ゲームを再定義する」ためのビジョン
ダグ・ベイカー	エコラボ	産業用洗浄製品と食品安全で業界を先導する	人々と資源の保護で世界を先導する
アジェイ・バンガ	マスターカード	支払いで勝つ	現金を絶滅させる
メアリー・バーラ	ゼネラルモーターズ	世界の自動車業界で勝つ	輸送を変革することで勝つ
サンディ・カトラー	イートン	自動車部品メーカーの上位25パーセントに入る	安全で信頼性が高く効率的な動力でエネルギーマネジメントのトップ企業になる
ピユシュ・グプタ	DBSグループ	テクノロジーを活用して金融サービス業界で勝つ	銀行を楽しくするテクノロジー企業になる
ヘルベルト・ハイナー	アディダス	競合他社よりも大きく成長する	アスリートがライバルに勝つことをサポートする
マイク・マホーニー	ボストン・サイエンティフィック	心臓疾患向けインプラント医療機器の製造でトップ企業になる	革新的で急成長している医療機器ソリューション分野で世界トップ企業になる
イヴァン・メネゼス	ディアジオ	飲料企業として世界最大手になる	世界一の業績を誇り、世界で最も信頼・尊敬される消費財企業になる
シャンタヌ・ナラヤン	アドビ	ウェブサイト向けの最も創造的な、プロフェッショナルデスクトップツールを提供する	世界最高のデジタルでの創造性・ドキュメント・顧客体験を提供する
魚谷雅彦	資生堂	日本の美の象徴となる商品をつくる	日本のヘリテージ（伝統・文化遺産）を基にした、象徴的な美のグローバルブランドをつくる

この表にある「ゲームを再定義する」ためのビジョンは、それが現実となったあとではわかりきったもののように見えるが、正しいビジョンを描くのは想像以上に難しい。企業の栄枯盛衰の研究家を自認するヘイスティングスは、次のように指摘している。「興味があるものは何か、追い求めるものと守りたいものは何であるかは、必ず明確にすべきです。しかし、それらを一向に正しく明確化できない企業もあります」。本章の後半では、ベストなCEOは自身の組織において、「ゲームを再定義する」ためのビジョンをいかにして正しく描いているのかを探っていく。ベストなCEOたちは……

- **共通部分を見つけて膨らませる**
- **金銭面よりも大事なものがあることを忘れない**
- **将来に目を向けるために過去を振り返ることを恐れない**
- **ビジョンを実現する取り組みに多くの社内リーダーを巻き込む**

共通部分を見つけて膨らませる

ベストなCEOは、自社の事業と市場のさまざまな側面が交わる場所を探してビジョンを描く。家電量販店ベスト・バイの前CEOユベール・ジョリー（四五四ページ参照）は、正しい方向の決め方について、「世間が必要としているもの、あなたが得意とするもの、あなたが情熱を注いでいるもの、あなたがお金を稼げる方法、という四つの円の共通部分を見つけること」だと説明している。

ジョリーがCEOに就任した二〇一二年の夏、その年に一七億ドルの損失を出していたベスト・バイは破綻寸前だった。アマゾンやさまざまなテクノロジー企業が垂直統合を進める中、ベスト・バイでは店舗でのサービスの質が急激に低下し、上層部への信頼は薄れ、株価は急速に下がっていた。ジョリーは同社をすぐさま立て直さなければならないことはよくわかっていたが、CEO就任直後から勤勉に仕事に取り組む中で、従業員たちのやる気を生み出すような、ゲームを再定義するためのビジョンがいずれ必要になることに気づいた。

ジョリーは、消費者は娯楽やその先のニーズを満たすために今後も家電製品に頼るはずだから、この業界は成長しつづけると自信を持っていた。そして、この家電製品の世界でベスト・バイはお客様の案内役という重要な役割を担えるはずだとにらんだ。目的にぴったり合った家電を探すのは、簡単ではない。テレビの画質、スピーカーやヘッドホンの音質を実際に見たり聞いたりして比べるのは、オンラインでは不可能だ。しかも、特に高額の商品を購入するときは、知識が豊富な店員からアドバイスが得られるのは非常にありがたいのではないだろうか。また、やっと商品を手に入れても、今度は自宅での設置に困ってしまうことも多い。こうした状況で最も役に立てるのは、ベスト・バイにほかならないではないか。

最初の三つの円である市場のニーズ、企業の強み、そして情熱の共通部分を細かく見ていくことで、ジョリーはゲームの見方を変えられそうなビジョンを手に入れた。「ベスト・バイの使命は、テクノロジーを通じて生活を豊かにすることです。私たちの使命は、テレビやコンピューターを売ることではありません。また、私たちの本来の使命は小売業とは異なります。私たちが使命としているのは、娯楽、健康、生産性、コミュニケーションといったあらゆる面での人間の主要なニーズに応えて、生活を豊かにすることです」

とはいえ、問題が一つ残っている。そうした事業は、果たしてお金になるのだろうか？　お客様の多くが商品を見て検討しにベスト・バイの店舗を訪れて、そのあと値段が安いオンラインで購入していることは、ジョリーも十分承知していた。従業員たちは、やる気を失っていた。また、投資家たちは最安値を保証する案《プライスマッチ》に対して、オンラインストアとはコスト構造が異なるため到底勝負にならないと難色を示した。だが、ジョリーはそうは思わなかった。店舗での優れた顧客体験を得られれば、お客様はさらに多くの商品を購入するはずだと感じていた。

さらにジョリーは、垂直統合を進めようとしている家電メーカーが、実際に商品を展示できる場を必要としていることも見抜いていた。ベスト・バイなら、そうした企業のニーズに対して店内ストアという形で対応できる。この店内ストアとは、売り場の一部を一つの販売供給元の商品に絞って展示し、しかも専任の販売サポート員を置くというものだ。この手法についてジョリーは、「私たちはアップル、ＬＧ、マイクロソフト、サムスン、ソニー、そしてその後アマゾン、フェイスブック、グーグルにも、彼らがまさに求めていたサービスを提供できました。これらの企業は実店舗を必要としていましたが、私たちと組めば何千軒もの店舗を大きなコストとリスクを抱えて一から建設しなくても、一夜にして売り場を用意できるのです。つまり、私たちは古代ローマの剣闘士が戦った円形闘技場のようなもので、お客様からも販売元からも収入を得られます。これはまさにウィン・ウィン・ウィンの関係です」と解説した。

ベスト・バイの当時のひどい苦境を考えれば、普通のＣＥＯなら自社のゲームの舞台をこうした広い視野で捉えることはできなかっただろう。ゲームを再定義するためのジョリーのこの大胆なビジョンは、販売元を搾取するのではなく彼らと協力し、価格を上げるのではなく下げるといった思い切ったやり方で、ベスト・バイの業績を劇的に好転させるというものだった。この策は、まさに将来を見通していた。ジョリーのＣＥＯ就任時から二〇一九年六月の退任時までの期間において、Ｓ＆Ｐ５０

〇が約二・一倍上昇した一方で、ベスト・バイの株価は二〇ドルから六六ドルへと高騰しておよそ三・三倍になった。共通部分を正しく見つけ出せれば、たしかに利益につながるのだ。

他のCEOたちも、ジョリーが見つけたものと同様の共通部分を探し当てていた。デンマークの製薬会社ノボノルディスクの前CEOラース・レビアン・ソレンセン（四三七ページ参照）は、社会にはまだ満たされていない糖尿病関連の医療ニーズがあることを把握していた。また、自社の強みがバイオ医薬品（生物からつくられる、あるいは生物の一部を含む医薬品）であることもわかっていた。ソレンセンはこの点について、「バイオ医薬品は私たちが豊富な専門知識を有している唯一の分野であり、しかも他社が真似るのは難しいのです」と語っている。自らのビジョンをさらに明確化していく中で、ソレンセンは医師の要求に応えるという業界の常識よりも、患者志向を最優先することに熱意を注いだ。「患者さんたちにとって正しい道を選択すること、そしてその実現のために協力しあえるよう医師たちを説得することが、私たちの使命です」。ノボノルディスクでは仕事への情熱を高めるために、すべての従業員に患者さんたちと実際に会って、同社の医薬品を使用する前の生活について、そして使用後に人生がいかに大きく変化したかについて教えてもらうよう求めている。「これは自身の仕事が思っていたよりもずっと大きな貢献になっていることを、社員たちにわかってもらうために役立ちました」。同社にとって、共通部分を見つけて膨らませることは大きな成果につながった。ソレンセンの在職期間中、ノボノルディスクの収益は五倍、純利益は一一倍にもなり、しかも現在の世界のインスリン市場において、同社が半分近くのシェアを握っている。

ケイデンス・デザイン・システムズCEOのリップブー・タンが、投資家のポートフォリオにおいて同社が最も優良な投資先になるにはどうすればいいのかと、成功している投資家に相談したところ、次のような有益なアドバイスをもらったそうだ。「まず、お客様にとって『あったらよいもの』ではなく、絶対に必要なものをつくらなければなりません。次に、カテゴリーリーダーになること、すなわち扱っている製品ラインで一位か二位になることです。三つ目は、あなたの会社で扱っている製品の『獲得可能な市場規模《TAM》』が、わずか一〇〇億ドルという点について。それを一五〇〇億ドル規模のプラットフォームにするには、どのようにして新たな市場に拡大すればいいでしょうか？」。タンはこの三つのアドバイスが交わる場所を見つけ出すことで、ゲームに対するケイデンスの見方を変えることができた。その結果、同社はコンピューターチップ設計用ソフトウェア開発に留まらず事業を拡大して、ハイパースケールコンピューティング、航空宇宙、自動車、携帯電話といった業界にシステム設計や分析用のソフトフェアを供給するまでになった。

金銭面よりも大事なものがあることを忘れない

パリ・サンジェルマンＦＣのスターであるリオネル・メッシが、グラウンドで敵と競いながらゴールに向かって猛スピードで走って得点するとき、アディダスの先端技術が詰め込まれた、靴紐のないサッカースパイクも彼をアシストしている。もちろん、メッシはナイキに次いで世界第二位のスポーツウェアメーカーであるアディダスとスポンサー契約を結んでいるので、同社のスパイクを履くのは当然のことだ。それでも、世界年間最優秀選手に贈られるバロンドールを誰よりも多く受賞しているこの男は、最高の技術が駆使されたもの以外は、決して身につけようとはしないはずだ。

　そのまた一方で、メッシのスパイクは、彼がゴールを決めるのを支える以上の役割を担っている。それはドイツ企業アディダスの前ＣＥＯヘルベルト・ハイナー（四五七ページ参照）が、二〇〇一年に同社のために描いたビジョンを体現したものでもあるのだ。ハイナーがＣＥＯ職を引き継いだ当時、アディダスは市場シェアを失っていて、しかも新たなシューズの開発でつまずいていた[14]。もし大胆さに欠けるCEOだったら会社の予算引き締めに走り、シューズ、アパレル、グッズをより効率的に販売するよう従業員たちに発破をかけることで、損益を改善しようとしただろう。

ハイナーは財務上の数字が極めて重要であることはよくわかっていたが、金銭面を振りかざした指揮は執らなかった。代わりに、アスリートが最大限の能力を発揮できるよう彼らを支えることに全力を尽くす、という新たなビジョンを描いた。この点について、ハイナーは次のように説明した。「私たちの目標は最大の企業になることでも、最も裕福な企業になることでもなく、ランナーがより速く走れ、テニスやサッカーの選手がより優れたプレーができるというような、アスリートがより良い成果を出すために役立つ製品づくりに取り組むということでした。それが実現して、さらには一般ユーザーにもより良い商品やサービスを提供できれば、財務上の数字はついてくるはずです。私たちの唯一の使命は、人々がそれぞれの自己ベストを達成できるようお手伝いすることであり、それは世界をよりすばらしい場所にすることでもあります。『私たちがやっていることは単に売り上げでの勝ち負けを競うものではなく、この会社は単に収益だけを追っているわけではない』という思いを、全社員に持ってもらいたかったのです」

ハイナーのビジョンは彼の行動によっても裏づけられている。アディダスの利益率がナイキよりも低いことを投資家たちに責めたてられても冷静に対応し、アディダスはユーザーが最大限の成果を発揮できる製品をつくっているため、その分開発費がかさむのですと説明した。「私たちは弊社の製品を使用しているアスリートの期待を、絶対に裏切りません。そして、オリンピックで金メダルを獲得する、フレンチオープンで優勝するといったアスリートの夢の実現に貢献できれば、それは私たちにとって収益の数字よりもずっと大きなものを達成したことになるのです」。とはいえ、ハイナーの当初の予想どおり、同社は財務上の数字でも高得点を稼いだ。ハイナーが一五年間の役目を終えてCEOを退任した時点では、アディダスブランドはすっかり再生され、同社の時価総額はCEO就任当時の三四億ドルから三〇〇億ドルを上回るまでになっていた。

三八ページの表に大胆に描かれたビジョンを振り返って特筆すべきことは、成功したこれらの企業のうち、財務面での成果の達成を最も重要な取り組みとしたところが一つもなかったという点だ。要は、彼らにとって利益とは、あくまでビジョンの実現に伴う結果でしかなかったのだ。この理由について、世界最大の保険会社アリアンツのCEOであるオリバー・ベイト（四七二ページ参照）は、次のように語った。「『純利益を倍にしなければならない』と言われて発奮する人などいません。ええ、うちのトップチームでさえ無理です。そこで問題は、どうすれば社員を結束させられるかです。社員たちに『我々は何事に対しても誠実な業界リーダーでありたい』と宣言するのと、『我々は株主への利益還元を倍にしたい』と宣言するのでは、受け止められ方がまったく違います」

ナイジェリアのダンゴート・グループ創業者兼CEOであるアリコ・ダンゴート（四六三ページ参照）が一九八一年に起業した当時、同社は日用品を扱う小規模の貿易会社だった。それでもダンゴートは、「規模を拡大して工業界に進出し、主要部門でアフリカを代表する企業になる」という当初から描いていたビジョンを、ぶれることなく抱きつづけた。今日の同グループは、四〇億ドルを上回る収益を達成して三万人の従業員を擁する、西アフリカ最大のコングロマリットに成長した。ダンゴートは、明確でしっかりしたビジョンというよりどころがあったからこそ、その中でさまざまなものを融合させて変革を起こしつづけられたのだと語っている。「アフリカは豊かな資源に恵まれているので、私はこの大陸は継続的な成長が見込まれて当然だと思っています。世界で最も経済が急成長している上位一〇カ国のうち六カ国が、また全世界の未耕作地の六割がアフリカにあります。さらに、二〇五〇年にはアフリカ人は世界人口の五人に一人を占めると予測されています。この大陸を発展させ、主要なニーズに応え、ここで暮らすすべての人々の生活を改善するという明確なビジョンが我が社にあることを、全社員がわかっています」

医療機器メーカーのメドトロニック元CEOビル・ジョージ（四五九ページ参照）は、同社でもそうしたビジョンへの理解が会社全体を動かしていると語った。「私たちにとって最も重要な指標は、収益や利益ではなく、メドトロニック製品で誰かを助けられるまで何秒かかるかでした。私が入社した当時は一〇〇秒でした。退任時には七秒になっていました」。人々の命と健康を完全に回復させることを最も重要な取り組みとし、株主価値の創出はあくまでその結果とすることで、お金を稼げと指示されるよりもはるかに強力なやる気を生み出せる。「社員たちは、新たな何かを開発したい、高品質の製品をつくりたい、手術中の医師たちの助けになりたいという思いから、寝ているときも早く朝が来ないかとうずうずしています。これは韓国でも、中国でも、ポーランドでも、あるいはアルゼンチンでも、どの国でも同じことが言えます。上級経営幹部、製造ラインで働く女性、研究所の裏方の技師。そして、翌朝七時から医師が処置を始められるよう、夜通し運転してミシガン州を半分横断して除細動器を届ける担当者。このビジョンはみんなのやる気を引き出します。これは本当の話です」

将来に目を向けるために過去を振り返ることを恐れない

ゲームを再定義することは、必ずしも会社の歴史や伝統から外れたビジョンを描くことではない。今回の調査で明らかになったのは、ベストなCEOは会社の歴史を紐解いてもともとの成功の理由を調べ、次にその要点を膨らませて新たなチャンスを切り開く場合が多いということだ。

一万一〇〇〇人の従業員を擁し、クイックブックスやターボタックスなどのソフトウェアを開発しているイントゥイットは、フォーチュン500入りした企業だ。一九八三年にシリコンバレーのスタートアップ企業として同社を共同創業したスコット・クックは、自社のソリューションを決して過信せずに常にお客様の問題に寄り添うことを最優先とする、顧客ファーストな会社をつくろうと努めてきた。「財務・経理の煩わしさからの解放」を創業時からの使命とする同社は、お客様のニーズに応えるため、提供するソリューションを進化させつづけてきた。

ウエストバージニア州出身のブラッド・スミス（四三七ページ参照）は、ペプシコと給与計算アウトソーシング会社ADPでキャリアを積んだのちにイントゥイットに入社した。そして二〇〇八年にトップの座に就任すると、手強い挑戦に立ち向かわなければならなくなった。同社には優れたデスクトップソフトウェア会社としての誇り高き二五年の歴史があったが、世界が変化するにつれて、同社の製品は徐々に時代に合わなくなっていた。スミスは、クックのビジョンは本質的には今なお的を射ているが、その伝え方や実現への取り組み方は変えなければならないと感じた。「創業時の基本精神はそのまま受け継ぎましたが、それに基づいてやるべきことは今の時代に合わせました。成功の原動力となることで弱者に味方するという目的は、決して変わることはありません。私の役割はただその目的を再確認して、実現するための最も現代的な方法は何だろうと考えることでした。そして基本となる使命を再び生き返らせ、クラウドベースへの移行、そして『ソーシャル、モバイル、グローバル』の三つの大きな流れにうまく乗ることによって、提供するソリューションを進化させました」

創業時の使命を今の会社にとって説得力のある現代的なビジョンへと書き換え、それに基づいて従業員を結集するという策は功を奏した。「成功の原動力となることで、ますますつながりつづける世界のニーズに応える」というスミスのビジョンは、一一年にわたるCEO在職期間中にイントゥイットの顧客数を倍の五〇〇〇万人に、そして売上を倍、利益を三倍に成長させることに貢献した。[15]スミスがCEOに就任した二〇〇八年には約一〇〇億ドルだった同社の時価総額は、退任時の二〇一九年には約六〇〇億ドルにまで拡大した。スミスは新たなCEOたちへのアドバイスとして、「あとはもう自分は余計なことは何もせずにすべて任せられるほど、明確なビジョンを持つことが重要です。そういったビジョンこそが、最も周囲のやる気を生み出すのではないでしょうか」と語っている。[16]

私たちが話を聞いた他のCEOたちの多くも、スミスと似たような経験を語った。すでに紹介したように、マスターカードのアジェイ・バンガは自社の以前のキャッチフレーズから発想を得た。ウエストパック銀行のゲイル・ケリーは、オーストラリアで最も古い銀行である同行のサービス提供の歴史を振り返った。マイクロソフトCEOのサティア・ナデラは、「人々がさらなるテクノロジーを創造できるようなテクノロジーを創造する」という同社創業の原点を再確認した際、「私のCEO在職期間中にマイクロソフトが世の中に理解されなければならないことが、そこにすべて言い表されている」と感じたという。

大胆にゲームを再定義するようなビジョンを、ベストなCEOたちがいかに描いているかをここまで見てきた。私たちが聞き取り調査を行ったCEOたちはみな、それぞれ何らかの形でそうした取り組みを実際行っていたのだが、すでに業績が好調な組織のCEOを引き継いだ場合でも、その大胆な姿勢は変わらなかった。マッキンゼー・アンド・カンパニーでかつてグローバルマネージングパートナー（弊社ではCEOに相当する）を務めていたドミニク・バートンは、「リーダーには、自身の組織の大志をより一層高めるための力と責任の両方が課せられている」と総括しており、今日の大勢となっている考え方を的確に捉えて言い表している。ただし、単にビジョンを描くだけでは、大志をより一層高めるのは難しい。強力に会社全体を巻き込んだプロセスが重要となってくる。

ビジョンを実現する取り組みに多くの社内リーダーを巻き込む

ベストなＣＥＯは、状況を一変させるような革新的なビジョンを会社のために描く。だが、それを社内で分かちあうときに、自分の考えを押しつけることはまずない。それはなぜだろうか？

ノーベル賞受賞者でもあるイスラエルの心理学者ダニエル・カーネマンのある実験が、この疑問に関する印象深い結果を示している。カーネマンが行った実験は、ひと工夫凝らしたくじ引き大会だった。[17] 参加者の半数には、数字が書かれたくじがランダムに配られた。残りの半数には、白紙のくじとペンが渡され、自分で好きな数字を書き込むよう指示された。そしてくじの抽選が行われる直前、実験を主催する研究者たちが、くじをすべて買い戻したいと参加者全員に持ちかける。その目的は、くじと引き換えに支払うことになる金額が、自分で数字を書き込んだ参加者と、数字入りのくじをランダムに渡された参加者とに対してでは、どれくらい違うのかを調べることだった。

研究者が各参加者に支払う額は同じでいいはずだ、というのが理にかなった考え方だろう。というのも、くじ引きとはまさに運によるものだからだ。数字を自分で選ぼうが割り当てられようが、勝者になる確率はみな一緒なのだから、どの数字も価値は同じなはずだ。ところが実験の結果は、事前の予想どおりそうした理屈には合わないものだった。国籍、年齢、くじの賞金額とは関係なく、自分で好きな数字を書き込んだ参加者たちは、くじを渡された参加者たちと比べて、少なくとも五倍の買い取り金額を求めてきた。この結果は、人間の本性についてのある真実を明らかにしている。それは、メドトロニックのビル・ジョージが言うところの、「人は自分が創造に携わったものに肩入れする」ということだ。しかも、この実験結果を踏まえれば、携わった人が肩入れする力はそうでない人よりもおよそ五倍も強いということになる。その根底にある心理は、私たち人間に深く根づいた生存本能である、コントロールしたいという欲求と関連している。

　私たちが聞き取り調査を行った、ベストなＣＥＯたちのほぼすべてが、この「くじ効果」をうまく活用していた。大手グローバル広告代理店ピュブリシスの前ＣＥＯモーリス・レヴィ（四五一ページ参照）は、キャリアを通じてこの手法を使ってきた。一九八七年、すでに同社の経営幹部だったモロッコ出身のレヴィが、当時「負け組」とみなされていたこのフランスの広告代理店のＣＥＯに就任すると、同社は大きな変化を遂げて広告代理店として世界で三本の指に入るまでになった。レヴィは合《M》併《&》と買収《A》を通じて、同グループの事業範囲を一〇〇カ国以上にまで広げた。同社のスローガン「違っていることに万歳」は、顧客に現地の事情や文化に合わせたサービスを提供する方針を強調したものだ。

　二〇一五年になると、買収主導型の成長戦略はほぼ頭打ちになった。ゲームに対する見方を、変えなければならないときが来た。ピュブリシスは市場や提供するソリューションごとに、それぞれ異なる独立した代理店組織の集合体として運営されているように見えた。また、社外ではアクセンチュアといったコンサルティング会社が、ブランド構築にデータとテクノロジーを活用するようになり、業界を混乱させるほど大きな変化を起こしていた。こうした点を踏まえて、レヴィは何をすべきかはっきりわかっていたが、それでも七三歳という自身の年齢を考えると、ピュブリシスのビジョンを描くのは次の世代、さらにはその先の世代であるべきだと考えるようになった。

　そこで「くじ効果」を有効活用するために、レヴィは会社のトップチームとそのすぐ下の管理職を合わせた約三〇〇名のリーダーと、三〇歳以下で管理職に昇進したばかりの五〇名に対して、数カ月間にわたる取り組みを行った。この社内のリーダーたちが世界の動向や混乱について学べるよう、外部から講演者を招いた。その中には、グーグルのエリック・シュミット、フェイスブックのマーク・ザッカーバーグ、セールスフォース・ドットコム創業者のマーク・ベニオフ、ハーバード大学教授でリーダーシップ研究を専門とするロザベス・モス・カンターもいた。彼らの話から発想を得た同社のリーダーたちは、小グループに分かれてピュブリシスの将来について議論し、そこで出てきた案をまとめ、優先順位づけを行った。最終的に生まれたのは、「一つになる力」という新たなビジョンだった。これは、今までのビジョンを大幅に捉え直すことで、同社に多数存在している従来の縦割り型組織を打ち破り、部門横断型チームを通じて顧客にサービスを提供するというものだ。

だが、この「一つになる力」につながった取り組みの最大の収穫は、大勢のリーダーたちがまとまる原動力となった強い当事者意識を、レヴィが生み出せたことだ。レヴィはこの一連の取り組みについて、「私たちみなが、非常に大きなエネルギーとすばらしい解を得ることができました」と語った。そうして二年後にレヴィがCEOを退いたとき、三〇年前の就任時にはフランスの小さな「負け組」会社だったこの広告代理店は、時価総額一八〇億ドルのグローバルな大企業へと成長していた。

私たちが話を聞いたベストなCEOの大半は、従業員たちを巻き込みながらビジョンを描く方法を見つけ出していて、しかもみな揃って目覚ましい成果を出している。マジドアルフッタイムのアラン・ベジャニは、次のように語っている。「私たちは、実現できる中で最も多くの人を巻き込む取り組みを目指しました。そうすることで、大勢の中に当事者意識を生み出すことができましたし、しかもそうした中で最も洞察に満ちた案を出してくれたのは、これまで私たちが意見を求めようとしてこなかった人々だったのです。今思うと、あのとき話を聞いていなかったら極めて大きな損失を招くところでした」

アディダスのヘルベルト・ハイナーは、「私たちの取り組みは五カ月かかりましたが、会社にとって何が正しいことなのかを本音で自由に話しあえる場となりました。それによって大いなる熱意、それに新たなアイデアと創造性が、爆発するかのように湧いてきました。その後一年もしないうちに、弊社の株価は倍になったのです。もう破竹の勢いでした。思うに、あれはまさに魔法の瞬間とも言えました」と語った。同様に、ベスト・バイのユベール・ジョリーも「もちろん、計画を立てる責任があるのはCEOではありますが、社員たちとともに立てなければなりません。何も完璧である必要はありません。要は、エネルギーを生み出し、そのエネルギーをうまく活用することです」と指摘している。

とはいえ、部下であるリーダーたちの熱意を高めるのは、一夜にしてできることではない。CEOは最終的なビジョンを手に入れるまで、いくつもの段階を踏まなければならない場合もある。ピユシュ・グプタ（四五八ページ参照）も、二〇〇九年末にDBSグループCEOに就任したときにそうした経験をしたそうだ。「顧客サービスの質においてシンガポール最低の銀行と言われていた当時は、アジア最高の銀行を目指すという最初の目標に対して、そんな夢のようなことは絶対に無理だと行内の誰もが思っていました。彼らには自信もなければ、能力もまだ足りていなかったのです。ましてやそれより先を目指すのは、まるでマイナーリーグのチームの選手たちに、君たちもメジャーリーグでプレーし、しかも優勝決定戦で勝てるのだと言うようなものでした」。グプタにとって「アジアで最も選ばれる銀行になる」という最初のビジョンは、部下であるリーダーたちにギリギリ受け入れられると思われる妥協点だったのだ。

二〇一三年には、DBSはアジア地域ランキングの多くでアジア最高の銀行に選ばれるようになり、より大きな夢を見るための舞台が整った。「その年の合宿会議で、行内の二五〇人のリーダーたちが、世界最高の銀行になりたいと私に言ってくれました」。グプタはそう語りながら、満面の笑みを浮かべた。「世界レベルでプレーできるのだとリーダーたちが心から信じているとわかったあのときは、まさに魔法の瞬間でした」。そして二〇一八年には夢がかない、DBSは『グローバル・ファイナンス』誌で世界最高の銀行に選ばれた。ニューヨークで出版されているこの雑誌の同賞に、アジアの銀行が選ばれたのは初のことだった。さらには、『ユーロマネー』誌と『ザ・バンカー』誌でも同様の栄誉に輝いた。だが、グプタはそこで歩みを止めなかった。彼のチームは、金融サービスのあり方を見直すためにテクノロジー企業の精神を取り入れ、さらに発展的なビジョンの実現に取り組んでいる。その究極の目標は、「銀行を楽しくするテクノロジー企業になる」ことだ。

今回わかったことでやや意外だったのは、ベストなCEOたちが、ビジョン、使命、会社の目的という用語を、ほぼ同じ意味で使っているという点だ。コミュニケーションと人間関係論の専門家、学者、それに私たちコンサルタントが、それぞれの用語の微妙な違いをいくら議論したところで、実際にはベストなCEOたちがそんな差をほとんど気にしていないことには変わりはない。ベストなCEOにとって重要なのは、成功の意味を見直し、判断に影響を与え、目指す方向へ進むために人々の熱意を高められるような、わかりやすくはっきりと描かれた「会社の北極星」を持つことなのだ。

そういった成果をもたらすために、ベストなCEOは大胆なマインドセットによって、勝負に勝つことの先まで見据えた、ゲームを再定義するビジョンを描くのだ。まさに、ラグビー南アフリカ共和国代表チームを支えた、ネルソン・マンデラとフランソワ・ピナールのように。二人はチームのゲームに対する見方を、「自分たちはただチャンピオンになるためにプレーしている」のではなく、「国民を一つにするためにプレーしている」へと変えた。そういう状況を一変させるような革新的なビジョンを描くために、ベストなCEOたちは共通部分を見つけて膨らませ、金銭面よりも大事な本質に力を入れ、将来に目を向けるために過去を振り返ることを恐れず、そして「くじ効果」を利用して多くのメンバーに当事者意識を生み出す。

在職期間中のどんな段階であれ、いったんビジョンが固まれば、CEOは「この大胆なビジョンをどうやって実現するか」という新たな課題に直面する。日本には「絵に描いた餅」ということわざがあるが、これは「行動を伴わないビジョンは、夢想にすぎない」という意味だ。次は、ベストなCEOたちが実際どのようにして夢を実現しているのかを見ていこう。

第二章 戦略実行を確実にするための行動習慣

早く頻繁に大胆に動く

二回小さく飛び跳ねても、大きな穴は越えられない
——デビッド・ロイド・ジョージ

アメリカ大統領ジョン・F・ケネディが、アメリカのために描いたビジョンはどんなものだったのだろう？　一九六一年五月二五日のアメリカ連邦議会上下両院合同会議において、ケネディは「今世界中で起きている、自由と圧政の戦いに勝つこと」とはっきりと述べている。では、彼の戦略は？　それはのちに「大きく飛躍するための壮大な試み」という意味で使われるようになった、月探査ロケット打ち上げの「ムーンショット」計画を含む、一連の壮大な策だった。ケネディはこの日の演説の中で、人間を月に送るための予算のみならず、無人宇宙探査回数の増加、原子力ロケットの開発、人工衛星技術の発展という、月探査に関連したさらに三つの壮大な計画への予算の承認を求めた。これらの要望は、平和部隊の設立、新たな公民権法づくり、ラテンアメリカとの経済協力関係の推進といった、社会に目立った変革をもたらすためにケネディ政権が進めていた一連の対策への予算とは別枠

でのものだった。

ケネディのこの事例は、「大胆であれ」というマインドセットが、ビジョンを描くときのみならず、それを実現しようとするための戦略にもいかに必要であるかを示している。不確実さを最小限に抑えようと努め、間違いを犯さないよう用心しているリーダーだったら、月面着陸のような大胆な戦略を進めようとは決してせずに、科学技術分野の予算を増やそうとするだけに留まっただろう。だが、ベストなCEOはまさにケネディと同様に、在職期間の早い段階から、大胆で思い切った戦略的な行動に何度も出ている。

二〇一四年四月にマイクロソフトCEOの座に就いた、サティア・ナデラもその一人だ。ナデラが就任したのは、このテクノロジー企業が急速に混迷へ向かっているように見えた頃だった。マイクロソフトの「すべてのデスクにコンピューターを」という長年のモットーは、過去においては良い成果をもたらしてきたが、もはや時代遅れだった。前章でも触れたとおり、ナデラはマイクロソフト創業の原点を土台にして、同社が前進するためのビジョンを大胆に描き直した。そして同社の使命を「この地球上のすべての人とすべての組織に力を与えて、より多くを達成できるようにする」と再定義した。

ナデラは次に、そのビジョンの実現に向けて会社を推進するための、ムーンショット型の大がかりな戦略的施策をいくつも進めた。次の数年間で、この新CEOはマイクロソフトの生産性強化の一環として、五〇〇億ドルを超える買収を行った。ビジネス上のネットワークづくりを目的とするリンクトインや、ソフトウェア開発者向けのギットハブの買収も含め、サービスも大幅に向上させた。また、同社のクラウドサービスや人工知能《AI》事業への投資を倍にした。さらに、マイクロソフト従来の「パッケージソフトウェア」販売モデルを、オンラインでのサブスクリプションサービスへ移行させた。それと同時に、アップルやグーグルに追いつこうとしてマイクロソフトがかつて何十億ドルも投資してきた携帯電話事業を、あえて売却するという苦渋の決断を下した。

ナデラの大胆な施策は、彼がマイクロソフトの企業文化にもたらした重要な変革（これについては、あとの章で取り上げる）と合わさって、巨額の利益を生んだ。ナデラのＣＥＯ就任時から二〇二〇年までに、マイクロソフトの収益は六割以上増加した。Ｓ＆Ｐ５００が倍増で留まった時期に、マイクロソフトの株価は六倍近くになった。この原稿を執筆している二〇二一年の時点では、マイクロソフトは世界で二番目に時価総額が高い上場企業だ。

ベストなＣＥＯたちが行ってきたこうした大胆な戦略的施策の事例は、枚挙にいとまがない。こうした例を有益な形にまとめたのが、マッキンゼーによるグローバルな大手企業三九二五社の一五年分の分析結果だ。この調査分析は、大胆な戦略的施策の中で、平均的な企業が高収益を生み出す企業へと飛躍する確率を最も高めるのはどれなのかを見極めるために行われた。その結果によると、最も重要な戦略的施策は次の五つだが、ただしそれらはあくまで「人間を月に送る」計画のような大胆さをもって行われることが前提だ(18)。

1. 買収と売却

平均すると、ベストなＣＥＯは少なくとも年間一件のＭ＆Ａを行っている。また、一〇年間でのＭ＆Ａ総額は時価総額の三割を超えている（通常は一件の取引だけで時価総額の三割を超えることはない）。つまり、買収すべき企業を選び、交渉して取引をまとめあげる高い能力を有することは、極めて重要であることがわかる。また、ベストなＣＥＯはスピンオフ形式を含めた売却についても、買収時と同様の大胆さで実行している。買収や売却の代名詞とまさに呼べるのは、エーオンだ。同社ＣＥ

Oグレッグ・ケースは、「私たちは常に、自社のポートフォリオの方向づけと改善を行っています。この一五年間で、弊社は大小含めて二二〇件を超える買収と、一五〇件以上の事業売却を実施してきました」と語っている。

2. 投資

自社の投資を、目立った変革をもたらすほど大きなものにしたい場合、資本支出（設備投資）の売上高比率が、業界中央値の一・七倍を一〇年にわたって超えつづけるようにしなければならない。これは巨額の数字ではあるが、資本を賢く投下すれば、自社を業界全体よりも速いペースで拡大できる可能性が高いということでもある。ゼネラルモーターズのメアリー・バーラはこうした戦略的施策をまさに行っていて、世界の電気自動車市場で優位に立つために、同社の製品開発資本支出の五割以上（二〇二五年までに二七〇億ドル）を同分野に投入すると表明している。

3. 生産性改善

最も成功している企業は、販売費および一般管理費、人件費を他社よりも大きく削減していて、それによって業界の中央値を二五パーセント上回る生産性の改善を、一〇年以上達成しつづけている。この手法は、まさにアリアンツのオリバー・ベイトにとって、描き直した指針「簡潔さが勝つ」を達成するために必要な施策であった。経費率が何十年も三〇パーセント台のままのこの業界において、ベイトは何とCEO就任直後に、同社の経費率を二八パーセント以下に下げた。しかもそれと同時に、二〇一五年に五〇パーセントだった顧客ロイヤリティを二〇一九年には七〇パーセントに、二〇一五年にはマイナスだった内部成長率（企業の内部留保の増加率のこと）を二〇一九年には六パーセントまで引き上げた。

4. 差別化

ベストなCEOは、自社の軌跡が変わりうるほど大胆な方法で、ビジネスモデルを改善して価格優位性を生み出す。その結果、そうした企業の平均粗利益は、業界の平均を一〇年以上にわたって三割以上も上回ってきた。レゴの前CEOヨアン・ヴィー・クヌッドストープ（四五二ページ参照）は、この戦略的施策をうまく進めて成功した。クヌッドストープは「ニッチな差別化と卓越性を実現するための戦略」と呼んでいた、同社の主力製品の少なくとも半数を毎年一新することを目的とした策を推進した。その例として、レゴのファン同士のコミュニケーションを深めるためのデジタルプラットフォームの構築、女児向け商品の開発、ライセンス供与を受けたシリーズの発売（例：スターウォーズ）、レゴムービーの公開とシリーズ化などがある。

5. リソース配分

この取り組みは、一〇年以上にわたって自社の資本支出（設備投資）の六割以上を事業部門間でシフトさせた場合に、大規模（大胆）とみなされる。そうした戦略的施策は、より時間をかけて経営リソースを徐々に再配分する企業と比べて、時価総額を五割以上増加させる。ただし、リソースの再配分とは資本だけに関するものではなく、事業運営費用、人材、経営陣の注意を、最大の効果を発揮できる領域へシフトすることでもある。それゆえ、これは他の四つの大きな施策を成功させるための、極めて大事な要因だ。この施策の重要性に鑑み、次の章でもさらに掘り下げ、人材に関する箇所でも再び取り上げる。さらに、トップチームを率いる、適切な運営リズムをつくることについての箇所でも、より一層深く掘り下げる。

ムーンショットレベルの施策をほとんど行わない、あるいは在職期間の終盤にようやくそれを行うCEOは、後れを取ることになる。先ほどのデータ分析によると、エコノミックプロフィットの創出において上位二割と下位二割を除いた中間層に含まれる企業のうち、およそ四割は一〇年間で一度も大胆な行動に出なかった。他の四割は、一度だけ大胆な取り組みを行った。一方、同じ調査結果によると、上述の大胆な取り組みを二つ行えば中間層から上位層へ上昇する確率は倍になり、三つ以上なら確率は六倍になる。さらに、そうした取り組みを在職期間の序盤で行ったCEOは、終盤で行ったCEOよりも優れた成果を上げている。しかも、在職期間中に複数回取り組んだCEOは、そうしなかった場合にやがて起こりがちな業績低下を回避できている。

この調査分析は、ベストなCEOと他を分かつ要因を明らかにはしたが、具体的にどんな大きな戦略的施策が自社の状況にかなっているのかは、各CEOが判断しなければならない。M&Aの実施は一案だが、買収または売却すべき企業をどうやって決めればいいのだろう？　資本支出は当然のことだが、どの分野に投資すべきかの判断をどのように行えばいいのだろう？　上述の五つの各施策に対してこうした疑問が生じるだろうが、それらの施策の規模の大きさから考えれば、正しい答えを出すことが極めて重要だ。スティーブ・バルマーは、マイクロソフトCEOの座をサティア・ナデラへ譲り渡すときに次のように告げた。「大胆かつ正しくあれ。大胆でなければ、ここにいる間ほぼ何もできないだろう。正しくなければ、ここにはいられなくなるだろう」

とはいえ、大胆かつ正しくあることは言うは易し、行うははるかに難しい。実際にはベストなCEOさえも、いつもすべて正しい行動がとれるとは限らない。自身が行った大胆な取り組みが必ずしも正しいものではなかった経験について、ネットフリックスのリード・ヘイスティングスは次のように語っている。二〇一一年、ネットフリックスは絶好調だった。会員が好みのレンタル映画ＤＶＤを自宅に郵送してもらえる、同社のオンラインサブスクリプション事業は急速に成長していた。だが、市場の変化を把握していたＣＥＯのヘイスティングスは、将来の主流は会員がインターネット上で映画を借りて見られるストリーミング配信だと考えていた。これは典型的なイノベーションのジレンマであった。ネットフリックスにとって、ストリーミング配信事業を成長させることは、既存のＤＶＤ郵送レンタル事業の売り上げを減らすことになるからだ。ヘイスティングスが考案した解決策は、ＤＶＤ郵送レンタルと定額制ストリーミング配信を二つのサービスに分けることだったが、これは両方のサービスを利用する会員にとっては六割の値上げとなった。利用者たちは会費の値上げと、「クイックスター」と命名予定の新たなＤＶＤ郵送レンタルサービスに加入しなければならなくなることで、継続をためらった。

そうして何百万人もの利用者が去り、ネットフリックスの株価は七五パーセントも下落した。ヘイスティングスは会員宛に、「私は自分でも考えられないことをしでかしてしまいました。みなさんに、きちんとご説明しなければなりません。私が犯した一番の間違いは、数カ月前の発表の時点で、会費と会員プランの変更点を詳しくご説明しなかったことです」という内容の電子メールを送った。だが、どうやら説明だけでは事態は改善しそうになかった。会員たちは、二つの異なるサービスを以前よりも高い会費で利用する気はさらさらなかったのだ。その年の秋、ヘイスティングスはまだサービスが開始されていないにもかかわらずクイックスターを廃止し、両サービスを再び一本化したサブスクリプションモデルを導入した。それは「ネットフリックス」と名づけられた。

「今思えば」と、ヘイスティングスは当時を振り返った。「あの頃は、ＤＶＤとともに滅びたくないという思いが強すぎました。コダックやブロックバスターといった、崩壊しているあらゆるビジネスモデルを研究しました。あれは非常に難しい問題でした。ですが、とても重要な点を学びました。お客様が望むものが、たとえ弊社にとって次の一〇年をにらんだ戦略的なものでなくても、それはお客様にとっては関係ないことなのです」

とはいえ、この策はたしかに実行面では決して完璧とは呼べなかったものの、ヘイスティングスは実に素早く行動したし、しかもDVDからオンラインへの移行というより大きな判断については正しい答えを出していた。他の大勢が難題とみなしていたものを、ヘイスティングスはチャンスと捉えた。そして、根強い懐疑心や競争にさらされながらも、急速なイノベーションによってネットフリックスを大きくし、増えつづける顧客の拡大するニーズに応えてきた。DVD郵送レンタルサービスはもはやニッチな市場になったが、ネットフリックスは会員数二億人、収益二〇〇億ドル、そして従業員数およそ九〇〇〇人の、巨大ストリーミング配信会社へと成長した。一九九七年にはスタートアップ企業だった同社の時価総額は、今や二〇〇〇億ドルを超えている。

ヘイスティングスの経験談からわかるように、コントロールが出来ない変動要因が多い、移り変わりの激しく、不確実性の高い状況で大胆な施策を行うのはリスクを伴う。小さくまとまって安全な場所に留まるほうが簡単な策ではあるが、それでもベストなCEOたちは不確実な状況でも行動に出る勇気を見せる。この点について、オランダのライフサイエンス・化学大手である、ロイヤルDSMの前CEOフェイケ・シーベスマ（四三八ページ参照）は次のように語った。「何か向こう見ずなことをするたびに、取締役会で『本当に大丈夫なんですか？』と尋ねられました。私の答えはいつも『本当に大丈夫なんてことは言えません。確実かを確かめる方法などないのですから』でした。その結果、不安は互いに隠さずオープンに議論しつつ、チャンスは絶対に逃さずに追い求めるという企業文化が社内に生まれました」

ベストなCEOはリスクを冒して未知の海域へ漕ぎ出そうとするのみならず、荒れ狂う海の上でも果敢に針路から外れないようにする。イギリスの酒造会社ディアジオのCEOイヴァン・メネゼス（四四八ページ参照）は、同社をより顧客ファーストにするという戦略を推進するために、従来は卸売を対象にしていた営業やマーケティング活動を消費者へ向けるように変えた。短期的に売り上げが落ちたとき、メネゼスは投資家の批判の的となり、社内でさえ懐疑的な目を向けられた。メネゼスは当時について「この戦略をなかったことにするのだろうと、社内全体で一挙一動を注目されました。しかし、決してあきらめることなく、なぜこの施策が必要かを説明して信頼を得たことで、真の意味で成長のための土台づくりができたのです」と語った。それ以降、ディアジオはますます力をつけ、株主へのリターンで業界の上位二五パーセントに位置している。

我々の調査の中で次から次へと出てくるCEOたちのこうした経験談は、ファンタジー小説『魔法の国ザンス』シリーズの著者ピアズ・アンソニイによる勇気の定義「恐怖に襲われながらも、前に進んでやるべきことをやる。それこそが勇気だ。恐れを感じないのは愚か者だし、進んで恐怖にとらわれようとするのは臆病者だ」を彷彿させる。[19] CEOの仕事に対するこうした勇気の重要性について、メドトロニックのジョージは「他のすべての面ではCEOとして極めて優秀でも、勇気に欠ける人物を数名見てきました。そういったCEOが率いる企業はしばらくはうまくいっていましたが、徐々に傾いていきました」と率直に述べている。

こうした勇気がどこから湧いてくるのかを探ったところ、ベストなCEOたちについて次の点が明らかになった。ベストなCEOたちは……

・未来を見据えた、傑出した理想主義者になる
・下振れリスクに留意する
・自社のオーナーになった気持ちで行動する
・定期的に「ショック療法」を行う

未来を見据えた、傑出した理想主義者になる

私たちが聞き取り調査を行ったほぼすべてのCEOが、世界がどこに向かっているかについて明確な視点を持つことの重要性を強く訴えていた。彼らはみな、テクノロジーの動向、顧客の嗜好の変化、新たなライバル、脅威となりうる兆候について注意深く見守っている。そうすることで、CEOたちはこうしたトレンドが世間一般の通念になる前に賭けに出られるし、将来的に確立しなさそうな市場や実現の可能性が低いとみなされているテクノロジーへの投資を行うという判断に対して、他者から批判されても信念を抱きつづけることができるのだ。

エド・ブリーン（四六八ページ参照）は将来のトレンドをうまく見極めて有効活用した結果、いくつもの会社を任されてキャリアを築いてきた。二三年にわたるCEOとしての任務で、複雑なコングロマリット事業を巧みに経営して「物言う株主（アクティビスト）」にもうまく対応してきたブリーンは、名戦略家という評判を得るまでになった。タイコ、続いてデュポンのCEOになる前の四〇代前半、ブリーンはペンシルベニア州を拠点とする、ケーブルテレビ受信用セットトップボックスのメーカー、ジェネラル《G》・インストゥルメント《I》のCEOを務めていた。一九九〇年代終盤当時、世界の主

流はまだアナログだったが、ブリーンはデジタルへの移行を予見していた。デジタルセットトップボックスはまだ存在しておらず、製品開発には莫大な費用がかかると思われた。だが、強い信念を抱いていたブリーンは、その問題を解決するために同社の研究開発投資の八割を投入した。この投資は実を結び、GIはデジタルセットトップボックス開発に成功した初の企業となった。ところが残念なことに、この機器の製造コストは非常に高くなってしまった。

ブリーンは当時を振り返って、次のように語った。「前の年にCEOになったばかりだった私は、『他はまだどこもデジタルセットトップボックスを開発できていないのに、うちは成功した』と、ひたすら驚いていました。しかし、まだ問題が解決したわけではありませんでした。これはどんな電子機器でもそうですが、部品コストを抑えるには大量生産しなければならないのです。私はマローン（当時アメリカ最大手のケーブルテレビ会社だったTCIのCEOジョン・マローン）を訪ね、『この技術は確かなものです。この製品があれば、TCIはこの技術で業界をリードすることができます。両社にとって財務的にメリットのある形で、この製品を御社の全国のシステムに導入していきませんか。そのために、御社で使われるセットトップボックスを、すべてGIから購入すると約束していただきたいのです』と持ちかけました。翌日、今度は（ケーブルテレビ会社）コムキャストを訪ねて、同じ取引を提案しました。その後一週間かけて自らの足であちこち走り回った結果、上位一〇社のケーブルテレビ会社と契約することができました」。市場での差別化につながった大規模投資をGIで行ったブリーンは、次に大規模な効率化に取り組んだ。「翌年の私が最も力を注いだのは、『このセットトップボックスのコスト削減』でした。その結果、まさに最初の頃の半分にまでコストを下げることに成功しました」。GIは数十億ドル規模のケーブルテレビ用セットトップボックス市場で大勝し、ブリーンはその後数年にわたって自社の時価総額が急激に上昇しつづけるのを目の当たりにした。

ブリーンが将来のトレンドを予見したもう一つの事例は、その後キャリアを積み重ねてデュポンへ移ったあとのものだ。二〇一七年、農業関連産業は今後企業の統合が進んで、市場に残るのは数社のみになるとブリーンは確信した。そして、業界の動向や経済性を分析したところ、この市場で四位または五位になる企業は苦戦することになると考えられた。当時デュポンには七つの部門があり、農業関連はそのうちの二部門のみだったが、実はその二部門が同社の株式価値の半分以上を占めていたのだ。ブリーンは、農業関連事業の再編成を進めれば、デュポンの株価に短期的に悪影響を及ぼすのではないかと恐れた。だがそれでも、ダウ・ケミカルと合併して、(今日のコルテバ・アグリサイエンスの前身である)一部の事業を分社化するのが自分の取るべき道であることは明らかだった。多くの人は懐疑的で、「ダウとの合併など無茶だ。あなたがやりたい方向で進むことは絶対にない」とこぞって言ってきた。投資家たちも同様に疑念を抱いていて、「ダウとデュポンに共同で何かをさせようとするのは無理だ。この二社は宿敵同士なのだから、うまくいくはずなどない」とブリーンを説得しようとした。ブリーンは当時について「おそらく一〇〇人中九九人は、この取引を進めようとはしなかったでしょう。これは私自身のキャリアの中での最大級の決断でした」と語っている。

反対意見は多かったが、それでもブリーンは、業界の動向を考えればこの合併案は両社にとって合理的であると強く信じていた。「先方は作物防疫関連分野で優位なポジションにあり、私たちは種子関連分野で勝っていました。そこで二社が一つになれば、この業界で間違いなく第二位を維持できるような、すごい企業になると考えたのです」。一部のアナリストから「かつてないほど複雑な企業統合案件」と呼ばれたこの取引の結果、ダウとデュポンは一つの組織となり、次に再編が行われて、ダウ(汎用化学品)、デュポン(特殊化学品)、コルテバ(農業用種子、遺伝子組み換え、農業化学品)の三企業に分割され、三つの企業とも、それぞれの市場で有利に戦える態勢が以前よりも整った。ブリーンは自身のキャリアを振り返って、「ＣＥＯは日々重要な判断を下していますが、中には他と比べものにならないほど、とてつもなく大きなものもあります。私は自身のキャリアの中で、一五回ほど極めて大きな決断をしてきました。現在の私は、ＣＥＯの職に就いて二三年目です。これらの決断が、この先効果を発揮していくことを願っています」と語った。いや、そう願うまでもなく、ブリーンの決断はすでにすばらしい結果をもたらしている。その最大の理由は、彼が将来を見据えることができたからだ。

同様に、私たちが話を聞いたベストなＣＥＯたちは、みな将来の先行きについてはっきりした見解を持っていた。イタリアの電力会社エネルのＣＥＯフランチェスコ・スタラーチェ（四三六ページ参照）は、再生可能エネルギー分野がグローバル規模で競争力を有する巨大な市場に成長すると確信していた。そしてさらに、「将来は何事にもかけられる時間が長くなるどころか、極めて短くなる」とも感じていた。それらの考えをまとめた結果、スタラーチェは火力発電や原子力発電への大規模な設備投資は控えて、三年以下で開発と建設を完了できる再生可能エネルギーを対象とした複数の案件への投資という、より粒度の細かい策を取ることにした。その結果、エネルは世界最大の再生可能エネルギー民間企業へと成長し、時価総額ベースでヨーロッパ最大の電力会社となった。

ＧＭのメアリー・バーラは、電化、自動運転、コネクティビティ、カーシェアリングという、移動に変化をもたらしていると彼女が考えている四つのトレンドに基づいて、果敢に大胆な取り組みを行っている。ＤＳＭのフェイケ・シーベスマは、将来バルクケミカルや石油化学製品分野においてはますます集約化、コモディティ化が進むだろうと予測していた。また、それと同時に、健康、栄養、サステナビリティに関する分野でのチャンスが拡大することも見通していた。その結果シーベスマは自社の事業のフォーカスをシフトし、それと同時に株主のみならず地球と社会にも貢献するようになった。マイクロソフトのサティア・ナデラも、自身が捉えた社会一般、携帯通信、クラウド関連の技術トレンドに基づいて、同様の取り組みを行ってきた。今日においては、ナデラのそうした取り組みに対する功績が認められているが、当時について彼は次のように語っている。「五年前は『そんなの絶対にうまくいくはずがない』とあちこちで言われました。そうです、CEOは孤独な仕事です。この職に就いたら何らかのリスクを取るべきですし、そうしたリスク込みでどう行動すべきかは、自身の世界に対する見方によって決まります。つまり、CEOは世界がどこに向かっているかについての、最先端の見通しを持っておかなければなりません」

こうしたCEOたちは、いったいどのようにして未来を予測しているのだろう？　その方法は、みなが考えるよりもずっと地味な正攻法だ。「キャリアの早い段階から、ビジョンを描いたり、戦略を練るにはどうすればいいのかと考えるようになりました」と、DSMのシーベスマは打ち明けた。「それは書斎にじっと座っていたら『よし、わかったぞ！』と突然ひらめくものでしょうか？　そんなはずはありません。というわけで、私は、関連性がないものも含めて、あらゆる分野の文献を読むようになりました。そうすることで、イノベーションという点だけではなく、ビジネスという側面でも、一見関連性のない事柄を組み合わせて何か新しいことを考えるようになりました。また、あちこちに足を運んで人脈を築いたり、ビジネス、科学、社会分野で多くの人とつながりを持ちました」。DSMを大胆に変革させるための発想は、こうした人脈からのインプットから得られたものでもある。彼は中東地域も含めた業界の専門家たちへの訪問を通じて、DSMは石油や化学メジャーには絶対に勝てないと確信した。それと同時に、彼自身が国連の活動に参加している経験を活用して、サステナビリティや健康に良い食品という、まったく新たな成長分野に広がるチャンスに気づいた。「こうして石油化学分野から撤退して、栄養と健康分野へ経営資源を投入するというアイデアを思いついたのです」。その結果、DSMは一五年かけて大きな変革を遂げた。

レゴのヨアン・ヴィー・クヌッドストープにとって、大人のファンコミュニティという予想外の顧客層が、非常に有益な存在になった。「もともとこの顧客層は詳細がはっきりしない市場とみなされていて、しかも少し変わったグループとも思われていました」とクヌッドストープは打ち明ける。「彼らは毎年ファンミーティングを開催しているので、私も一度参加させてもらいました。六日間一緒にキャンプをして、五、六〇〇人の参加者とひたすら話しつづけました」。そうして参加者たちの信頼を得たクヌッドストープは、この先のレゴの可能性について彼らからたくさんのヒントをもらうことができた。「その後も、メールで情報や意見などを送りつづけてくれました。彼らは子どものユーザーよりもはるかに上級者ではありますが、それと同時にリードユーザーでもあります。それはつまり、彼らに満足してもらえる製品を提供できれば、平均的なユーザーにも満足してもらえる製品にもなるということです。私はこの大人ユーザーたちを、とても信頼しています」。現在、レゴの大人のユーザーコミュニティは世界で一〇〇万人を超えていて、同社の全世界での売り上げの三割を占めている。

ベストなCEOは自身が有する未来への見立てを、自社の戦略立案に組み込んでいる。たとえば、アルファベットと子会社グーグルのCEOサンダー・ピチャイ（四四三ページ参照）は、次のように説明している。「会社の使命と、現在捉えている基本的なトレンドについてまず検討します。それらに基づいて、本当にちゃんと実行したいテーマを五つから一〇個書き出します」。次に、ピチャイはトップチーム、そして社内のさまざまな階層の選抜メンバーと話しあいながら、テーマに磨きをかけていく。このテーマを念頭に置いて、各部門が意欲的な達成目標と主な成果《OKR》を設定し、それらはすべて社内で共有される。その後、ピチャイは「もし五つのテーマの一つが『アジア太平洋地域ファースト』であれば、たとえばユーチューブ部門での検討会議では、チームに『アジア太平洋地域ファーストへの取り組みの進捗状況はどうだろうか？』と確認します」というように、すべての振り返りの会話の中で同テーマに触れて、重要性を高めていく。

下振れリスクに留意する

明確にしておきたいのだが、大胆さと無謀さは別ものだ。ベストなＣＥＯたちは、候補として考えている大胆な取り組みのリスクとそのリターンのトレードオフを、適切に把握している。デュポンのエド・ブリーンも「一番と言っていいほど入念に検討するのは、下振れシナリオです。『予想と違ってうまくいかなかった場合、最悪のシナリオは何だろう？　そして、その状況に自分は耐えられるだろうか？』と自問します。私は最悪の事態に直面することが、いつだって最も不安です。あまりに大きなリスクが必要な決断は、絶対に下しません。しかし、最悪のシナリオが現実になっても自身がそれに耐えられそうで、しかも結果的に現状より少しでも良くなるのであれば、それは先に進んでもいい類のリスクとリターンのバランスです」と説明している。

エコラボの前ＣＥＯダグ・ベイカー（四七四ページ参照）も、リターンとのトレードオフを理解して初めて、リスクを取るべきだと考えている。二〇〇四年に水道衛生関連分野の大手エコラボのトップの座に就いたベイカーは、次のように話した。「大抵の場合は、不完全な情報に基づいて戦略的な判断を下すことになります。自分が欲しい情報がすべて手に入るまで待っていたら、おそらくチャンスを逃してしまうでしょう。そのためほとんどの場合で、不完全な情報に基づいて決断をしなければなりません。私はそういったとき、『どんな失敗であれば、より許容することができるだろうか？』と自問することが多いです」。たとえば、ベイカーは現地の市場が消滅するかもしれないというリスクを背負ってでも、中国に水処理サービスを提供するための大規模設備を七五〇〇万ドルかけて新たに建設するだろう。なぜなら万が一に市場がなくなっても、それは会社全体の崩壊にはつながらないからだ。こうした判断基準に基づいて大胆な取り組みを行った場合、「むしろ動きを抑制してしまうほうが、私がしでかす最悪の間違いになりかねません。極めて重要なのは、会社を成長させつづけること、投資しつづけること、前に動きつづけることです。ただし、それらはみな、会社が成功する確率を高める方法で行われなければなりません」とベイカーは語った。

とはいえ、ベイカーはCEOとして指揮を執っていた当時、ほどほどのリスクしか背負っていなかったわけでは決してない。スイスのダボスで開催された、二〇一一年一月の世界経済フォーラム年次総会（ダボス会議）で、ベイカーはグローバルな水処理会社ナルコのCEOと、コーヒーを飲みながら話していた。それより前に、ベイカーとトップチームはナルコの主要事業でもある水関連の技術を、エコラボの戦略的優先度の高い分野とみなすよう決めていた。ベイカーはこのダボス会議での出来事を振り返って、「相手のCEOは、有利子負債について気をもんでいました。短い会話の中で、四度も持ち出してきたのですから。それで私は、『この会社を詳しく調べてみよう』と思ったのです」と語った。

調査の結果、ベイカーは何としてもナルコを手に入れようと決めた。ベイカーにとってこの取引でのリスクが軽減された理由の一つは、最大のライバルと思われた企業が買収されかけていたことだった。ライバルが混乱に陥っている隙に、エコラボは有利に動けた。さらに、ナルコの一部の事業をスピンオフさせれば全体的なリスクを減らせることも、ベイカーは検討済みだった。その年の七月、エコラボは八一億ドルでナルコを買収すると発表した。その金額は、当時のエコラボの時価総額の七五パーセント相当であった。

ベイカーがこの大きな買収と、さらには一〇〇を超えるより小規模の買収を行ったことで、エコラボが提供する製品やサービス、そして活動地域の範囲が拡大し、その結果顧客はエコラボ一社だけであらゆるニーズを満たせるようになった。一連の投資は、実を結んだ。CEOを務めた一六年間でベイカーはエコラボの時価総額を八倍にし、その間同社の収益は四〇億ドルから一五〇億ドルへと増加した。『ハーバード・ビジネス・レビュー』の「トップ100CEO」に何度も選ばれつづけたベイカーは、CEOとしての最後の年であった二〇二〇年にも『バロンズ』の「トップ25CEO」の一人に選ばれるなど快進撃を続け、さらには新型コロナウイルス感染症パンデミック時には、従業員の給与レベル維持、顧客やレストラン従業員への支援、必要としている人々に約一〇〇万ポンド相当の清掃用品を寄付するといった活動を通じて高く評価された。

ブリーンやベイカー以外のCEOたちの多くも、大胆な取り組みで下振れリスクに実際どう対応したかを教えてくれた。「大きな失敗の最大の原因は、予期せぬ展開が起きることです。私たちはそれに対処することで、最悪の事態を避けてきました」と語ったのは、自動車部品メーカーデルファイの前CEO、ロッド・オニール（四四五ページ参照）だ。「私たちが成功した理由の一つは、『私たちがしなかったこと』に起因するものです。弊社はインド、南米、あるいはロシアで、大規模な展開を行いませんでした。多くの企業がやろうとしていたことにつきものの落とし穴を、私たちはすべて避けてきたのです」。オニールは、どんな予期せぬ展開が起きる可能性があるかを順序立てて念入りに検討することで、落とし穴を避けてきた。「下した決断を実行しようとするとき、ドミノ倒しの一つ目を倒すときのことだけを考えていてはなりません。一つ目のドミノは、おそらく良い結果をもたらすように置かれているはずですから。では、二つ目、三つ目、四つ目、五つ目、六つ目そして七つ目のドミノが順にもたらす結果はどうでしょう？　私たちはディシジョンツリーの分岐を辿って、それぞれの場合に考えられる結果を想定しました。そうした中で、たとえ起きる可能性は極めて低くても、万が一それが起きたときは会社が生き残れなくなるという場合は、その結果につながりかねない策は取りませんでした。取り組みを検討するときに『何てこった、これが起きたら大惨事になってしまうけど、たぶん起きないだろうからとにかくやってみよう』というようなことは、絶対にしなかったのです」

　ベストなＣＥＯは、パターン認識に基づいた何らかの経験則を時間とともに習得することで、下振れリスクを避けられるようになる。二〇〇一年から二〇一四年までダナハーでＣＥＯを務め、その後ゼネラル・エレクトリック《ＧＥ》の会長兼ＣＥＯに就任したラリー・カルプ（四六四ページ参照）は、買収を行うかどうかを決める際に次の三つを必ず検討した。「まず、対象市場とその企業を、私たちが気に入っているかどうか。そして、私たちがその企業に付加価値を与えられるかどうか。それから、Ｍ＆Ａ取引が数字面で折り合いがつくかどうかです。大事なのは、この順番で検討しなければいけないということです。大半の投資銀行が望むように逆の順での検討を行うと、将来的に厄介な事態に陥ります。私たちがその企業の価値を高められるか、そして私たちがオーナーとしてベストなのかどうかについては、自分たちでかなり率直に話しあいました」

　カルプのこの考え方は、経験によって身についたものだ。「当初は、たしかにＭ＆Ａ取引を行うことが中心の考え方でした。買収を検討している企業の中身を吟味することは、ほとんどありませんでした。最も重要なのはＭ＆Ａの数字面で、それ以外はさほど大事ではなかったのです」。その後、ダナハーのＣＥＯに就任したカルプが、粗利益率をより高められ、設備投資がより少なくてすむ企業にこだわって買収を進めた結果、同社のポートフォリオは戦略的な一貫性を持つようになり、それが成長につながった。しかも単なる成長ではなかった。カルプのCEO在職期間中に、ダナハーのTRSは五・六五倍になった。ちなみに、同期間のS&P500の伸びは二・〇五倍だった。また、同期間にダナハーの時価総額は二〇〇億ドルから五〇〇億ドルに増加し、収益は五倍になった。

ベストなCEOたちは理にかなった分析手法を採用して、リスク分析に役立てている。アドビCEOのシャンタヌ・ナラヤン（四四五ページ参照）は、すべての顧客をクラウドに移行させるという同社の大胆な取り組みの裏側で行われていたことについて語った。「会社の製品をサブスクリプションにシフトするのは正しいビジョンである、というのは直感的にわかっていました。このビジョンを検証するために、役員会議室は価格決定モデルやユニットエコノミクスモデル、ライセンス型の利用者がどれくらいのペースで減ってオンラインサブスクリプション利用者がどれくらいのペースで増えるかの予測で、まさにあふれかえりました。私たちはこうしたモデルが出した結果を、数時間にわたり検討しつづけました」。そうしたことで、チーム全体のコミットメントが高まった。「踏み出すには勇気がいりますが、それでもこの議論を通じて、私たちはこのビジョンを実現できること、そしてそれが長期的にはアドビ、そして利用者や株主のみなさんの利益になることが確信できたのです」

自社のオーナーになった気持ちで行動する

ベストなCEOたちによると、大胆な取り組みに対する決断を下さなければならないとき、正しい答えに辿り着くための最良の方法は、自分が会社のオーナーになった気持ちで考えることだ。

ジェネラル・インストゥルメントで初めてCEO職に就いたエド・ブリーンは、当時の自身の思考プロセスに最も大きな影響を与えた出来事を振り返った。「あの頃、会社の運命を左右しかねない大きな決断を、いくつか下さなければならない状況に直面していました。そこで、弊社の最大の投資家であり取締役でもあったテッド・フォルストマンを訪ねて相談しました。すると、彼は『エド、これは君の会社じゃないか。さあ、鏡で自分を見つめて、自分で決断してみたらどうかな？』と言ってくれたのです」。当時新米CEOだったブリーンはこのアドバイスに多大な影響を受け、それ以降は自分が会社を一〇〇パーセント所有している気持ちで常に決断を下してきた。「そうすると、多くの関係者のことを気にしなくてもよくなります。なぜなら、自分が会社にとって正しい判断をしたことがわかっているからです。これは関係者、つまりサプライヤー、顧客、従業員、投資家たちをないがしろにしているわけではありません。要は、自身が正しい判断に到達したことがわかれば、あとは取締役会、トップチーム、従業員といった周囲とどう協力して進めるべきかを考えればいいだけですから」

会社のオーナーになった気持ちで考えると、短期的な問題と長期的な問題への取り組みがうまく両立できるようになる。ヴァレオのCEOジャック・アシェンブロワも、自身がオーナーになった気持ちで考えている。「CEOには、会社の長期的な将来に対する責任があります。会社の業績をただちに改善するのは、とても簡単です。私は研究開発費や資本支出（設備投資）を、自由に制限できるのですから。そうすればすぐにすばらしい結果を出せますが、数年後に会社は大変なことになるでしょう。長期的に考えられなければ、真のCEOとは呼べないと思っています。会社を代表しているのはCEOであるあなた一人だけですから、あなたは会社に最大の利益をもたらせるよう行動しなければなりません」。また、産業機械の大手アトラスコプコの前CEOロニー・レテン（四五一ページ参照）も、自社の取締役会とトップチームに「ここは同族経営の企業のように行動しましょう。私がこの家族の長です。私たちの子どもや孫のために、長期間にわたる価値を高めましょう。そうすれば、景気循環とは関係なく経済価値を生み出しつづけられます」と呼びかけるほど、オーナーになった気持ちで考えていた。

南半球で最大の金融コングロマリットへと成長し、時価総額では全世界の銀行で一〇位に入っているイタウ・ウニバンコの元CEOで、現在は共同会長を務めるロベルト・セトゥバル（四三九ページ参照）は、オーナーになった気持ちで行動すれば極めて大胆な取り組みも強い信念を持って行えることを、同行のCEOになったばかりの頃に学んだ。「私が弊行のCEOを務めていた当時、突如としてインフレが終わりました。弊行は、赤字に陥りかけました。そんなことは、ここで働いていて初めてのことで、私はうろたえました。しかし、オーナーになった気持ちで判断すること、そして、たとえどんなに物議を醸しても、この銀行の長期的な価値を高めつづけるためには何でもすることが、CEOとしての自分の仕事なのだとわかっていました」。当時の銀行の大半は口座手数料を取っていなかったが、現実問題として、イタウ・ウニバンコはその方針を変えなければ、この難局を乗り切れる見込みはなかった。同行は新たにかかる手数料について、テレビや新聞に大々的な広告を出した。セトゥバルは同業他社のライバルたちから、「あなたはどうかしてしまったのか」「あなたの銀行の顧客はみな口座を解約するだろう」と口々に言われた。「しかし、彼らの予想は外れました。弊行のお客様は、手数料の支払いを受け入れてくださいました。なぜなら、私たちは手数料を非常に透明性高くお客様に伝えたからです。どうやら、目に見えない形で手数料を徴収している他行のやり方に、多くの方がうんざりされていたようです」と、セトゥバルは語った。

アルファベットのサンダー・ピチャイは、創業者ラリー・ペイジとセルゲイ・ブリンによる大胆な戦略的取り組みから発想を得た。「通常、CEOが大きな変革を起こそうとしても、組織はその方向へ少しだけしか動かないものです」とピチャイは振り返る。「ラリーとセルゲイは一見理屈に合わないほど極端なポジションを取ることで、それを見た人々に『なぜそんなことをするんですか？』と疑問を持つよう仕向けるのが非常に得意でした。でもそのアスピレーションの大きさゆえに、彼らは組織全体を大きく動かすことができたのです。他ではまずやっていないことに、会社全体がすぐさま取り組めました。当然ながら、最も優秀な人材がそこには引き寄せられます。もしチームが当初の目標の一〇分の一しか達成できなかったとしても、結果としては社会を変える大きなイノベーションを実現できるのです」

定期的に「ショック療法」を行う

これはロベルト・セトゥバルがCEOとしての二二年間の任期の中で、自行を同業他社と差別化するために行って効果が得られた、数々の大胆な取り組みの一つだ。セトゥバルは自身のこの経験から、「自分自身を徹底的に見つめなおさなければなりません。世界は変化しています。あなたも変わらなければならないのです」というアドバイスをくれた。

セトゥバルのイタウ・ウニバンコにおける第一幕では、セトゥバルは経営難に陥っていた四つの大手国有銀行を速やかに買収・統合することで、イタウを地方銀行から全国規模の銀行へ成長させた。第二幕では、大規模な投資を行い、同行をリテール専業から、法人向けや投資銀行業務分野でトップ銀行へ押し上げた。その間、プライベートバンキング部門まで業務を拡大し、さらにはラテンアメリカ地域の三つの国に参入した。第三幕では、アジャイルなオペレーティングモデルを導入し、経費を大幅に削減して効率性を高め、同行のパフォーマンス文化を見直した。さらには、ウニバンコと合併

「ショック療法」を行って、パフォーマンス向上のＳ字カーブを何度もつくりだす

イタウ・ウニバンコのロベルト・セトゥバルの例

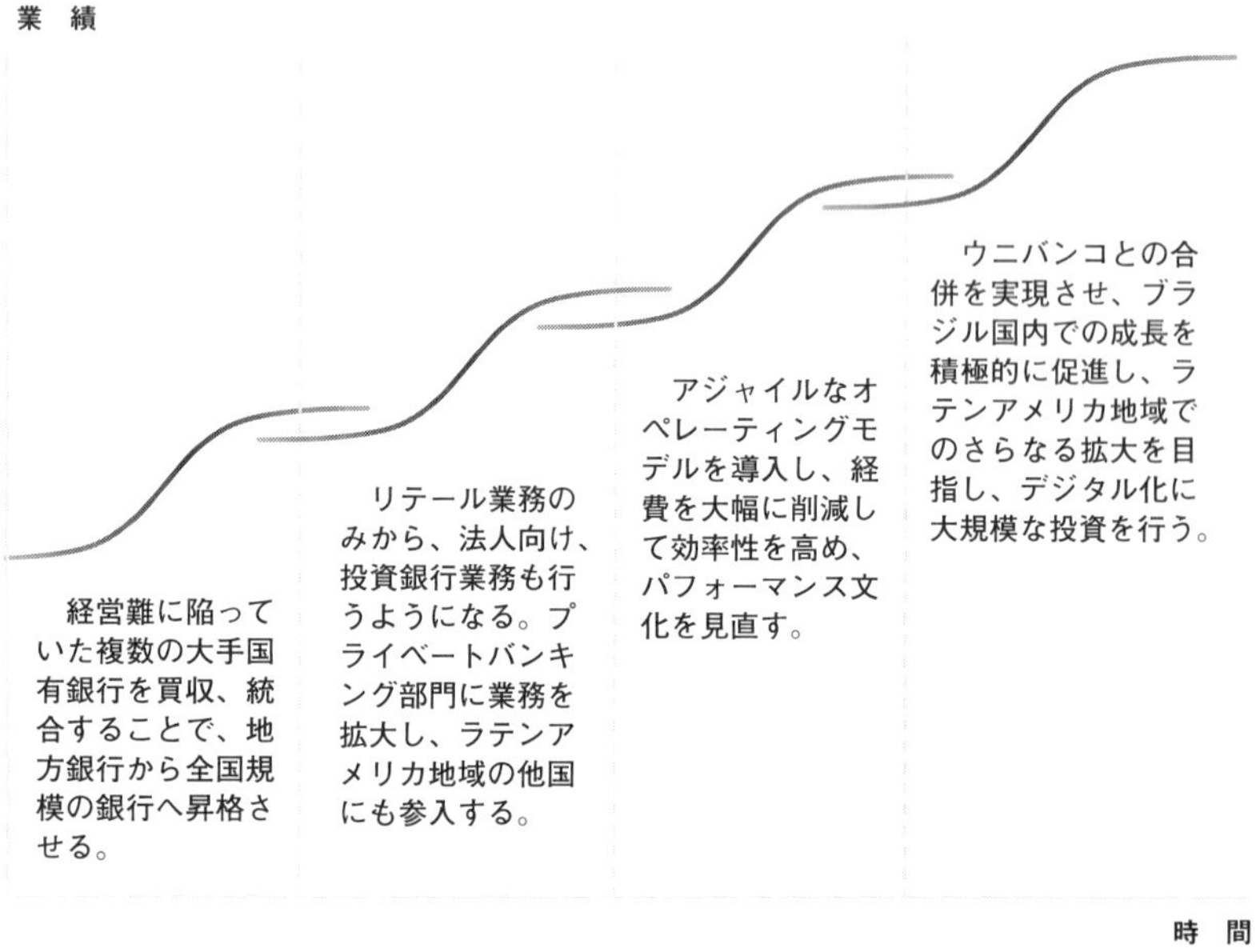
業　績
経営難に陥っていた複数の大手国有銀行を買収、統合することで、地方銀行から全国規模の銀行へ昇格させる。

リテール業務のみから、法人向け、投資銀行業務も行うようになる。プライベートバンキング部門に業務を拡大し、ラテンアメリカ地域の他国にも参入する。

アジャイルなオペレーティングモデルを導入し、経費を大幅に削減して効率性を高め、パフォーマンス文化を見直す。

ウニバンコとの合併を実現させ、ブラジル国内での成長を積極的に促進し、ラテンアメリカ地域でのさらなる拡大を目指し、デジタル化に大規模な投資を行う。

時　間

話を進めて実現させた。そして最終幕では、ブラジル国内での成長を積極的に促進し、ラテンアメリカ地域でのさらなる拡大を目指したうえ、さらに同行のデジタル化に優先的に投資を行った。

　セトゥバルの経験は、ベストなＣＥＯの多くが、大胆な取り組みを行うことを、時間とともに変化を促す連続する「Ｓ字カーブ」の集合体として捉えていることを示している。これはつまり、一連の大胆な取り組みを通じて集中的な活動と抜本的な改善を行う成長期に突入し、その後引きつづき若干の改善も行われる回復期に入る。続いて集中的に大胆な取り組みが行われる成長期に再び突入し、以降この周期が繰り返されていく。ベストなＣＥＯは、現在のＳ字カ

ーブがうまくいっているのを確認しながら、次のS字カーブを常に探している。この両立について、マイクロソフトのサティア・ナデラは「辛抱強く長い目で見なければならないこともあります。一方、早急に対処しなければならないこともあります。どんなテンポで行うべきかを見極めるのは、興味深い仕事です。大事なのは、将来と現在のバランスをうまく取ることです。それができるのはCEOだけです」と語った。

ナデラの言うとおり、ベストなCEOは自身が起こそうとしている変革をどんなテンポで行えばいいかを、慎重に考える。「それは簡単ではないですが、どうしてもやらなければならないことなのです」。変革をもたらすことについて企業にアドバイスを行う専門家でもある弊社マッキンゼー・アンド・カンパニーのドミニク・バートンはそう語っている。「誰だって変化を好みませんから、変化していくリズムをつくらなければなりません。それは組織に『ショック療法』を行うようなものだと考えてください。一九三五年当時の企業の平均寿命は九〇年でしたが、二〇一五年においては一八年でした。『一〇年後に生き残っているには、何をすべきだろう？』と考えなければならないのです。十分な頻度で十分大きな変革を起こさなければ、会社の存続に関わります。そうした行動を今とらなければ、先はありません」。マッキンゼーを率いていた当時、バートンは同社を優れたアドバイスを提供するコンサルティング会社から、顧客が変革を実行する際にサポートする協働パートナーへとシフトさせるのに成功した。顧客へのアドバイスのインパクトに基づいたフィー体系の導入、サービスをコンサルティングからさらに先の、顧客が変革を実行するためのサポートにまで拡大、そして高度なデータ収集分析能力を備えるための大規模な投資は、バートンが行った数々の「ショック療法」のほんの一例だ。

ベスト・バイのユベール・ジョリーは、同社に「ショック療法」を与えてS字カーブを次々とこなしていった理由と方法について、次のように説明している。「私たちの仕事は『リニューブルー』と呼んでいた再建策から始まりました。しかしある時点で、この事業再建の終了を宣言をしたほうがいいことがはっきりしました。この再建策が進められていた当時について、一部の人々は、極めて保守的な経営環境と考えており、経費削減に重点的に取り組み、信頼を失わないためにリスクをほとんど取らないようにしていた時代だったと記憶しているかもしれません。そうやって目標を達成するほうが、資本市場から高評価を得られやすかったのです」

ジョリーがこの事業再建を終了しようと思ったのは、ベスト・バイが成長期に移行できる時期が来たと判断したからだった。ただし、それは自社の潜在ポテンシャルを発揮するために、より多くのリスクを取らなければならないということでもあった。ジョリーはCEOとして、同社を次の戦略施策「ニューブルーの構築」へ移行させた。事業再建の期間においても、ジョリーはプライスマッチの導入、海外市場からの撤退、サプライヤーとの協力・パートナー関係の見直しといった、大胆な取り組みをすでに次々と実現していた。そして今回は成長を重視したことから、スマートホーム市場で業界トップを獲得、センサーやAIで高齢者介護市場に参入、どこで購入した製品でもお客様サポートが受けられる「トータルテックサポート」プログラムの導入といった、さらなる「ショック療法」を実施した。

私たちは、就任直後はいくつもの大胆な取り組みを行って好調なスタートを切ったにもかかわらず、数年もすると組織の意欲が薄れて活動が徐々に停滞していくことに悩むCEOから相談を受けることが多い。そうしたCEOたちは「早めに大胆な行動に出る」ことは知っていても、そこに「そして何度も」という続きがあることに気づかなかったようだ。それぞれの大胆な取り組みには明確な出発点と着地点を設定する一方で、各段階が終了するたびに、自信を深めてさらなる変化に備えた余力を蓄積しなければならない。月面着陸にも等しい壮大な目標が達成されたら、勝利を祝い、経験から教訓を得る時間を取るべきだが、それと同時に、会社がもっと先へもっと速く進むための、次の大胆な取り組みについても考えなければならない。そうすることで、本書の最初でも取り上げたように、ベストなCEOたちはより経験の少ないCEOが陥るスランプをうまく避けながら、業界の平均を上回る業績を長期的に実現しつづけているのだ。

ベストなCEOがいかにしてS字カーブに対応しているかを、ベルギーを拠点とする銀行・保険業務が中心のグループ企業KBCのCEOヨハン・タイス（四三四ページ参照）を例に見てみよう。二〇一九年、金融サービス業界で大手の同社は、ヨーロッパ市場で最高レベルの利益を計上しつづけていた。それに加えて、高い流動性を誇り、自己資本も十分だった。タイスは『ハーバード・ビジネス・レビュー』の「世界のトップ100CEO」で、三年連続トップ10入りしていた。「壊れていないなら、直そうなどという余計なことはするな」といったシナリオがあるとすれば、それはまさにタイスの置かれた状況がそうであった。では、彼はいったい何をしてきたのだろう？　「自身の戦略を見直しました。私たちは選んだ道を歩みつづけていますが、ギアを一つ上げようとしています」とタイスが言うように、彼も他の偉大なCEOたちとまったく同じことをやってきたのだ。同社は「これまでとほぼ同じだが、若干異なる戦略」と社内で呼ばれていた前のS字カーブの成功を祝ったのち、その曲線から離れた。そして「若干異なる、次のレベルへ向かう戦略」と名づけた新たなS字カーブに取りかかった。この新たな一連の大きな取り組みでは、世界で最もデジタルファーストな、データとソリューションドリブン型の総合金融機関を目指すために、AI、迅速な意思決定、金融商品やプロセスの簡略化に重点を置いている。

大胆な取り組みには、大きなリスクがつきものだ。だが、ベストなＣＥＯたちは、アイスホッケーの殿堂入りを果たしたウェイン・グレツキーの言葉「ゴールを一〇〇パーセント外すのは、打たなかったシュートだけだ」が意味しているものをよくわかっている。つまり、最大のリスクとは、不確実さに直面したときに弱気になることなのだ。ベストなＣＥＯは、将来について明確な見立てを持ち、リスクとリターンのトレードオフを十分に把握し、会社のオーナーになった気持ちで行動し、在職期間を通じて「ショック療法」を行いつづけることで、ためらわずに大胆に行動できる。

たしかに確実に成功する保証はないが、それでも早めに、そして何度も大胆な行動に出なければ、トップの業績を誇る企業になれる可能性は極めて低いという事実に変わりはない。前にも触れたとおり、成功に大きく関わっている五つの大きな取り組みの一つであるリソース配分は、他の大きな戦略的取り組みを成功させるためにも極めて重要だ。ここまでは主にビジョンと戦略を見てきたが、次は会社を正しい方向へ向かわせるために欠かせない決定的な手段である、このリソース配分を取り上げる。

第三章 リソース配分を最適化するための行動習慣

社外の人間になったつもりで行動する

狂気とは同じことを何度も何度も繰り返しながら、異なる結果を期待することだ
——リタ・メイ・ブラウン
（一般的には、アルベルト・アインシュタインの言葉とされている）

一九三八年にナチスドイツがオーストリアを併合し、ユダヤ人が不当な扱いを受けたため、数学者エイブラハム・ウォールドはアメリカへの移住を決意した。アメリカが第二次世界大戦に参入すると、ウォールドは自身の統計学の技法を戦争時の各種課題に活用するよう依頼された。その一つは、敵の砲撃による爆撃機の損失を最小限に食い止めるためのアドバイスだった。

戦闘から何とか無事に帰ってきた爆撃機を多数調べたところ、機体の同じある部分がより多く被弾していることが専門家たちによって判明した。軍の幹部たちは損傷を最小限に抑えるために、その箇所を補強しようとした。一方、ウォールドは軍の幹部どころか外部の人間だった。そして、外部の人間としてこの問題を検討した彼は、最も被害が少なかった箇所を補強するべきだと提言した。という

のも、心臓部を撃たれた機体が基地に戻れる可能性はほぼなかったはずだと推測したからだ。戻ってこられた機体が被弾した箇所は、おそらく心臓部ではなかった。つまり、何度被弾しても持ちこたえて、無事生還した箇所を補強しても、目的達成にはつながらないというのがウォールドの結論だった。

ウォールドと同様に多くのCEOも、リソースが正しい箇所に配分されなければ戦いに負けてしまうと考えている。実際、ある調査では八三パーセントのCEOが、リソース配分を成長のための主要な手段とみなしていて、しかも卓越したオペレーション能力やM&Aよりも重要だと考えていた。[20] 彼らが考えるとおり、リソース配分は重要だ。前の章でも取り上げたが、上位一割に属する高パフォーマンスCEOは平均的な業績の企業のCEOに比べて、はるかに多くの資本を、はるかに頻繁に再配分する可能性が高い。私たちの調査によると、リソース配分が重要であることが十分認識されているにもかかわらず、三分の一の企業は毎年資本のわずか一パーセントしか再配分していない。一方で、高パフォーマンス企業では平均は六パーセントを超えている。

リソース配分に関する判断が会社のビジョンや戦略に沿うものでなければ、ビジョンや戦略はともに決算説明の場で語られるにすぎない、空しく響く言葉だけのものとなり、その企業は信用と説得力を急速に失うことになるだろう。さらに、CEOが資本市場よりも効果的に資本を配分できない場合、その企業は株主から見ても正当な経営管理ができていないと映るし、物言う株主たちによる会社分割の動議までも引き起こしかねない。それに加えて、人は個人の利益を重視するようになると全体の利益をないがしろにするという「コモンズの悲劇」問題が加わることを考えれば、ベストなCEOたちが先頭に立って、リソース配分において中心的な役割を果たすことは想像に難くない。

では、リソース配分をビジョンや戦略に沿ったものにするうえでの、障害は何だろう？　社内的には、「A部門からリソースを取り上げてB部門に割り当てる」ことへの社内政治的な問題が絡んでいる。「リソース配分は最も重要な仕事の一つです」と、アディダスのカスパー・ローステッドは語っている。「大半の人はリソースを差し出したくありませんので、ＣＥＯが介入しなければならない場合が非常に多いのです」。社外の壁が立ちはだかることもある。株式市場ではリソースの再配分は長期的には大歓迎されるが、最初の数年間は利益が減少する傾向があるため短期的には嫌われる。つまり、こういった社内・社外双方の事情に鑑みても、ＣＥＯが「大胆であれ」というマインドセットでリソース配分を行わなければならないのは明らかだ。もしそれができなければ、リソース配分を正しく実行することは到底不可能なのだ。

　外部から招聘された立場のほうが、ずっと楽にリソースを配分できる可能性が高い。ボストン・サイエンティフィックのＣＥＯマイク・マホーニー（四五〇ページ参照）は、自身の経験を次のように語った。「社外の人間だったことで、非常に助けられました。生え抜きの社員たちは、薬剤溶出性《DE》ステント《S》やカーディアック《C》・リズム《R》・マネジメント《M》市場にあまりに集中しすぎていました。それらは重要な事業ではありますが、より急速に成長している市場で私たちの革新的な技術力を活かしてトップになれるチャンスが、他にもたくさん存在しているのです。私たちには新しい戦略が必要で、そして迅速に動く必要もありました」。マホーニーと彼のチームは、当時はその八割が成長率の低い中核事業に集中的に投下されていた研究開発投資を、内視鏡検査、ニューロモジュレーション、末梢血管インターベンション、インターベンショナル・オンコロジー、泌尿器学といった、より急速に成長している市場へ計画的に再配分した。マホーニーがＣＥＯに就任してから現在までの八年間で、同社の収益とＥＢＩＴＤＡ（支払利息・税金・減価償却・償却控除前利益）は五割増しになり、時価総額は七倍以上になったことから、メドテック分野に投資を振り向けるというこの取り組みは正しかったことが証明された。

ただしベストなＣＥＯたちは、社外の人間のように大胆に振る舞うためには、必ずしも実際に外部から来なければならないわけでもないこともわかっている。一九八〇年代前半、インテルの純利益が一億九八〇〇万ドルから翌年二〇〇万ドルに急落し、同社は危機に陥った。当時の社長アンディ・グローブがＣＥＯのゴードン・ムーアに「もし私たちが追い出されて、取締役会が新しいＣＥＯを連れてきたら、その人は何をすると思いますか？」と尋ねたところ、ムーアはためらうことなく「メモリチップから撤退するだろうね」と答えた。グローブはムーアをしばらく見つめたあと、「では、いったん仕切り直して、私たちがそうするのはどうでしょう？」と言った[21]。その後は、よく知られているとおりだ。インテルはＤＲＡＭチップから手を引いて、マイクロプロセッサという新たな製品に将来を賭けた。その結果、同社はコンピューターの新時代を切り開き、何十年にもわたって成功を収めつづけた。

グローバルコングロマリットのダナハーは、リソース配分について社外の人間の視点を適用することをビジネスモデルへと発展させた企業の絶好の例だ。もともとは不動産投資信託会社だったダナハーは科学とテクノロジーを幅広く扱うようになり、ライフサイエンス、医療診断機器、環境および応用ソリューション、歯科医療機器関連の製造業の集合体へと進化した。ラリー・カルプの指揮のもと、同社はリソース配分を行うためにも、ダナハービジネスシステム《DBS》という手法を徹底的に活用した。ダナハーはＤＢＳを活用することで、最良の投資機会の見極めや、リソースを捻出するための業務改善の推進が可能になり、買収した企業を世界に通用するレベルに育てられるようになった。また、ＤＢＳを活用することで、ダナハーのトップチームはＭ＆Ａ機会の見極め、グループ内への投資、事業の売却といった、リソースの再配分の検討に五〇パーセント以上の時間を費やしている。同社はカルプが率いてきた一四年の間に二二〇億ドル相当の買収を行い、所有した企業の三分の一以上を売却した。

リソースの再配分について社外の人間になったつもりで考えられるCEOは、伝統に縛られることも、社内のしがらみにとらわれることも、短期的な重圧に屈することもない。それよりも、「もし会社を買収して新たにやってきた、社歴もなければ心情面で何のしがらみもない新CEOならどうするだろう」と、日頃から自身に問いかけている。そうして、そこから導き出された、リソースの再配置についての具体策は次のとおりだ。ベストなCEOたちは……

- ・ゼロベースから始める
- ・全体最適から考える
- ・（年間予算ではなく）マイルストーンで管理する
- ・育てる分と同じくらい捨て去る

ゼロベースから始める

心理学者ダニエル・カーネマンが編み出した実験の一つであるくじを使った実験と、その結果から得られた当事者意識を生み出すための教訓については、ビジョンについての章ですでに取り上げた。ここではカーネマンによる別の実験を紹介しよう。あるスーパーでは、キャンベルのスープが「お一人様一二缶まで」という表示とともに、一缶七九セントという特価で売り出されていた。別のスーパーでもまったく同じ価格で安売りされていたが、購入数を制限する表示はなかった。では、一軒目のスーパーでは、客は平均何缶購入しただろうか？　答えは七缶だ。では二軒目では？　そこでは、わずか三缶程度だったのだ[22]。

これはいったいどういうことで、しかもこの章の内容とどう関係しているのだろう？　この実験は、「アンカリングヒューリスティック」と呼ばれる思考がいかに強いかを示したものだ。ヒューリスティックの本質は、複雑な判断を単純化するために脳が用いる「知的ショートカット」や経験則だ。認知バイアスとも呼ばれていて、これについては意思決定の章でさらに深く掘り下げる。「アンカー」とは、何らかの判断を行うときに頼りにする情報のことだ。先ほどのスーパーの実験では、買い物客の脳は「お一人様一二缶まで」という情報をアンカーにして、そこから下方へ調整された。もう一方のスーパーで三缶しか買わなかった客は、一二という数字が頭の中になかったゆえ、通常購入すると思われる量により近い缶数、あるいはゼロから上方へ調整した缶数を購入したのだった。

では、この結果から学んだことを、多くの企業がこれまでリソース配分を行ってきた方法と照らし合わせてみよう。その多くの場合、昨年の予算や過去の何らかの基準値（これらが「アンカー」だ）が出発点となる。つまり、従来ずっと行われてきた方法に基づいて資本が分配される可能性が高いということだ。たとえば、もしサリーさんの部門への今年の割り当てが全体の二パーセントだったら、おそらく来年も同じ分だけ（あるいはほぼ同程度）分配されるだろう。だが、もし「アンカー」がゼロになったとしたら、どうだろう？　その場合、どんな投資も当然のものとはみなされないようになるはずだ。すべての投資案件は精査され、代替策が検討され、会社の戦略とビジョンの実現にどれくらい役立つかどうかに基づいて承認されることになるだろう。これが、私たちがリソース配分における「ゼロベース手法」と呼んでいるものだ。たしかに従来と比べてはるかに骨の折れる手法ではあるが、ベストなＣＥＯたちはそれに見合うだけの価値が十分あると思っている。

メアリー・バーラは二〇一四年にＧＭのＣＥＯに就任すると、リソース配分を彼女の優先業務リストのトップに置いた。当時のＧＭは自動車メーカーとして世界中の市場に参入していたが、必ずしも常に成功していたわけではなかった。同社は、あらゆる場所のあらゆる人に、あらゆるものを提供しようとしていたのだ。要するに、ＧＭは資本やその他のリソースをあまりに広範囲に散らばらせすぎたため、主要な市場でさえも勝てなくなっていた。

適切なリソース配分を目指したバーラは、割り当てる予定の資本の利益計画を綿密に調べるようにした。当時について、バーラは次のように語った。「アジア地域のトップが一国向けの一製品のために数億ドルの投資を求めてきたあの会議のことは、決して忘れられません。そこで示された計画内容は、いわゆる『私たちはこれをやり遂げますが、その結果損失が出ます』だったのです。『これだけの利益を出す予定ですが、リスクは高いです』ではありませんでした。そこで私は『なぜこれをやる必要があるんでしょうか？　回収できないとわかっていながら、資本を配分しなければならない理由は何でしょう？』と尋ねました」

アジア地域のトップの言い分は、「私たちは長年ここでやってきました。この市場から撤退することはできません。とはいえ、この製品に投資できないと売るものがなくなってしまうのです」というものだった。それを聞いたバーラは、以前ある取締役に言われた「損をすることは、戦略的でも何でもない」という言葉を思い出したそうだ。

バーラはさらに振り返った。「私は最高財務責任者《CFO》に向かって、『これは無理です。利益が見込める計画もないのに、資金を投入するわけにはいきません』と言いました」。ＣＦＯもバーラとまったく同じ意見だったことから、二人は利益が見込める計画がなければ資本は分配されないことを、出席者全員に通告した。「地域または国での利益率を改善するか、製品やセグメントでの他社との競合状況を改善しなければ、そこから撤退します」

のちに、バーラはGMが勝つために必要な製品、ブランド、強力なディーラーネットワークがないその市場から撤退することを決めた。「私たちは、そこで必死に頑張ってきました。GMはそこで二〇年間やってきましたが、正しい戦略的な計画とともに市場に参入するという適切な方法を取ってこられなかったことを、認めざるをえませんでした」

バーラはCEOとして今日までずっと、リソース配分に対するゼロベース手法を活用しつづけてきた。GMが勝ってしかも投資に見合う利益を生み出せる絶好のチャンスがあるかどうかを、市場ごとに注意深く分析してきた。こうした戦略的な見直しを行うとき、バーラは深く分析するとともに、「別のビジネスモデルを考えられないか？　別のところから製品を調達できないか？　それとも市場から撤退しなければならないのか？」といった点で経営幹部たちと徹底的に議論する。そこで幹部から反対意見が出ると、バーラは「ではあなたは、自分のお金をこの計画につぎ込もうと思いますか？あなたが自分のお金をつぎ込みたくないことに、なぜ私たちがつぎ込まなければならないのでしょう？」と尋ねるのだ。

主な投資がそれぞれ会社のビジョン、戦略、財務目標を反映しているかどうかを、問いを重ねて細かく確認していくバーラの手法は、私たちが聞き取り調査を行ったベストなCEOたちの大半が取り入れているものだった。たとえば、メドトロニックのビル・ジョージは、「物事を新鮮な目で見ることができる能力」についての重要性について指摘し、レゴのヨアン・ヴィー・クヌッドストープは「経営リソースを従来とはまったく違う形で再配分しなければ、勝てるチャンスは絶対にやってきません。それゆえ、私たちは製品ポートフォリオの半数から七割を毎年一新するようにしたのです」と説いた。

全体最適から考える

ベストなCEOは、各投資計画に対してゼロベース手法を取るのに加えて、正しい答えに素早く一気に到達するための合言葉である「全体最適から考える」ことを多用している。

マリリン・ヒューソンは、ロッキード・マーティンでCEOを務めていたときにこの合言葉を具体的にどのように使っていたのかを語った。「CEOになる前は事業部門のトップを務めていましたので、各部門が正当な取り分以上の予算を確保しようとするのは、よくわかっていました。そこでCEOに就任後、私は各事業部門のトップに、『みなさんの投資計画を、隅から隅まで徹底的に検証します。その後すべての計画を一つにまとめて、優先順位が低い投資計画の予算を削り、企業としてやらなければならないと我々全員が考えている計画にその分予算を上乗せします。それによって、みなさんの中の誰かは、何かをあきらめなければならなくなるかもしれません。一方で、何らかの取り組みを主導して推進することになる方もいるかもしれません。それでも私たちは、航空、宇宙、ミッションシステムといったそれぞれの事業部門のリーダーとしてだけではなく、会社全体のリーダー、そう、ロッキード・マーティンのリーダーとして協力しあって進めていかなければ、〈ワン・ロッキード・マーティン〉として強くなることは不可能なのです』と訴えました」

この点について、デュポンのエド・ブリーンも具体例を説明している。「あるチームが『五億ドル分の経営資本を使わせてください』と願い出てきたとします。すると、CFOは私とこんな相談をすることになっているのです。『このA事業本部のプロジェクト計画は、まずまずだと思います。とはいうものの、B事業本部の計画は非の打ちどころがありません。ゆえにAの計画ではなくBのほうを進めるべきです』」。ブリーンはさらに続けた。「そうせずに、すべての判断を事業部門のトップに任せた場合、当然ながら彼らは自身の部門にとっての正しい判断をするでしょう。しかし、それが会社全体にとって必ずしも正しいものとは限りません」

リソース再配分とは、新たな投資案件を検討して進めたり、その他の投資計画を却下したりするというものだけではない。誰にどんな予算を、どんな期待を込めて任せるかということでもある。私たちが話を聞いた中には、事業部門により大きな権限と責任を持たせるために、リソース配分を本社から事業部門に移したCEOもいる。一方、それとは逆に、効率性と一貫性のためにリソース配分を本社に集中させたCEOもいた。どちらの場合でも、この取り組みは会社全体として勝つためだという強い信念をCEOが抱いていなければ、そうしたリソースシフトは提案されるだけに留まり、終わりなき縄張り争いへとつながってしまうものだ。

アリアンツのオリバー・ベイトは、いくつかの機能を本社に集中させたときに受けた抵抗と当時の社内政治のごたごたを切り抜けるために役立った、自身が用いた例えについて説明した。「社内にはいくつもの王国があるようなもので、それぞれの王国で独自に穀物を生産したり、牛を育てたり、機械設備を備えたり、幹線道路を築いたりしています。それゆえ各事業部門のリーダーたちは、『それらのリソースをすべて奪われてしまったら、私はもはや王国を支配できなくなります。私に残されるのは、単なる販売ルートの一拠点にすぎません』と訴えてきました」

「しかし、これは完全に間違った考えです」とベイトは続けた。「フォーミュラ1のメルセデス・ベンツチームに例えるほうが、考え方としてより適切です。このチームには二人のチャンピオンがいます。その一人はワールドチャンピオンを獲得したレーシングドライバーのルイス・ハミルトンで、彼はいわば事業部門のトップのようなものです。もう一方はレーシングカーを製造しているメルセデスで、こちらは中核的な機能部門の役割を担っています。ルイス・ハミルトンはタイヤ、ハンドル、車台、あるいはエンジンを設計したりはしません。それでも、上海、モンテカルロといったレースで運転しなければなりません。しかも、一位にならなければならないのです。これがアリアンツ全体で勝つ力を得るために必要なやり方です。私は事業部門のトップたちに、『みなさんはレースに勝つためにどんな車が必要なのかを、私たち本社の人間に教えてください。私たちは世界に通用するプラットフォームでそれをつくり、みなさんにお渡しします』と話しました」

ベイトのこの説得力に満ちた例えは、大きな効果をもたらした。その後アリアンツは一三二あった地域や地方のデータセンターを六つの戦略的なセンターへ移し、全世界に四〇近くあったデータネットワークを、アリアンツグローバルネットワークに一本化したことで、コスト面で大きく優位に立てるようになった。しかも、二〇二〇年の新型コロナウイルス感染症パンデミック時には、従業員を迅速にリモートワーク体制に移行させて事態に備えることができた。これは世界七〇カ国以上にオフィスを構える企業にはなかなかできることではない、このうえなく見事な対応だった。

（年間予算ではなく）マイルストーンで管理する

「とても苛立ってしまいます」と、ＪＰモルガン・チェースのＣＥＯジェイミー・ダイモン（四六二ページ参照）は打ち明けた。「事業部門のトップたちが、予算に入っていなかったから投資できなかったと言うことについてです。本来なら、『〇〇がしたい』『支店を増やしたい』『クラウドを活用したい』『もっと競争力をつけなければならない』と言ってくるべきなのです。そうすれば、私は『五億ドル使いたいのですか？　では、私を説得してください。理由をわかりやすく説明してください』と言うでしょう。最終的な判断をするまで数え切れないほど質問するはずですが、優れた計画であれば採用します。予算に組み込まれた金額は、変えられるのですから」

要するに、毎年作成される予算がビジネス上の優れた意思決定の妨げになってはならない、というのがダイモンの方針だ。ダイモンはこれまでのキャリアのさまざまな場面で、社内のリーダーたちに「私（名前を記入）は、担当するビジネスでトップになるため、そしてこの仕事で世界の頂点に立つために必要なものは、すべて要求しました」と記された一枚の書類に署名させてきたことさえある。

「そうすれば」とダイモンは説明する。「誰も言い訳して逃れることはできませんから」

ダイモンはこの合理的な方針を活かして、ビジネスを取り巻く不安定な環境に対処してきた。イギリスの欧州連合離脱《ブレグジット》の是非を問う国民投票、石油価格の急落、地域紛争、金融危機。それらはみな、自社の資産を十分素早く再配分できる企業にとってはチャンスとなりうる。たとえば二〇〇八年のグローバル金融危機の最中、ダイモンはアメリカ政府からの電話で、問題を抱えた不動産担保証券を大量に抱え、突如として経営破綻の危機に見舞われたニューヨークの投資銀行ベアー・スターンズを、JPモルガンが救済できないかどうかを打診された。

ダイモンは当時を振り返って、次のように語った。「木曜の夜にベアー・スターンズ側と話しました。金曜には取締役会のメンバーを集めて現状説明を行い、政府から買収を検討してほしいと依頼されたと伝えました。そして、彼らに『私たちがリスクにさらされるのなら、この話は進めません。株主が納得できるような取引でなければならないのです』と告げたのです。そこで、メンバーとともに、リスクを緩和するためのあらゆる策を講じようとしました。もちろん、（買収）価格も含めてです。一日一五時間を費やして、週末に買収前の詳細な事前調査《デューデリジェンス》を行いました。ベアー・スターンズが抱えていた不動産担保、融資、さらにはトレーディング勘定、訴訟案件、人事ポリシーをすべて調べました。広範囲に及ぶ非常に細かいデューデリジェンスでした」。翌日、ダイモンは一株あたり二ドルという破格の安値で、ベアー・スターンズを買収した（最終的には一株あたり一〇ドルに引き上げられた）。そして、ＪＰモルガンから送り込まれたメンバーが、すぐさまベアー・スターンズのトレーディングデスクの運営や不動産担保関連業務を行って、リスク管理を徹底した。

資本を迅速かつ賢明に配分できるダイモンの能力によって、ＪＰモルガンは大きなリターンを得ることができた。同行はアメリカ最大の銀行となり、利益水準も最大級だ。世界では第七位の規模を誇り、総資産は三兆ドルを超えている。また、ダイモンの先見の明によって、ＪＰモルガンは二〇〇八年のグローバル金融危機の直前に一二〇億ドルを超える、高リスクのサブプライム住宅ローン債券の処理を実施し、長期的な同行の業績を守ったのである。これもまた、適時かつ大胆な資産配分策だったと言えるだろう。

とはいえ、資本を再配分する一連の作業が会社の年間予定に基づいていない場合、何に基づいて行えばいいのだろう？　ベストなＣＥＯたちは、進行状況や成果を把握するためにマイルストーンを設定している。そうして、前の投資が成果を生み出している有力な根拠がある場合のみ、追加の投資を行う。当然ながら、マイルストーンに到達するたびに、計画どおり続けるかどうかの議論を行うことになる。デュポンのＣＥＯエド・ブリーンは、同社での仕組みを教えてくれた。「すべての大きなプロジェクトでは、それぞれの判定基準を設定しています。たとえば、そこまでかかった費用が予算どおりかを確認します。計画当初に見込まれていたリターンが引きつづき予定どおりに出ると思われるかどうかを、定期的に検討します。そうすれば、すべての計画の進捗状況とその先を確認できます。さらに、プロジェクトが完了した一年後には、必ず事後検証を行っています」

投資をマイルストーン方式に基づいて注意深く管理しているからといって、必ずしも予算をあちこちに動かしつづけなければならないわけではない。進めている大胆な取り組みが引きつづき合理的なものであり、各マイルストーンでの目標が達成され、対応策が会社に良い結果をもたらしているのであれば、ベストなCEOは方針を変えようとはしない。世界最大のサイバーセキュリティ専門会社チェック・ポイントのイスラエル人創業者兼CEOであるギル・シュエッド（四三九ページ参照）は、月に一度合宿会議を開き、会社のリソースが適切に配分されているかどうかを丸一日かけて確認する。「新たな分野に投資する、あるいは業務上の変更を行うといった重大な決断をその場で下すことがなくても、こうした会議は変化のスピードに遅れないための重要な規律になります」。アルファベットでも同様の見直し会議を行っていて、それについてCEOのサンダー・ピチャイは、「私はそこで二つの点を知ろうとします。一つ目は、自社が最も優先していることをどれくらいこなせているか。もう一つは、何らかの変曲点と思えるものをつくりだしたかどうかです。迅速にいろいろ動かして対応するために、準備しておくことは重要です」と語っている。

育てる分と同じくらい捨て去る

リソース配分について幅広く語ろうとすると、CEOたちが迫られている選択肢を実際よりもはるかに単純化して議論してしまう恐れがある。実際には、リソース配分は種まき、育成、剪定、刈り取りという四つの基本的な行動からなるものだ。種まきとは、新たな事業分野に参入することだ。それは買収の場合もあれば、自社で一から投資する場合もある。育成とは、投資を通じて既存事業を築きあげることで、もともとの事業を強化するための買収も含まれる。剪定は、年間のリソース配分の一部を他事業へ移すか事業の一部を売却するかして、既存の事業からリソースを取り上げることだ。最後に、刈り取りとは、自社の事業ポートフォリオにもはや適していない事業を丸ごと売却するか分社化することを意味している。

私たちの調査によると、種まきと刈り取りにおいては、ベストなCEOとその他のCEOの行動の差は全体的に見てほとんどなかった。これは決して驚くべき結果ではない。種まきは新規のビジネスチャンスにお金を出すことであり、これが断られることはめったにない。それに比べて刈り取りは難しいが、これは事業部門の長期的な伸び悩みの結果行われることが最も多いものであり、これもやらないわけにはいかない。一方、ベストなCEOたちは自身の事業に対して、他のCEOの三倍近い頻度で育成と剪定を行っていることが、今回の調査で判明した。最も優れた企業においては、この二つの行動だけで、会社のすべてのリソース配分活動の半分を占めている。[23] これらが難しいのは、大抵の場合、ある事業部門からリソースを取り上げて別の部門へ与えるという作業が発生するからだ。さらに、種まきの推進がうまければうまいほど、新たな施策を成功させるための育成と、決して果実を得ることがない枝を刈り込む剪定の、この二つの活動が企業にとってより一層重要になる。

二〇〇三年にナンシー・マッキンストリーがウォルターズ・クルワーのCEOに就任した当時、このオランダのグローバルな出版社はインターネット時代への対応に悪戦苦闘していた。収益も利益も横ばいで、しかもデジタル化戦略がなかった。マッキンストリー自身は、そのような状況でCEOを引き受けたのは大胆な選択だったと思っているそうだ。北アメリカ部門のリーダーとして同社の事業への理解を深めていたにしても、彼女は同社初の女性CEOでもあり、初の非オランダ人CEOでもあったからだ。当時のウォルターズ・クルワーは、主に税務、法律、医療専門家向けの紙媒体の出版物を発行する企業だった。利用者たちがより速く簡単に大量に調べられるデジタル情報をこれまで以上に望んでいることや、生産性向上のための専門的なソリューションを必要としていることを、マッキンストリーは把握していた。

マッキンストリーはまず、買収を行って新規のデジタル出版事業の種まきを行い、それと同時に、自身が描いていたデジタル化にそぐわない事業を刈り取った。CEO就任後の最初の一〇年間で、成長を見込めない資産一〇億ドル相当を売却し、自身のデジタル戦略に合う企業を一五億ドルかけて新たに数社買収した。

だが、最終的にマッキンストリーの戦略を成功に結びつけたのは、彼女が自社のポートフォリオに対して行った育成と剪定だった。マッキンストリーは事業ポートフォリオを育成するために、自社の収益のおよそ八～一〇パーセントをソリューション関連事業の立ち上げと拡張へ毎年再投資した。この方針は、グローバル金融危機や新型コロナウイルス感染症パンデミックのときも変わらなかった。こうして投資した資金がうまく活用されていることを徹底するため、マッキンストリーは社内向けの株主総利回りモデルを構築し、会社の五〇の事業部門を分析した。「数字は、各事業部門が過去三年間で株主価値をどれくらいつくりだしたかを示したものです。それを、検討している新たな三年計画と比較します。このモデルによって、社内のすべての組織が、企業価値が創出される仕組みについて理解できるようになりました」。この情報を見れば、どの事業が初期段階、高成長期、成熟期、衰退期なのかがはっきりとわかり、マッキンストリーはそれに沿って投資を配分すればよかった。マッキンストリーはこのデータドリブン型の手法について、「これは私たちが投資すべきところに投資していることを、社内のリーダーたちに理解してもらえるやり方です」と語った。

こうした育成や剪定は、すべて会社の成功につながっていった。マッキンストリーがCEOになった当時、事業の七五パーセントは紙媒体だった。今日では、一〇パーセント以下になった。しかも、同社の専門家向けソリューション事業は、非常に好調だ。彼女の就任以来、同社の株価は五倍以上になった。

リーダーたちの多くは、剪定という難しい作業がまさに行動習慣の一部に思えるようになるための「儀式」を行っている。アルファベットのサンダー・ピチャイは、メンターだったビル・キャンベルのアドバイスを、ことあるごとに思い返すようにしている。キャンベルはクラリス、イントゥイット、GOで計三回CEOを務めた経験があり、さらにはテクノロジー業界のリーダーたちのコーチとして、彼らに大きな影響を与えてきた。「ビルは月曜日になると、『先週は、どんなしがらみを断ち切りましたか？』と私に尋ねてきました。しがらみを断ち切らないと、組織は行き詰まってしまう恐れがあります。たとえば、弊社にはプレイミュージックとユーチューブミュージックという、似たような音楽サービスがありました。どこかの時点で、誰かが決断しなければなりません。そうすることで、極めて多くのリソースを捻出できるからです。社内のリーダーたちに質問を投げかけたり、社内のしがらみを断ち切ったりすることは、人々の能力を高めるための方法でもあるのです。ゆえに、リーダーたちが自身のチーム内でのしがらみを断ち切れるかどうかも、同じくらい重要なことなのです」

DSMのフェイケ・シーベスマは、失敗したプロジェクトの「葬式」を会社で行うための、「失敗の殿堂」を設置した。その意図は、努力を重ねた失敗から教訓が得られてそれを分かちあえるのならば、そうした失敗も従来の「栄誉の殿堂」で祝われる成功と同様に称えられるべきだと示すものだった。さらに、こうした「社葬」は、このプロジェクトは「死亡」したゆえ、リソースは今後一切追加されないことを明確に示すためでもあった。この儀式では、教訓として学んだことを互いに役立てるために、他部門の技術者たちの前でスピーチを行うのも慣例になっていた。

ところが、そうした葬式の一つが、ある再生の場となった。同社の額縁用ガラス事業での、数年にわたる研究開発プロジェクトが失敗に終わった。技術者たちは、入射した光の光子をすべて取り込んでガラスを透過させ、絵や写真に当てることができるガラスコーティング技術を開発した。要は、このコーティングを施せば反射が完璧に防止できるので、ガラスはまるでないかのように透明になる。だが残念ながら、この技術は法外なコストとなってしまい、しかもこのガラスの唯一の市場は美術館というあまりに小さなものだった。この価格と市場規模では、ＤＳＭの目標を達成するのは無理だった。

　プロジェクトの追悼スピーチが行われる中、他部門の技術者の一人が手を上げた。この技術の存在を初めて知った彼は、大いに興味を抱いていた。「このコーティングの化学的な理論を私が正しく理解していればの話ですが、たとえば、ソーラーパネルに施したとしたらどうなるでしょうか？　光の吸収率が上がって、効率が向上するのでは？」。シーベスマは思わず最高イノベーション責任者のほうへ向き、二人は信じられないという表情のまま見つめあった。まさに、セレンディピティな体験だった。この単純だが見事な発想は、額縁市場にしか目が行っていなかった営業部門には、思いつけなかったことだったのだ。

　そうしてプロジェクトは復活を遂げ、このコーティングによってソーラーパネルの発電能力が五〜一〇パーセント向上することが、その後の試験で示された。そうして、ＤＳＭの反射防止コーティング技術は、「失敗の殿堂」で剪定された他の製品やプロジェクトから捻出された資金によって育成され、成長を遂げた。今日では、世界中の多くのソーラーパネルで、このコーティングが使われている。

　戦術こそは違えど、マッキンストリーとシーベスマは、自身が実践した剪定と育成に対して宗教的とも呼べるほどの強い熱意を見せた。そしてそれは、他のベストなＣＥＯたちにも共通している。ヴァレオのジャック・アシェンブロワは、二酸化炭素の排出量削減技術と先進運転支援システム事業を育成するために、かつては主力製品とみなされていた事業への投資を剪定した。アディダスのカスパー・ローステッドは、オンラインの販路を育成するために、提携小売店の在庫を削減した。イスラエル・ディ《D》スカウント銀《B》行のリラック・アッシャー＝トピルスキー（四七五ページ参照）は、国内でのビジネスチャンスを追求するために、国際業務部門からリソースを引き揚げた。

私たちが調査したベストなＣＥＯたちの中で、どうやら自身はリソースの再配分を活発にやりすぎたのではないかと感じていた人は一人もいなかった。その理由について、マジドアルフッタイムのアラン・ベジャニは「リソースの再配分は、言うのは簡単ですが実行するのは難しいのです。というのも、多くの組織は既存の約束や期待、そして大抵の場合自分たちにはどうにもできない現実に縛られているからです」と解説している。事態を打ち破るには大胆さが必要であり、そのためには政治的なしがらみがなく伝統にもとらわれない、社外の人間になったつもりで行動することが求められる。

リソース配分に最も長けているＣＥＯは、すべての投資の検討をゼロベースから始める。会社のどんな一部門よりも全体の利益を優先することを明確に示す。また、年間予算よりも、進行状況や成果を把握するためのマイルストーンで管理するほうが多く、それによってリソース配分を（周期的ではなく）連続的な取り組みにする。そして最後に、よく考えられた剪定と刈り取りプロセスを通じて、育てる分と同じくらい捨て去っている。

この章では主にファイナンス面でのリソース配分を取り上げてきた。みなさんもおわかりのとおり、ベストなＣＥＯたちにとっての会社のリソースとは、資本支出や経費のみならず、はるかに広い範囲を対象にしたものだ。より幅広い人材を確保することも極めて重要であり、多くのリーダーたちが、そこに多大な時間とエネルギーを費やしている。これらの「リソース」についても、この先の章で詳しく取り上げていく。

方向を定める——ベストなＣＥＯを他と分かつもの

マインドセット——大胆であれ

ビジョン構築を昇華させるための行動習慣——	**ゲームを再定義する** ・共通部分を見つけて膨らませる ・金銭面よりも大事なものがあることを忘れない ・将来に目を向けるために過去を振り返ることを恐れない ・ビジョンを実現する取り組みに多くの社内リーダーを巻き込む
戦略実行を確実にするための行動習慣——	**早く頻繁に大胆に動く** ・未来を見据えた、傑出した理想主義者になる ・下振れリスクに留意する ・自社のオーナーになった気持ちで行動する ・定期的に「ショック療法」を行う
リソース配分を最適化するための行動習慣——	**社外の人間になったつもりで行動する** ・ゼロベースから始める ・全体最適から考える ・（年間予算ではなく）マイルストーンで管理する ・育てる分と同じくらい捨て去る

まとめ

　ますます変動しつづけている、不安定で、複雑かつ不明瞭なビジネス環境において、ベストなＣＥＯがいかに「大胆であれ」というマインドセットを原動力にして、他とは根本的に異なるやり方で方向づけを行っているのか、ここまでの章で明確に示されたのではないかと思っている。上のまとめは、企業が「方向を定める」際に大胆な行動をとって卓越したやり方を実践している例だ。私たちの調査によれば、こういった行動をとることで、業績面で上位二割に入れる確率が六倍以上にも上昇する。

　あなたが中小企業の経営者や

非営利団体の運営者であっても、大胆さに関するこれらの教えは多くの場面で役に立つはずだ。次の質問を、自身に問いかけてみてほしい。私は（1）まだ満たされていないニーズを満たせるのではないか、（2）自分にしかない能力を活かせるのではないか、（3）崇高なパーパスに突き動かされているか、そして（4）（自身の状況に即している場合）組織は収益化できる方向へと向かっているか？　ビジョン構築に関わって強く助けたいと思ってくれている人々はいるか？　私は目立った変革をもたらすような大胆な取り組みを行っているか？　そして、時間・エネルギー・人材・資金を優先順位の低い取り組みから大胆な取り組みに回したか？　大半の人にとって、これらの質問に対して「はい」と答えられれば、「飛躍的な成功を達成できる確率は間違いなく高まるだろう。

「組織を整合させる」ためのマインドセット

業績を重視するのと同じように人を重視せよ

人々に対応するときは、論理的な生き物ではなく感情的な生き物とやりとりしていることを忘れてはならない
——デール・カーネギー

CEOが会社の将来のために方向づけを行ったあと、その計画が実現する可能性は低い。あらゆる戦略のうち、実行に成功するのはおよそ三分の一にすぎない、というのが私たちの調査も含めた多くの研究での結論だ。失敗の原因は、変化するうえでの問題が知的なものであるのはまれでその多くは感情的なものである、という現実に根差している。成功を阻む原因の大半（七二パーセント）は、人や企業文化に関連している「数字に表れない、人の部分」なのだ(24)。

ただし、この調査結果は驚くべき発見であるとは到底言いがたい。これはまさに、経営の権威であるピーター・ドラッカーが五〇年以上前に、「企業文化は戦略に勝る」という言葉で示したとされているものだ。大半のCEOはこれをわかっていて、数字に表れない部分を正しい方向へ導くのは難しいとすんなり認めている。それゆえ、彼らは戦略の遂行に必要な、組織と人材関連の変革をうまく進

めるための優れた計画を用意するよう、最高人事責任者《CHRO》に念押しする。ただし、こうしたCEOたちは一般的に、たとえばCFOが財務計画の作成に求められるのと同程度の頑強性や一貫性を、人材関連の計画では求めようとはしない。

ベストなCEOは、このパターンには従わない。彼らは数字に表れない部分の扱いが難しいとは簡単には認めないし、数字に表れない部分を数字に表れる部分と同じように扱うと断言する。さらに、CHROのみならず、すべての上級経営幹部が人に関する戦略に関わっているかどうかを確認するのを忘れない。この点について、KBCのヨハン・タイスは「CEOは、二つの面を修正していかなければなりません。簡単なのは数字面のほうで、難しいのは人のほうです。資金調達、流動性、収益性といった数字面での問題は解決しやすいでしょう。しかし、マインドセットの問題を解決できなければ、やがてそのマインドセットのせいで再び崖から落ちて、またしても元いた場所に戻されてしまいます」と指摘する。

「業績を重視するのと同じように人を重視せよ」というマインドセットを選択して、そのために必要な行動をとることの効果は劇的だ。戦略の遂行に成功する可能性は、三〇パーセントから七九パーセントへと倍以上になり、しかも実行したことの効果は一・八倍にもなる。(25) 業績面でのこうした成果の差をもたらした原動力になっているのは、組織の一体化につながる三つのサブカテゴリー、つまり企業文化、組織設計、人材強化に対して、ベストなCEOたちが他とは根本的に異なる取り組みを行っていることだ。

第四章
企業文化を高めるための行動習慣
「たった一つの大事なこと」を見つける

文化とは暗号化された英知だ
——ワンガリ・マータイ

大ヒットしたハリウッドのコメディ映画『シティ・スリッカーズ』の感動的な名場面の一つでは、カーリー（ジャック・パランスが演じる、厳しい自然と闘ってきた不屈の老カウボーイ）が、ミッチ（ビリー・クリスタルが演じるマンハッタンのヤッピー）が抱いている人生に対する「都会風な」迷いを笑い飛ばす。そして、カーリーは英知を授けるのだ。「結局、大事なことはたった一つだ。それを一生懸命頑張ればいい。他のことは、どうだっていいのさ」。まだ迷いが消えないミッチは、その一つのこととは何なのかを尋ねる。するとカーリーは、「それは、おまえ自身が見つけなければならない」と答えるのだった。映画の後半で命を脅かされる事態に直面したミッチは、自身の「たった一つの大事なこと」を見つける。自分にとって一番大事なのは妻と子どもたちだということが、はっきりとわかったのだ。その瞬間、それまでは乗り越えられないほど途方もなく大きく見えた、キャリアの悩みや中年になる不安は消えてしまった。

私たちが話を聞いたベストなCEOたちが、文化を変えることについて新米CEOにアドバイスするとき、カーリーとまったく同じことを言うであろうことは想像に難くない。その「たった一つの大事なこと」に集中した最も顕著な事例は、ポール・オニールがアルミニウムメーカーのアルコアでCEOを務めていたときのものではないだろうか（その後、オニールはアメリカ合衆国第七二代財務長官に就任した）。オニールがアルコアのCEOに就任した当時、同社は下降の一途を辿っていた。投資家たちは、利益率や収益予想に不安を感じていた。ところが、株主に対して初めて説明を行ったとき、オニールは例の有名な言葉をまず口にした。「私はみなさんに、作業員の安全についてお話ししたいと思います」。そして、高収益や低コストはあくまでその副産物であると、自信を持っていたのだ。在庫水準や工場稼働率について投資家たちに厳しく追及されても、オニールの答えは簡単なものだった。「弊社アルコアの状況を把握したければ、作業所の安全に関する数値を確認していただいたらよいと思います。弊社従業員の負傷率が下がった場合、それは他のCEOがよく行っているという激励や応援といった無意味なもののおかげではありません。それは弊社の従業員一人一人が、大事なことへの協力に賛同してくれたおかげなのです。つまり、彼らは卓越した習慣をつくりあげることに力を注いでくれた、ということなのです」

オニールがこの安全性を最優先する企業文化を中心とした計画を明らかにしたとき、投資家たちは慌ててアルコアの株を売却した。だが一年もたたないうちに、同社は記録的な利益を達成した。そして、一三年後のオニールの退任時には、同社の純利益は五倍になっていた。オニールの理屈は、単純明快だった。「私がアルコアを変えなければならないことは、よくわかっていました。しかし、人に変わるよう命じることはできません。人間の脳は、そんなふうにははたらかないからです。そんなわけで、私は一つのことに集中することから始めるようにしました。この一つのことに関わる従来の習慣を打ち壊せれば、そうした動きが会社全体に広まると考えたのです」[26]

企業文化の変革に力を入れた事例では、私たちが聞き取り調査を行った他のCEOたちも、オニールと同様のやり方をしていた。その好例は、エーオンのグレッグ・ケースだ。二〇〇五年、グローバルな保険・再保険ブローカーであるエーオンのCEO職をケースが引き継いだ当時、同社の業務体制は買収で取得した企業の連合体のようだった。リーダーたちはそれぞれ自身の顧客との関係を守ろうとし、自分が担当する組織の損益だけを重視した。「私たちのチームは、まさに伝説的な創業者からすばらしい資産を受け継ぎましたが、社内の誰もが自身を企業主であるかのように考え、自分にとって大事なことしかやりませんでしたので、その結果業績は低迷したのです」と、ケースは当時を振り返って話した。そこで最も大きな変革を起こすために行った、たった一つのことは、ケースが「エーオン・ユナイテッド《統一》」と名づけた考え方だった。それは、もしエーオンの従業員たちが顧客をあらゆる活動の中心に置いて、グローバル企業として顧客のために支えあったり協力しあったりすれば、顧客とのビジネスを獲得そして維持でき、しかも顧客のニーズに対応できるようより素早く変革を起こして規模を拡大させられる、という発想に基づいていた。ケースはこの構想の実現について「一〇年にわたる、厳しく険しい道のりでした」と語っているが、それは実を結んだ。エーオンは時価総額六〇億ドルの、買収で取得した企業の寄せ集めから、二〇二〇年の初めには時価総額五〇〇億ドルを超えるまとまりのある統合された企業グループへ成長した。

オニールによる安全性を最優先する企業文化の導入と、ケースの「エーオン・ユナイテッド」は、詳しく紹介したかった何十もの事例のほんの二つにすぎない。ロッキード・マーティンでマリリン・ヒューソンが絶え間なく力を注ぎつづけたのは、「目的あるイノベーション」だった。これは、最先端の製品やサービスを開発するときに、強固な意志をもって顧客重視を徹底するスローガンだ。ネットフリックスでリード・ヘイスティングスが常に重視しているのは、他社がうらやむくらい個人に対して最大限の権限と責任を与える、同社独自の企業文化「自由と責任」である。マスターカードのアジェイ・バンガは、社内で「良識指数《DQ》」の重要性を浸透させることに絶え間なく努力をしている。バンガはこのDQについて、「多くの行動特性を、この一つの用語で要約することができます。この用語はいくつかの解釈ができる程度に柔軟性がありますので、さまざまな人に幅広く当てはまりますが、だからといって誤った解釈を生み出す余地もありません」と説明した。

とはいえ、こんなふうにあまりに狭い範囲に絞って力を入れるのは果たして賢明なのだろうか、と疑問に思う人もいるだろう。人事部門が多様な側面から考えて作成した顧客に対する提供価値やリーダーシップモデルは必要ないのだろうか？　それらは重要ではないと？　いや、それらもたしかに重要だが、ベストなCEOは最も大きな変化を生み出す要因を深く考えて、それをいつも思い起こせるような簡潔な言葉や文に込めるのだ。サンタンデール銀行（スペイン・マドリード、同国最大手の銀行グループ）で二〇万人の従業員の上に立つアナ・ボティン（四六九ページ参照）は、同行の企業文化の精神を、「簡潔に、人を大事に、公平に」という短い言葉で日常的に示している。「ルールブックに書かれていない事態に遭遇したときに、頼るべきなのがこの三つの言葉です」とボティンは言う。「私も誰にも負けないほど規則や定められた手続きや規定を重視していますが、すべてを一冊に書き込むのは不可能です。たとえば、自分の口座にうまくアクセスできない九二歳のお客様がいたとします。規則どおりではありませんが、もし公正でかつ親身になって行動すれば、その方のお宅に直接伺って手伝うべきではないでしょうか。この三つの指針は、私たちがいかに競合他社と異なるかを示しています。私たちは、それに基づいて行動しているのですから」

エスケルでCEOのマージョリー・ヤン（四三〇ページ参照）が従業員たちに常に浸透させようとしているのは、「e企業文化」という一言に要約された考え方だ。この言葉に込められた五つのeが、倫理（ethics）、環境（environment）、探査（exploration）、卓越（excellence）、教育（education）であることを即座に言える社員はさほど多くないが、それでもみなヤンが伝えたいことの精神は理解している。KBCでヨハン・タイスが熱心に広めているのは、実行力（Performance）、権限移譲（Empowerment）、説明責任（Accountability）、対応の速さ（Responsiveness）、地域定着度（Local embeddedness）の頭文字を取って「PEARL」と名づけられた同社の企業文化だ。「社員はみなこれを理解しています」とタイスは言う。「このビジョンに同意できない社員は、『自分はなぜここにいるんだろう？』とすぐさま自問すべきです」。ソニーで前CEOの平井一夫（四五五ページ参照）が力を注いでいたのは、人々の心を揺り動かすことを意味する日本語「KANDO（感動）」を、会社全体に浸透させることだった。「一一万人の従業員たちに、あと一〇パーセント努力をするやる気を起こしてもらうための激励の気持ちを、短いメッセージに込めました。『エンターテインメント、エレクトロニクス、金融をはじめ、グループのどこで働いていようと、みなさんの仕事はお客様である世界中の取引先や消費者に、心を揺り動かされるあのKANDOの気持ちを届けることです』」

では、ベストなCEOたちは自身の「たった一つの大事なこと」を、どうやって見極めているのだろう？　幸いにも映画『シティ・スリッカーズ』のミッチとは違い、命を脅かされる経験をする必要まではないだろう。とはいえ、見極めるには厳しい鍛錬が必要だ。マイクロソフトでサティア・ナデラが行った方法は、その典型といえるだろう。ナデラはまず、小規模の部門横断型チームに、社内の専門家、上級経営幹部、部長クラス、そして各種フォーカスグループを通じたインタビューを行って、これまでの経験、どんな企業文化を望むか、会社の伝統でどうしても守っていきたいものは何か、逆に捨て去らなければならないものは何か、を詳しく分析するよう依頼した。この幅広い情報に基づいて、ナデラを議長とするマイクロソフトのさまざまな部門のリーダー一七名による「企業文化議会」が、それらの情報を極めて重要ないくつかのテーマにまとめあげた。最終的にナデラは、自分が正しいことを何度も証明しようとするよりも失敗や他人から学ぼうとする姿勢のほうが大事だと主張している、スタンフォード大学の心理学者キャロル・ドゥエックの研究からヒントを得て、「成長マインドセット」を採用することにした。技術的な課題に大胆に挑戦して世界にお返しするという、会社の伝統は受け継がれる。一方、失敗を恐れたり、共同での取り組みを阻害する原因となっていた、極めて強い個人主義や激しい社内競争という側面は捨て去られることになった。

「たった一つの大事なこと」を見つけるのは、たしかに重要だが、企業文化が実際にそれを受け入れて変化しなければ何の意味もない。では、ベストなCEOたちは企業文化を望む方向へ変化させるうえで、どのような役目を果たしているのだろうか？　ベストなCEOたちは……
- **職場環境をつくり変える**
- **率先して自ら変化する**
- **意義を具体的に示す**
- **大事なことは測れるようにする**

職場環境をつくり変える

土曜日には室内楽の演奏会へ、そして日曜日にはスポーツ観戦に行く自分を想像してみよう。演奏者たちがモーツァルトの弦楽四重奏曲の一つを奏でる中、あなたは静かに座って演奏に集中して聞き入っている。そして曲が終わると、あなたも他の観客も上品な拍手を送る。一方スポーツ観戦の終盤では、応援するチームの勝利が確信できると、あなたは立ち上がり、手を振って叫びながら飛び跳ねるはずだ。このとき、あなた自身の感覚、価値観、欲求に変化はないはずだ。だが、あなたがいる環境が変わったことで、自身の感情表現（感謝・楽しさ）に対する、あなたのマインドセットも変化したのだ。

では、従業員の職場環境を形づくっているものは何だろう？　職場環境に影響を与える要因は、主に四つある。まずは、そこでどんなストーリーが語られ、どんな疑問が投げかけられているか。次は仕事のやり方を管理するための仕組み（体制、プロセス、システム、インセンティブ）。そして、従業員たちが見習う手本（CEO、トップチームをはじめ、従業員にとって影響力が大きい人々）。そして最後は、自分が求められるよう振る舞える能力に対する自信の度合いだ。ベストなCEOは、企業文化を変える取り組みが、職場環境を形づくるこの四つの要因を押さえられているかどうかを重視している。

「エーオン・ユナイテッド」の企業文化確立を目標とするグレッグ・ケースは、四半期ごとの決算発表でエーオン・ユナイテッドのストーリーを語って、それが同社の競争上の強みの一つであると強調しつづけている。また、ケースは同社がサッカーチームのマンチェスター・ユナイテッドのスポンサーになることで、チームワークを通じて卓越性を実現することの重要性を印象づけた。

さらに、ケースは同社が定めた仕組みも大幅に変更した。それまでは各グループ会社のリーダーに一任されていた顧客サービスモデルを統一した。グループ会社間で相乗効果が得られるよう、オペレーションを統合した。上級経営幹部の報酬は、単一の会社全体のものに連動して決まるように変えた。かつては六〇ものサブブランドの連合体だった同社は、今や「エーオン」という一つのグローバルなブランドになった。リーダーたちはさらなる成果を出すために、週に一日は、自分とは異なる分野の社員の仕事を手伝うよう明確に指示されている。

自分が手本にならなければならないことをよくわかっているケースは、「私は」「私に」「私の」という言い方はまずしない。代わりに「私たちは」「私たちに」「私たちの」と言い、しかも良い結果が出たときはすぐさま他の人に花を持たせる。また、「あなたの仕事はお客様にサービスを提供するか、あるいはお客様にサービスを提供している同僚を手伝うことです」と唱えてチームワークを強化し、会社として最高のサービスが提供されていることを徹底するため、顧客サービスチームと直接ともに仕事をすることに時間を使っている。

各自のスキルと自信を高めるため、同社はこれまで五〇〇〇人以上の社員に対して、「エーオン・ユナイテッドを率いること」について学ぶ数日間のワークショップを開催してきた。それと同時に、各社員が会社全体を把握するために利用できるオンライン資料庫を作成し、この企業文化に関連するスキルの習得をすべての管理職養成プログラムに取り入れている。

一方、地球の反対側のタイでは、サイアム・セメント・グループの前CEOカーン・トラクーンフン（四三三ページ参照）が、同国で最大手かつ最も歴史あるこのセメント・建設資材会社において、イノベーションをもたらす「オープンでチャレンジ精神あふれる」企業文化を浸透させようとした。そのために、トラクーンフンも職場環境に影響を与える同じ四つの要因に注目した。ストーリーを語ることについては、トラクーンフンは二〇〇六年にＣＥＯに就任して以来、工場を次々に訪問して（計七〇カ所を訪れた）は「地域重視」戦略を語り、それを実現するために革新的な企業文化を育てる重要性を訴えた。さらに、一カ月間の新人研修プログラムで、新入社員全員に対し、同社が目指すストーリーを語った。

会社運営上の仕組みについては、研究開発センターを工場の隣に移転し、研究者が工場の従業員たちとチームを組んで仕事を進められるようにした。また、インセンティブの仕組みを再検討し、高度な専門知識を有する従業員を優遇し、専門職として昇進できるキャリアパスを設計した。さらに、より付加価値の高い製品の重要性を強調するために目標も変更し、毎年の研究開発費を倍増した。

手本になることについては、トラクーンフンは「顔を立てる」（人前で間違いを指摘しない）、形式を重んじるというタイの国民文化の逆を行った。自分の失敗についてざっくばらんに語り、自身の工場訪問を徹底して形式ばらないものにし、みなに自分のことを「トラクーンフン様」や「社長」ではなく「ピー・カーン」（「ピー」は年上の兄弟に対する気さくな敬称）と呼んでもらうようにした。

自信と能力の向上には、経営大学院ＩＮＳＥＡＤ《インシアード》とリーダーシップ研修プログラムを共同開発した。これは社内の年次の異なるリーダーたちを集めて月に五日間の講義を五カ月間行い、参加者たちはイノベーションを加速させるための最先端の手法を学んでいく。さらに、社内のリーダーたちに対しては、新たな発想や思考法を身につけるための国際経験を積むよう求めた。イノベーションをもたらす「オープンでチャレンジ精神あふれる」企業文化を推進したトラクーンフンの熱意は、成功につながった。ＣＥＯを退任した二〇一六年の同社の時価総額はＣＥＯ就任時の八〇億ドルから一六〇億ドルに、同じく従業員数は二万四〇〇〇人から五万四〇〇〇人に増加していた。

このエーオンとサイアム・セメントの事例で示されているとおり、企業文化を迅速かつ恒久的に変えるためには包括的な手法が必要な点を考えると、社内で進んでいる活動のすべてに関われる唯一の存在であるCEOが、浸透させなければならない企業文化の「たった一つの大事なこと」と整合する形で職場環境をつくり変えることに対して、深い理解と強い信念を持っていることが不可欠となる。やらなければならない最も重要な課題がすべて洗い出されたら、その大半は部下に任せて成果を管理することで推進できる。とはいえ、次で取り上げるとおり、いくつかの課題について、ベストなCEO自らアクションを取っている。

率先して自ら変化する

私たちが話を聞いたCEOたちのほぼ全員が、手本を示すということがこれほど重要だとは思わなかったと驚いていた。DBSのピユシュ・グプタも、「CEOになったら、自分の言葉や行動がどれも結果的に多大な影響を及ぼすことを、自覚しなければなりません。それによって、会社全体が動くのですから」と語っている。これは一方では、CEOは意図しない考えが中途半端な思いつきや意見という形で広まらないよう、十分注意して配慮しなければならないということだ。だがその一方で、この自身の影響力の強さは、企業文化を形づくるための大きな機会と捉えることもできる。この点において、ベストなCEOたちは優れた手腕を発揮しているといえる。

リーダーたちの多くは、「あなたが世の中で見たいと思う変化のとおりに、あなた自身が変化せよ」という有名な格言に従おうとする。この格言の言葉自体は、まさに正しい。だが実際のところは、これだけでは足りないのだ。まず、このリーダーたちの大半は、自分がいったいどれだけ不十分なのかを認識できていない。どんな人もそうであるように、CEOたちもまた、心理学者が「楽観バイアス」と呼ぶ錯覚に陥りがちだ。例を挙げると、私たちは以前あるCEOに、周りの人々のエゴに対処するためにどれくらい時間を使っているか尋ねた。彼の答えは、仕事をしている時間の二割から三割、というものだった。続いて、周りの人が彼のエゴに対処するためにどれくらい時間を使っていると思うかと尋ねると、彼は答えられなかったのだ。この例を挙げるまでもなく、明白な調査結果も存在している。自分は望ましい行動変化の手本になれているかと尋ねられたCEOの八六パーセントが「はい」と答えたのに対して、それに同意した部下は五三パーセントにすぎなかった[27]。また、ウッドサイド・ペトロリアムの元CEOジョン・エークハーストは、自身の経験を振り返って「自分がCEOとして会社の企業文化に対するすべての責任を負っているのだということを、自覚できるようになるまで多くの努力が必要でした……自身の振る舞いがいかに問題があったか、そしてそれが他の人にどれほど大きな影響を及ぼしていたのかがわかって驚きました」と語っている。

　手本を示すことについてのより建設的な姿勢はと考えてみると、「物事が変わるには、まず私が変わらなければならない」という別の格言が思い浮かぶ。この考え方は、自分が手本としていかに優れていようと（あるいは、そう思っていても）、自分には他の従業員たちに対して求めているように、自分自身も変えなければならないという責任がある、というものだ。ブラッド・スミスは、デザイン思考と試行錯誤をイントゥイットの企業文化の中心にしようと力を注いだときに、この手法を実践した。「私たちは、自身のマインドセットを変えなければなりませんでした。成功も失敗も、学べるチャンスとして同等に扱うというふうに。私は自分の失敗を、おおっぴらに披露するようにしました。自分の業績評価を、オフィスのガラス窓に貼り出して公開しました。さらには、全社員に『これが取締役からいただいた、私の業績評価です。そこにあるとおり、私は現在取り組まないとならない点が三つあって、みなさんの協力が必要です。もし私がみなさんの部署を訪ねているときにこのどれかをやってしまっていたら、私に注意してほしいのです』というメールまで送ったのです」

自身の欠点を認めるというスミスのこの姿勢に周囲は動かされ、あとに続いた。「他のリーダーたちも、すぐさま各自の業績評価を公開しはじめました。そうして全社において、みな自身の失敗を認めたり、『私は今こういうことを克服しようとしています』と口にしたりするようになりました。そうして、互いにフィードバックして向上しつづけようとする企業文化ができました。このフィードバックとは決して相手を批判するものではなく、まだ満足できるレベルではないことに対して前向きな取り組みを促すものです。こうして、さまざまな新しいことに取り組もうとする人が増え、うまくいかなかったらそれを認めるようになりました」

スミスのこの取り組みは十分に練られたものだったが、その他にも、ベストなＣＥＯは自分が「物事が変わるには、まず私が変わらなければならない」の手本になれるあらゆるチャンスを活かそうとする。マイクロソフトのサティア・ナデラは、ＣＥＯに就任してから八カ月が経ったとき、テクノロジー業界で働く女性向けの毎年恒例のイベントで基調講演を行った。そして、質疑応答が始まると、「昇給を望んでいるが会社にそう求めるのをためらっている女性にどんなアドバイスをするか」と尋ねられた。ナデラは辛抱強さが大事だと答えたあとに、「キャリアを積んでいけば正当な昇給を実施してくれると、会社の方針を理解してそれを信じるべきです」とアドバイスした。

ナデラのこの意見は急速に拡散され、激しい怒りを買った。世間から冷笑され、十分な裏づけのある男女間賃金格差を知らないのではないかと疑われ、ダイバーシティを深く尊重するという言葉は嘘だったのかと追及された。ナデラは激しい反発が収まるのをただ黙って待とうともしなかったし、反論しようともしなかった。彼は全従業員にメールを送り、「あの質問に対する私の答えは、まったくの誤りでした」と伝えた。そして、自身が抱いている偏見と向き合って自分を変えようと努力し、トップチームにもそうするよう求めた。人事部門のトップを務めるキャスリーン・ホーガンは、当時を振り返って「サティアへの尊敬が薄れるどころか、彼のためにより一層頑張ろうと思いました。彼は誰のせいにもしませんでした。すべて自分が悪いと認めたのです。そして、全社員に対して『私たちはもっと学んで、今よりもずっと賢くなろう』と訴えました」と語った。ナデラ自身はこの経験について、「あのときは、厳しい状況下で成長マインドセットをどのように示すべきか、この出来事を通じて示そうと決意していました」と語っている。彼はうまくその出来事を乗り切り、その後のマイクロソフトの成功にもつながった。

意義を具体的に示す

ベストなCEOたちは、たとえ猛反対されることが多くても、自分がいかに企業文化を真剣に変えようとしているかを示すための、意義ある行動をとろうとする。資生堂の事例は、まさにこれに当てはまる。同社はSHISEIDO、クレ・ド・ポー ボーテ、ナーズ、ドランクエレファントといったさまざまな高級ブランドを擁する、世界トップレベルの化粧品会社だ。二〇一四年に魚谷雅彦がCEO職を引き継いだとき、世間は彼が選ばれたことに驚いた。というのも、魚谷は一四二年（一八七二〜二〇一四年）の同社の歴史の中で、初めて外部から招かれたCEOだったからだ。コロンビア大学経営大学院で学んだのち、ザ・コカ・コーラカンパニーで順調に出世を重ねた魚谷は、異なる性別、年齢、国籍、あるいは文化間の差異は、仕事において大きな問題ではない、むしろ逆に、企業は多様であればあるほど、創造性をより発揮できると強く信じていた。

魚谷が資生堂に入ってまず気づいたのは、同社の極めて日本中心的な企業文化だった。魚谷は長年培われてきた資生堂の日本的な伝統も大事にしたいと思いつつ、積極的な世界展開・成長を進めるためには、社内にもっとグローバルな考え方を広めることが必要だと感じた。彼はその取り組みの一環として、東京本社の公用語を英語にすることに決めた。この件について、魚谷は次のように説明している。「私は人材と文化のダイバーシティを高めようとしました。以前ですと、もしニューヨークやパリの社員を東京に転勤させた場合、ここでは何もかもが日本語で行われていましたから、その社員はなじめなかったでしょう。真のグローバルな組織をつくるために必要なのは、何も日本人には限りません。私はグローバルと日本の良さを合わせたある種の統合文化をつくりたかったのです」

魚谷は、変革の必要性を理解できなかった中間管理職たちからの抵抗に遭った。彼らの理解を得るために、魚谷はダイバーシティを高めるという会社の使命と、それがいかにグローバルな成長につながるかを説明しつづけた。また、希望する社員には英語レッスンが受けられるようにしたことで、三〇〇〇人が申し込んだ。「バイリンガルになれば」魚谷は中間管理職たちに語った。「本社の社員たちは世界中の人々とより円滑なコミュニケーションが取れるようになり、しかも考えの幅が広がって彼らの人生がより豊かになります」。今日、魚谷は四万八〇〇〇人の社員を率いている。二〇一七年、同社は二〇二〇年の目標であった年間売り上げ一兆円を三年早く達成し、九パーセントの年平均成長率を実現した。CEOに就任してから六年の間に、魚谷は資生堂の日本的な伝統を生かしつつ、同社をグローバルな大手企業へと成長させた。

DBSのピユシュ・グプタがリスクを恐れない行動を促すために早めに打って出た行動は、伝説として同社で語り継がれている。二〇一二年、同社のATMにスキマーが仕かけられてカード情報が不正に読み取られる事件が数件起きた。なぜDBSのシステムがそうした被害を受けやすいのかグプタが調査したところ、問題の発端は若手のATM運用監視担当者のある判断だったことがわかった。その判断をした理由を尋ねられた担当者は、「ATMのカード不正読み取り防止システムは、処理のための待ち時間を一〇～一二秒伸ばします。うちのATMには、お客様がいつも長い行列をつくっているので、起きる可能性が極めて低い不正読み取りを防ごうとするよりも、待ち時間を短くしてお客様の満足度を向上させるほうが重要だと考えました」と答えた。

シンガポールの銀行監督機関は、このDBS行員に責任を取らせるよう求めたが、グプタはそれを拒否した。彼は顧客への全額補償を行い、セキュリティ対策の強化を迅速に行うと保証した。それでも、この問題を起こした行員についてグプタはこう言った。「実は、この行員には賞を与えるつもりです。なぜなら、この人物には自分の頭で考えて判断することができているからです。これはまさに、私がDBSで生み出そうとしているものです」。顧客への全額補償にかかった金額は、数百万ドルにのぼったが、リスクを取って失敗してもグプタが守ってくれると行員たちが信じてくれるようになるのなら、それは大した額ではなかった（もちろん、同行の営業免許が危うくなるほどの大きな賭けでない限りだが）。

ときによってはただ何かの名前を変えることが、結果的に企業文化に大きな反響をもたらす場合もある。世界屈指の非営利医療機関クリーブランドクリニックの前CEOトビー・コスグローブは、事業の立て直し戦略の一環として、クリニックの患者のためにも何か改善をしたいと考えていた。「病院に行ったときにですが」と、コスグローブに尋ねられた。「どんな身体的経験をしますか？　それには、すべての感覚、とりわけ何を目にするか、どんな匂いを嗅ぐか、どんな味わいか、何を耳にするか、も含めます」。コスグローブは自然光をより多く取り込めるよう病室を改装し、提供する食事の質を改善し、さらには患者衣のデザインを有名デザイナーのダイアン・フォン・ファステンバーグに依頼した。とはいえ、最も大きな影響をもたらしたのは、医師から用務員そして清掃員にいたる四万人の全職員に、「私は医療従事者です」と書かれたバッジを配布したことだった。コスグローブはこの件を振り返って、「私たちはみなの役割の意識を変えました。今や誰もがただの職員ではなく、クリーブランドクリニックの医療従事者とみなされています。こうしたすべての試みが、患者体験の改善につながりました。職員からの賛同も増えましたし、患者満足度も向上しました。結局一番重要なのは、患者さんを第一に考えることなのです」と語った。

このバッジを配布することについて、コスグローブは当初多くの反対を受けた。医師たちは、「『医療従事者』とは私たちのことです」と訴えてきた。「いや、違います」と、当時CEOだったコスグローブは反論した。「医療器具や包帯といったあなたが必要としているものを、物品管理の誰かが持ってきてくれなければ、あなたは自身の仕事を進めることができません。私たちはこの仕事に一体となって取り組んでいるのですから、全員が医療従事者なのです」。コスグローブがCEOに就任してからの五年間で、クリーブランドクリニックはアメリカの大規模病院を対象とした患者満足度で最下位からトップになった。

デルファイのロッド・オニールは、グループ内の世界中の経営幹部たちに、ラーテルという動物の動画を見せた。「ラーテルはあまりよく知られていませんが、非常に怖いもの知らずの動物です」と、オニールは説明した。「基本的には、ラーテルは周りがどうであろうと自分がやらなければならないことをします。他の動物は、ライオンでさえみな逃げ出します。私はチームに対して、競合他社に立ち向かうときはラーテルにならなければならないと伝えました」。動画は瞬く間に社内で広まった。その後、オニールがアメリカ、中国、ブラジル、あるいはどの国のデルファイの施設を訪れても、誰かのオフィスにラーテルの写真が飾られているのを頻繁に目にするようになった。「コミュニケーションの取り方は、『〇〇をしよう』と言うだけではありません。何らかの冒険物語を秘めた道のりを、描き示すこともその一つです」

小さな行いが、途方もないほどの影響をもたらすこともある。たとえばマクドナルドでは、創業者のレイ・クロックが店の駐車場でゴミ拾いをしていたという、清潔さを重視する企業文化を象徴する逸話が、従業員たちの間で今なお語り継がれている。ヒューレット・パッカードでは、共同創業者ビル・ヒューレットが、前線で働く社員と管理職との信頼関係と風通しの良さの重要性を示すために、備品室の鍵をボルトカッターで壊したという一件が、伝説として語られている。アパレルメーカーエスケルのマージョリー・ヤンは、いくつかのレンガが正しく積まれていなかったという理由で、同社の最新施設の壁を壊したことがある。なぜそこまでしたのだろう？ ヤンによると、「私たちは何にも最高品質を求めていて、それ以外は認めない」という姿勢を作業員たちに示すためだったそうだ。こうした振る舞いは企業文化に影響を及ぼす強力なメッセージとして語られ、急速に広まっていく。

最新機器やソフトウェアを科学界に提供しているサーモフィッシャーサイエンティフィックのＣＥＯマーク・キャスパー（四六六ページ参照）は、あるとき日本の支社を訪れた。当時の同社は、過去の複数のブランドを整理しようとしていた。そして、今のサーモフィッシャーは顧客の業務や研究規模の拡大に大きく貢献できる企業なのだということを伝えるために、新たなブランドイメージを浸透させようとしている最中だった。キャスパーは当時を振り返って、次のように語っている。「私は支社の中を歩き回りながら、以前のブランド推進用のキャンペーンポスターを、次々にはがしては捨てていきました。みな、私がおかしくなったと思ったはずです。飛行機で一三時間もかけてわざわざやってきた直後に、壁に貼られたポスターをはがして回っているのですから。しかし、その後支社の社員たちは、私がなぜそんなことをしたかを話しあいました。そして、ブランド施策がなぜ重要なのか、私たちが何を達成しようとしているのか、ＣＥＯである私個人にとってこの施策を実現することがなぜ重要なのか、という議論につながりました。このときの議論によって、私たちがやるべきことへの取り組みが加速し、しかもその動きは日本だけに留まらなかったのです。世界中、全拠点の社員が、自分たちはうわべだけの変化ではなく、経営幹部たちが期待しているような本質的な変革を起こしたのかどうかを自問自答するようになりました。こうした流れが企業文化を築いていくのです」

大勢の聞き手に発信するためには、例の「たった一つの大事なこと」という最も重要な原則に沿った、極めて覚えやすくて役にたつキャッチフレーズを用いるのも有用だ。ウォルマート創業者のサム・ウォルトンが、会社が理想とする顧客サービスの実現への期待を込めて使ったのが、「一〇フィートルール」という例の有名な言葉だ。これは買い物客の周囲一〇フィート（三メートル）内にいる従業員は、その客の目を見て微笑みかけ、「何かお困りなことはございませんか？」と尋ねるようにすること、というものだ。マイクロソフトのサティア・ナデラは、成長マインドセットの考え方を社内に浸透させるために、まず彼の補佐役たちにはキャロル・ドゥエックの著書『マインドセット』（二〇一六年、草思社）を必ず読むよう指示した。一方、全社的にこの発想を広めるには、この本の内容の本質を抜き出して、何らかの形でより理解しやすくて覚えやすく、なおかつ意味のあるものにしなければならなかった。そこでナデラは「『知ったかぶる人』から『何でも学ぼうとする人』になれ」という簡単かつ的確な言い回しを用いて、従業員たちに変化を求めた。この短い言葉によって、リスクを避けようとする姿勢や、職場での駆け引きが急速に減りはじめた。

ホームセンターチェーンを展開するホーム・デポの元CEOフランク・ブレイク（四七一ページ参照）は、自身が常に会社の一人一人を気にかけていることを示すために、手書きの手紙を送りつづけてきた。「手書きの手紙には大きな力が秘められていることを、私は常々語ってきました。私は毎週日曜日に、手紙を二〇〇通書いていました。ホーム・デポでは、お客様にすばらしいサービスを提供した社員とその内容が、上に吸い上げられる仕組みになっています。まずは地区本部に報告されます。次に地域本部へ送られ、そこから私に送られてきます。そこで私は『○○さんへ、あなたは△△を行ったと聞きました』という手紙を手書きするのです。『あなたは□□を行ったのですね。すばらしいです』『××もしたのですね。見事です。愛を込めて、フランク』というように、相手が行ったことを常に具体的に記すようにしていました。私はこうした手紙を手書きすることに、最も情熱を注いでいました」とブレイクは語った。

この例ほどは目立たないが、それでも極めて効果の高い方法としてCEOが取り入れるのは、自身が浸透させたい企業文化を質問として投げかけることだ。カーン・トラクーンフンはイノベーションをもたらす企業文化をサイアム・セメントに根づかせるために、この方法を実践していた。そして、各地の製造拠点を訪れるたびに、作業現場で「製造工程の改善と生産性の向上のために、あなたはどういう取り組みをしていますか?」と尋ねるようにした。トラクーンフンはこの方法を始めたばかりのときについて、「私が質問した作業長が、すっかり怯えてしまったのです。彼は凍りついたかのように、話せなくなってしまいました」と振り返った。仏教の「慈（愛情や親切の心）」の教えを深く信じているトラクーンフンは作業長の肩に手を置いて、どんなふうに答えてもまったく問題ないのだからと安心させたそうだ。もちろん、トラクーンフンがその工場を再訪したときは、作業現場にいる全員が模範解答を準備していたのは間違いなかっただろう。

大事なことは測れるようにする

アルベルト・アインシュタインの研究室には、「大事なものがすべて数えられるわけではないし、数えられるものがすべて大事なわけでもない」と書かれたポスターが貼られていたとされている。長年にわたり、文化は数えられないものとして分類されてきた。それでも、業績という数字に表れる部分に対してと同じくらい厳密な判断基準を、数字に表れない部分にも適用するというマインドセットを見失わないよう、ベストなCEOたちは自社の企業文化の変化を測る方法を模索している。

たとえば、マイクロソフトでは従業員たちのコンピューター画面に一問だけのアンケートが現れるようにして、彼らへの簡単な意識調査を毎日行っている。企業文化を変える取り組みの初期段階には、サティア・ナデラが培おうとしている「成長マインドセット」を知っているかどうか尋ねられた。そして、その後は、従業員たちはリーダーたちがこのマインドセットをどれくらい実践していると思うかと尋ねられた。こうしたやり方には、企業文化を変えることを従業員たちの頭の真ん中に常に留めておけると同時に、成功や失敗は測ることも学ぶこともできて、しかも必要であれば改善できることを示せるという、幾重もの利点がある。

キャタピラーの元CEOジム・オーウェンズ（四四三ページ参照）も、企業文化の変化を定期的に測定するために、意識調査に基づく方法を活用していた。「詰まるところ、CEOのあなたが目標を達成し、ビジョンの実現に向けて進もうとする中、そもそもそのビジョンがどういったものかを社員が理解していなければ、いったい彼らにはどのようにして手伝ってもらえばいいというのでしょう？そのビジョンの実現に自分の部署がどう貢献すればいいかを理解していなかったとしたら？　彼らから見て、自分の上司が常日頃からそうしたビジョンを実践していないと感じていたら？　彼らが自身の職場を、友人や他部署の社員に勧めたくないと思っているとしたら、彼らに協力してもらえるでしょうか？」と、オーウェンズは指摘する。キャタピラーで取り入れたこの意識調査の業界基準は、従業員の六五パーセントから前向きなフィードバックが得られることだったが、オーウェンズ自身はその基準が正しいと思わず、目標を九〇パーセントに設定した。「社員の九割が、ＣＥＯとしての私がやりたいことや、それを達成するために彼ら自身がどんな役割を果たして協力すればいいかをわかっていて、そして雇い主である私を熱心に支持していなければ、偉大な会社になれるわけがありませんから」

努力の甲斐あって、オーウェンズが退任するまでの七年の間、調査結果は毎年向上していった。金融危機によって世界が大打撃を受けた二〇〇九年末、キャタピラーでは従業員の八二パーセントが同社を支持するという調査結果が出た。「社員はみな仕事に積極的に取り組むようになり、どうすれば自分がこの会社をより良くできるのかと考えています」と、オーウェンズは語った。

従業員意識調査は、その結果に積極的に対応しなければ何の効果もなく、しかもそれは上層部からやらなければならない。エネルギー管理会社イートンの前ＣＥＯサンディ・カトラーも従業員意識調査を大いに活用していて、毎年欠かさずに行っている。この従業員意識調査への参加は任意だが、カトラーは一七五カ国、三七の言語にわたる従業員たちの参加率を九六パーセントにまで引き上げた。「弊社には、指針となる数字が何百種類もあります」と、カトラーは言う。「中でも最も重要な数字は、社員の意識調査への参加率です。それが高いということは、社員たちは調査に参加して私たちがよくやっている点、そうでない点について意見を述べることに価値があると思っているということを意味しています。一方、参加率が下がりはじめたら、それは私たちが彼らの意見に対処していないこと、彼らが指摘した問題点を解決していないことを意味しているのです」

カトラーは従業員意識調査で指摘された問題点に対処するために、従業員のグループを招集して「こうした事態が明らかになりました。手伝ってもらえないでしょうか。結果を分析して、改善策を提案してくれませんか」と指示した。またあるとき、同社のある拠点での意識調査でひどい結果が出た。カトラーはこの生産拠点の管理職を一人残らず異動させ、新たに着任した管理職たちに「次の結果をきちんと出してください。みなさんが求められている役割は、部下を率いることです。誰もリーダーシップを示してくれず自分は放り出されている、と彼らに思われないようにしてください」と指示した。このように、カトラーは意識調査の結果に対し、極めて実効的な対応を取った。

　企業文化の実態を測定する確固たる手法は、合併や買収がうまくいくかどうかを判断するためにも役立つ。ピュブリシスのモーリス・レヴィは、実現していれば世界最大の広告企業グループが誕生していたはずだった、オムニコムとの合併話を最終的に撤回した。最大の理由は、両社の企業文化と経営哲学の違いが大きすぎたことだった。また、ネットフリックスのリード・ヘイスティングスは、同社の企業文化の独自性が強いことが原因で、話が進んでいたいくつもの合併や買収案件が流れてしまったと打ち明ける。「強くて独自性に満ちた企業文化の利点は数多くあります。一方、Ｍ＆Ａがかなり難しくなるという、予想外の問題点もありました」

　測定手法は、従業員意識調査だけに留まらない。ＫＢＣではヨハン・タイスがつくりだした企業文化ＰＥＡＲＬの一要素である「説明責任」の一環として、全従業員に四つの項目に関するスコアカードが与えられている。この仕組みについて、タイスは次のように説明している。「弊社の全社員がそれぞれ説明責任を負っている重要項目を、一覧にしました。それは、資本、流動性、収益性、そして人です。人には株主、社会、顧客、社員も含まれます。この四つはどれも同じくらい重要です」。ＫＢＣでは、会社の企業文化にどれくらい従って行動できているかが、昇進を決める。「管理職候補になった社員はみな、実行力、自己啓発、説明責任、対応の速さ、地域定着度について、外部機関による評価を受けます」と、タイスは言う。「この評価を通らなければ管理職になれませんし、そうした例は日常的に起きています」

企業文化について語ろうとしても、理解しあうのはなかなか難しい。というのも、かつて弊社マッキンゼー・アンド・カンパニーのグローバルマネージングパートナーだったマーヴィン・バウアーが「私たちがこの辺りでいろいろやっているやり方」と表現したとおり、それがあまりに広い意味を持っているからだ。ベストなCEOたちが、最も大きな業績向上につながる「たった一つの大事なこと」に的を絞って企業文化の変革に取り組むのは、そこに理由がある。こうして集中した方法を取ることで、従業員の職場環境を徹底的につくり変え、進捗状況を規律をもって測ることができる。そして、ベストなCEOは、自分自身も変われることを言葉や行動を通じて示すことで、変革への取り組みをより一層強化する。

ただし、企業文化を正しい方向に変革することは、組織がビジョンと戦略の実現のための支えとして利用する、三脚椅子の一つ目の脚にすぎない。「組織とは、それらが得る結果以上の成果をもたらさないよう、うまく設計されているものだ」という、経営の専門家アーサー・W・ジョーンズの洞察に富んだ言葉を心に留めながら、次は組織設計を取り上げる。

第五章 組織設計に成功するための行動習慣

「スタジリティ」を実現する

デザインとは、知性を視覚化したものである
――アリナ・ウィーラー

超高層ビルが初めて建てられた一九世紀末から二〇世紀初頭においては、たとえ強風が吹いても一ミリたりも動かない剛構造が採用されていた。開発業者がより一層高いビルを建設する中、設計者たちは新たな階が増えるたびにますます強くなる風圧にどう対処すればいいかという、難題に立ち向かわなければならなかった。その解決策とは？　強度と柔軟性の両者を兼ね備えた構造にすることだった。設計者たちは、より軽くてしなりやすい梁構造を採用し、風の抵抗を減らすために高層階の角の部分に丸みをつけ、振り子のように揺れて風力による揺れを抑える吊り下げ式の巨大なダンパーを設置し、さらには一つの階全体を、風を通過させて建物への圧力を軽減するための開口部にした。今日の超高層ビルが強風や地震に強い耐性があるのは、その構造の強さではなく柔軟性のおかげだ。こうしたビルは、一メートル近くしなっても問題がないようにできている。

同様に、二〇世紀初めの分業化による大量生産の始まりに伴ってつくられた硬直的な階層型組織構造は、組織が比較的小さくて国内での活動に留まっており、そして外部環境が比較的ゆっくりかつ予想どおりに変化していた時代にはうまく機能していた。しかし、組織がより大きく、よりグローバルになり、それに加えてステークホルダーからの複雑な要求、技術の進歩と破壊的革新、情報のデジタル化と民主化、加熱しつづける人材獲得競争といった変化の風をより一層激しく受けるようになると、階層型組織の硬直性は重荷になっていった。そこで、熟練した設計者と同じように、ベストなCEOたちも強い構造的完全性を保ちながら組織の設計に柔軟性を取り入れる方法を編み出してきた。

コロンビア大学経営大学院教授のリタ・ギュンター・マグレイスは、高成長の大企業と低成長の大企業の差は何かを研究する中で、次のような傾向を指摘している。「（高成長の大企業は）一方では、イノベーションを起こしやすいように設計されており、アイデアや手法の効果効率を調べる実験が得意で、しかも小回りがききます。そしてそれと同時に、極めて安定していて、戦略や組織構造が一貫しており、企業文化は強固で変わることもありません」[28]。私たちの調査も、マグレイスの結論を裏づけた。安定性と機敏性の両要素を兼ね備える組織は、機敏だが安定した経営上の規律に欠ける組織の三倍、そして安定しているが機敏さに欠ける組織の四倍も高業績を実現する可能性が高い。安定性《スタビリティ》と機敏性《アジリティ》は、どちらか一方を重視するともう片方を失うものではなく、現代の超高層ビルと同様に両立されなければならない。それゆえ、私たちはその二つを組み合わせて、「スタジリティ」という新たな言葉をつくった。

組織設計におけるスタジリティの最も著名な例の一つは、一九四三年にさかのぼる。当時ロッキード・マーティンは、航空機の開発と製造においてまったく新しい手法を編み出すための特命チーム、通称「スカンクワークス」を立ち上げた。カリフォルニアの砂漠に建てられた小屋に集められた技術者、整備士、飛行士たちは、明確な目的を共有していて、何かを成し遂げようという決意に満ちていた。その決意どおり、同チームはアメリカ空軍初のジェット戦闘機XP80の設計と製造に成功した。初飛行は、チームが立ち上がってからわずか一四三日後のことだった。今日の似たような組織の例として、JPモルガンチェースのフィナンシャル・ソリューション・ラボ、エーオンのニューベンチャーグループ、ゼネラル・ミルズのワールドワイド・イノベーション・ネットワーク（G-WIN）などがある。

スタジリティは偶然実現できるものでもなければ、一夜にして実現できるものでもない。それどころか、まったく実現できない場合もある。話を聞いたCEOの多くも、進展はしているものの、完全に実現できたとはまだ言えないようだ。とはいえ、組織の強さを拠り所にした機敏性を、順序よく実現するための明確なパターンは存在していた。具体的には、ベストなCEOたちは……

- 両極端な策を行き来しない
- 責任の所在を徹底して明確にする
- マトリクス（matrix）ではなく、らせん（helix）で考える
- 「賢い」選択をする

両極端な策を行き来しない

ゴルディロックスの原理は、一九世紀の有名な童話に登場する少女ゴルディロックスに由来してい

る。おかゆが入った三つのお椀を順に試した少女は、熱すぎず冷たすぎないちょうど良い温度のものを好むことが分かった。組織をどの程度集権化すべきか、というCEOとして避けられない問題に立ち向かうとき、ベストなCEOたちは会社にとっての「ちょうど良い」具合は何なのかを探し当てようとする。集権化すれば企業の効率性が向上するし、リスク管理能力も高まる。分権化すれば顧客対応は迅速化し、イノベーションも促進できる。かたや、ベストの域に達していないCEOたちは、ゴルディロックスの原理に従わずに、両極端の類型を採用しようとする。それは長期的には、会社にとって不利に作用するのだ。

パーシー・バーネヴィクはチューリッヒを本拠地とする電力機器・オートメーション技術関連会社ABBでCEOを務めていた当時、抜本的な分権化を通じて責任の所在を明確化し、権限委譲を推進することに、大きな可能性があることに気づいた。その狙いは、「官僚主義をぶっ壊して」各地域の起業家精神を解き放つことで、世界中の従業員たちが本社から干渉されずに新製品を発売したり、デザインを変更したり、生産方式を改善したりできるようにすることだった。バーネヴィクは、ABBを五〇〇〇のプロフィットセンターに分割したのだ。すると利益が大幅に増加したことで、この組織構造は学者、ジャーナリスト、経営の第一人者、そして株主たちから高く評価された。しかし、それは長くは続かなかった。

これと正反対な事例は、ヤフーの元CEOテリー・セメルが取った策だ。セメルはリソースをよりうまく共有してスケールメリットを享受できるよう、会社の組織を再編した。四四の事業部を四つの部門と商品審議会に集約し、部門間の調整、計画、リソースの共有による利点を得られるようにした。その当時、セメルはヤフーをまさに「新時代のメディア企業」につくり変えているとみられていた。

ところが数年たってみると、ABBとヤフー両社の業績悪化の主な要因は、こうした極端な組織設計変更だと冷笑されるようになってしまった。ＡＢＢの件について、ある記者は「分権的な経営構造は、結局部門間の対立や意思疎通の問題を引き起こした」と記した。競争で組織の機能不全が悪化し、膨大な重複作業によって効率性が著しく低下した（たとえば、当時のＡＢＢでは、仕入れやプロジェクト管理といった日々の業務を行うための五七六種類ものソフトウェアシステム、六〇種類の給与計算システム、六〇〇種類以上の表計算ソフトウェアプログラムが使われていた）。ヤフーの場合は、高度に集権化された組織構造によって、責任の所在が不明確になったり意思決定がなされない状態に陥ったりしたため、素早く動ける他のテクノロジー企業にさらなる後れを取ることになった。同社を去ったある幹部は、次のように語っている。「本当に優秀な人たちは去っていきます。自分が仕切っていると思っている人が多すぎて、何も進まないからです。そこまでではない人は居つづけます。彼らは守られていて、何の責任も負わされないからです[29]」

　バーネヴィクとセメルが取った策は、決して珍しいものではない。組織がある方向に傾いていることに気づいたＣＥＯは、反対方向に傾けてみたくなるものなのだ。そうして、時計の振り子のように、両極端な策を行ったり来たりすることを永遠に繰り返す。だが、ベストなＣＥＯが極端な策から策へ走って、組織を大幅に変えようとすることはまずない。彼らが重視しているのは、組織をどの程度集権化すべきかという点ではない。大手食品会社ゼネラル・ミルズ前ＣＥＯのケン・パウエル（四四一ページ参照）は、重要なのは「どこを集権化すれば最も価値を高められるか、あるいは最も多くの価値を生み出せるか？　そして、分権化してやらなければならないことは何か？」を考えることであると指摘した。「これはＣＥＯならば時間を割いて取り組まなければならない、非常に大きく、かつ重要な問いです」

　パウエルはゼネラル・ミルズとネスレとの合弁会社シ《C》リアル・パ《P》ートナーズ・ワ《W》ールドワイドのＣ

EOを引き継いだときに、この振り子の教訓を学んだ。「CPWが設立された一九八〇年代終盤のネスレは、巨大でしかもかなり分権化が進んだグローバル企業でした」と、パウエルは当時を振り返って語った。「ネスレはCPWを、高度に統合されたサプライチェーン、ブランドポジショニング、さらには国を超えて極めて一貫性のあるマーケティングを取り入れた、より中央集権化した組織にするよう求めてきました。もしかしたら先方はCPWを、全世界におけるブランド管理をより集権的に行うための実験台とみなしていたのかもしれません。実際この合弁会社でまず取り入れられたのは、中央からの指揮統制型に限りなく近い、高度に集約された組織でした。意思決定の大半は、（スイスの）ローザンヌにある本社で行われていました」。その結果、グローバルな経験が乏しいアメリカ人のマーケティング担当者を中心とする本社チームと、各地域や国のトップとの間で意見が頻繁に対立することになり、会社は機能不全に陥った。

パウエルは事態を打開するために地域と本社のリーダーたちを集め、ビジネスの遂行に欠かせない主要な活動を一覧にして、最も多くの価値を生み出すにはそれらをどこで行うべきかを順を追って検討し、共同で判断することにした。その際、「地域ごとにそれぞれ異なるやり方を採用すべきだ」や「本社がすべて指揮する」といった考え方は完全に排除された。この方策はうまく機能し、その理由についてパウエルは「腹を割った実利的な話しあいを通じて、会社全体にとって最良の策を編み出そう、というトップチームの熱意が実りました」と説明している。このときの決断によって、CPWは世界で最大級のシリアル会社となった。

パウエルはゼネラル・ミルズCEO在職中に同社をグローバルに拡大する際に、CPWで得た教訓を活かした。地域や国ごとのチームをつくってそちらに任せるビジネスと、アイスクリームのハーゲンダッツ、メキシコ食材のオールドエルパソ、スナック食品のネイチャーバレーといったグローバルな主要ブランドを集権的に管理するビジネスに分け、指示系統を明確化するという方針を強く打ち出した。こうして、ゴルディロックスのように「ちょうど良い」を見つけたことで、同社はグローバルな成長、イノベーションを実現、そして社会的責任を果たし、パウエルは『ハーバード・ビジネス・レビュー』の「トップ100CEO」に選ばれると同時に、「グラスドア」社による「アメリカで最も愛されているCEO」（従業員による評価に基づいて選ばれる）といった数々の賞も受賞した。

責任の所在を徹底して明確にする

集権化による効率性と、分権化による顧客対応の迅速化との「ちょうど良い」バランスを実現しようとするグローバル大企業は、マトリクス組織と通常呼ばれる組織構造を採用することが多い。デューク・エナジーのCEOリン・グッド（四五八ページ参照）も、「マトリクス組織でないと、事業を運営することができません」と同意する。「私たちは広範な地域に散らばる複数の施設で発電、送電、配電するという、複雑な事業を展開しています。作業面では機能部門のリーダーが任命されていて、各地域の施設は規制と法律関連の専門家が率いています。成功するには、このマトリクス組織でうまく運営することが極めて重要です。とにかく、それ以外のやり方は考えられません」

マトリクス型の指示系統では、各従業員が複数の管理職やリーダーの指示を仰いでいて、その関係は組織図の上では実線か点線で示される。機能部門リーダー（例：開発、製造）は、事業間のシナジーと標準化の推進を担っている。一方、事業部門リーダー（例：製品、地域、顧客セグメント別の部門トップ）は、各機能部門の能力がきちんとかみ合って、顧客が求めているものを正しく提供できているかを徹底するのが仕事だ。そして、一人の従業員が、この両リーダーの指示を仰ぐ可能性があるというのが、マトリクス組織だ。財務、人事、ITといったコーポレート部門の従業員も同様に複数の上司の指示を仰いでおり、「実線」または「点線」指示系統のどちらかがコーポレート部門のリーダー、もう一方が事業部門リーダーとつながっている。

マトリクス組織が初めて採用されたのは一九六〇年代で、ジョン・F・ケネディ大統領が目標として掲げた「人間を月に送る」計画でのことだった。各プロジェクトリーダーは費用とスケジュール関連、各技術リーダーはプロジェクトの技術開発の責任を負っていた。両リーダーは組織上同列で、ともに本部長の指示を仰いでいた。このアメリカ宇宙計画はケネディ大統領が定めたスケジュールよりも一年早い月面着陸を無事成功に導いて大きな偉業を達成し、これがきっかけとなって、マトリクス組織がビジネス界でも広く取り入れられるようになった(30)。

だが残念ながら、「ムーンショット」をも実現するマトリクスの威力を目の当たりにできた企業は、ほんのわずかだった。それどころか、マトリクス組織で働く従業員の大半は誰が意思決定するのかわからず混乱し、不満を抱いていた。通常、マトリクス組織で従業員が指示を仰ぐ二人のリーダーには、雇用と解雇、業務の割り当て、日々の業務の優先順位づけと管理、昇給、査定、インセンティブ設計といった、同じ職務や権限が与えられている。その結果、勢力争いが起こり、膠着状態を打開するためだけに委員会が意思決定を行うはめになる。だが、それは専門知識がほとんどない人物がすべての案件を検討する事態を招き、ゆえにせっかくの有力な案も本来の価値を見失い効果が薄れてしまう。

ベストなCEOは起こりうる膠着状態を防ぐため、最終的な責任がどこにあるのかを徹底的に明確化しようとする。たとえば、エド・ブリーンはデュポンのCEOに就任した当時について、次のように語っている。「みなとても熱心に働いていていましたが、責任の所在が不明確だったのです。組織のマトリクス化があまりに進みすぎて、ビジネスのための意思決定の半数が、物事を損益や投下資本利益率の観点で考えないコーポレート部門のリーダーたちによって行われていました」

ブリーンはアイオワ州に建設中のセルロース系エタノール生産工場について、当初の建設費は二億二〇〇〇万ドルの見込みだったにもかかわらず、結局五億二〇〇〇万ドルも費やしたうえにいまだ稼働していない原因を調査したところ、このプロジェクトには二二名が承認者として関わっていたことが判明した。「私は『実際にこの決断をしたのは、いったい誰なんですか?』と尋ねて回りました」と、ブリーンは振り返った。「すると、八とおりの異なる答えが出てきたのです」。ブリーンは会社の組織を急きょ再編して五人の事業部門長の意思決定の権限をより大きくし、彼らをスリムなコーポレート部門が支える形にした。さらに、コーポレート部門は、戦略、リスク特性、リソース配分、人材に重点を置くことを明確に指示した。「現在の組織構造で例のアイオワのような案件について判断を下すとしたら、責任の所在は担当の事業部門長、CFO、そしてCEOの私にあり、私たちが説明責任を果たすことになります」とブリーンは語った。

マトリクス（matrix）ではなく、らせん（helix）で考える

ベストなCEOが複雑な多次元のマトリクスでいかに責任の所在を明確にしているかの聞き取り調査を進める中で、彼らが実はマトリクスの観点で考えていないことがわかった。彼らの組織の考え方をより適切に例えるとしたら、らせんだ。この発想は、一九五〇年代初めに科学者が発見したDNAのあの独特な二本鎖の形に端を発している。このあとの図で示されているとおり、コルクの栓抜きのようにねじれた二本の長いDNA鎖は互いに触れることなく絡み合い、その二つの鎖をヌクレオチド対が結ぶという、ねじれたはしごのような構造になっている。[31]

らせん組織には「二つの実線」あるいは「点線」による指示系統は存在していない。代わりにあるのは、一人の従業員が二人のリーダーにそれぞれ異なる目的で指示を仰ぐ（ゆえに二つの鎖がらせん状に絡まっているように見える）という「二分割された実線」による指示系統だ。この二分割された実線による指示系統は、必ずしも組織のすべての仕事に取り入れなければならないものではないが、顧客のために販路、製品、機能部門の専門知識をうまく組み合わせなければならない複雑なマトリクスでの業務においては、このらせん型の手法は明快かつ実用的な解決策をもたらす。

この発想が実世界でうまくはたらいている例として、エーオンのグレッグ・ケースによる組織再編を見てみよう。以前の企業の連合体から進化して現在ではエーオン・ユナイテッドの企業文化を大事にするようになった同社において、ケースは会社が出せるすべての能力を顧客一人一人に対して提供することの重要性を強調した。過去においては、地域のリーダーと商品ラインのリーダーとの間で権限が行ったり来たりしていた（これは現場では実線と点線で表される組織内での役割が常に入れ替わるという事態となって現れた）。この振り子のような動きを止めて責任の所在を明確にするために、ケースはこの二つの組織の間に二分割された実線による指示系統を導入した。どちらのリーダーも明確かつ補完的（互いに相手も役割をこなさなければうまくいかず、しかもどちらの役割も同じくらい重要であるということ）な独自の役割を担っていた。従業員は地域のリーダー（例：ヨーロッパ地域のトップ）の指示を仰ぐ。このリーダーは主要な損益、および担当地域の顧客との関係に対して責任を持ち、どの商品を扱おうが関係ない。一方、同じ従業員は商品関連のリーダー（例：信用危険部門のトップ）にも指示を仰ぐ。こちらのリーダーは世界に通用する革新的な商品やソリューションの開発に加えて、それらを顧客に提供するための会社の能力を高める責任を負っている。

地域のリーダーは損益に責任を負っているため、ある商品関連で何名雇用するかを決めることがで

マトリクス組織

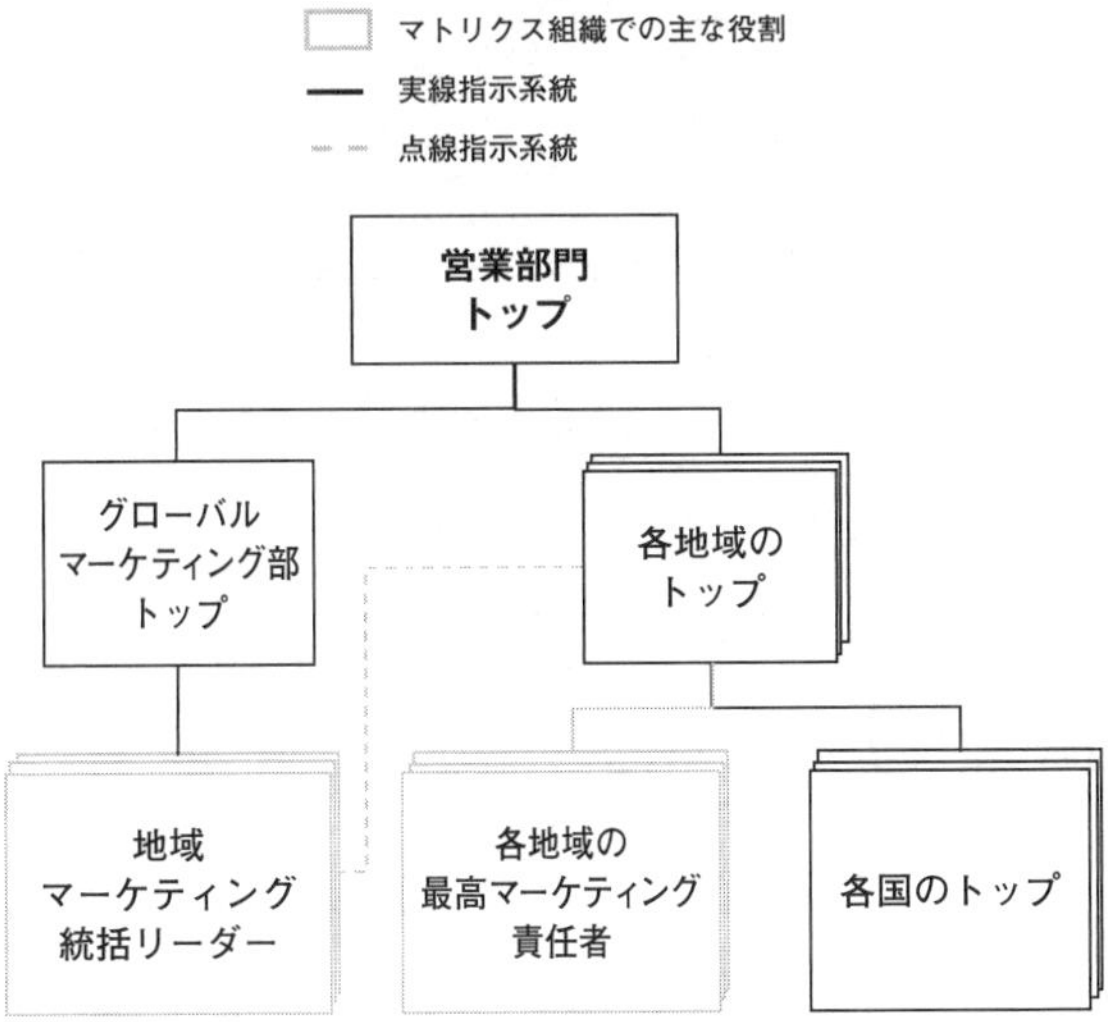

らせん組織

人材活用担当リーダーの役割 ―どのように仕事を遂行するか

価値創出担当リーダーの役割 ―どんな仕事を遂行するか

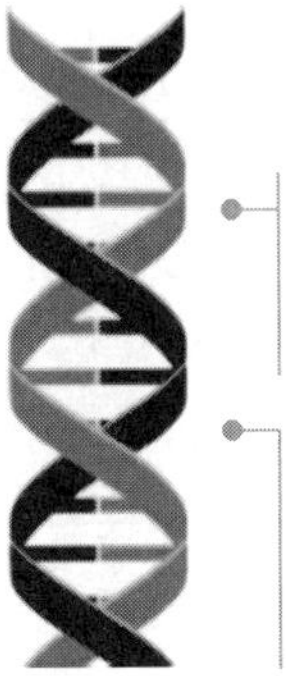

点線指示系統の廃止。らせん組織には責任の所在が明確に二等分された線が、平行して並んでいる。

人材活用担当リーダーは雇用と解雇の権限を持ち、従業員が順調にキャリアを積み重ねられるよう研修、各種ツールの提供、専門能力開発訓練を行う。

価値創出担当リーダーは各従業員の達成目標を設定し、日々の業務を監督する。

きる。そして商品のリーダーは自身の専門知識を活かして、必要な人材を募集して雇用する。そうして入社した新人を顧客サービスチームに入れ、それぞれの達成目標を設定して日々の業務を監督するのは地域のリーダーであり、新人たちはこのリーダーの指示を仰ぐ。一方、この新人たちが順調にキャリアを積み重ねられるよう研修、各種ツールの提供、専門能力開発訓練を行うのは商品のリーダーであり、新人たちはこのリーダーの指示も仰ぐ。

ウエストパック銀行のゲイル・ケリーも、同様の組織モデルを同行に取り入れた。「組織構造を、極めて大胆に変えました。銀行というものは商品を非常に重視していますので、弊社も商品関連の部門を中核的な組織のままにしましたが、その一方で、バランスシート上の力点を販売チャネルに向けることにしました。要は、販売拠点をプロフィットセンターにしたのです。この二部門の人々がお客様のために連携を取りあって協力し、ともに戦うことで、統合されたサービスや顧客経験が生まれるというビジネスモデルが必要だったのです」。とはいえ、ケリー本人がＣＥＯとして関わっていなければ、こうした変革は実現しなかったはずだ。「今回非常にうまくいきましたが、うまくいくことをただ願うのではなく、誰がどこで何を決めるべきかをＣＥＯ本人が実際に考えなければなりません。とりわけ、最初の段階においては」と、ケリーはアドバイスする。

ジェイミー・ダイモンは、ＪＰモルガンでらせん型の手法を効果的に機能させるためにコーポレート部門のリーダーがどのように事業部門に関与しているかを、次のように説明した。「私のトップチームは、人事のトップ、ＣＦＯ、法務のトップといったコーポレート部門のリーダーたちです。私たちは人事、会計、リスクなどについての方針を決めますが、それ以外についてのビジネスの遂行は、一〇〇パーセント事業部門の責任です。それでもコーポレート部門はコーポレートガバナンスの観点から、どの事業部門に対しても『これをしてはならない』『あれをしてはならない』などと口を出せますが、あくまで対等なパートナーとしての介入です。その目的は、会社にとって正しい行動をとることです。結果として、彼らは事業部門のリーダーからパートナーとして受け入れられています」

イタリアの電力会社エネルの場合、会社の組織の大半はより従来型の指示系統だが、設備管理と顧客対応のどちらにも関係する二五〇の主要な業務については、二人の上司の指示を仰ぐ「二分割された実線」の指示系統を取り入れている。たとえば、チリの発電部門のトップは、保守と拡大のリソース配分についてはグローバル発電部門のトップに、そして顧客関連対応やキャッシュフローについてはチリのトップに指示を仰ぐ。ダイモンと同様に、エネルCEOのフランチェスコ・スタラーチェも、それらの業務にはふさわしいマインドセットを持った人材を配置する重要性を訴えている。「この方法を成功させる秘訣はまさに、建設的で緊張感を持って目標を達成できる人をそれらの役割に就けることです。その役割には熱意と好奇心が必要です。その二つを持っている人は、的確な問いかけをして、求められている以上の成果を出します」とスタラーチェは打ち明ける。

念のためにお断りしておくが、私たちが話を聞いた中で、自身の組織を説明するときに実際に「らせん」という言葉を用いたCEOは一人もいなかった。しかしながら、彼らの組織に対する取り組みを分析した結果、紙の上ではマトリクス型の組織図に見えるものも、らせんを用いた考え方のほうが、明らかに彼らの手法をより的確に表していた。

「賢い」選択をする

集権化と責任の所在についてのゴルディロックスがいう「ちょうど良い」具合は、「マトリクス型」よりも「らせん型」に近いことが明らかになったことで、組織設計に安定性、そして機敏性をもたらすにはどんな要素を選ぶべきかを決めるための土台が固まった。こうした選択をするときには、スマートフォンに例えるのが役に立つかもしれない。安定させるための要素を選ぶのは、自身のスマートフォンのハードウェアとオペレーティングシステム《OS》を選ぶようなものと考えてみよう。この二つは、その後いくつものアプリ（機敏性をもたらす要素）を入れるための安定した土台になる。アプリは生活をより一層便利で良いものにしつづけるために、必要に応じてインストール、更新、消去できる。

ブラッド・スミスは、イントゥイットの組織に安定をもたらす要素をいくつか挙げた。「まず、お客様に関連した部門を置き、その下にお客様の問題に具体的に対処する部署をつくります。実際には、一般消費者部門と小企業部門が一番上にあり、その下には決済部門などがあります。この組織構造は変えません。次に、プラットフォーム企業として行っている多数の取り組みを結合するための組織を、どうつくればいいかを考えます。たとえば、小企業のお客様の各種問題に一括で対応するために、中央集権的な小企業向け事業デザインチームをつくりました」

組織設計における機敏性をもたらす要素には、さまざまな形がある。時限的なチームをつくってメンバーにはそこでの仕事にフルタイムで専念させ、具体的な成果を短期間で出すために大幅な裁量権を与えるのも一つの手だ。この方法をイントゥイットでどのように取り入れたかについて、スミスは次のように語っている。「これまで一緒に働いたことがない三名のチームをつくり、重要な戦略的課題に取り組んでもらいました。これによって、事業部門と機能部門との協力体制をまさにつくることができました。その結果、より的確な解決策が出せるようになり、しかも重要な戦略分野でより迅速に動けるようになったのです」

機敏性を高めるためにイントゥイットが取ったもう一つの策は、すべての従業員に対して、勤務時間の一割を自由活動に充てられるようにしたことだった。スミスの説明によると、「常時、一八〇〇件以上のさまざまな新企画が試されている状態でした。そしてある企画がお客様から見て満足していただけるものであることが実証されれば、その企画に対してさらに三カ月間活動資金が出されました」。この策の結果は？　「この取り組みのおかげで、みな自分の発想を発信する意欲に駆られるようになり、組織設計によってできた壁を壊すのに大いに役立ちました」とスミスは語っている。

最も重要なのは、何を安定させて何を機敏にするかという選択を的確にすることであり、それができないと一からやり直す大規模な組織再編を数年ごとに繰り返すという、予想どおりの悪循環を断ち切ることができない。高パフォーマンス企業はそうしたことにならないよう、安定した中核組織を土台に残したまま、組織再編を継続的に行っている。こうした組織の安定性は高性能スマートフォン並みの信頼性の高いはたらきを実現し、そこにインストールされた機敏な「アプリ」は常に改善をもたらすので、柔軟性の低い競合他社の先を行ける。アディダスのヘルベルト・ハイナーは別の例えを好んで使っているが、要点は同じだ。「以前の弊社は、一万人の乗組員を乗せた一隻のタンカーでした。方向転換するには、八〇〇キロも進まなければならなかったのです。現在は船隊であり、その中には高速のモーターボートも含まれています」

ヨハン・タイスは、ＫＢＣのどこに高速モーターボートが必要なのかはっきりわかっていた。「モバイルバンキングと保険のアプリを開発する予定です。お客様に喜んでいただけるよう、簡単に使えるものでなければなりません」と、タイスはベルギー事業本部に伝えた。そして、「みなさんに与えられた期間は半年、予算は一〇〇万ユーロです」とつけ加えた。こんな大胆な企てをこんなにも短い期間で実現するために、タイスは才能ある人物をリーダーに指名し、好きなようにチームを組むよう完全なる裁量権を与えた。「組織の階層や序列を、気にする必要はありません」とタイスはリーダーに言った。「価値を付加してくれるとあなたが思える人だけを使えばいい」。この言葉によって、タイスはチームをIT系管理職が多数を占めるKBCの官僚制度から解き放った。これは「機敏な仕事をしてくれれば、上から何も言われないよう私が守る」という、タイスからチームへの明確なメッセージだったのだ。半年を待たずして、新たなKBCモバイルアプリの提供が開始され、その後半年を待たずして、それは同カテゴリーの中で最も革新的で優れたアプリと称されるようになった。

また、タイスはKBCを機敏にするためのさらなる手段として、スタートイット@KBCを導入した。二〇一四年に始まった、ビジネスの発想を育てるこの起業支援プログラムは、例えるなら高速モーターボートの船団を生み出すようなものだ。タイスによると、「現在六〇〇名がアイデアの実現に取り組んでいて、中にはすでに起業した人もいますし、自身のスタートアップ企業をレジリエンスが高い、生き残れる企業に育てたいと考えている人もいます。そういった中には有望なフィンテック企業もあります」。こうしたスタートアップ企業は、KBCが顧客にイノベーションを提供する機会をもたらしている。

同様にエネルのフランチェスコ・スタラーチェも、同社の安定した組織の基幹に機敏性の要素をいくつもつけ加えた。彼は「イノベーションハブ」という専門組織を世界中の何カ所にも設置し、各事業本部の担当者たちによるネットワークが、挑戦してほしい課題をイノベーションハブに提供した。これにより、スタートアップ企業、中小企業、大学で構成されるエコシステムから外部のアイデアを集めるための、エネルギークラウドソーシングプラットフォームがつくられた。また、新たな発想を形にするため、機能部門横断型の小さなチームづくりを促進する「Make It Happen（実現させよう！）」プログラムも開始された。さらには、エネルギー効率、エネルギー貯蔵、スマート照明といった分野で顧客、企業、政府向けに新たなソリューション開発をする、エネルXという部署も新たにつくられた。エネルの組織を機敏にする策は、すべて「オープンイノベーション」という名のもとで行われた。スタラーチェは一連の策について、「それらは互いに作用しあって、何倍もの効果をもたらしてくれました。スピードのみならず、新たな産業に参入するきっかけまで手に入れられました」と語った。

アルファベットのサンダー・ピチャイは、ユーチューブ、アンドロイド、サーチといった従来の商品以外の分野で何か重要なことをやらなければならないときは、「重点分野」を設定する。各重点分野には、チームがつくられリーダーが指名される。そしてこのチームには、通常の組織での取り組みよりも速く動けるよう、一定の承認審査が免除されるためのツールが与えられる。ピチャイは、「自身が築いた構造を、他の誰かに打ち破ってもらう方法を編み出さなければならないときもあるのです」とアドバイスする。

組織を機敏にする要素について、各社の具体例は次から次へと挙げられるが、その大半は、最近の流行でもある次の三つの手法に分類される。一つ目は「チームのチーム」という、大きな目標を達成するため機動的に協力する能力に長けた複数のチームに、権限を委ねる手法だ。二つ目は、（固定された指示系統によって人的リソースの流れが制約されるのではなく）、どこで最も大きな価値を生み出せるかに基づいて「仕事へ流れる」人的リソースプールをつくるというやり方だ。三つ目は「アジャイル」という、最小可能単位で製品を立ち上げて、顧客から何度もフィードバックをもらうことで製品やサービスの改良版を速いサイクルで反復して出す手法だ。

ダナハーの元ＣＥＯで現在はＧＥのＣＥＯを務めているラリー・カルプは、そうした今風の手法の呼び方自体は新しくても、考え方は前からあると指摘する。「システム開発における二週間の『アジャイルスプリント』の内容を見ると、一週間かけて行われるトヨタの『カイゼン』（作業員、管理職、作業工程の責任者が集まって、工程の問題点を洗い出して共有し、改善を行う）とそう変わりありません。要は、作業と課題を細かく分け、適切な人材を集め、新しいことに挑戦し、目に見える結果を素早く出す、ということです」

一九九九年の映画『マトリックス』の主人公ネオは、赤と青の二つの薬のどちらかを選ぶよう迫られる。赤い薬を飲めば、現実は想像以上にはるかに複雑で、自身はより大きな役割を求められているという辛い真実を知ることになる。だが、もし青い薬を選べば実際に起きていることとは無縁の、「知らぬが仏」状態の以前の生活に戻ることができる。しばらく考えたあと、ネオは赤い薬を選ぶ。この選択が、壮大な自分探しの旅の始まりとなった。勇ましい戦いを重ねたのち、ネオはついに人類をとらわれの身から解放する。人類は人工知能を搭載した機械への依存によって、とらわれの状態を自らつくりだしてしまっていたのだった。

組織設計にも青い薬が存在する。アメリカ人作家チャールトン・オグバーン・ジュニアの「私たちはどんな新たな事態に対しても、組織再編というやり方で対処しようとする。それは混乱、非効率性、士気喪失を生じさせながらも、進歩しているという錯覚をつくりだす、実にすばらしい方法なのだ」という言葉が、それを飲んだ状態を的確に表現している。多くのリーダーがこのやり方を選択していることが、さまざまな事実から明らかになっている。過去二年の間に大規模な組織再編を行ったと答えた経営幹部は七割を占めており、またその大半は今後二年以内にまたしても再編を行うだろうと思っている。一方、組織再編のうち、目的を満たし業績向上につながったと思われるものは二三パーセントにすぎなかった。それ以外の多くは中途半端に終わったか、あるいは目的を満たせなかった。しかも、一割は業績に多大な悪影響を及ぼす結果となった(32)。

ベストなＣＥＯなら、赤い薬を飲む。そうすることで、集権化と分権化についての両極端な策を行ったり来たりする誘惑を退けられる。組織構造がたとえ複雑であっても、マトリクス型を超越してらせん型に再構成して、責任の所在を明確にできる。さらに、組織設計における安定性と機敏性の要素選びで、賢い選択ができるようになる。この道ははるかに険しいが、ここまでで解説した赤い薬を飲むことで、組織再編の成功率は二五パーセントから八六パーセントに向上することがわかっている。しかも、自社の従業員たちがとらわれの状態から解放されたと感じられるようになる可能性も極めて高くなるはずだ(33)。

悪しき仕組みは優れた人材を常に打ち負かす、と言われている。組織の一体化という観点から重要な項目としてこれまで取り上げてきた、企業文化と組織設計は、良い仕組みをつくる。次は視点を変えて、卓越した実行力を組織が手に入れられるよう、その良い仕組みの中で「良い人材」にいかにして確実に活躍させられるかについて見ていこう。

第六章 人材を強化するための行動習慣

優秀な人材に固執しない

木登りできるかどうかで魚の能力を判断すると、当の魚は自分が能無しだと一生信じ込むことになる
——発言者不明（一般的にはアルベルト・アインシュタインの言葉とされている）

アメリカ海軍への新規入隊者のうち、毎年約二万人が同国のエリート戦闘組織である海軍特殊部隊《ネイビーシールズ》への所属を希望する。志願者たちは、この部隊の隊員として求められるのは、氷点下の気温、脳が溶けそうな灼熱の砂漠、外洋でハリケーンに遭遇したときの船が飲み込まれそうなほどの巨大な波といった、世界中のどんな場所でも、どんな不安定な状況でも、どんな厳しい条件下でも任務を達成できる戦士だとわかっている。アメリカ政府が軍事、人質事件、テロリスト関連でとりわけ厄介な事態に直面したときに、いつも真っ先に頼りにする部隊なのだ。

最終的にこの特殊部隊入りを果たすのは、年にわずか二五〇人程度だ。たとえ身体的に極めて優れた志願者でさえ、優位に立てることはない。すばらしい身体能力を持つアスリートの多くが、入隊訓

練で次々に脱落している。たとえ最高レベルの教育を受けていても、残れる可能性は高卒の志願者と変わらない。ついに合格して海軍特殊戦章を身につけられるのは、ある極めて明確な基準を満たした者ばかりだ。彼らは絶対にあきらめないという、不屈の精神を持っている。合計四時間以下の睡眠しか許されず、寒い中でずぶぬれになりながら容赦なく厳しい課題をこなさなければならないことで悪名高い「地獄週間《ヘルウィーク》」も含め、ネイビーシールズに入隊するための基礎訓練期間があれほど過酷なのは、この特性を備えているかどうかを見極めなければならないからだ。

海軍のリーダーたちがネイビーシールズの使命を明確に定め、その役割にふさわしい志願者を新規採用するのと同様に、ベストなＣＥＯも優れた組織をつくるうえでまず決めなければならないのは、人ではなく役割だとわかっている。ベストなＣＥＯはまず、最も重要な仕事は何なのかを自らに問いかけ、次に、その仕事をこなすためにどういった知識、スキル、適性、経験が必要なのかを明確にする。

この作業は一見簡単ですぐに答えが見つかりそうに思えるが、実はそうではない。ある平均的な業績のヘルスケア関連会社のＣＥＯを例にしよう。「貴社で最も才能があるリーダーを、二〇名挙げてください」という私たちの問いかけに対して、彼は二〇名の名前を次々に出した。次に、「貴社で最も重要な役割を、二〇個挙げてください」と尋ねたところ順に挙げていったが、かかった時間から察するに、この点については日頃あまり考えていないようだった。最後に、「最初に挙げた二〇名のうちの何名が、次に挙げた二〇の役割に就いていますか？」と質問したところ、彼は青ざめた。どうやら自分の答えが、取締役会や株主たちが望むものとはかけはなれていることが、数えるまでもなくすぐにわかったようだった。

これとは真逆の例として、大手プライベートエクイティ投資会社ブラックストーンのＣＥＯスティーブン・シュワルツマンが、同じ質問に対してどんなふうに答えを出しているのかを見てみよう。シュワルツマン、最高人事責任者《CHRO》、そしてCFOは、彼らの投資ポートフォリオに関するリーダーの役割のうち、どの役割が収益、営業利益率、資本効率といったどの項目で最も高い価値を生み出すかを、極めて綿密に調べた。たとえば、投資先のある企業の目標は利益を六割増やして、株価収益率を八倍から一〇倍へと大きく向上させることだった。シュワルツマンたちの分析によると、一万二〇〇〇人の従業員を擁するこの企業の中で三七の役割が、価値向上の八割を担っていることが判明した。それどころか、ある役割はそれだけで利益の一割を左右する可能性さえあったのだ！　シュワルツマンと彼のチームは、そうした仕事においては業務にふさわしいリーダーが必ず任命されるよう徹底した。[34]

　私たちが聞き取り調査を行ったベストなCEOがみな、ここまで厳密な手法を採用していたわけではなかったが、それでも人材関連の取り組みにはとりわけ厳しい基準を設けている。そうすることで自身の時間とエネルギーを、人材育成管理で最も大きな影響をもたらす分野に重点的に割けるようにしている。GEのCEOラリー・カルプも、「実際に最も力を入れなければならないのは、人に関する判断です。CEOとして、その判断を絶対に間違えてはなりません。そのためには、誰かに任せていてはいけないのです」と指摘する。人にまつわる正しい判断をするために、ベストなCEOたちは……

- **価値の高い役割を明確にする**
- **「左タックル」を忘れない**
- **「意外なメンバー」を探し出す**
- **控え選手の層を積極的に厚くする**

価値の高い役割を明確にする

私たちは多くのCEOに対して、どんな役割が会社の戦略を推進するのかを、CHROとCFOとともにより正確に捉えられるようサポートしてきた。そして、ほぼすべての事例で、彼らトップチームたちは得られた結果に驚いた。世間一般の通念に反して、最も高い価値を生み出す役割は、役職の高さと必ずしも一致しているわけではないことに気づかされたからだ。一般的な企業の最も高い価値を生み出す五〇の役割のうち、CEOに直接レポートしている役職はわずか一割にすぎなかった。六割はそれより一つ下の役職で、二割はさらにその下の役職だった[35]。

では残りの一割は？　本来なら役職として存在すべきだが、通常は設定されていない役割だ。こうした役目を担っている人々は既存の組織にまたがって仕事をしているか、業界の最新動向をビジネスに活用しようとしているか、あるいはその両者だ。クリーブランドクリニックで患者を第一に考える戦略を推進したトビー・コスグローブは、その一環として、患者の日常をより良くするための役職「Chief Experience Officer（最高患者体験責任者）」をつくった。この役割は、精神面でのあらゆる患者ケアを担うものだ。「職員のあらゆるニーズに応えるために、人事部門があります。同様に、患者ケアの複雑さを理解して、すべての患者さんのニーズに応えられる人が必要なのです」とコスグローブは語った。

この役割は、クリニックの内外に透明性をもたらした。「心臓外科で私が学んだことの一つは」と、医師でもあるコスグローブは語った。「常に数値を見ることが重要で、しかも自身が行った手術の死亡率であろうと何であろうと、徹底して透明性を確保すべきだという点でした」。そして、コスグローブは患者ケアでも同様に、同クリニックの患者ケアの質への評価を数値化した結果を一般公開した。さらに、これは決してすべての医師に快く受け入れられたものではなかったが、クリニックのすべての医師を評価して順位づけするよう最高患者体験責任者に指示した。「治療が非常にうまくて患者さんにもとても慕われる医師もいれば、そうでない医師もいることを、医師たちに気づいてもらいたかったのです。しかも、自分が向上すべき点を知ることもできるのです」

エーオンCEOのグレッグ・ケースは、ニューベンチャーズグループを率いて保険業界における大規模なイノベーションを促進するための、幹部レベルの役職を設けた。デューク・エナジーのリン・グッドは、二酸化炭素の排出量を実質ゼロにするという目標達成を目指す中で、エネルギー源の従来の技術から新たなものへの移行を確実に進めるために、「発電および送電市場トランスフォーメーション責任者」の役職を新たにつくった。「この役職を置いて、日々のオペレーション上の課題と責任を分けることは、エネルギーインフラの大規模な転換期に戦略的にフォーカスするために必要な策でした」とグッドは語った。金融サービスグループTIAAでは、顧客とのやりとりから従業員の新規採用にいたる会社のあらゆる業務でデジタル化を取り入れた手法を検討しなければならないことに気づいたロジャー・ファーガソン（四六〇ページ参照）が、最高デジタル責任者を新たに設置した。ジェイミー・ダイモンは経費削減と効率性向上の鍵はクラウド技術であるという認識のもと、JPモルガンのクラウドサービスを運営する役目を担う幹部レベルの役職を設けた。アホールド・デレーズのディック・ボーアは、気候変動に対する世論の空気の変化や、食品や医療の役割を考えて、最高サステナビリティ責任者を自身のチームに加えた。

最も価値を生み出す役割が特定されると、ベストなCEOはその役割においてどんな仕事がなされるべきかの明確な説明や、役割をこなすために必要なスキルや適性の一覧とともに、それらすべての役割がはっきりと定められているかどうかを確認する。たとえば、プロダクトリーダーは事業開発や、M&Aにおけるデューデリジェンスに関連する知識やスキルが必要となるだろう。それ以外にもグローバルなマインドセット、迅速に意思決定できる能力、優れたチーム育成力も必要になるかもしれない。求められる経験としては、収益が一億ドル以上の事業を営んできた、統合の責任者を務めた、構築して実行した販売モデルを成功に導いた、などが挙げられる。

役割ごとに求められる具体的な適性に加えて、ベストなCEOたちは「どんなリーダーにもなくてはならない」と自身が思っているいくつかの重要な資質を特定できている。「熱意、知性、柔軟性、結果志向。それに加えて、自身の価値観が弊行のものときっちり一致していること」。これは、ウエストパック銀行のゲイル・ケリーが挙げてくれたものだ。ケリーは当時を振り返って、「もしリーダー候補がこの条件を満たしていたら、次の段階に進んで、役割に求められている具体的なスキルを備えているかどうかを検討します」と語った。イタウ・ウニバンコでは、ロベルト・セトゥバルが「大らか、オープン、賢い、首尾一貫している、そして革新的」というリーダーを求めていた。サンタンデール銀行のアナ・ボティンは、「価値観、共感力、創造性、協調性」を重視している。JPモルガンのジェイミー・ダイモンは、自分は忠誠心は求めていないということを明確にした。「もし誰かに『私はあなたに忠誠を尽くします』と言われたら、私はこう言い返します。『お願いですから止めてください。あなたが忠誠を尽くすのはこの組織に対してであって、私にではありません。また、あなたが忠誠を尽くすのはお客様に対してであって、私にではありません。あなたの忠誠心は、正しい行いをすることに向けられるべきです』と」

ヨハン・タイスは、「どんなリーダーにもなくてはならない」新たな発想を生む力を、KBCにもたらした。その独自の手法について、次のように説明した。「経営委員会とともに、会社を成功させるために最も重要な四〇の役割を定めました」。次に、すべての管理職を業績と能力別に分類し、先ほどの四〇の役割に当てはめていった。「それぞれの役割を決めていくとき、現在その役割を担っている人は誰であっても、その役割に留まることはできない、という前提で進めました。もはや『聖域』はどこにもないのです。すべての役割が議論の対象になりました。こうして、会社をすっかり変えることができました」

ＫＢＣの事例でも示されているように、どの役割が最も高い価値を生み出すのか、その役割をうまくこなすには何が求められるのかを丁寧に特定すれば、そこに最も適した人材を当てはめる作業ははるかに楽になる。ウエストパック銀行のゲイル・ケリーは、その役割に適していない人を任命した場合に想定される事態について、「有能な幹部が、自分に合ってもいないし楽しくもない役割に異動させられる例は多々あります。すると、彼らは自信を失い、結果も出せなくなります。そうなると修正するのは難しくなります」と指摘している。

「左タックル」を忘れない

アメフトで最も年俸が高い選手のポジションを尋ねられたら、大抵の人がクォーターバックと正しく答えるだろう。なぜなら、ほとんどのプレーの中心を担うポジションだからだ。だが、その次に年俸が高いポジションはと聞かれたら、勝つために必要な点を取るためにクォーターバックと直接やりとりする、ランニングバックやワイドレシーバーではないかと答える。ホームレスだった一〇代の青年が、ナ《N》ショナル・フ《F》ットボール・リ《L》ーグのスター左タックル選手に成長していく姿を描いた映画

『しあわせの隠れ場所』のファンは、もっとよくわかっている。アメフトのチームでクォーターバックの次に年俸が高いのは、ボールにまったく触れることのない左タックル（あるいは、クォーターバックが左利きの場合は右タックル）だ。いったい、なぜだろう？　それは、左タックルはクォーターバックのパスを早めるよう圧力をかけてくる相手チームのパスラッシャーから、クォーターバックがサックされたり、さらには怪我をさせられたりするのを防御する役割を担っているからだ。パスラッシャーはクォーターバックの視野の死角に入っているため、クォーターバックからは動きが見えないのだ。[36]

　ビジネスでは大抵の場合、クォーターバック、ワイドレシーバー、ランニングバックに相当するのは、企業の損益を担う部門のリーダーだと思われている。そのため、CEOの多くはこれらの役職を挙げるだけで、高い価値を生み出す役割をすべて特定できたと考えがちだ。カーン・トラクーンフンが二〇〇六年にCEOに就任する以前のサイアム・セメントも、まさにそうだった。「あの当時は、どの役割が重要かを見極めるための、三つの判断材料がありました」と、トラクーンフンは語った。「一つ目は、管理を任されている資産の額。二つ目は、指示系統下にいる従業員の数。三つ目は、担当しなければならないことの複雑さの度合いでした」

　ベストなCEOはさらに深く掘り下げて、価値が創出されるよう防御し、価値の創出を実現可能にする「左タックル」に相当する役割はどれかを、十分に厳しい判断基準に基づいて特定できるようにしている。トラクーンフンの場合、彼の戦略は一次産品からより付加価値の高い製品へと移行することであり、そのためには以前の経営陣が見落としていた役割が重要になることを意味していた。研究部門の位置づけが高められ、そのリーダーは「左タックル」とみなされた。つまり、かつての判断基準ではさほど重視されていなかったこの役職が、会社というチームの中で最も重要な役割の一つになったのだ。研究開発の役割に重点を置き、最も優れた人材を欠かさず送り込むことで、トラクーンフンは在職期間中に、高付加価値製品の売り上げの比率を四パーセントから三五パーセントにまで引き上げた。

シャイアーの前CEOで、現在は皮膚専門の医薬品会社ガルデルマのCEOを務めるフレミング・オルンスコフ（四四四ページ参照）も、最も重要な役割を特定するために体系的に取り組み、会社の成功の鍵となる（臨床開発、分析、デジタル化、品質管理、機器、規制といったあらゆる専門分野における）目立たないが左タックルとなる役割を見つけだすのをとりわけ重視している。「さらに、研究プログラムに優先順位を一から五〇位までつけて、順位の高いものに最も多くの予算、最も優秀なA級選手を割り当てるようにしました。私たちトップチームもそこに最も時間を割くようにしました」。この一連の取り組みの中で、オルンスコフと彼のチームは、バイオ医薬品（生物の一部を含む医薬品）関連部門に左タックルがいないことに気づいた。「皮膚科学におけるイノベーションは、バイオ医薬品へ移行していることが判明したのです。ゆえに、その部門にふさわしいリーダーを新たに採用しなければなりませんでした」とオルンスコフは語った。

ラリー・カルプはGEのCEOに就任するとすぐに組織図を広げ、最も高い価値を生み出す役割を特定した。「まずは、絶対にA級選手を置かなければならない役割がどれなのかを特定しました」。細かく分析すると、従来はB級選手を置けば十分だったサプライチェーン管理部門のリーダーという役割が、今や左タックルを置くべき重要なものに変化していることにカルプは気づいた。「今日の弊社のビジネスを見ると、製品やそれに携わる人々が良くないというわけではないのですが、求められるタイミングと品質でそれを届けられなければ、これまで以上にお客様に不満を抱かせてしまうことにつながります。日々の業務を、正確にこなせなければならないのです」

アナリストや投資家たちとの攻防戦のあとに初めて、ＣＥＯがそのありがたみを実感する左タックルは、最高財務責任者《ＣＦＯ》だ。ＩＤＢのリラック・アッシャー＝トピルスキーも、「できるかぎりベストなＣＦＯを選ぶことが、とても重要です。そうしたＣＦＯは、あなたを日々の業務の重圧から大いに解放してくれます。まさに、あなたの右腕になります。優れたＣＦＯの重要性は、まだまだ理解されていません」と語っている。イタウ・ウニバンコのロベルト・セトゥバルも同意見だ。「二〇年以上にわたるＣＥＯ時代を振り返ると、私のチームで最も重要な人物はＣＦＯだったと言えるでしょう」。エーオンのグレッグ・ケースは、ＣＥＯ就任後に下した判断で最も重要と思えるものの一つは、クリスタ・ディヴィスをＣＦＯに任命したことだと語っている。「クリスタはエーオンを築くうえで、まさに完璧なパートナーです。私たちは、一から協力しあってきました。クリスタなしのエーオンは、もはやエーオンではありません」とケースは打ち明けた。

このように、ベストなＣＥＯは価値を生み出す役割を厳密に特定してから初めて、人材育成管理の方程式に人を当てはめていく。だが、人が投入されるのと同時に、社内での駆け引きも始まるのだ。

「意外なメンバー」を探し出す

ベストなＣＥＯは通常、価値を生み出す役割、価値の創出を防御したり実現可能にしたりする役割を順位づけして、そのトップ三〇位までや五〇位までには短期的にも長期的にも自身が最適だと思う人材を充てるようにする。これはつまり、ＣＥＯに直接レポートする立場の者は、自身のチームのメンバーを必ずしも自由に選べるわけではないことを意味している。実際、ベストなＣＥＯたちは、トップ層のリーダーたちを「会社全体の人材」とみなしている。たとえば、ＧＥのラリー・カルプは、自身に直接レポートする役職の者が直属の部下を新規採用する場合、いつでもその採用を拒否する権限がカルプにあることを、トップチームにはっきり伝えている。「私はこれを『強権発動』と呼んでいます」とカルプは言う。「私には、誤った採用をしないようチームを助ける権利があるのです」

まず注意しておくと、これから紹介する手順を厳密に行うと、驚くべき事実がたくさん飛び出てくるはずだ。通常、大半のCEOは、一〇名に満たない「ベスト人材一覧表」を持っている。この常連メンバーにはCEOの全幅の信頼が置かれていて、他には任せられない仕事が依頼される。このスター選手たちはあらゆる常任委員会のメンバーや、大半のタスクフォースや施策をサポートしながら、内外でリーダーとして大きな責任を果たしている。だが、能力に恵まれ意欲にも溢れるこうしたリーダーたちでさえ、支えとなる後任が育ってこなければ、やがて疲弊して能力をフルに発揮できなくなってしまう。

一方、ベストなCEOたちは、社内で誰が何をすべきかをはるかに細かく分析している。彼らは最も価値を生み出す上位五〇ほどの役割に人材を充てるために、社内のたとえば上位二〇〇名、あるいは三〇〇名程度のリーダーたちの知識、スキル、適性、経験についての詳しい情報を、人事に提出させる。こうした作業は、最も重要な役割も担える能力を持つ「意外なメンバー」を含む、新たな候補を多数発掘するための鍵となる。また、ベストなCEOたちはスター選手になる可能性を秘めた人材を見つけだすため（それと同時に悪戦苦闘しているメンバーを特定するため）に、他からの情報収集も怠らない。GEのカルプも、「業務報告会議は、人材を判断する材料を集めるためのすばらしい機会です。学び、成長し、協調し、まとめ上げ、前進しているのは誰なのかが見て取れます。さらに、工場内を見回っているときや、お客様との会話からも社内のリーダーたちを評価できます。日々、非公式に三六〇度評価を行っているようなものです」と語っている。

ベストなCEOはこうした情報に基づいて、最も高い価値を生み出すそれぞれの役割に対して、少なくとも五人の有力な候補を確保できる。この一連の作業を綿密に行うと、大抵の場合二つの驚く結果が得られる。まず一つ目は、重要な役割を担うために以前抜擢した人材の二割から三割は、実際にはさほど適役ではなかったという点だ。ウエストパック銀行のゲイル・ケリーも、「忠実で信頼できる幹部でも、担当する仕事の内容自体が変化して求められるスキルも変わってきたことで、その役割に最適とはもはや言えなくなってしまうこともありました。そういう事態が起きたら、私が直接、そして速やかに対処しました。さもないとビジネスの進捗を妨げることになりますし、しかも何よりも、対応を遅らせたり人任せにしたりするのは、当事者たちに対して公平ではなく、失礼ですから」と指摘している。

二つ目の驚きは、主要な役割をこなせそうな有望な候補者が、大半のCEOたちが当初認識していたよりもはるかに多くいることだ。前述のプロダクトリーダーの例を見てみよう。たとえ収益が一億ドル以上の事業を営んできたという望ましい経験がなくても、グローバルなマインドセットを持ち、迅速に意思決定できる能力や優れたチームをつくりあげる力で秀でている候補者は、その役割に他の候補者と同じくらい、あるいはより適しているかもしれない。アドビのシャンタヌ・ナラヤンが行ったこうした人事評価で浮かび上がったのは、営業部門と本社戦略部門で昇進を重ねてきたグロリア・チェンだった。そうしてチェンは、ナラヤンのチーフ《C》・オブ《O》・スタッフ《S》（主席補佐官）として、人事部門を率いる役割の候補者に選ばれた。「この役割には、人と戦略の両面を理解している人物が必要です。そして、一〇〇パーセント信頼できて、いざとなれば猛烈に反論できる人物が必要なのです」と、ナラヤンは語った。「グロリアは人事部門での経験こそありませんでしたが、今挙げた点をすべて満たしていたのです」

極めて重要な各役割に対する少なくとも五名の有力な候補者に対して、ベストなＣＥＯはさまざまなダイバーシティも考慮する。メルクのＣＥＯケン・フレイザーは、次のように語っている。「（ＣＥＯになる前だった）当時、私はフィラデルフィア州で弁護士をしていて、メルクや他企業も担当していました。私が今日メルクのＣＥＯを務めていられるただ一つの理由は、当時ＣＥＯだったロイ・バゲロスにオフィスに呼ばれ、『私は二年後に退任します。私はどうも同僚たち、というより白人の同僚たちに、アフリカ系アメリカ人の出世を後押ししてもらえていないようなんです。そこで、どうでしょう、私はあなたのキャリアを築き上げようと思います。私はＣＥＯにふさわしい素質をすべて備えた弁護士であるあなたに入社してもらいます。そして私はあなたに社内での仕事を与え、あなたのメンターになります』と言われたからです。私がＣＥＯとして最高の仕事をした日は、単にロイが教えてくれたことをなぞっているにすぎないのです[37]」

アディダスのヘルベルト・ハイナーは、会社の視野が狭くならないよう徹底することが重要だと考えていた。そうして、ハイナーは最も高い価値を生み出す役割に昇進させる人物を探す場合、「この仕事に最もふさわしい人は誰か？」という問いかけを、社内のみならず社外にまで広げて行うこととし、それを最重要のルールとした。さらに、候補者に年齢制限がないよう徹底した。「それは三五歳の人でも最も高い役職に就けるということでもあれば、五五歳の人だって就けるという意味でもあります」とハイナーは説明する。「大事なのは、最適な人物を見つけることです」。また、ＵＳバンコープでＣＥＯを務めていたリチャード・デイビス（四六二ページ参照）は、外部から人を招く利点について「新しい考えを生み出すベストな方法は、新しい考えを取りこむことです」と指摘している。

控え選手の層を積極的に厚くする

極めて重要な役割に適役の人材を充てることは、人材育成管理というCEOの役目の始まりであって、終わりではない。当時メルクのCEOだったロイ・バゲロスがケン・フレイザーの成功に果たしてくれた役割についてフレイザーが語ったのと同様に、ベストなCEOは、コーチング、人材の引き留め、業績管理、最も高い価値を生む役割のサクセッションプラン（後継者育成計画）に、まさに時間とエネルギーを注ぎ込む。

それは最も重要な役割に就いているリーダーたちと、多くの時間を過ごすという意味でもある。イントゥイットのブラッド・スミスは、「自身の時間の三割を、一対一やタウンホールミーティングを通じた人材育成やコーチング、会社にとって重要な役目をこなしている、直属の部下ではない管理職と会話する、といったことに充てていました」と振り返った。デュポンのエド・ブリーンも「弊社には、主要な役目を担うであろう有望な人材を特定する仕組みがあります。トップ層の人材に対しては、年度の半ばと年度末に私が評価を行います。さらに、重要な役職に就いていて、とりわけ有望だと思える人材とは、毎月一対一で会話をすることにしています」と語っている。

ガルデルマのフレミング・オルンスコフをはじめとする一部のCEOは、取締役会のメンバーの中で有するスキルセットや性格が本人と合いそうな人に、幹部のメンターになってもらうよう頼んでいる。最も重要な点は、コーチングやメンタリングをすることとは、才能ある人材に対して会社の将来を形づくる大きな影響のある仕事の機会を与え、そうしたプロジェクトの成功を目の当たりにすることで当事者意識を養い、自身が行った意義ある貢献に誇りを持つというチャンスを彼らに与えることだ。

また、ベストなCEOは、主要な役割でのサクセッションプランにも関与する。野球やサッカークラブに「ファーム」（メジャーリーグチーム入りを目指す若手選手を、育成するチーム）という制度があるように、ＣＥＯも将来有望な人材かどうかを把握して、彼らが一つ上のレベルに移行するにはいつどこで了承したらよいのか定めるべきだ。アディダスでは、多様な候補者を集めたいというヘルベルト・ハイナーの指示に従って、彼のチームが有望な候補者として目をつけたのが、香港を拠点とするレコード会社の三五歳のリーダーだった。ハイナーはこの人物を今回探していた中国でのマーケティング責任者として採用したのみならず、自身がメンターとなって彼を指導し、二年後にはアジア太平洋地域の責任者にした。ハイナーはこの件を振り返って、「当時の中国ビジネスはまだ小規模でしたが、あの役割は会社の将来にとって極めて重要だったのです。それほど重要な役割については、私はＣＥＯとして人材選びに携わるだけでなく、育成にも参加します」と語った。

大手エネルギー会社トタルで、同社の最も前途有望な人材のキャリアパスについて議論が行われたとき、出席者の大方の意見は、その人物を地域の責任者に昇進させることだった。「私はそうは思わず、彼を再生エネルギー部門のトップにすべきだと提案しました」と、トタルＣＥＯのパトリック・プヤンヌ（四四一ページ参照）は当時を振り返った。「すると、みなびっくりしていました。なぜならトタルのキャリアパスの王道は、主要地域のトップになることだったからです」。サステナビリティへ向けたビジョンを描いていたプヤンヌの壮大な目標は、再生可能エネルギー分野でトップになることだった。「ゆえに、私はこの部門にトップレベルの人材を投入する必要があり、実際彼は適任でした。ＣＥＯは重要な活動が行われる場に最高の人材が確実に投入されることに、時間をかけなければなりません」

また、ベストなＣＥＯたちは、優秀な控え選手の層を厚くするための手法を編み出すよう、人事部門のトップに指示している。ピユシュ・グプタは、ＤＢＳの例を紹介した。「私の仕事も含めたすべての職に対して、後継候補者の一覧を見ながら、この仕事を今こなせるのは誰か、三年から五年後にこなせそうなのは誰かをチームで議論します。次に、およそ一〇〇名についてケース管理を行います。これは、誰を異動させなければならないか、どこに異動させるか、彼らがA地点からB地点に到達するために必要な経験と成長機会をどのように与えるか、ということを検討するものです。これは非常にうまくできたプロセスです」。こうした手法があれば、将来有望な人材が一軍ベンチ入りできるスペースをつくることにもつながる。イタウ・ウニバンコのロベルト・セトゥバルのアドバイスは簡潔だ。「そこにいるべきではない人を、そこに引き留めつづける必要はありません」。デュポンのエド・ブリーンは、自身のやり方を教えてくれた。「私たちは人々を四つのカテゴリーに分けます。そして、一番下のカテゴリーにいた人が半年後の評価でまだそこにいたら、『何で何もしなかったのだろう』と私たちは思うはずです。弊社のそうしたやり方はかなり厳しいと思います。勝つためにはベストな選手を揃えなければならないと、私は固く信じていますので」

GEのラリー・カルプは、人材を正しく扱えれば好循環を生み出せることを、以前CEOを務めていたダナハーでの自身の例で示した。「根本的な考え方は、ふさわしい人をふさわしい役割に就けて、その役割で大きな成果が出せるようコーチングを行うべきだということです。CEOとして成功するかどうかは、その部分に大きくかかっています。社内にすばらしいリーダーがいて、そのリーダーがすばらしいチームを率いていれば、私はリソース配分に時間を割くことができます。そうすることで、育成しているすばらしい人材を引き留めることができます。こうして、ダナハーのはずみ車が勢いよく回るようになったのです」

人材育成管理を厳密な判断基準で行う利点は多々ある。その証拠に、私たちが聞き取り調査を行ったベストなＣＥＯたちは、一般的にＣＥＯが自身の最大の後悔として語ることが多いとされる「交代させなければならなかったのは明らかだったのに、主要な役割で大した成果を出せない低パフォーマンスな人材への対処が遅れたこと」を自身の問題として挙げなかった。

人材育成管理のための、データに基づいた手法がなければ、人事についての議論はすぐに行き詰ってしまうことは想像に難くないだろう。人間関係に多々配慮しようとして、行動が妨げられることもある。問題となっている幹部に忠実な従業員たちはどうだろう。彼らは辞めてしまうのだろうか？　彼らとやりとりしているお客様は、どんな反応をするだろう？　取締役会も彼らのパフォーマンスについて同じ見方をしているだろうか？　何年も忠実だった人々を辞めさせると、冷酷だと思われるだろうか？　適切な後任はいるだろうか？　といった迷いが次々に生じるのだ。

価値を生み出す役割、それを防御したり実現させたりする役割に求められる人材の条件を明確に定め（そしてその役割にふさわしいスキルと適性を持つ人材をマッチさせる）、さらには控え選手も含めたリーダーの層を厚くすることで、通常の人事問題につきまとう社内政治の問題はほぼ消えるはずだ。

この問題に対して、ＪＰモルガンのジェイミー・ダイモンは鋭く指摘する。「あなたはなぜ、あれほどすばらしく、忠実で、『社会の柱石』ともいえる人物を、最適ではないという理由で役割から降格させるようなことができるのか、と聞かれたら、答えは簡単です。その人物はもはや、いい仕事をしていないからです。その人に対して『誠実』であろうとして、今の職に残したとしたら、私たちは他のすべての従業員や弊行のお客様に対して、極めて不誠実な行いをすることになります。まさにそれが、人材育成管理で最も難しい点です」

本章では人材に関するトピックを、幅広く扱った。次の部では、トップ層のチームを率いるためにベストなＣＥＯが行っていることを、より具体的に見ていこう。

組織を整合させる――ベストなCEOを他と分かつもの

マインドセット――業績を重視するのと同じように人を重視せよ

企業文化を高めるための行動習慣――	「たった一つの大事なこと」を見つける 職場環境をつくり変える 率先して自ら変化する 意義を具体的に示す 大事なことは測れるようにする
組織設計に成功するための行動習慣――	「スタジリティ」を実現する 両極端な策を行き来しない 責任の所在を徹底して明確にする マトリクスではなく、らせんで考える 「賢い」選択をする
人材を強化するための行動習慣――	優秀な人材に固執しない 価値の高い役割を明確にする 「左タックル」を忘れない 「意外なメンバー」を探し出す 控え選手の層を積極的に厚くする

まとめ

ここでは、「業績を重視するのと同じように人を重視せよ」というマインドセットを、ベストなCEOがいかにして行動につなげるかを見てきた。これはCEOの多くの責務の中で、ベストなCEOにさえ正しく行うのが最も難しいと言ってもいいだろう。中には、自分が望んだようにできた気がしたことは決してなかったと打ち明ける人もいた。上の表は、このマインドセットをうまく行動に移せたと感じているCEOたちが、企業文化、組織設計、人材育成管理という組織の一体化のための極めて重要な課題に、いかにして厳密な判断基準をもって対処したかをまとめたものだ。彼らはうまく対処したことで、戦略の遂行に成功する可能性を倍以上に高めたし、達成できた成果の大きさもほぼ倍になった。

たとえあなたが大手企業のCEOでなくても、自身のビジョンや戦略を実行するうえで、「数字に表れる部分」と同じくらい「数字に表れない、人の部分」も重視することが大切だ。自分がそうできているかどうかを確認するには、次の問いかけをしてみよう。成功の扉を開くために必要な、最も重要な行動の変化は何だろう？　とても説得力のあるストーリーを語り、成果に見合ったインセンティブを用意し、他の人の自信やスキルを高めるといった行動を通じて、私自身はどの程度手本になれているのだろうか？　責任の所在は明確になっていて、仕事はひどく柔軟性に欠けているわけではないが、混乱を防ぐほどには整理されているか？　最も重要な役割には最適な人材が充てられているか？　私は「数字に表れない、人の部分」が正しい方向に進んでいるかを適切に測定できる方法をもっており、それに応じて針路を修正できているか？　あなたがこれらの質問に対してうまく答えられるよう努力を重ねているならば、自身の戦略の遂行ははるかに容易になる。

「リーダーを動かす」ためのマインドセット

チーム心理を紐解け

もし粒子に思考力があったら、物理学は途方もなく難しいものになるだろう
――マレー・ゲルマン

トップチーム（上級経営幹部のチーム）内の力関係は、企業の命運を左右しかねない。投資家たちはこれをよく理解しているゆえ、トップチームのできの良さを、新規のＩＰＯ（株式公開。非上場企業が自社の株を一般に売り出すこと）を評価する際の、財務面以外の唯一最大の項目として挙げている。彼らのそういう直感は、データに裏づけられている。トップチームが共通のビジョンのもとで協力しあう企業は、平均以上の業績を達成できる可能性が倍になる。リーダーシップ研究の専門家ジョン・マクスウェルは、かつてこう言っていた。「チームワークは夢の実現につながります。リーダーが大きな夢を持っていても、チームがうまく機能しないと、その夢は悪夢と化してしまいます」

トップチームが機能すれば会社に恩恵をもたらせるのは明らかだが、経営幹部の半数以上は、自分自身も一員であるトップチームが思うような成果を出せていないと述べている。一方、大半のＣＥＯは、その現実を把握していないようだ。自分のチームに問題があると思っているＣＥＯは、概ね三分

の一にも満たなかったことが判明している[38]。このずれは知識の問題ではなく、人間関係に起因している。つまり、個人あるいは組織にはびこる偏見や、ぎくしゃくしたグループ心理が、チームの効果効率を低下させるのである。大抵の場合トップチームは、それぞれ異なる視点を持ち、影響力の拡大を競い、希少なリソースの配分で争っている、自分の意見を曲げないリーダーたちで構成されていて、しかも、彼らは次期CEOを巡って競いあっている場合もある。会議では「私はチームのために尽くしている」という顔をいくら取り繕っていても、互いを警戒しあい、自身の計画（必ずしも会社のものと一致しているわけではない）がうまく進むよう水面下で画策していることがほとんどだ。

ベストなCEOはこの問題を把握していて、チームが能力を発揮して会社を前向きに成長させられるかどうかは、自身のリーダーシップにかかっていることをよくわかっている。リーダーたちの能力を最大限引き出せる方法を思案するとき、多くのCEOは「どれくらいの頻度で集めればいいか？」や「どんなことを話しあえばいいか？」といったことをまず考える。一方、ベストなCEOは、チームが何を一緒に行うかよりも、チームがどのように協力しあうべきかを考える。チームの心理状態を紐解き、協調と実行を引き起こす仕掛けを走らせるのだ。

チームが何を一緒に行うかを考えるよりも、どう協力しあえばいいかを重点的に考えるというこの姿勢こそが、チーム体制、チームワーク、チーム運営、運営リズムといった要素を浮かび上がらせる。この章では主に大企業のトップチームを対象に議論しているが、ここで得られた教訓はどんな規模、種類の組織のチームにも応用できるはずだ。

第七章
トップチームをうまく構成するための行動習慣
仕組みを構築する

チームの強さは、個々のメンバー次第
個々のメンバーの強さは、チーム次第
――フィル・ジャクソン

原生林の中を歩くと、木々の種類が実に多様であることに驚かされる。天高く伸びたベイマツ、ホワイトパイン、ヤマナラシ、アメリカハナノキ、オークが、それぞれ日光と場所を求めて競争している。いや、本当にそうなのだろうか？　ある研究では、地面の下では木々は実は競争しているのではなく協力しあっていて、そうした異なる種類の木々のチームとしてのはたらきが、森林全体の成長を最大化させることにつながっていると指摘されている。科学者たちの発見によると、木や菌類は菌根という地中の共生体をつくっていて、それによってさまざまな種類の木々の根がつながり、二酸化炭素、水、そしてリン酸や窒素といった栄養素の共有が促進されているそうだ。

この研究は、森林が伐採されたあとに一種類のみで新たに植林され、日光や場所を他種類の木々と競わなくていい状況に置かれたベイマツなどの木が、さまざまな種類の木々と共生している同じ種類の木と比べて成長が芳しくない、という不可解な現象の解明に役立った。多種多様な木々は競争ではなく協力しあうことで、サステナブルな成長を促進していたのだ[39]。同様に組織での仕事においても、高パフォーマンス人材の集団が真の高パフォーマンスを実現できるのは、各メンバーが原生林の木々のように互いに補いあってつながっている場合のみであり、植林されたベイマツのようにただ隣りあって仕事をしているだけでは無理なのだ。

二〇一四年にイスラエル最大級の銀行IDBのCEOに就任した当初、リラック・アッシャー＝トピルスキーは解決しなければならない数々の難題に直面していた。同行の業績は低迷していたし、デジタル化で後れを取っていた。アッシャー＝トピルスキーは同行の将来のために何をすればいいかわかっていて、三〇もの大胆な変革案をまとめあげた。ところが、慎重に検討を進めたところ、トップ層の経営幹部の多くに変革を実現するために必要な手腕や実行力が欠けていることがわかった。「CEOという立場の者にとって、変革に納得していない部下がいると、組織に変革を起こすのがとても難しくなります」と、アッシャー＝トピルスキーは語った。「そういった人がいると、その下の人々を動かせないからです。そういうわけで、経営陣のどのメンバーを交代するかを考えるときは、変革が必要であるにもかかわらずそう考えていない部門のトップから着手しました」

結局、アッシャー＝トピルスキーはトップチームのほぼ半数を入れ替えることになった。まず初めに実施し、最も重要と思われた大きなトップチームの人事は、人事部門のトップを新たに任命したことだ。この役職はIDBを将来に向けて動かすために彼女が必要としていた、ある種の組織的エネルギーを解き放つという主要な役割を担っていた。彼女は同行の企業文化と歴史を理解している生え抜きで、なおかつ社外の人間のような感覚も併せ持つ人材を見つけることができた。選ばれた女性は、

ＩＤＢの従業員の多くが加入している労働組合といった大きな組織と渡りあえるほど強力で、しかも全従業員の生産性向上につながるしたたかな人事制度を導入できるほど頭の切れる人物だった。「私にとって必要だったのは」とアッシャー＝トピルスキーは当時を振り返った。「仕組みを確実にきちんと導入してくれる人でした。あの頃弊行が抱えていた大きな問題は、ほぼすべての行員がそれぞれ独自の雇用契約で働いていたという点です。それは給与面のみならず、たとえば『この従業員に対しては、○○と△△と××の理由により九時から一五時までの時短勤務を認める』というように、勤務形態面でもそうだったのです」

アッシャー＝トピルスキーがＣＥＯを退任した二〇一九年末には、ＩＤＢはデジタルバンキングにおけるリーダー的企業になっていた。アイカウントやペイボックスといったフィンテック分野のスタートアップ企業と提携を結んだことが、決済サービスの改善や、さらなるデジタル商品の提供につながったのだ。また、ＡＩを導入したことで、ＩＤＢは銀行取引データをリアルタイムで分析し、各顧客に適した資産管理情報を提供できるようになった。アッシャー＝トピルスキーの在職中、ＩＤＢの自己資本利益率（ＲＯＥ）は二倍、純利益は三倍になり、二〇年ぶりに配当金の支払いも行われた。

とはいうものの、アッシャー＝トピルスキーのようなベストなＣＥＯは、チームに入れるべき人材、外すべき人材を具体的にどのようにして決めているのだろう？　ベストなＣＥＯたちは……

- 素質と心構えを見てチームの人選を行う
- いるべきではない人に対しては迅速かつ公正に対処する
- 距離を保ちながらつながりつづける
- 直属のチームを超えた、リーダーたちの協調体制を構築する

素質と心構えを見てチームの人選を行う

第六章で取り上げたとおり、誰をチームに入れるべきかを正しく検討するには、人ではなくまず役割から入るべきだ。どんなトップチームが会社を前進させるのだろう？　どんな知識やスキルが必要だろうか？　どんな経験が必要だろうか？　譲れない適性と心構えは何だろう？　ダイバーシティ、公平性、インクルージョンについては？　ベストなCEOはこうした点を考慮しながら、トップチームを慎重につくりあげていく。アディダスのヘルベルト・ハイナーは、チームづくりにおいて全体と個々を考えることの重要性を、ヨーロッパのサッカーを引き合いに出して強調した。「一一人全員がストライカー、あるいは全員がゴールキーパーではプレーになりません。必要なのは、卓越したゴールキーパー一名、卓越したストライカー一名、そして彼らをサポートする卓越した選手たちです。互いに頼りにできる、信頼とシナジーが感じられるチームを築くことが、CEOの最も重要な役割の一つです」

ソニーの平井一夫は、自身が行ってきたトップチームの人選方法を説明した。「私が基本的に求めたのは、その人物に事業運営を頼むことになる分野での経験と実証済みの能力です。それはテレビ、デジタルイメージング、映画、プレイステーションといった、どんな事業でも同じです」。さらに、そうした素質に加えて、次のような姿勢も重視した。「上司に反論ができて、自分の意見を述べることを恐れず、大胆に実行できる、そういった能力を発揮できる点も重視しました。上司やCEOの考えに対して、それが良くないと言える人物でなければならないのです。みなを集めたとき、私が期待しているのはそうした能力だと伝えてきました」

とりわけ、ベストなCEOのほぼ全員が求めている素質は、短期的および長期的な物事のバランスをうまく取る能力だった。GMのメアリー・バーラは、次のように説明している。「最初の頃は、『とにかく、この人には売って売って売って売りまくってもらおう。それで十分だ』などと思っていました。たしかに、あるレベルの役職までは、それでもいいかもしれません。しかし、最上位クラスの役職者の大半には、短期的な実践をすぐに結果につなげながらも、地平線を見渡して将来の計画も立てられる人が必要だということがわかってきたのです」

求められる心構えについてのベストなCEOたちの共通の見解は、チームプレイヤーであることだった。この点について、IDBのリラック・アッシャー＝トピルスキーは、「重要なのは自身の昇進だけを考える人物ではなく、共同で使命を遂行する意味をわかっている人物を選ぶことです。それが何よりも大事です」と説明した。アルファベットのサンダー・ピチャイは、「会社を第一に考えているという姿勢が、この人物から見て取れるか？　この人物は私たちの使命や、私たちがユーザーのためにどんなことをしようとしているのか、きちんと考えているか？」という観点で経営幹部レベルの能力を測ると解説した。JPモルガンのジェイミー・ダイモンは、さらに具体的に語った。「チームワークという言葉は、一般的には『仲良くやる』という意味で使われます。しかし、真のチームワークには、一人で立ち上がって何かを言う勇気を持つことが重要でもあります。ベストなチームプレイヤーとは、手を挙げて『私は反対です。みなさんがやっていることは、お客様や会社にとって最大の利益をもたらすとは思えません』と言える人物のことなのです」

ベストなCEOはみな、短期的および長期的な物事のどちらにも対処でき、反論することを恐れない人物がチームのメンバーとしてふさわしいと言っているが、それ以外で自身が最も重視している心構えを具体的に挙げる人もいた。デュポンのエド・ブリーンは、「私にとって、一番重要なのは情熱です。情熱的な人の熱意はいい形で他の人に伝わりますし、そういう人物の周囲には人が集まってくるものです。私のところまで履歴書が上がってくる人は、みな学歴も経歴も申し分ない人ばかりです。だから、その点については何の心配もありませんから」と説明した。ケイデンス・デザイン・システムズのリップブー・タンが求めたのは、「透明性、謙虚さ、学ぶ姿勢」だ。エスケルのマージョリー・ヤンは、「私はリーダーを選ぶとき、優れた定量的な論理展開能力、好奇心、そして高い心の知能指数（ＥＱ）を重視します」と語った。心の知能指数に関連する例として、アルファベットのサンダー・ピチャイは、共感力を重視するようになったという。「八年前の私だったら、これを最も重要な素質として挙げなかったかもしれません。しかし今日において、社内・社外とも良好な関係づくりが求められるグーグルほどの大規模な組織を運営するにあたっては、高いレベルの対人技術が求められます」

チーム全体の構成も、検討すべき重要な点だ。資生堂の魚谷雅彦はトップチームをつくる際、半数を生え抜き組、残りの半数を中途入社組にした。ＤＳＭのフェイケ・シーベスマは、自身がＣＥＯに就任する前は、経営幹部たちは「一人のレディとたくさんのジェントルメン」と冗談交じりで称されていたと嘆いた。シーベスマは三〇〇名のリーダーの三割、そして取締役会とトップチームの半数を女性が占めるよう徹底した。アホールド・デレーズのディック・ボーアは、メンバーの半数が経験ある社内の人間、もう半数が社外から招いた人間によるチームを築いた。インド最大の民間銀行ＩＣＩＣＩの元ＣＥＯであるＫ・Ｖ・カマート（四五三ページ参照）は、「三〇代前半」の若き知性を自身のチームに増やそうと努めた。

ふさわしい素質と優れた心構えは、備えているに越したことはないというものではなく、チームのすべてのメンバーにとって極めて重要なものだ。ベストなCEOはそれらが備わっていない人物には何らかの対処をするが、その方法は迅速かつ公正だ。

いるべきではない人に対しては迅速かつ公正に対処する

経営幹部としてどう見ても持ちこたえられそうにない、あるいはチームの原動力を消滅させてしまっているような明確な場合を除き、ベストなCEOは悪戦苦闘しているリーダーには、公正で規律のある手法で向上するチャンスを与える。マジドアルフッタイムのアラン・ベジャニは、次のように語った。「人に関しては迅速に動くべきだ、というのがCEOの一般的な通念です。しかし、私はそれは極めて短絡的かつ融通をきかしていない考え方だと思っています。たしかに、人自体を変えることはできません。私なんて自分の子どもだってまず変えられないのですから、ましてや自身のチームのメンバーなどはなおさらです。それでも、本人たちが実現できそうな、またはそう希望しているかぎり、学び、適応、進歩をサポートするための環境をつくることはできます」。イントゥイットのブラッド・スミスはこの点について、スポーツを引き合いに出して説明した。「すべての選手を入れ替えるコーチは、自身が思っているほど優れたコーチではありません」

チームから人を外す前に、ベストなCEOは次の問いに「はい」と答えられるかどうかを確認する。

・そのチームのメンバーは、自分に何を求められているのか（課題が何で、それを解くために何をやらなければならないか）を正確に把握しているか？
・必要なツールやリソース、およびそれらを効果的に使うスキルや自信を身につける機会が与えられてきたか？
・そのメンバーは、共通の目標を目指すマインドセットや振る舞いを実践する人々（ＣＥＯも含めて）に囲まれてきたか？
・チームのメンバーとしてうまく動けず成果が出せなかった場合、どんな結果が待ち受けているかが明確に示されているか？

ベストの域に達していないＣＥＯの場合、これらの質問に対してすべて「はい」と答えられないいま、メンバーを外そうとする人が多いのには驚かされる。それに対して、デンマークの製薬会社ノボノルディスクの前ＣＥＯラース・レビアン・ソレンセンは、自信を持ってすべての問いにイエスと答えられるという。『ハーバード・ビジネス・レビュー』で二〇一五年度の「世界のベストＣＥＯ」にも選ばれたことがあるソレンセンは、ある部門のトップを外すよう周囲から求められたことがあった。理由は、同部門の業務拡大の速度が市場の需要に追いついていないというものだった。しかしながら、ソレンセンはそのリーダーを解雇するのには反対だった。というのも、この部門の業績悪化の原因は、製造設備に会社が十分な投資をしていなかったことだと判断したからだった。このリソースさえあれば、同部門は任務を十分果たすために必要な能力を備えられたはずだった。そうして、適切なリソースを与えられたこの製造部門のトップは状況を好転させ、自身も職を失わずにすんだ。

誤解のないようにお断りしておくと、これは低パフォーマンスの人材を残すための手法ではないし、それどころか平均的なパフォーマンスの人材を残すためのものでさえない。これはあくまで、前ＣＥＯ陣営の下で平均以下の成果しか出せなかったリーダーに、新たな環境で輝くチャンスを与えるためのものであったのだ。ＤＢＳグループのピユシュ・グプタは、自身の考え方がいかに変化したかについて語った。「以前の私のルールは、チームの一員として成功する可能性が五〇パーセントくらいある人に対しては、能力が発揮できるよう手を差し伸べて協力するというものでした。しかし、現在は基準を変えて、『自分から見て、その人物が成功する可能性が七五パーセントあるなら、同じチームでやってみる。しかしそれ以下の場合は、成功する可能性がもっと高い人を探すという苦渋の決断をする』というようにしました」

グプタが考え方を変えるきっかけとなったのは、シティバンクに在籍していた一九九〇年代に受けた、経営幹部を指導するコーチとのセッションだった。当時のグプタは通常三年ごとに異動がある任務の一つを、ちょうど半ばまでこなしていたところだった。コーチはグプタの前に組織図を置いて、各部下をA級、B級、C級選手に分類するよう指示した。グプタはその結果に驚いた。A級選手も数名いたが、自身のチームの大半はB級とC級選手だったのだ。あなたは現在の役職での任期がすでに半ばを過ぎているのに、まだA級チームがつくれていない、とコーチにはっきり言われた。そして、あと一年ちょっとで異動になったときに後任者に引き継げるのは、最高でもB級チームだろうから、それは株主に対して適切な利益をもたらすやり方とは言えないと指摘された。グプタはこのときの教訓を忘れないようにしている。

B級選手がA級選手になれるようサポートするための公正な取り組みは、通常は何年もかけずに数カ月で行うべきものだ。ロッキード・マーティンのマリリン・ヒューソンは、次のように説明する。「自分の仮説を検証して、評価することに時間をかけたくなるものです。しかし、あなたが新たなリーダーになってすぐの段階なら周りは変革を受け入れやすいので、物事を早めに変えるほうがいいです。しばらく現状を維持すると人々はそれに慣れてしまい、あなたがようやく変革しようとすると、彼らは突然足をすくわれたような気がしてしまうのです。すると、こういった取り組みはより一層難しくなります」

同じような意見を持つウエストパック銀行のゲイル・ケリーは、別の観点からも指摘する。「能力があって私自身もその人の成功を期待しているのに、どうしても成果を出せない例をたくさん見てきました。成功のためのお膳立てをこちらでしたにもかかわらずうまくいきそうにもない人が、その後成功することは極めてまれです。だからこそ、こうした決断は早めに行わなければならないのです。それが本人にとっても、会社にとっても最善の策です。その仕事に向いていないことを話しあえるという点で、相手にとって最も納得できる対処法といえます。あまりに長く放置してしまうと、そういった話しあいはできなくなってしまいます」

最後に、エーオンのグレッグ・ケースは、公正に対処することについて次のようにアドバイスしている。「経営幹部を異動させようとするときは、十分な配慮が必要です。あなたが思いやりをもって対処しているかどうか、周囲の他の経営幹部たちも見ています。会社を前進させるための現役選手でなくなるからといって、その人自身が決してすばらしい人物ではないわけでも、過去に多大な貢献をしなかったわけでもありません。その人がいなければ会社はいつもと違う感じになるでしょうが、当の本人は在職期間中に会社の目標達成を支えつづけた自身の活躍に大きな誇りを持つべきです。その人のこれまでの成功を称え、新たな出発を称えましょう」

距離を保ちながらつながりつづける

チームのメンバーを確実にA級選手にしても、その状態を保ちつづけるには、CEOは各メンバーと直接関わって仕事を進めることをしなければならない。非営利病院であるシンシナティ小児病院医療センターのCEOマイケル・フィッシャー（四六〇ページ参照）は、次のように説明する。「各メンバーがみな異なる個性を持った人物であることを忘れずに、それぞれの人に対してあなたの時間とエネルギーを投資しなければなりません。彼らのニーズは一人一人異なるでしょうし、強みと弱みも異なります。それぞれが強みを持つ部分を称賛して励まし、それらの強みを最も効果的に発揮できるようお膳立てしてあげましょう。また、同時に、一定の期間ごとに、『次の点を見直してください』や『次の点を一緒に改善していきましょう』といったフィードバックを与えましょう」

ウエストパック銀行のゲイル・ケリーは、チームの各メンバーとどのようにしてつながりを築いたかについて語った。「少なくとも週に一回は、チームの各メンバーに電話しました。午後の遅い時間、早朝、仕事への行き帰りにかけることが多かったです。また、向こうから私に電話するようにも促しました。そうして、私から電話がかかってきたときに彼らの頭にまず浮かぶのが『何の用だろう？』ではなく、『ちょっとおしゃべりしたいんだな』になるような関係を築きました。私の切り出し方は主に『ちょっと気づいたことがあるんですが……』や、『少し気になっている点があるんですが……』とか、『こんなこと聞いたのですが……』でした。また、『〇〇について教えてください』『あなたは最近どんなことを考えているのですか』と尋ねたり、『わあ、それは面白いですね』と話したりもしました。私の仕事は、各自が最大限の能力を発揮できるようにすることでした。そのためには各メンバーをよく知り、彼らの脆さや弱み、心配事を把握することも重要でした」

アディダスのヘルベルト・ハイナーは、チームの各メンバーと一対一のつながりを築く利点について指摘する。「トップチームは、会社運営上の判断や個人的な問題に対して、CEOが時間をかけてくれることを必要としています。ただあなたとおしゃべりして、自分がいかに楽しく仕事ができているか、あるいはいかに困難な時期を迎えているかを伝えたいときもあります。あなたがチームのメンバー一人一人に十分時間を取り、相手を気にかけていることを示せば、彼らは倍、もしかしたら三倍もお返ししてくれます。たとえあなたが気づいていなくても、メンバーはみなあなたを尊敬してくれはじめるのです」

とはいえ、一対一のつながりを築くということは、家族の一員かのような感覚をチームのメンバーに抱かせるという意味ではまったくない。シンシナティ小児病院のマイケル・フィッシャーは、CEOと部下との建設的な関係における「距離」について、次のように説明している。「あなたは自分が彼らの長でもあることを、きちんと認識しておかなければなりません。ある程度の同僚意識や家族意識はあっても、結局のところあなた自身は会社に対して、そして機能的なトップチームをつくることに対してまず責任を果たさなければならないのです」。DBSのピユシュ・グプタも同意している。「みなと近くなりすぎたら苦渋の決断ができなくなってしまい、凡庸な結果に妥協するはめになります。メンバーは結局のところあなたが長であることを、尊重しなければなりません」。アディダスのカスパー・ローステッドは、必要とされる説明責任を明確に果たせるよう、この点について極めて白黒はっきりした姿勢を貫いている。「仕事では友好的でありたいと思っていますが、それは友人になるということではありません。最終的には、私は偏りのない決断を下せる人物でなければならないのですから」

また、デュポンのエド・ブリーンによると、ベストなCEOはチームの各メンバーと本人の業績について話しあうとき、「まずはどんなふうに取り組んだかを評価して、結果を評価するのはそのあとにする」そうだ。その理由について、JPモルガンのジェイミー・ダイモンは次のように説明する。「失敗してもいいのです。良い間違いというものはあるのです。そのメンバーは議論し、とことん考え、然るべき人に話をしに行き、それでも間違えたのです。だから失敗は許容しなければならないのです。私たちは損益計算書だけを見て判断するようなことはしません。代わりに、こう尋ねます。一生懸命に取り組んだか？　人材を雇ったか？　人材を育成したか？　顧客のためにやるべきことをやったか？　他の人の助けになったか？　仕組みを構築したか？　採用などの会社の活動に貢献してくれたか？」

さらに、評価を行うときは、どんなフィードバックも個々のメンバーに合ったものにすべきだ。この点について、シンシナティ小児病院のフィッシャーは次のように解説する。「たとえば、あるメンバーには『ああいう会議でいつも一番に自分の意見を述べて他の人に話す機会を与えないのではなく、もう少し聞き役に回ってみるのはどうでしょう』という言い方をすればわかってもらえます。一方、『会議の最初の三〇分は静かにしていなさい。今のあなたは墓穴を掘っているようなものです』というように、はっきり言わなければ伝わらない人もいます」

直属のチームを超えた、リーダーたちの協調体制を構築する

本章ではここまで組織のトップチームについて論じてきたが、ベストなCEOはリーダーたちのより大きな協調体制を築くことで、チームワーク精神をつくり出している。USバンコープのリチャード・デイビスは、控え選手も含めた経営層をいかに厚くしているかについて、次のように説明している。「私は驚くほど多くの社員たちと、つながりを築いてきました。当時の組織の階層では、CEOに直接レポートする部下が一二名、その下に七六名、さらにもう一つ下の階層に二二〇名いました。もちろん、私はこの全員の名前を覚えていましたし、階層を通じて指示を出すよりも彼ら全員と直接つながりを持つほうが重要だと思っていました。ゆえに、私がメンターを務めたり、何かを経験させ

たりするために直接指示を出しても、誰も心配することはありませんでした」。ディアジオのイヴァン・メネゼスは、同社のトップ八〇名との一対一の面談を年に二度必ず行うようにしているという。「彼らは我々の会社の上級管理職です」とメネゼスは語った。「面談では仕事のことをはじめ、家族のこと、彼ら自身の成長について、現在どんな調子でどんなことを考えているかといった、あらゆることを話しあいます。決められた会話の枠組みはありませんが、私にとって極めて貴重な会話です」

組織の階層の下方にいるリーダーたちとは個別でつながりを築くこともできるが、グループや小グループ単位でつながることも重要だ。たとえば、電力会社デューク・エナジーのリン・グッドは、同社のトップ一〇〇名とより近づくために彼女が取った方法について、こう説明している。「私は直属の部下、そして彼らの直属の部下、さらに大きな施設オペレーションを持っているトップたちとの時間も取れるようみなと協力しあっています。私はこの全員に毎月集まってもらい、戦略的なトピックについて一時間半話しあいます。四半期に一度、より長いセッションを実施します。また年に一度は、一日半一緒に過ごします。リーダーたちがチームの中で信頼関係を築くためには、定期的な透明性の高いコミュニケーションが大事です」

GMのメアリー・バーラは、自身のトップチームと定期的に会うのに加えて、世界中に散らばる同社の二三〇名のリーダーたちを年二回以上集めて会合を行っている。その目的は、みなが確実に同じ方向へ向かうようにするためだ。「彼らは優秀なリーダーたちです。『今何を変えるのかと、なぜそうするのか』を理解しさえすれば、彼らは変革を後押ししてくれて会社は前進しつづけられます。『なぜそうする必要があるのか』をわかってもらうことは、とても重要なのです」とバーラは語った。

ベストなCEOの中には、トップチーム会議の一部を組織の一段階または二段階下の従業員に聞かせることで、リーダーたちによる協力体制をより幅広くしている人もいる。ブラッド・スミスは、この手法をイントゥイットで恒常化した。「私は一二名の直属の部下とのチームミーティングを、トップ四〇〇名のリーダーたちが聞けるよう放送しています。この四〇〇名は音声チャンネルにアクセスして、出席者がともに検討している議題や私が質問している内容を聞き、どんな原則に基づいて私たちが意思決定しているのかを理解します。これによって、会社の歩みが速くなりました。自分で正しく判断する方法を、みなが身につけたからです」

CEOは若手リーダーを部門横断型プロジェクトに参加させることで、リーダーたちの協力体制をより幅広くすることもできる。ウエストパック銀行のゲイル・ケリーは、次のように語っている。「私は直属の部下のさらに下の階層とつながりを築き、各部門から最も優れた人物を選んで、その人の仕事が何であろうと関係なく、弊行の長期的な将来を決定づけるプロジェクトに専任で参加してもらいました。私たちはともに、次の問いに対して答えを探すべく取り組みました。私たちは自身について、どんなふうに語れるようになりたいか？　私たちについて、お客様や他の従業員にどんなふうに語ってもらいたいか？　私たちはコミュニティでどんな役割を果たしたいか？　そして『私たちが理想とする組織を一緒に設計しましょう。私たちが今いる場所からそこへつながる道を築きはじめましょう』と語りました」

リーダーたちの協力体制をより幅広く築くことは、組織を前進させるためのさらに大きな推進力をCEOに与える。加えて、会社の方向性について同じビジョンを抱くようCEOに直接薫陶を受けた下の階層のリーダーたちの期待に応えなければならないプレッシャーを、トップチームのメンバーに与えることにもなる。

チームをまとめるうえで、ベストなCEOは自分が一流チームの一員であることだけを重視しようとするリーダーではなく、一流チームを築くことに意欲とスキルがあるリーダーを探す。そして次に、チームの各メンバーが成功できるような環境設定をする一方で、彼らの業績は客観的に判断し、その結果に基づいて対処するだけに十分な距離を保つ。さらに、直属のチームより下のリーダーたちとも積極的につながりを築いている。

ここでは取り上げなかったが、ベストなＣＥＯたちは他にもう一つチーム組織を持っている。それは「私設顧問団《キッチンキャビネット》」とも呼ばれる、小さな非公式チームだ。こうしたチームは非常に機密性の高い問題を安心して話しあえる場となり、しかも極めて偏りのないフィードバックを与えてくれる。とはいえ、こういったチームは極めて個人的な側面を持つ傾向が強いが、非公式な顧問グループを持つことの価値、構成、活用方法に関しては、ＣＥＯ自身のパフォーマンス向上について書くあとの章において改めて取り上げる。

ここまでは、ベストなＣＥＯがチームの各メンバーに対して、心理状態や仕組みの改善にいかに努めているかについて取り上げてきた。とはいうものの、子どもが二人以上いる親はよくわかっているとおり、メンバーに個々で対処することと、メンバー間で生じる複雑な力関係に対処することはまったく別物なのである。

第八章 チームワークを高めるための行動習慣

スターチームにする

才能があればいくつかの試合には勝てるが、
優勝を勝ち取るにはチームワークと知性が必要だ
——マイケル・ジョーダン

一九九二年のオリンピックバスケットボール男子アメリカ代表「ドリームチーム」には、チャールズ・バークレー、ラリー・バード、パトリック・ユーイング、マジック・ジョンソン、マイケル・ジョーダン、スコッティ・ピッペン、カール・マローンといった、バスケットボール史上最強の選手たちが参加していた。みな極めて優秀なプロ選手であり、自身が一流の選手であるのみならず、一流のチームで活躍したという実績も持っていた。ところが、チーム練習が始まってから一カ月後に行われた練習試合で、ドリームチームは八点差で大学生チームに負けてしまった。マイケル・ジョーダンはこの試合について「今日は、やられてしまいました。私たちは調子が合っていませんでしたし、プレーがバラバラでした」と語った(40)。スコッティ・ピッペンは、事態を一言にまとめた。「私たちはどうやって一緒にプレーすればいいか、わからなかったのです」[41]

この練習試合の結果はよく知られていても、なぜ負けたかについてはあまり知られていない。敗戦の理由は、各選手の個性や自尊心をうまく扱う能力を買われてヘッドコーチに選ばれたチャック・デイリーが、通常なら試合の進行中に行われるはずの調整を一切しないと決めていたからだった。「チャックはちゃんとわかってやっていました」と、当時アシスタントコーチを務めていたマイケル・シャシェフスキーは語っている。「彼は試合を放棄したんです。そんなことをする人はまずいませんが、彼はあえてそうしました。それ以降に『君たちだって、負けることがあるんだ』と言えるようにするために。それを成功させたチャックの頭脳プレーは、実に見事でした」

コーチのデイリーが仕組んだ、選手たちを目覚めさせるための警鐘は、まさにチームが必要としていたものだった。あらゆる傲慢さや自己満足の気持ちは、チームワークやハングリー精神へと変わっていった。トレーニング合宿の翌日には状況は一変し、ドリームチームは大学生チームに圧勝した。のちのオリンピックでは、ドリームチームは毎試合一〇〇点以上得点し、金メダルを易々と持ち帰った。[42]

ビジネス界では、大半のチームはドリームチームのあの練習試合でのはたらきしかできていない。人事部門のトップ（つまり良いチームワークの実現が職務の一部であるはずの経営幹部）のうち、「自社のトップチームは、よく調和の取れたチームとして機能している」という問いに「はい」と答えたのはわずか六パーセントだった。また、経営幹部を担う人々が各社のトップチームがその潜在能力に比べて効果的に協調できているかを質問された際、一〇段階評価で五しかつけなかった。[43] ドリームチームの初期のつまずきと同様に、こうした問題の原因は通常はチームの各メンバーよりも、チームがともにはたらくうえでの力関係によるもののほうが大きい。

ＤＳＭのフェイケ・シーベスマの話は、この点を裏づけている。「私の経験に基づいてお話しすると、原則としては、ふさわしい人を集めたチームをつくることはたしかに重要です。しかし、チーム内で劣っている人をクビにして優れた人を連れてくればすぐにいいチームができると考えるのは、あまりに短絡的です。そうではなくて、チームを成功させる鍵は、各メンバーがそれぞれの性格や素質に関係なく、いかに互いに関わりあうかです。レンガだけでなく、セメントも大事なのです！　セメントのほうが結果により大きなインパクトをもたらします」

とはいうものの、高度な専門知識を有するメンバーたちがチームとして協調するのは、どれくらい大変なのだろう？　実は、非常に難しい。ケンウィン・スミス博士とデビッド・バーグ博士も、名著 *Paradoxes of Group Life*（集団生活のパラドックス）の中で、集団力学は複雑かつ矛盾に満ちていると指摘している。「メンバーは集団に合わせなければならないという圧迫感を抱く半面、集団の力とは各メンバーの個性を活かすことで生まれる」「チームのリーダーは、成功志向のメンバーたちに失敗のリスクを負うよう指示しなければならない」「力のある立場に置かれている人の役割は、他人が力を持てるような状況をつくりだすことだ」といったことは、その中のほんの三つの例だ。アディダスのヘルベルト・ハイナーは、こうした複雑な力関係があることに加えて「経営幹部はグループをコントロールしたがったり、対抗意識が強かったりする場合が多いのです」と指摘している。こうとして見ると、たとえ一人一人が極めて才能豊かなメンバーから成るチームであっても、必ずしも高パフォーマンスなトップチームになれるわけではないのは明らかだ。[44]

ゲイル・ケリーがウエストパック銀行ＣＥＯに就任した当時のオーストラリアは、グローバル金融危機の初期段階にあったことから、彼女は自身が思うとおりのチームを組めなかった。至急に対処しなければならない問題が多すぎたし、不確実さがあまりに大きいために、行内に蓄積されてきた知識や経験、あるいは古参たちの意見に頼ることが重視されたからだった。しかも、ケリーは社外から招かれたＣＥＯとしては同行の二〇〇年の歴史の中でまだ二人目だったため、行員たちは彼女を多少なりとも懐疑的な目で見ていた。とりわけ、ケリーのチームのメンバーたちは、ＣＥＯにふさわしいのは自分であって彼女ではないと思っていた。さらに、ケリーの前任者はチームの各メンバーとは主に一対一でやりとりし、事業部門の計画、リソース配分や重要な人事について個別に話しあって進めていた。それゆえ、経営幹部たちは会議室のテーブルを囲んでいても、実際は縦割り型の指揮統制方式で業務が進められるのが日常的になっていた。

チーム内での高いレベルの信頼と協調なしには、自身が抱いているビジョンの実現に向けた進歩は停滞すること、しかも金融危機を克服することがより一層難しくなることを、ケリーはよくわかっていた。それゆえ彼女は一二名の直属の部下たちと、一連の合宿会議を通じて変革のための取り組みをともに行うことで、高パフォーマンスなチームを辛抱強くつくりあげていった。まずトップチームの目的が明確にされ、求められる振る舞いが定められ、次に専門家の手を借りたセッションを通じてメンバーそれぞれの間にあった壁が打ち破られて信頼が築かれていった。やがて同行がグローバル金融危機から脱する兆しが見えてくると、ケリーはチームの構成を手直しする方法を探るようになった。そうして、七年間の在職期間における自身の成功は、結局のところ高いレベルのチームワークを求めたことによるものが非常に大きいとケリーは思っている。この成功は、数字を見れば明らかだ。同行の時価総額は三八〇億ドルから七九〇億ドルへと倍増し、ケリー自身も世界で最も影響力の大きいベストリーダーの一人として数々の賞を得た。

チーム力学の問題に対するウエストパック銀行でのケリーの取り組みにも表れているとおり、ベストなＣＥＯたちは高パフォーマンスチームを築くために……

・このチームにしかできない仕事をするよう徹底する
・「ファーストチーム（最優先チーム）」のメンバーである意味を明確に定義する
・意思決定においては対話、データ、スピードを組み合わせる
・常にチームづくりに自分自身を投資する

このチームにしかできない仕事をするよう徹底する

C・ノースコート・パーキンソンは一九五八年の著書『パーキンソンの法則』（一九九六年、至誠堂）で、チームを機能不全に陥れてしまう、よくありがちな現象について解説している。そこで紹介されているのは、三件の投資案件を検討するために集まったトップチームの例だ。彼らはまず、一〇〇〇万ポンドの原子力発電所への投資について話しあった。この案件は二分半で承認された。次の議題は、会社の自転車置き場を何色で塗装するかについてだった（総費用は約三五〇ポンド）。四五分間にわたる議論を経て、これにも結論が出た。三つ目は、社員が必要としているコーヒーメーカーの新規購入の件で、価格はおよそ二一ポンドだった。委員会はこのトピックについて一時間一五分話しあった結果、結論は次の会議まで持ち越すことにしたのだった。(45)

この話は、グループは些細な問題や枝葉末節、中でも全員が関わっていると感じられること（つまりそれらに関して確固たる意見が持てる）に対して、不相応なほどの重点を置いてしまうという「凡俗法則」（「自転車置き場の議論」とも呼ばれている）の良い例だ。大抵の場合、この自転車置き場

の議論が起きるとチームのメンバーから「会議に費やす時間が長すぎる」と不満の声が上がることにつながり、それに対して良かれと思って考えだされる策はいくつかの会議をまとめてしまうことだ。しかしながら、この案は問題を悪化させるにすぎない。結局、以前よりも非効率的な形式で、より多くの議題が短時間に詰め込まれることになり、出席者にとっては費やしている時間がますます意味のないものに感じられてしまう。私たちや他社が行った調査は、この傾向が現実に存在することを明確に裏づけている。CEOの直属の部下のうち、トップチームが経営に必要不可欠な仕事にだけ集中できていると感じているのはわずか三八パーセントだし、重要なトピックに適切な時間が充てられていると思っているのは三五パーセントにすぎなかった[46]。

一方、ベストなCEOが舵を取っている場合はこうならない。こうしたリーダーたちは、目立った変革を起こせる案件のみを議題に挙げるよう徹底しているからだ。サーモフィッシャーサイエンティフィックのCEOマーク・キャスパーは、自身の哲学について語った。「私たちが成功した理由の一つは、協調して行う仕事内容についての『徹底的な優先順位づけ』です。優先事項リストに入っていないものについては、並みの結果が出せればいいと決めました。それでまったく問題ありません。成功の鍵は、本当に重要なことに時間とエネルギーを集中させることなのです」

トップチームの仕事で通常優先順位が高いのは、企業戦略（優先順位づけ、目標、M&A）、大規模なリソース配分、事業部門間のシナジーと相互関連性の特定、従業員に大きな影響がある決定事項の認可、財務目標達成状況の確認、大規模な全社プロジェクトへの方向性のガイド、理想とする企業文化（個人およびグループとして従業員の手本になることも含め）の浸透の強化、控え選手も含めた会社のリーダー層の強化（互いにフィードバックを与えることも含め）、といった項目だ。

逆にトップチームとして行う仕事で重視しなくてもいいトピックは、各機能部門や事業ライン、または一部のメンバーのみで進めるほうがうまくできると思われるものだ。たとえば、四半期ごとの事業業績評価は、企業文化の観点で一つの会議でまとめて行う必要がなければ、一部のコーポレート部門のリーダー（CEO、CFO、CHRO）と各事業部門で行えばよい。コーポレートガバナンスと方針に関する判断（リスク管理への取り組みなど）は通常一部のリーダーで行われ、そこでの決定事項が広く共有され、それに対してトップチームが動けるよう情報が伝えられる。

エコラボのダグ・ベイカーの次の言葉は、CEOとして求められている役割を的確にまとめている。「私の役割は、トップチームが大きな仕事を確実に非常にうまくこなせるようにすることです。私たちトップチームの仕事は会社の成功につながるものの推進や、会社を駄目にしてしまう恐れがあるリスクへの対処に全力投球することです。それ以外は電子メールでのやりとりで十分です」

「ファーストチーム（最優先チーム）」のメンバーである意味を明確に定義する

チームの時間をどのトピックに費やすのかをはっきりさせたら、次に同じくらい明確にしなければならないのは、それらにどう取り組むかだ。そのためにはまず、トップチームは全メンバーにとっての「ファーストチーム（最優先チーム）」であるというマインドセットを定着させなければならない。この点について、ベストなCEOは絶対に妥協しない。これはつまり、チームのメンバー全員が、事業部門や機能部門のニーズよりも全社のニーズを優先するよう求められているということだ。別の言い方をすれば、トップチームのマインドセットとは「私は自身の機能部門や事業部門の代表として、このトップチームに加わっている」のではなく、「私は自身の機能部門や事業部門に対して会社を代表できるよう、このチームに加わっている」である。

ベイカーはこの考え方をエコラボでどのように説明したかを語る。「私がすべてのチームメンバーに対して求めたのは、片方の足を私との仕事に置いて、もう片方を自身の仕事に置くということでした。つまり、ここでの私たちの仕事は、たとえば人事部門の効果効率を最大化することではありません。エコラボ社の効果効率を最大化するために人事部門があるのです。人事部門の仕事は会社を支えることであり、会社が人事部門の仕事をやりやすくするためにいるわけではないのです。それがここでの仕事のやり方です。ちなみに、CEOについても同じことが言えます」。同じくUSバンコープのリチャード・デイビスも、この考え方について語った。「究極の理想形は、みな同じくらいの発言力やストーリーを語る能力を持つ人物一二名からなるトップチームです。それはつまり、どのメンバーも自身のためではなく、チームのため、そして会社のために声を上げられるということです」。ロッキード・マーティンのマリリン・ヒューソンは、このマインドセットは顧客への対応にも必要だと指摘する。「私のトップチームの各メンバーは、自身の仕事はチームが一丸となって会社を代表し、顧客に対応するためにふさわしい人材を投入することだとわかっています」

ベストなCEOたちがこのマインドセットにこれほどまでこだわるのには、もっともな理由がある。第三章（「全体最適から考える」の節）で取り上げたように、資金リソース配分においては各部門よりも会社全体の利益を優先することでリターンを得られるが、それは会社の経営においても同じことが言える。トップチームが会社全体を優先して一連の経営方針を一貫して実践している度合いについて、一〇〇カ国以上の計二〇〇〇を超える企業のデータを分析したところ、そうした取り組みを行っているところは平均して三・四倍の高業績を実現していることが明らかになった。しかしながら肝心な点は、こうした高業績は高いレベルの一貫性がなければ実現できないため、トップチームを最優先チームとすることについては妥協は許されない。

すでに紹介したものもあるが、多くのCEOは最優先チームのマインドセットの本質を表現するうえでキャッチフレーズを使っている。マリリン・ヒューソンは「ワン・ロッキード・マーティン」という言い方で、チーム一丸の精神を説明している。同様に、フレミング・オルンスコフも「ワン・シャイアー」と呼び、ソニーの平井一夫は「ワン・ソニー」を掲げてチームをまとめた。ディアジオのイヴァン・メネゼスはみなが「ワン・ディアジオ」の代表としてプレーすることを明確にした。ジム・オーウェンズは、「チーム・キャタピラー」と名づけた。同じく、KBCのヨハン・タイスは、同グループの全部門がすべての国で青をイメージカラーにして運営されていることから、「チーム・ブルー」という呼び名を使っている。グレッグ・ケースはこの概念を「エーオン・ユナイテッド」と表現している。アトラスコプコのロニー・レテンは、「アトラスコプコ人」の精神を広めた。アリアンツのオリバー・ベイトは、「各地での地域活動からグローバルへの移行」を強調する。モーリス・レヴィは、ピュブリシスで「一つになる力」を浸透させている。リラック・アッシャー＝トピルスキーは、IDBのトップチームを「握り拳」と呼んでいて、その理由について「社外の人が指の隙間から割って入れないほど結束が固いからです。取締役会であろうと、組合であろうと、競合他社であろうと、誰だって無理です」と説明する。ビル・ジョージはメドトロニックの経営幹部委員会を「会社全体のリーダーたち」と呼んでいた。「彼らは、私がメドトロニックを経営するのを助けなければなりませんでした。なぜなら、私一人で経営するのは無理だったからです」

ウエストパック銀行のゲイル・ケリーは、自身のトップチームを統治するためにどのように規範を導入したかについて説明した。「みなで行動憲章を定め、これぞ私たちにとっての鉄則として定めました。会議では常に掲げられました。そして、自身の振る舞いがこの憲章に反していないか、常に確認したのです」。この行動憲章では、「何らかの不満がある人は、手を挙げて表明すること。何らかの問題が起きたときは速やかに、そしてできれば面と向かって話しあうこと。本部長たちに、私たちの代理戦争をさせないこと。決して誰かを卑劣な手段でこっそり攻撃しないこと。たとえ会議で決まった内容に個人的に同意できず、しかも自分なら選ばなかった策であろうと、チームとして決まったことに対しては後押しすること」といった規則が定められている。ケリーはその憲章のインパクトについて、「チーム内での駆け引きを減らすことに非常に役立ちました。完全になくなることはありませんでしたが、このチームをファーストチームにするという責任感がメンバー内で育つことで、駆け引きは少なくなりました」と語った。

キャタピラーのジム・オーウェンズは、会議でみながもっと率直に発言できるようにするために役立つ規範について説明した。この規範は、CEOが在職期間の早い段階で定めるのが大事だそうだ。「面白いことに、CEOになってすぐに気づくことの一つは、あなたが突然前よりずっと賢くなったとみなに思われてしまうことです。会議に出て何か意見を言うと、みなこぞってあなたに賛同します。それゆえ、私は就任後の早い段階できっぱりと言いました。『私はみなさんをとても尊敬しています。私も議論に加わりたいですが、私が正しい答えをすべて知っているわけではないことを忘れないでください。私に猛烈に反論すべきだとわかっているのにそうしない人は、反省すべきです。しかも、それは私自身の効果効率が低いということでもあるので、私も反省しなければなりません』と」

ファーストチームとしてのマインドセットが定着したら、ベストなCEOが次に行うのは、意思決定の方法をチームが理解しているかどうかを確認することだ。こうした意思決定の方法はさまざまだが、どれも対話、データ、スピードを重視している点では同じだ。

意思決定においては対話、データ、スピードを組み合わせる

「我らは神を信じるが、神以外についてはデータを持ってこなければ信じない」というこの有名な言葉は、一般的には経営科学者W・エドワーズ・デミングのものとされている。この言葉は、経営上の優れた意思決定を行うためにはデータ測定と分析が不可欠だという、デミングの基本的な考え方を表している。ベストなCEOたちは、この合言葉を忠実に守っている。ブラッド・スミスは、イントゥイットでの意思決定がデータに基づいて行われるよう徹底するために自身が用いた手法について、こう説明した。「私たちの意思決定の原則は、根拠にこだわることです。『〇〇ゆえに、私たちは××をすべきです』は、イントゥイットのモットーの一つです。根拠に基づいていない主張は意見にすぎないので、真剣に検討しません。私たちは単なる意見ではない、根拠に基づいた主張を強く求めることで、意思決定能力を向上できました」

スミスはさらに、対話の重要性も十分理解している。それはベストなCEOである証とも言える。TIAAのロジャー・ファーガソンも、「数字は嘘をつかない、というのはたしかにそのとおりです。とはいえ、数字は本当に意味するところを必ずしも伝えてくれるわけでもありません。それゆえ対話が極めて重要になるのです」と語った。データと対話がともに重要なことは、調査によっても裏づけされている。過去五年間に行われた何千件もの大きな意思決定（新製品への投資、M&A、資本支出についてのものも含む）に関する、さまざまな産業を対象にした調査の中で、管理職たちは「細かい財務モデルを構築したか？」「感度分析を行うか？」といった、データ分析の質と詳細について回答するよう求められた。また、「適切な参加者による、高度な議論が行われたか？」という、しっかりした対話を行ったかどうかも質問された。その結果、データよりも対話を行うほうが、優れた意思決

定と六倍も強い相関があることが判明した[47]。

とはいうものの、対話はチームのメンバーがバイアスに陥っていない場合のみ効果を発揮する。最もよく見られるバイアスは「集団思考」で、これはある意見を支持するかどうかを判断するときに、その判断を他の人がどれくらい好意的に見るかに基づいて決めようとしがちだということだ。他に多いのは、自身の考えを支持する情報だけを受け入れて、反証情報は一切拒否する「確証バイアス」だ。そしてよく見られるバイアスの三つ目は「楽観バイアス」で、これは起こりうる最高の結果が実現するだろうという思い込みや期待だ。ベストなCEOは先を見越して、こうしたバイアスによる影響を軽減しようとする。

DBSは「レクーン」と呼んでいる手法を活用している。CEOのピユシュ・グプタは、そのきっかけや意図についてこう説明する。「ネットフリックスでは『カオスモンキー』というツールをプログラミングで利用しています。プログラムが完成したらカオスモンキーを使って、そのプログラムに障害を起こそうとします。要は、プログラムの耐久度テストです。私たちはそのアイデアを借用して、会議における私たちの思考の耐久度テストを行う『レクーン』をつくったのです」。具体的には、DBSの会議での検討用資料にはアライグマ（ラクーン）のイラストが定期的に現れる。このイラストが登場すると、参加者たちはいったん議論を止めて、「検討すべきなのにそうしていないものはないか？」「このまま進めていくと、どんな問題がありうるか？」「この決断が誤っていると言うためには、何が証明されないとならないか？」といった点を熟考する（レクーンは「破壊する」と「アライグマ（ラクーン）」を合わせた造語）。グプタはこの演習の利点について、「反対意見を述べていいのだと参加者たちに言うこともできますが、こうしたちょっとしたキャラクターをつくるほうが記憶に残りやすいし、思ったことを実行しやすくなります。導入した効果を実際次々に目の当たりにするようになり、その結果意思決定能力が向上していきました」と指摘する。

ときには、ただCEOがその場にいることが、実りある対話を妨げる場合もある。エコラボのダグ・ベイカーは「とりわけ、ある程度時間が経って、周囲があなたを有能なCEOとみなしてくれるようになると、あなたの意見は重みを持ちすぎてしまいます。みなの考えを引き出すきっかけとしてあなたが提案したことが、他の参加者からは命令と受け止められてしまうのです」と説明した。こうしたリスクを回避するために、ベイカーは次のような策を取っている。「ときには席を外すことも大事です。『しばらくみんなだけで議論してみたらどうかな?』と言って。もし私がずっといたら会話の妨げになるかもしれませんし、私の考えと思われていることに対して批判めいたことを言わないようにしているかもしれませんから」

対話とデータを組み合わせて意思決定を行うというのは考え方としてはわかりやすいが、大抵の場合、いざ実践しても何の問題解決にもつながらない。なぜかというと、両者のバランスが適切でなければ迅速な意思決定が妨げられ、行動できなくなってしまうからだ。たとえば、判断をする前にさらに多くのデータを見たいという欲求が絶え間なく続く「分析麻痺」に、チームはたちまち陥りかねない。あるいは、果てしなく何度も続くように思える会議のせいで、その資格がない人まで揃って介入してくることで、いわば「対話しすぎの昏睡状態」に蝕まれてしまう恐れがある。

こうした事態を回避するために、イントゥイットのブラッド・スミスは次の優れた手法を用いた。「意思決定のためのDACIというツールを導入しました。Dは『推進者』(Driver)、Aは『承認者または責任者』(Approver/Accountability)、Cは『貢献者』(Contributor)、Iは『報告先全員』(Informed)を意味しています」。スミスのこのモデルでは、すべての検討事項において推進者(六ページの討議メモを作成する)をそれぞれ一名のみ置く。承認者は最大二名までにする。意思決定を行う前の検討をサポートする貢献者は五名以下にする。従って、専門性を持つ人は慎重に選ばなければならない。そして、この意思決定に関わるすべての人、および決定事項の実行に関わるすべての人は、質問したことに答えてもらう権利がある。「承認者は意思決定を行うときの原則を、事前に明確に伝える責任があります。たとえば、コストに基づく判断になるとか、あるいは品質に基づくものになるなどです。また、承認者はたとえすべてのデータがその日までに得られていなくても、意思決定をする日時を決定します」と、スミスは説明した。

決定を行うタイミングについてのスミスのこの言葉は、極めて重要だ。その理由は、ロッキード・マーティンのマリリン・ヒューソンによる次の説明からもわかる。「大きな決断をしなければならない場合、必要な情報や同意をすべて得るのはいつまで経っても無理です。さらなるデータを待って決断を先延ばしにしていたら、チャンスを逸するかもしれません。あなたは自身のチームと彼らの経験を信じて、率先して最終決断を下さなければならないのです」。また、ICICIのK・V・カマートは、「何かをするのであれば、九〇日以内に行う。そうできないのであれば、やらない」という「九〇日ルール」までつくった。

チームの会議で最大限の成果を得るには、進め方の方針を必ず決めなければならない。ピユシュ・グプタはDBSでの会議を徹底して生産的にするために、MOJOという仕組みを導入した。MOとは「会議主催者」(Meeting Owner)の略で、会議の目的が明確であることや、その目的に沿った出席者が選ばれ情報が用意されていることを確認し、議論をうまく進めたりまとめたりする役のことだ。JOは「楽しげな観察者」(Joyful Observer)で、その役目は会議を批評することだ。「『さあ、会議の進捗はこのように見えますね』『会議のこの点はうまくいきました』『この点はうまくいきませんでした』『今の議論は重要な点を押さえてないです』と言える権限を持つ人物がその場にいることは、非常に大きな効果をもたらしてくれました」とグプタは語った。

さらに、DBSは出席者が終了後に会議を評価して、その結果が会議主催者に送られるという簡単なツールを開発し、すべての会議に導入した。こうした手法は、ベストなCEOが率いる組織ではよく見られるものだ。ブラッド・スミスは、時間を徹底的に効率よく使うためにイントゥイットに導入されている仕組みについて解説する。「出席者に今回の会議を同僚たちに薦めるか、価値があるかどうかを、〇から一〇の段階で評価してもらいます。点数が低かったものを診断したところ、一部は改善したうえで残しましたが、大半はそもそも不要な会議だったのです」

常にチームづくりに自分自身を投資する

必ずいる否定派を前にしてチームづくりを進めるためには、度胸が必要になることが多い。GMのメアリー・バーラも「リーダーたちによる高パフォーマンスなチームづくりに力を入れると明確にしたとたん、『メアリーは私たちに集団療法を受けさせようとでもしているのだろうか』と周囲に言われてしまいました。そのたびに私は『いいえ、私はただみなさんのリーダーシップとこのチームに、私自身の時間とエネルギーを投資するだけです』と思っていました」と打ち明けた。そして結果的には、自己投資した甲斐があった。本章で取り上げたチームづくりの手法をGMですべて実践したバーラは、「現在では、チームのメンバーに『私たちが成功することができた理由の一つは何でしょう?』と尋ねれば、彼らは『私たちの高パフォーマンスなチームワーク』と答えるでしょう」と語った。

私たちが話を聞いたCEOのほぼ全員が、チームづくりにおいて同様の経験をしていた。ウエストパック銀行のゲイル・ケリーが二日間にわたるチーム初の合宿会議を企画した際、ファシリテーターを招いて「チーム力学」について研修を行うと事前に聞かされたチームメンバーの多くは、嫌そうな顔をした。それでも、ケリーは何が必要かをわかっていたので、決して怯まなかった。「研修では自分を揺り動かすものや、自分が不安になるものについて語るセッションがありました。私も語りました」と、ケリーは当時を振り返る。「私はありのままの自分をさらけだし、他のメンバーにもそうするよう促しました。そうして、『私たちのストーリー』という小冊子をつくりました。各メンバーが自身の強みや、今取り組んでいることについて一ページずつ書きました。それぞれの個人のビジョンについてもです。それは会社のためのビジョンのみならず、自分自身のためのビジョンは何か、です。そして、自分自身の真の原動力は何かについても書いてもらいました。この作業は、信頼を築くのに大いに役立ちました」

ケリーは、この合宿会議がチームワークの継続的な向上への良いきっかけになったと説明した。「その後新たなメンバーがチームに加わるたびに、『私たちのストーリー』を書いてもらいました。それと並行して、トップチームの各メンバーに対する三六〇度評価も始めました。私自身も対象に含めました。そして、私たちは文字どおり大きな円になって座り、受け取ったフィードバックについて話しあいました。これを行うには互いへの信頼がとても厚くなければなりませんし、自分をオープンにさらけだして率直になるための心の準備も大いに必要です。また、トップチームとしての私たちに改善すべき点があったら教えてほしいと、本部長たち、部下、非常にシニアで尊敬されている幹部、などにお願いしました。そして、指摘してくれたことに対しては、『なるほど、改善すべき点がわかりました。以下の方法で改善します』と回答したのです。これは私たちにとって、非常にためになりました」

こういった手法でチームづくりを行ったことがない人には、ケリーのやり方では「ソフトなアプローチだ」と思えるかもしれないが、こうした方法を取ってきたのはケリーだけではない。ベストなCEOのほぼ全員が、チーム全体で協調する方法の改善について考えるためにチームと時間を過ごしている。私たちはこの一〇年間で五〇〇〇人以上の企業の経営幹部に対して、チームメンバーとしての「至高体験」を思い浮かべて、そのときの状況を言い表している言葉を書き出すよう依頼した。その結果は驚くほど一致していて、すばらしいチームワークを特徴づける、三つの側面が明らかになった。一つ目は方向性の一致で、これは会社が努力して向かっている方向や、そこに到達するためのチームの役割についての構想を共有していることだ。二つ目は、信頼、オープンな対話、対立する意見を受け入れようとする姿勢を特徴とする、高いレベルの意思の疎通だ。三つ目は革新への渇望で、これはリスクを厭わず、イノベーションを起こし、社外の発想から学び、そして大抵は不利な状況だがそれを跳ね返して重要な何かを達成できると思えるような、エネルギーが得られる環境に置かれていることを意味している。この調査によると、これらの側面が二割改善するごとに、チームの生産性は平均して倍増することが判明している。(48)

ゲイル・ケリーがウエストパック銀行で実践したように、経営幹部を指導するコーチや中立な立場のファシリテーターにチームパフォーマンスのこの三つの側面に関する議論を導いてもらうことで、力をつけてきたチームも多い。ピユシュ・グプタは、DBSでの自身の経験を披露する。「オーセンティックリーダーシップ協会の講師を招いて、組織行動論について二日間の研修を行いました。その結果、カタルシスを感じることができました。私たちはみな自分自身を深く掘り下げ、『私たちは何者なのだろう？』と自身に問いかけました。さらに、『私たちの目的は何だろう？　私たちを揺り動かすものは何だろう？　会社をどのように一体化すればいいのだろう？』といった問いかけも行いました」。それでもこの二日間はきっかけにすぎなかった、とグプタは語った。「その後も各メンバーが向上できるよう助けあって、チームとしても向上できるよう、こうした取り組みを何度も行ってきました」

ファシリテーターは、より一層突き詰めた形でチーム内での熟考を促すこともできる。USバンコープのリチャード・デイビスも、自身の経験を語った。「社外から招いたファシリテーターが、非常に興味深い演習を行ってくれました。それは『まず、自身も含めた一二名のメンバーを、自分が信頼している順に並べてください。次に、自身が理想とする信頼の度合いを満たしていないメンバーの名前に、取り消し線を引いてください』というものでした。私はチーム内でみんなからの信頼度が低いメンバーがいたら、本人に伝えると約束しました。それは、この演習の目的をそれぞれの短所を並べることではなく、信頼に基づいたチームづくりを行うという私の決意を示すものにしたかったからです」

チームづくりの取り組みは、合宿会議だけで行われているわけではない。定期的にメンバーの会議に参加してチームの意思疎通の様子を観察し、リアルタイムでフィードバックを提供してくれる「チームコーチ」を依頼しているCEOも多い。これは主に、グループで起こりうる意図せぬ対立の原因を、チームメンバーが協力してより深く理解できるようにするという目的からだ。ケイデンスのリップブー・タンは、自身の役に立った手法を次のように説明する。「私たちのチームをサポートしてもらうよう、コーチに依頼しました。そうして受けたマイヤーズ・ブリッグスの性格診断テストで、互いのことがずっとよくわかるようになりました。たとえば、最も内向的な人は誰か、意思決定に最も重点を置いている人は誰か、といったことです。全体として、自身の同僚のこと、さらには自分自身のことまでこうした形で理解できたのは有益でした」

ただし、私たちはファシリテーターやチームコーチとの経験が、いつも役に立つと主張しているわけではない。エコラボのダグ・ベイカーも、そうした例を挙げている。「CEOに就任してから二、三年経った頃、今とは別の団体にコーチを依頼していましたが、相手からイライラさせられる点を互いに言いあうといった彼らのやり方に疑問を抱きました。『こんなことをしてもうまくいかないぞ』と思っていましたし、案の定、失敗に終わったのです」。こうした苦い経験をしても、ベイカーはチームワークに常に自身を投資するという、ベストなCEOがやるべきことを断固として続けた。そしてチームメンバーが継続して成長できるよう、その後も外部の専門家の助けを借りつづけた。

ここまで見てきたように、ベストなCEOは専門家の手を借りた一連の合宿会議、チームおよび個人でのコーチング、そして熟考を促す演習を組み合わせて、チームワークを向上させる。チームのパフォーマンスが高まるにつれて、仕事に対する基本姿勢について深く考えることが習慣になる。たとえば、大きな判断を下したあと、ベストなCEOの多くは無理やりでもあと三〇分捻出して、この意思決定についてチームとじっくり話しあう。そしてその中で、次のような点を確認する。達成しようとしていることに対して、チームのメンバーたちは最初の段階から同期が取れていただろうか？　今回の結論に到達したとき、メンバーたちは嬉しく思ったか？　もしそうでなければ、その理由は？　互いのベストな点を引き出せたと感じているだろうか？　こうした問いかけに答えることは、チームがともに学べる事後検討の機会をつくることでもあり、大抵の場合、答えに関係なくメンバー同士の信頼を深めることにつながる。

仕事以外の時間を一緒に過ごすという単純な方法も、チーム力学の改善につながりやすい。「仕事外でのつきあいは、トップチームの結束を強めるうえで非常に重要でした」と、ケイデンスのリップブー・タンは語る。「みんながどんなことで動機づけられるのかもわかりましたし、互いの家族についても知りあえました。そのおかげで、互いをもっと思いやれるようになりました」。同じくこの方法に同意している、DBSのピユシュ・グプタの口調は楽しげだ。「私は、社外での集まりやパーティーには大きな意味があると思っています。キャッシュでボーナスを渡すよりも、こうした集まりにお金を使うほうがずっと意義があると感じています。というのも、人が集まって思い出をつくったり仲間意識を高めたりすることで得られる価値のほうが、ずっと大事に思えるからです」

管理職は温度計で、その上のリーダーたちはサーモスタットであるというのは、よく使われる例えだ。管理職は環境に反応して今この場の状況に対処し、結果を報告する。一方、リーダーたちは自身の環境に影響をもたらす。周囲の人々の考え方や予想を変化させる。周りの行動をただ測るのではなく、行動そのものを起こす。そして、常に目標に向かって邁進している。チームワークの点では、ベストなCEOがサーモスタットであるのは間違いない。

チームワークのレベルを常に向上させつづけるために、ベストなCEOはCEOの大半が他人に任せてしまう四つの点に自ら気を配る。まず、チームとして過ごす時間において、一緒にしかできない仕事をすることを重視する。次に、チームのどのメンバーにとっても、このトップチームがファーストチーム（最優先チーム）であることを徹底する。さらに、対話、データ、スピードの三角形から外れずに、トップレベルの意思決定を行う。そして最後に、チームづくりに常に自身を投資し、より飛躍的な進歩のためにしばしばファシリテーターやチームコーチを活用する。

第九章
運営リズムを創るための行動習慣
ビートに乗る

学ぶための最良の方法は、リズムが持つ強い力に乗ることだ
——ヴォルフガング・アマデウス・モーツァルト

ツール・ド・フランスは、世界で最も過酷なスポーツ大会の一つだ。夏場の三週間にわたり、約二〇のチームから八名ずつ出される選手たちが、起伏の激しいフレンチアルプスの山岳地帯を含むおよそ三二〇〇キロのコースでペダルを漕ぎつづけて、極限状態まで自身を追い込んでいく。だがレースの勝利は、山岳のきつい登り道を漕いでいる瞬間と同じくらい、レースにつながる準備期間をどう過ごすかにもかかっている。

翌年の大会への準備は、選手たちがシャンゼリゼ通りでゴールしてからわずか数カ月後、自転車ロードレース年間世界プロツアー戦の残りレースがすべて終了したときから始まる。選手とコーチは、この長いトレーニング期間において、次回の大会に向けてチームが練習する方法には厳格なリズムがあることを理解している。まず、コーチたちはこの期間にどんなトレーニングを行いたいかの概要を

示し、次に計画の実践に移って軽度の有酸素活動から始める。その後、一〇月か一一月にコースが発表されると、チームメンバー選抜や計画を微調整する。大会五カ月前になると、トレーニングの激しさとテンポを上げる。三カ月前には具体的にレースを想定したトレーニングに移り、そして大会一週間前になるとトレーニング量を減らして、一日一時間程度しか漕がないか、あるいは丸一日休んだりさえする。このトレーニングの全過程はレースごとに綿密に計画されていて、各選手が重要なところで最高のパフォーマンスを発揮できるよう、それぞれの役割、責任、能力に基づいた個別のメニューがつくられている(49)。

ビジネス界でも、トップになるためには、そこに確実につながる仕事が適切な時期に適切な人材によって行われるよう徹底された、同様の年間計画が必要だ。そうした計画づくりの詳細は経営陣以外の事務局に任せればいいと思っている人もいるが、ベストなCEOは会社の戦略を推進するために、チーム運営のリズムをつくりあげることに積極的に取り組んでいる。そして一連の方法や歩調を決めると、たとえコースが過酷であっても、それを厳格に守って進めていく。

CEOが明確かつ効果的な運営リズムを編み出せれば、トップチームの全メンバーは自身が担当する部門の運営リズムを会社全体のものに合わせられる。ガルデルマのフレミング・オルンスコフは、「組織の運営リズムが確立されていることがわかれば、社員はより効率的に仕事ができます。判断してもらうにはどこにどのタイミングで行けばいいのか、そうした判断をどの機関が下すのかが明確になるからです」と説明している。しかも、運営リズムを確立することによって初めて、CEOはさまざまな活動を同時に推進しつづけられるようになる。「自身のチームにふさわしい、密度が濃くて集中できる運営リズムを編み出すことによって、私のために働いてくれているすばらしい人々を最大限に活用できます。それに加えて、考える、お客様や他のステークホルダーと会う、休みを取る、運動するといった、会議以外の時間を私自身が確実に取れるようにすることも実現できます。要は、ランダムな必要ない会議に時間を費やさなくてもよくなる、ということです」

シャイアー時代のオルンスコフは自身のチームとともに、二〇一三年には五〇億ドルだった同社の収益をわずか五年間で一五〇億ドルに増やすと同時に、希少疾患の専門分野で世界を代表するバイオ医薬品会社へと同社を成長させた。そして、利益率を三六パーセントから四四パーセントに改善したのち、六二〇億ドルという驚くべき価格で同社を武田薬品に売却した。シャイアー売却後、オルンスコフはネスレが一〇〇億ドルで売却した、皮膚に特化した医薬品製造会社ガルデルマのＣＥＯ職を引き受けた。二〇一九年の就任直後、オルンスコフは同社の運営リズムについて「協調的でもなく、手順もはっきりせず、しかも優先順位もよくわからない」と感じたそうだ。ゆえに、オルンスコフが最初に手をつけなければならなかった仕事の一つは、同社の運営リズムを新たな戦略に合わせてつくり直すことだった。

ガルデルマに新たなモデルを導入するにあたり、オルンスコフは「私が関与しなければならない領域はどこか？　どんな意思決定機関をつくるべきか？」と自問した。そして、戦略には業績、プラットフォーム、成長という要素があることから、それぞれについて委員会を設置した。「一つはインライン委員会と呼ばれているもので、月に一度、すべての部門の損益の責任者たちと業績について話しあいます」。そして、オルンスコフは将来の成長を推進する力になりえる技術の開発状況について重点的に検討する、イノベーション委員会の会合も毎月開催している。「私はそれをパイプラインと呼んでいます」。そして三つ目の機関であるコーポレート部門委員会も月に一度会合が行われる。「この委員会では、コーポレート部門と私たちで、リソース配分と投資計画をはじめ、人事関連や運営上の問題について話しあいます。その際、スリムで効率的な企業プラットフォームづくりを常に念頭に置いています」

毎月すべての委員会での会合が終わり次第、オルンスコフは自身のチーム の全メンバーを集めて、みなが同じ認識を持てるよう情報を共有する。「このやり方のおかげで、毎月の仕事の進め方が非常に明確になります。まず、これらの委員会に三日間充てます。それが終わると今度は経営幹部委員会で集まり、その三日間で検討したことについて半日かけてまとめたり実行に移したりします」。オルンスコフはこの方法の結果について、「業績、プラットフォーム、成長関連のどんな問題についても、どの意思決定機関が対応するかが極めて明確になりました。そうしたリズムを持ち、物事の進め方を予想できる組織になると、あらゆることが速く進みます」と語っている。

すべてのCEOがオルンスコフと同じ方法を用いているわけではないが、ベストなCEOはみな彼のやり方と同じくらい明確に定められた、自身の組織独自の運営リズムを採用している。そうしたリズムを創りだす方法について、ベストなCEOの四つの明確な役割と責務とは……

- 組織の運営方法におけるテンプレートとテンポを定める
- 点と点をつないで、各種意思決定機関同士を結びつける
- オーケストラの指揮者のように振る舞う
- 厳格に規律ある運営を求める

組織の運営方法におけるテンプレートとテンポを定める

ダナハーとGEの両社で「CEOたちのCEO」を務めてきて、しかも自身も事業部門のCEOでもあったラリー・カルプは、自身にレポートする直属の部下（事業部門CEO）たちが大きな自由を欲していることをよくわかっている。「私と同じCEOという、事業ポートフォリオを管理する立場に就いた人の多くが、事業部門CEOにかなりの裁量権を与えている例をよく見ました。というのも、そうしたCEOたちは、自身が事業部門CEOだったときにずっとそれを求めていたことを覚えているからです。しかし、自由を与えた中の誰かに悪い意味で驚かされてしまう出来事がやがて起きて、そうしたCEOたちは考えを改めはじめます」。他のベストなCEOたちと同じく、カルプも組織、運営、戦略の課題を対象にした定期的な検証を行うことが非常に重要だと指摘している。

会社の運営リズムは各企業が独自のやり方を取っているが、それでも最も成功しているCEOたちが採用している方法には多くの共通点がある。たとえば、大抵の場合トップチーム全体で進捗状況の確認を毎週行っている。JPモルガンのジェイミー・ダイモンは、運営のリズムづくりの基礎になっている月曜の朝のトップチームとの会議を、いかに活用しているかについて説明する。「この会議には事前に決められた議題はありません。各メンバーがそれぞれの課題を自律的に持ち寄ることが、チーム全体の責務になっているからです。すべての問題をここで明らかにしなければなりません。たとえば、お客様に関する問題。何かを行うための許可が欲しい。採用面接のために人手を借りたい。リスクの問題。私の下で働いている人は、『その件については、あなたが何も尋ねなかったので触れませんでした』と私に対して言うことは許されません。私も自身が考える問題のリストを手にして毎週月曜に会議に出るのですし、他の出席者にも同じことを求めます」

同様に、エド・ブリーンもデュポン（以前はタイコやGIでも）で月曜の朝に一時間の経営幹部会議を行い、チーム全員の認識が一致しているかどうかを確認している。この会議を最大限に活用するために、ブリーンは「赤い旗（緊急課題）と緑の旗（喜ばしい知らせ）報告システム」を採用している。「これは自身が抱えている緊急課題と伝えたい喜ばしい知らせを、全員に素早く『ボール回しをするように』共有するやり方です。このとき私がメンバーに対して腹を立てる唯一の理由は、抱えている緊急課題を教えてくれなかった場合です。何かがうまくいかない、見通しに到達できそうにない、法的な問題が出てきた、ある工場について不安材料がある、といった私たちも聞いておいたほうがよいことがあれば、どんなことでもいいので、聞かなければなりません。大抵の場合、チームの誰かが役に立てます」

何がうまくいっていて何がそうでないのかという最新の進捗状況を「ボール回しをするように」確認することが主な目的である会議を、ベストなＣＥＯがわざわざ毎週開くのは奇妙に思えるかもしれない。だが、そうした進捗状況の確認は実は極めて重要であり、ときには生死を分ける場合さえあるのだ。メアリー・バーラがＧＭのＣＥＯに就任した当初すぐに取りかからなければならなかった仕事の一つは、多数の死亡事故の原因となったイグニションスイッチのリコールを検討することだった（このリコール問題とその対応方法については、のちにより詳しく取り上げる）。この緊急事態について、バーラは当時を振り返って次のように語った。「イグニションスイッチ問題で私にとって大きな学びだったことは、最初に不具合が生じたときに私たちが事態を正しく把握していれば、問題があれほど大きくなる前に対処できたはずだという点です。ようやく対応できた頃には、この問題は数十億ドル規模にまで大きくなっていて、しかも一部のお客様に悲劇的な結果をもたらしてしまったのです。この教訓から、私はチームに『問題を解決するのに最も適した時期はいつでしょう？』と問いかけたあと、常に『それはあなたが問題を察知した瞬間です。問題をそのままにしておいても、小さくなることは決してありません』と話しています」

ベストなCEOの大半は毎週の会議に加えて、トップチームとのより改まった会議を毎月行っている。たとえば、ヴァレオのジャック・アシェンブロワは、チームと四、五時間集まって月次会議を行う。議題は戦略、運営、組織に関する課題への対応状況の確認と、外部環境の動向を考察することだ。ロッキード・マーティンでは、そうした会議は丸一日かけて行われた。「全員に出席してもらって、しかも通常は終わってから夕食会も行うので、ともにチームづくりをする機会でもありました」と、マリリン・ヒューソンは言う。「主な議題は会社の戦略でしたが、話しあうトピックは私たちがそのとき取り組まなければならない問題に基づいていましたので、M&Aの対象候補、部門の枠を超えた施策、ダイバーシティとインクルージョン、コスト削減、利益率改善のための推進策というように実に範囲が広く、まさにトップチームで扱われるべき議題すべてでした」

大半のCEOは、丸一日会議をしてその後夕食会を行うこのヒューソンのような形式の集まりを、毎月よりも主に四半期ごとに行うことが多い。JPモルガンのジェイミー・ダイモンは、そうした四半期に一度の会議は、「月単位では変化しないような大きな問題について議論する場、たとえばサイバーセキュリティ」を目的とするものと位置づけている。そうした大きな会議の前には、当日に全体での検討を早められるよう、各トピック別に関係者だけで集まって準備を行うのが一般的だ。

年間の運営リズムをつくる会議の最後の一つは、数日にわたって行われるトップチーム向けの年次合宿会議だ。たとえば、ダイモンはJPモルガンのトップチームを対象にした四日間の戦略合宿会議を毎年七月に開催していて、そこでは参加者たちに「会社が直面している、最も重要な問題は何か?」と尋ねることにしている。トピックは事業拡大計画、技術戦略、人事方針、リーダーシップ育成など多岐にわたっている。また、現在の運営リズムが会社に良い結果をもたらしているかどうかも検討する。「時間の無駄だと思われるものも、そうでないものも、とにかくすべての事実をそこでさらけだすようにしています」とダイモンは語り、最後に「私たちにとってこの会議は極めて重要です。実に多くのやるべきことが明らかになります。それらについては、年内の他の会議のアジェンダに入れてフォローしていくのです」とまとめた。

高パフォーマンス企業の大半では、ＣＥＯとトップチームが、数百名の上級管理職を対象にした二、三日間のより大規模な上級管理職会議を主催している。アメリカン・エキスプレスの前ＣＥＯケン・シェノルト（四六六ページ参照）は、二〇〇名のリーダーたちを集めた会議を毎年行っていた。シェノルトはこれらの会議において、会社の複数年度にわたる目標を、一二カ月後に同社についてこのように書かれたいという記事の「大見出し」という形で説明した。「こうした集まりでやるべきことの一つは、短期的および長期的な目標の両立に対して前向きな緊張感を与えることと、両立のためにどんなトレードオフがあるのかを明確にすることです」。さらに、市場、世界情勢、顧客の意見に対する新たな視点をリーダーたちに与えるために、毎回必ず社外からゲストスピーカーを招いた。「会社の現状、競合他社と比べたときの会社の立ち位置、私たちがうまくできていることとそうでないことを考えられるよう、出席者にさまざまな視点からの見方を伝えたかったのです」とシェノルトは語った。

また別に、会社の運営リズムには、大抵ＣＥＯと各事業部門や機能部門との会議も含まれている。そうした集まりは計画に対する実績の進捗確認を目的として、少なくとも四半期に一度行われる。アジェイ・バンガは、これらの会議がマスターカードでどのように行われているか説明した。「各事業部門に対して、四半期ごとに業績の進捗確認を行います。私のやり方は、業績が良くないときは進捗確認に時間をかけて、どのような問題が起きているのかを探ります。一方、市場シェアが伸びていて、事前に決めていた重要業績評価指標《ＫＰＩ》での優先すべき項目が順調な場合、進捗確認はすぐに終わります。

もちろん、大半の社員は、私と長時間の進捗確認会議は行いたくないようです」。GEのラリー・カルプは、自身が正しいやり方で定期的な事業部門の進捗確認を行うことができていたと実感できた経験について語った。「ある事業部門のリーダーと空港に向かっていたときのことです。彼は私に『私たちの成功は、あなたが自分の時間を投資してくれたおかげだと心から思っています。サポートしたいというあなたの気持ちが伝わってきました。あなたの経験や見方を最大限に活用するのが、私たちの役目だと思っています』と言ってくれました」。事業部門のリーダーたちがカルプに対してこう思うようになっていったのは、カルプが「業績悪化の犯人捜しゲーム」をするのではなく、有意義な関係づくりを常に十分に行ってきたからだ。

ＣＥＯがトップチームのメンバーと個別に話しあうのは、四半期ごとの進捗確認のときだけではなく、定期的な個別面談も含まれている。それらを毎週行うＣＥＯもいれば、二週間ごと、あるいは毎月行うＣＥＯもいる。各チームメンバーとの面談にかける時間は、彼らの直近の業績と、ＣＥＯがどの程度サポートできるかによる。ＴＩＡＡのロジャー・ファーガソンは、次のような見方を共有してくれた。「ＣＥＯは、選手でもありコーチでもあるという存在です。私は自身の経歴、スキルセット、または人脈の観点から、何らかの優位点があると判断すれば、私自身も選手として試合に出る義務があると思っています。一方、それ以外のときは、自らプレーすることはありません。そういった領域については、チームの他のメンバーのコーチとなり、彼らに責任を与えながら、自分がふさわしい人材を採用したと信じて、その仕事と直接関わることを減らしていきます」

ウエストパック銀行のゲイル・ケリーは、経営のテンポを定めるうえで彼女が全般的に重視している点を、こう説明している。「ＣＥＯに就任してすぐに取りかからなければならない極めて重要な作業は、組織内のさまざまな部署の足並みを揃えることです。それは成り行きに任せてはなりません」。

これはたしかに賢明な方針に聞こえるが、CEOは本当に個人、委員会、トップチーム全体、会社の上位二〇〇名との、毎週、毎月、毎四半期、毎年の会議体設計に自ら関わるべきなのだろうか？　ケリーはそうすべきだと強く主張している。「CEO自身の手でそこまで細かく仕切る必要があります。自然にそうなるよう期待しては駄目です。そんなことはありえません。それぞれの会議の趣旨が適切かを確認し、意思決定はどこでなされるのかを明確にしておかなければなりません。戦略の効果が出るかどうかは、こうした点を明確にし、一連の会議体の整合性が取れているかどうかにかかっています」。さらに、イタウ・ウニバンコのロベルト・セトゥバルは、そうした作業はCEO就任直後に一度だけ行うものではないとつけくわえる。「会社が成長するにつれて、社員の行動をもっと自然な形で促せるように、意思決定のやり方を改善したいと考え、追加的プロセスを導入しました。大事なのは、そういったプロセスは時間とともに変えていかなければならない点です」。要は、リズムに乗ってきたら、それをマンネリ化させないことが重要なのだ。

点と点をつないで、各種意思決定機関同士を結びつける

テンポが定まったら、次にCEOが全力を尽くさねばならないのは、運営プロセスがうまく機能していることだけでなく、経営管理プロセスが効果的かどうかを徹底的に確認することだ。そこで何よりもまず重要なのは、「点と点をつなぐ最高責任者」の役割を担うことだ。エコラボのダグ・ベイカーは、その役目に関して次のように説明する。「CEOというこの仕事に就くと、会社で起きていることを最も幅広い観点から見ることができます。しかし、あなたはCEOとして、トップチームのメンバーも同じ景色を見ているようにしなければなりません。あなたは見張り台にいるようなものです。

あくまで高い場所にいるからより遠くが見えるだけですので、その観点から得られる優位性を他のメンバーとも共有することが重要です」

では、他のメンバーから見えないものとは何だろう？　よくある例の一つは、予算策定において、経営幹部が財務部門から強く求められて「ベース」目標の他に「ストレッチ」目標も設定し、年度末の人事報酬改定時に、そのストレッチした目標のほうを達成したかどうかを判定基準にされてしまうことだ。こうした事態を一度経験すると、経営幹部たちはわざと手の内を見せずに、期待される結果を確実に上回るために目標を常に低く設定するようになってしまう。また、部門同士がうまくかみ合わない別のよくある例は、熱意あふれる商品開発部長が市場での一刻を争うチャンスで優位に立ちたい一心で、財務部門から急きょ特例の予算を認めてもらったのに、技術部門はプロジェクトを長いTo-doリストの順番待ちの列に入れてしまったり、リスク管理責任者からは書類作成を数多く求められて、プロジェクトの歩みがますます遅くなることだ。他には、次のレベルへの昇進の基準について、持続的な長期的戦略の実行よりも目先の短期計画の達成を偏った形で高く評価してしまうと、問題が起きかねない。

ＣＥＯが社内の歯車をうまくかみ合わせなければ、こうした機能不全はたちまち膠着化してしまう。「私たちが最も細心の注意を払ってきたことの一つは」と、マジドアルフッタイムのアラン・ベジャニは語る。「人事管理プロセスが、財務管理プロセスと合致しているかどうかを確認することです。投資リソース配分、予算編成、価値領域への有能な人材配置などが、そこに含まれます。サクセッションプラン（後継者育成計画）について話しあうとき、予算策定やリソース配分への影響も考慮しているか、事業計画稟議検討をする際に人的資本面のことを忘れていないだろうか、というように確認します。適任のチーム同士がタイミングよく連携することを偶発に任せていれば、一貫して長く続く卓越した経営は到底手に入りません」

ギル・シュエッドが一九九三年に共同で創業したITセキュリティ会社チェック・ポイント・ソフトウェア・テクノロジーズは、一九九六年に上場した。二〇二〇年には八八カ国で商品を販売する、時価総額一八八億ドルの企業になった。二五年にわたって同社の主力製品の一つになってきたのは、従業員が会社のサーバーに安全にリモートアクセスできるセキュリティ製品だった。そして、チェック・ポイントが近年買収した企業の製品も、独自に開発されたクラウド技術によって従業員が会社のサーバーに安全にリモートアクセスできるセキュリティ製品だった。その際の、自身が「点と点をつなぐ最高責任者」の役目を果たさねばならなくなった経験について、シュエッドは次のように語った。「新たに取得した企業についての社内での話しあいは、当初はマーケティングについてでした。たとえば、製品をどのようにして売るか、製品名をどうするか、ウェブサイトのデザインは、といったことです」。主にこうした問題に関する議論を何度か重ねたのち、シュエッドは「点と点をつなぐ最高責任者」モードに入った。「私は『みなさんが言っていることはすべて正しいと思います。価格設定から、競合他社への対策にいたるまで』と、買収した企業の統合に取り組んでいるチームに伝えました。『しかし、この新たな製品と我が社の既存製品との兼ね合いを、どう考えればよいでしょうか？お客様に〈当社にはリモートアクセスを可能にする製品Aと、同じくリモートアクセスを可能にする製品Bがあります。お好きなほうをお選びください〉とは言えないでしょう』」。この極めて重要な問題は、会議に参加していたリーダーたちにとっては思いつきもしないことだったのだ。その後、彼らはいかにして顧客へのメッセージ、製品、技術を統合的に整理できるのか、一歩下がって再考した。シュエッドのこの介入は、会社の成長とともに身についた、自身にとっての大事な学びを反映したものだそうだ。「規模の大きな会社になると、みな自分の担当領域のことだけを考えます。私の仕事は彼らの個別の考えをつなげていかにしてより大きな構想を描くか、それらのパズルのピースをいかにしてうまくはめあわせるかを考えることです」

とはいえ、あらかじめ断っておくと、この「点と点をつなぐ役目」は決して華やかなものではない。マイクロソフトのサティア・ナデラも「この仕事は孤独だと言う人も多いです。私はその問題の原因は、情報の非対称性にあると気づきました。あなたの下で働いている人には、誰もあなたが目にしているものが見えません。また、あなたがＣＥＯとして尽くす人々にも、誰もあなたが目にしているものが見えません。これはＣＥＯという仕事における、根本的な問題です。あなたにはすべてが見えるのに、周囲の誰にもそれが見えないので、あなたはとても苛立ってしまうのです」と指摘している。

だがそれでも、冷静さを保ちつつアンテナを高く張りつづけることが極めて重要だ。シンシナティ小児病院のマイケル・フィッシャーは、次のように結論づけた。「ＣＥＯとは、組織全体の利益のために数々の取り組みを一つにまとめることができる、数少ない役目の一つです。私は各部門の担当領域について極めて細かい点まで指摘できるほどの詳しい知識はありませんが、それでもＣＥＯとして事業の主な前提を理解し、適切な人材が投入されているかどうか、下流部門への影響も検討したうえで意思決定がなされているかどうかを必ず確認するように努めています。そうした意思決定が、バラバラに行われないようにすることが重要なのです」

オーケストラの指揮者のように振る舞う

ベストなＣＥＯは点と点をつなぐことと併せて、会社の日々の運営リズムをとる指揮者の役目も果たしている。ＵＳバンコープのリチャード・デイビスは、次のように例えている。「クラシックコンサートの会場に早く到着すると、オーケストラの奏者たちが演奏前の音出しをしていることがあります。しかも、彼らはそれぞれ好きなように音を大きく鳴らしているので、とても耳障りです。すると、突然音が止みます。そして舞台右手から棒しか持っていない人物が登場して立ち止まり、まだ何もしていないのに礼をして拍手に応えます。ところがその人物が棒を振り上げると、それに続いて美しい音楽が奏ではじめられるのです。そうして演奏が終わると、観客の拍手はまずこの指揮者に向けられ、次に指揮者が奏者たちに感謝を示します。指揮者は実際に楽器を演奏することは一度としてないにもかかわらず、それぞれの楽器がいつ演奏に入るか、いつ音を強め、いつ弱めるかを把握していることで、オーケストラの奏者たちから一目置かれるのです」

「優れたCEOは」と、デイビスは話を続ける。「どっしり構え、指揮者となり、音楽それ自身を楽しみます。どう見られるのか、うまくいっているのかなどにとらわれすぎずに、ただひたすら演奏に没頭します。私はまるで指揮者のように、まさに一歩引いた立場で、会議で下された判断を誇りに思えたり、この私がまさかこんなすばらしいチームをつくれたなんて、と謙虚な気持ちになれたりする場面を一日中探しています。しかも、口を出さなければ出さないほど、自分が何かをうまくやり遂げたような気持により一層なれるのです。また、たまにですが、あまりに見当違いな方向へ進んでしまっているときは、それを指導のための機会とみなすようにしています」

同じく、アルファベットのサンダー・ピチャイも、優れたリーダーシップとは「物事がうまく回っているときはできるだけ邪魔にならないようにして、良いはたらきをしてくれているみんなに感謝し、自身の足跡を一つたりとも残さないことです」と指摘している。ネットフリックスのリード・ヘイスティングスは、指揮者としての役割について次のような見方をしている。「CEOが下さなければならない判断がより少なくなるよう、組織全体にわたって意思決定の筋力を鍛えなければなりません。

私は以前『私にとって完璧な四半期とは、私自身がその間何の判断も下さずに過ごせることです』と話しました。しかし、まだ実現していません。どの四半期においても私はいくつかの意思決定をしなければいけませんでしたが、いずれにせよそれが私の目標です。自分自身のやることを減らすために、指針を示して、全体の意思決定筋力を鍛えるというのが、私の以前からのやり方です。それは私が仕事をやりたくないわけではなく、こういうやり方でもたらせるインパクトは長続きするからです」

ヘイスティングスが筋力の増強と呼んでいる取り組みの重要性は、CEOの任期が終わって初めて気づくこともあり、レゴのヨアン・ヴィー・クヌッドストープもまさにそうだった。「私が退任してすぐ、当社はおかしくなりかけたのです」とクヌッドストープは打ち明ける。「しかし幸運にも、比較的早く社外から新たなCEOを招くことができました。直接の後任ではなかったのですが、そのあとの後任として。のちに周りの人たちから教えてもらったところ、CEOだった頃の私があまりに何もかもに関わってしまっていたため、私が退任した瞬間、私が会社をまとめるために人知れずやっていた仕事がとても多かったことが明らかになったそうです。つまり、私が抜けたことでバランスが崩れ、会社が若干傾きかけたというわけです。とても自慢できる話ではありませんけどね！」

究極的には、CEOは指揮のやり方を会社の成長段階に合わせて変えていかなければならない。「会社が立て直しの時期にあるときは」とベスト・バイのユベール・ジョリーは語る。「CEOは強権的な手腕で組織を指揮しなければなりません。これはCEOが何もかもやるという意味ではありません。私の役割はさまざまな取り組みをまとめていくことで、その中で多くの判断を下しました。その次の段階では、厳格さは保ちながらも、リスクを恐れず可能性を発揮するために意思決定を下に任せていきました。この方法を推進するために、ベスト・バイのすべての経営幹部に『免罪符カード』を配布しました。それは、正当な理由による失敗であればお咎めなしだと示すためのものです。失敗したらそのカードを使えばいいというわけです」

厳格に規律ある運営を求める

最高峰の指揮者はすべての楽器のあらゆる音に注意深く耳を傾け、少しでもテンポや音がずれるとそれに対処する。CEOが同じことをするためには、会社の運営リズムを生み出す一連の会議体において、規律のある設計を行い、厳格に運用することを求めなければならない。この点について、GEのラリー・カルプは「本部長や事業部門CEOといった肩書の人でさえ、財務面の数字を説明することは教え込まれていても、その数字を実際どう達成するのか、そしてそのために組織的に必要な要素は何か、という、運営面での本質的な理解に欠けている場合が多いのです。業績の進捗確認会議においても、報告の内容よりも、どう管理し統率していくのかという運営方法を教えることのほうが多いものです」と語っている。

ベストなCEOは、規律ある運営を行うために、表面的な財務数値の奥にある正しい情報を持つことから始める。JPモルガンのジェイミー・ダイモンは、次のように説明している。「優れたリーダーたちには共通の特徴があります。まずは非常に基本的なことですが、分析をきっちりと行うことです。私は基本がきちんとできていない人、すなわち、価格設定、製品、流通、変動費、固定費について詳しく理解していない人を多く見てきました。それは各種装置が一切ない状態で、飛行機を操縦しようとするようなものです。まずやるべき作業は、事実に目を向けることです。一連の数字をひと回しでよく見ることです。それは財務面だけではありません。『この作業は財務面のレビューではなく、事業全体をレビューすることなのですよ』と、会社のリーダーたちに言い聞かせなければならないのです」

ダイモンはさらに続ける。「どんな問題においても、私はリーダーたちが競合他社の動きを事前に調べているのが当然だと思っています。たとえばゴールドマン・サックス、モルガン・スタンレー、バンク・オブ・アメリカが、どう対処しているのか。こうした競合他社の動向をすでに調べたのか、ベストプラクティスは何なのか、といったことを私がわざわざ尋ねるのはおかしいのです。多くの企業はこういったことをしておらず、競争相手の動きをきちんと把握していません。単に推測しているにすぎません。私たちは実に深く掘り下げて調べています」。この点について、アホールド・デレーズのディック・ボーアも同じ考えだ。「CEOに就任してすぐ、手持ちの情報は意思決定の判断材料として必要な詳細さに欠けていることに気づきました。社内にはたくさん情報があったにもかかわらず、私たちの目の前にあるのは集計された数字だけだったのです」。ボーアと彼のチームは、「適切なデータがなければ、業績を左右する真の課題に対処できるようには決してならない」という結論に至った。

ベストなCEOは、社内のさまざまな部門における詳細なデータが、部門間で比較可能であるよう徹底する。これに関して、キャタピラーのジム・オーウェンズは次のように語っている。「当社の工場のリーダーたちには、カウボーイのように我が道を行くタイプが多かったのです。各工場ではやり方が少しずつ違っていて、しかも製造現場には深く染み込んだ独自の文化がありました。ゆえに、従来の考え方を変えるために、共通の測定基準、工程管理ツール、運営システムを用いるという、トヨタのような生産方式を全世界的に導入しました。そして、当社の製造工程にきめ細かく対応したこのシステムを、キャタピラー生産システムと名づけました。この新たなシステムのもとでは、すべての工場が定められた手順で作業を完了し、測定、報告を行うことが義務づけられました」

ベストなCEOは適切な情報が入手できるよう徹底するのみならず、会議の進め方においても規律のあるやり方を厳格に追求するよう求める。JPモルガンのジェイミー・ダイモンは自身のやり方について、「私が会議でプレゼンテーションを許可することは、まずありません。その内容は、事前に読んでおくべき情報や提案ばかりだからです。私たちは会議の時間を意思決定に充てられるよう、事前の準備を怠りません」と説明する。他にも、規律のとれた手法における重要な点として、出席に対する厳しい姿勢を崩さないことが挙げられる。それは「入院でもしていないかぎり、出席は当然です」という、デュポンのエド・ブリーンの簡潔な言葉にも表れている。ウエストパック銀行のゲイル・ケリーは、求められているのはただその場にいることのみならず、精神面でも感情面でも会議に参加していることだと指摘する。「それらの会議は欠席することも、代理を出すことも認められないものです。自分自身が出席して、しかも事前準備をして臨まなければなりません。また、会議中に携帯電話を見ることも、会議に出たり入ったりすることも禁止しました。こうした会議では難しい問題を中心に話しあうように徹底していたので、全員が集中しなければならなかったのです。そして、『象が部屋にいる』（誰もがわかっているが口にしようとしない重要な問題があること）ときのために、実際にぬいぐるみの象をサイドテーブルに置いておきました。会議室の空気が張り詰めるたびに、会議テーブルの真ん中に象を置いて『どうやら部屋に象がいるようです。この象について話しあいましょう』と言うようにしたのです」

CEO自身にも、高い規律が求められる。ダイモンは次のとおり説明する。「私はあらゆる報告書に目を通しますので、すべてを把握しています。週末に膨大な量を読んで、『この部門で赤字を出しているのはなぜか？』『行員を五〇〇名追加採用すると話しあったにもかかわらず、一〇〇名しか採用されていないのはなぜか？』『離職率が八パーセントではなく一五パーセントの理由は？』といった質問のリストを作成します。このとき、私は大抵少し苛立っています。私が尋ねる前にこうした問いかけをした人は誰もいなかったのかと、思ってしまうのです」。さらに、自身の質問が原因で会議のあとに不要な分析作業が相次いで現場で行われるリスクを避けるために、ダイモンは次のような策も取っている。「単に私に言われたから分析する、してみせるようなことはしてはならない、とみなに言っています。この分析は自身の部門を運営するために行うべきものだと。そのうえで、私の質問が完全に的外れで分析するのは時間の無駄だと思うのなら、私にそう伝えるべきだと言っています」

理想の世界では、CEOは自ら楽器を演奏することなくオーケストラの指揮に専念できるが、現実の世界においては、CEO自ら腕まくりをしてもっと深く関わらなければならない場合がある。これについては、マスターカードでのアジェイ・バンガによる四半期ごとの業績の進捗確認会の話や、TIAA-CREFのロジャー・ファーガソンの「CEOは選手でもありコーチでもある」という見方を取り上げたときにも多少触れた。GMのメアリー・バーラは、どんなところに深く関わるべきかについて次のような見解を持っている。「業績が好調でなおかつビジョンを理解している優れたリーダーが運営している部門は、かなり自由に任せるでしょう。一方、変革を進めている部門に対しては、私もかなり関わります。その変革に会社全体で伴走し、協力して障害を取り除いていっているかを確認するのが私の役目です」

アディダスのカスパー・ローステッドも、同様の手法を用いている。「順調なところには、干渉するつもりはありません。そうした部門との話しあいは主に、事業の方向性、マイルストーンに到達しているかどうか、戦略的な意味合いの確認です。しかし、うまくいっていない部門に対しては、運営方法を中心とした検証を関係者に対して行い、問題がどこにあるのか掘り下げます。そのあと計画を立てて、実行責任を彼らに託します」

ベストなＣＥＯたちにとっては、このように問題がある箇所に深く切り込んでいくことも、自らを律することにつながっている。ガルデルマのフレミング・オルンスコフは、ＣＥＯが規律を持つことは、会社の運営リズムに関わってくる重要な点だと考えている。「私は会議に向けて真剣に準備をしていきますし、当日の議題が十分に絞られたものになっていて、しかも的外れでないことも確認します。事前に読んでおくべき資料に目を通して検討し、会議は時間どおりに始めて終わらせます。どの会議でも初めや終わりに、対処すべきことやフォローアップすべきことの整理を行います。こうした規律を持った会議運営をすることを、他のリーダーたちはとてもよく見ています。また、自身の仕事の範囲として、株主が認めないと思えることについては、規律をもって『ノー』と言うことも多いです。社内、社外に限らず、自分には関係ないと思える会議には出席しません。私は業界の集まりで頼まれて行う基調演説の数で、成功度を測ったりはしないのです」

およそ二五〇〇年前、中国の戦術家孫子は、「戦術なき戦略は、勝利への最も遠い道のりだ。戦略なき戦術は、敗北前の雑音にすぎない」と『孫子の兵法』に記している[50]。運営リズムがうまく整備されれば戦略と戦術は調和してつながり、その結果企業は効率的に運営され、ＣＥＯはどこで何が起きているかを把握して、最も必要なところに直接関わることができる。

だが、運営リズムを正しく整備して厳格に実行するのは、決して簡単ではない。ＪＰモルガンのジェイミー・ダイモンもそれを裏づけるように、「大半の企業は、規律ある運営がうまく実行できていません。大事なのは訓練のように実践しつづけて規律性を育むことです。具体に目を通し、正しい測定基準をもって、正しい判断を下すことです」と語っている。ダイモンが指摘するような正しい運営リズムを実現するために、ベストなＣＥＯたちは組織の運営方法におけるテンプレートとテンポを定め、点と点をつないで各種意思決定機関を結びつけ、オーケストラの指揮者の役割を務め、規律のある運営方法を厳格に運用し、それらに基づいて戦略を実行することで、会社をビートに乗せていく。

リーダーを動かす――ベストなCEOを他と分かつもの

マインドセット――チーム心理を紐解け

トップチームをうまく構成するための行動習慣――	**仕組みを構築する** ・素質と心構えを見てチームの人選を行う ・いるべきではない人に対しては迅速かつ公正に対処する ・距離を保ちながらつながりつづける ・直属のチームを超えた、リーダーたちの協調体制を構築する
チームワークを高めるための行動習慣――	**スターチームにする** ・このチームにしかできない仕事をするよう徹底する ・「ファーストチーム（最優先チーム）」のメンバーである意味を明確に定義する ・意思決定においては対話、データ、スピードを組み合わせる ・常にチームづくりに自分自身を投資する
運営リズムを創るための行動習慣――	**ビートに乗る** ・組織の運営方法におけるテンプレートとテンポを定める ・点と点をつないで、各種意思決定機関同士を結びつける ・オーケストラの指揮者のように振る舞う ・厳格に規律ある運営を求める

まとめ

ここまで見てきたとおり、ベストなCEOはチームの心理状態を紐解くことに重きを置き、協調と実行の仕組みがうまく回るようにする。そのためには、「リーダーを動かす」ことにおける三つの側面である、トップチーム構成、チームワーク、運営リズムについての行動習慣が必要だ。この部の最初でも触れたとおり、これらに成功した場合のリターンは目に見える形で現れる。つまり、正しいマインドセットでもって上の行動習慣を実現できた企業は、平均以上の業績を達成できる可能性が倍以上になる。

たとえあなたがCEOでなくても、自身のチームの心理状態を紐解き向上させることはすばらしい業績を実現するための確実な手段となる。自分自身に、次のように問いかけてみてほしい。私のチームのメンバーには、みな適切な素質と心構えが見られるか？　そうでない場合、私は状況を改善するために、勇気を持って迅速かつ公正に対処しているか？　社外から人が来た場合、このチームを維持したいと思うだろうか？　もしそうでない場合、私はチームとの距離が近くなりすぎているということだろうか？　チームは会議でその時にだけしか出来ない仕事をしているだろうか？　それとも、それぞれが他の場所でできる優先順位の低い仕事を、チームで集まった会議の時間に行っているのだろうか？　私のチームはメンバー全員にとって「ファーストチーム（最優先チーム）」になっているだろうか？　（そうでない場合、なぜそうなっていないのだろうか？）。議論はデータと対話をともに重視して行われ、意思決定は適切なタイミングで行われているだろうか？　私はチームづくりにきちんと自分の時間とエネルギーを投資しているだろうか？　年間を通じて会議を効率的かつ効果的に運営する会議体のリズムを確立しているだろうか？　チームのために点と点をつなぎ適切な部門間連携がなされるよう指揮し、優先度の高い領域で確実に物事を進めるために自ら腕まくりをして関わっているだろうか？

これまで取り上げてきた、「方向を定める」「組織を整合させる」「リーダーを動かす」に関連したマインドセットは、たとえCEOでなくても、リーダーたちにとってどれもなじみのある領域だ。このあと取り上げるのは、GEのラリー・カルプが言うところの、「CEOの役割に独得で、あなたの運命を左右する関係者」である、取締役会や多くの社外ステークホルダーとの間に求められる関係性や対話についてだ。

#「取締役会を引き入れる」ためのマインドセット

事業に役立ってくれるよう取締役会を支えよ

一人でやっていけるほど強くあれ
いつ助けが必要だと気づけるほど賢くあれ
助けを求めにいけるほど勇敢であれ
——ジアド・K・アブデンヌール

ＣＥＯが直面する最も困難な挑戦の一つは、取締役会を引き入れることだ。いったい、なぜだろうか？　それは、取締役会はＣＥＯの上司という、いわばコーポレートガバナンスの頂点たる存在だからだ。とはいうものの、取締役会はＣＥＯが過去に仕えてきた上司とはまったく異なっている。「私たちの頭の中は、一人の上司にレポートするようにできています。それまでのキャリアにおいて、あなたの直属の上司は常に一人でした。ですが、ＣＥＯになったとたん、いきなり一三名の上司にレポートすることになるのです」とエコラボのダグ・ベイカーは語っている。そしてＧＥのラリー・カルプは、こうつけくわえる。「ちなみに、これまでの上司たちはみな毎日出社していましたが、今の上司たちはそうではないのです」

取締役会のメンバーや運営方法を決めるのはＣＥＯの役目ではないことが、事態をさらに複雑にする。イントゥイットのブラッド・スミスが、メンターの一人であるプロクター・アンド・ギャンブルの元ＣＥＯ、Ａ・Ｇ・ラフリーに取締役会をうまく管理するためのアドバイスを求めたところ、明確な答えが返ってきた。「まず言っておきますが、あなたが取締役会を管理するのではありません。取締役会があなたを管理するのです」。たとえＳ＆Ｐ５００構成企業の半数近くがそうであるように、ＣＥＯが取締役会議長の役職も担っていたとしても、ほとんどの場合で、多くの取締役会事項について責任を持つ、筆頭社外取締役が存在する。要は、取締役会議長（あるいは筆頭社外取締役）が取締役会の運営を行うわけで、ＣＥＯの仕事は会社の運営だ。

とはいえ、取締役会は自らが裁量を任されているにもかかわらず、自らが統治している会社の価値を大幅に高められていることはめったにない。自身が属している取締役会の運営方法が効果的だと思っている取締役会メンバーは三割にすぎず[51]、しかも会社の経営幹部の半数近くが、自社の取締役会のはたらきが期待を下回っていると見ている[52]。ベストなＣＥＯは、そういった結果を決して良しとはしない。ゆえに、「私の役目は、取締役会が株主からの受託者責任を果たせるよう務めること」という従来のマインドセットよりも、「私の役目は、事業に役立ってくれるよう各取締役を支えること」というマインドセットを重視する。これは前者がさほど重要でないというわけでは決してないが、ベストなＣＥＯは、ふさわしいスキルを備えた取締役構成になるようサポートすること、取締役会メンバーの時間を最大限有効活用すること、取締役会がオープンに透明性をもって効果的に運営されていることを徹底するうえで、積極的な役割を果たしている。つまりベストなＣＥＯは、ＣＥＯによる事業の運営を取締役会が手助けできるよう、取締役会議長による取締役会の運営を支える。エコラボのダグ・ベイカーは「あなたが引き入れ方さえわかっていれば、取締役会は事業の成功を助けてくれるとてもありがたいツールになります」と指摘している。

取締役会の運営モデルは株式所有構造や世界各国の慣例の違いによって異なるが、それでもベストなＣＥＯたちが「事業に役立ってくれるよう取締役会を支える」マインドセットを実践する方法は、関係構築、決議能力、取締役会の効果効率の三つが取締役会を引き込むうえでの鍵となる、という側面においてかなり共通している。

第一〇章
信頼関係を構築するための行動習慣
信頼の土台を築く

お金は取引のための通貨であり、信頼は意思の疎通のための通貨である
――レイチェル・ボッツマン

一九三三年三月四日、アメリカ経済は事実上停止した。幾度も繰り返されたパニックののち、国内の何千もの銀行が閉鎖されていた。労働人口のおよそ四分の一が職を失っていた。この日、フランクリン・D・ルーズベルトは、アメリカ国民に対して初の大統領就任演説を行った。「我々が恐れなければならないのは、恐れることそのものである」という彼の有名な言葉は、このとき発せられた。とはいえ、彼自身や彼の政策に対して自信を持つよう国民を説得するには、一度の演説では不十分だった。ルーズベルトは次に、ラジオを通じたカジュアルな談話会を思いついた。そして、三月一二日の初の談話で、「我が友人のみなさん。今日は少しお時間をいただいて、アメリカ国民であるみなさんに銀行危機についてお話ししたいと思います……」と語りかけた。ルーズベルトは自身が抱いている将来の見通しを、驚くほど正直に、包み隠さず話した。「愚かな楽観主義者だけが、今この瞬間の暗

い現実を否定できるのです」

談話会でのルーズベルトの率直さは、統治される者と統治する者との信頼関係を築くうえで重要な役目を果たした。これによってルーズベルトは、大恐慌におけるさまざまな救済策を、その多くが失敗するかもしれないという理解を得られたうえで試せる柔軟性を手に入れられたのだ。第一回目の談話会の直後に、イリノイ州ジョリエットのミルドレッド・ゴールドスタインからルーズベルトに送られた次の手紙は、そうした状況を裏づけている。「あなたは私たちの家に訪れ、あなたが私たちのために働いていることを実感させてくれて、あなたが取り組んでいることを私たちに教えてくれました。そんな大統領は初めてです。昨夜までは、私にとってアメリカ合衆国の大統領とは伝説にすぎませんでした。写真の中や、新聞で見るだけの人物でした。でも、あなたは実在しています。私はあなたの声もわかるし、あなたがやろうとしていることも知っています。これはラジオのおかげです。しかし、果敢にもラジオをこのように使ったあなたに、さらに大きな感謝を捧げます」(53)

ルーズベルトと同じように、ベストなCEOは自身と取締役会（株主の代理人）との間に、信頼関係を築く方法を探し出す。マスターカードのアジェイ・バンガは、電子決済の代わりに現金に焦点を定め直すという自身の構想（第一章で取り上げた「現金を絶滅させる」ビジョン）を取締役会で語ったときのことを「部屋が水を打ったように静まり返りました」と振り返った。しかし、バンガが事前に各取締役と個別に会って話したときの反応から、この事態が起きるリスクは計算済みだった。「とても信頼できる二名の取締役が、この構想による会社の将来性と私を高く評価し、協力的なパートナーを見つけてくれていました。二人は会議中に『こんなにすばらしい案を耳にするのは、久しぶりです』と、はっきりと意見を述べてくれました。そのおかげで、議論の流れが変わったのです」

ただし、その後も決して順風満帆ではなかった。「現金に取って代わるための最善の方法は何であるかについて、何年間も激しく議論しました。私は率直な意見を求めました。ときには議論が白熱しすぎて、取締役の一人が実際に立ち上がってテーブルに拳を打ちつけることもありました。しかし、それでいいのです。それが彼らの仕事なのですから。その夜、この取締役は一杯やりながら、『少なくとも、あなたは耳を傾けてくれる』と言ってくれました」。そんな中、バンガは誤った判断をしたこともあるという。「ある電子商取引企業を買収したのですが、結局無駄金を使ったことになりました」。とはいえ、この一件は信頼関係を損なうどころか、強めることになった。当時についてバンガは、こう語っている。「この結果が明らかになったとき、私は自分がどう判断し、何を間違えて、そこから何を学んだかについて、取締役たちに話しました。それが功を奏して、彼らは私の味方でありつづけてくれました。『彼は間違いを犯したときでも、正直に打ち明けてくれる』と言って」

何年かすると、バンガが実践してきたことは間違っていたものより正しかったもののほうがずっと多かったことが示された。「私がマスターカードに入った年の会社の収益成長率は三パーセントで、一方ビザは八パーセントの勢いで成長していました。しかし、この五年間では、マスターカードはほぼすべての四半期においてビザよりも急速に成長してきました。こうした実績によってCEOは、どの取締役からも疑義が出ないほどの信頼を得るのです」。バンガは今日の同社の取締役会について、「とても平等な雰囲気の中、みなでうまくやっています。取締役会の透明性も高く、公正です」と語っている。

他のベストなCEOたちも、バンガがつくりだしたような好循環を生み出せる。その方法とは、早い段階で信頼関係を築くことで業績向上への大胆な取り組みに挑戦できる柔軟性を手に入れ、それによってますます信頼関係を深めるというものだ。ベストなCEOが取締役会との信頼関係を築いて維持するために、やると約束したものを確実に行う以外に実践していることは……

・大胆なほどの透明性を選択する
・CEOと取締役会議長の信頼関係を強化する
・一人一人の取締役にはたらきかける
・取締役会を経営幹部に関わらせる

大胆なほどの透明性を選択する

取締役会は一定期間ごとにしか開催されないため、CEOはその場しのぎで何とかしようとしたり、難しい問題への対処について気づかれないように隠しておいたりしたいと思いがちだ。たとえば、主要な経営幹部が倫理的に見て境界線ぎりぎりのことをやらかしたという噂が、CEOの耳に入ったとする。その経営幹部は、仕事面ではすぐに代わりを見つけるのは難しいほどの逸材であり、会社としては事態を収めて当の人物を現在の役職に留めるのが理想だ。しかも問題の事実にはあいまいな点があり、さまざまな解釈が可能なようだ。これは取締役会にわざわざ報告しなくてもいいのではないだろうか？　他にも、M&A、規制遵守・コンプライアンス、顧客からの苦情などに関する同様に複雑な事態においても、CEOはそのように考えてしまうことがあるかもしれない。

「迷うなら、報告すべきです」と、GEのラリー・カルプはアドバイスする。ベストなCEOたちは、こうした状況で取締役会に隠し事をしつづけると、大きな代償を払うことになるのをわかっている。たとえば先ほどの例で、もしCEOが取締役会に何も言わないことにして、法律違反だったことがのちに発覚した場合、倫理的にどういう展開になるだろうか？　おそらく、ＣＥＯ自身も倫理観に欠けているとみなされるはずだ。

こうした慎重に扱うべき問題に、エクイティグループのジェームズ・ムワンギ（四四七ページ参照）がどのように対処したかを見てみよう。[54]あるとき、ムワンギは六名の女性からの署名入りの手紙を受け取った。内容は、社内でセクシャルハラスメントが行われているというものだった。ムワンギは被害者に名乗り出る勇気を与えるための唯一の策は、事態の公表だと考えた。そして、取締役会に報告したのちにプレスリリースを出し、このような告発を受け取ったことと、調査結果を六〇日以内に世間に公表することを発表した。次に、被害者の相談窓口として、六名の女性中間管理職によるチームをつくった。すると、二週間足らずで一六名の女性が名乗り出た。四週間後には懲戒処分に向けた手続きが開始され、六名の雇用が打ち切られた。「この六名の雇用を打ち切るという断固とした態度で対処したことで、問題の再発は防止できています」とムワンギは語った。「解雇されたある部長は有能なコーチかつメンターとしても人気があった管理職だったのですが、いつしか会社が目指すものとは異なる悪い見本になっていたのです」

ベストなＣＥＯにとってのこうした率直さは、この倫理的問題のように悪い事態を最小限に抑えられるのみならず、会社に良い流れをもたらせるという利点もある。ＴＩＡＡのロジャー・ファーガソンは、直接的に得られる利点の一つについてこう説明する。「私はこれを『大胆なほどの透明性』と呼んでいます。取締役会で起こりうる最悪の事態は、私が同意できないような判断が下されることです。しかしその判断を事前に共有してもらえれば、有意義な対話を持つことができます」。ベスト・バイのユベール・ジョリーは、悪いニュースさえも建設的な報告になりうると指摘する。「取締役会には、良いニュースも悪いニュースも何一つ隠さずに伝えました。私は悪いニュースは早く伝えるべきものであり、しかも良い報告よりも早く伝えるほうがいいという信条を持っていました。実際、取締役会に率直に報告した瞬間、彼らは前向きに受け入れてくれました。そのあとで、取締役会にサポートをお願いするのです」

また、シンシナティ小児病院のマイケル・フィッシャーは、率直さは短期的な利点のみならず長期的な効果ももたらすことを、自身の経験に基づいて語っている。「私は早い段階から取締役会と物事を共有します。投資に関するトピックも、トップチームの誰かが困難に直面しているということも含めてです。そうした問題の対処について私が決断しなければならないときになって初めて取締役会に話すようなことは、絶対にしません。彼らにはすでに最初から話が入っていて、適宜、途中経過も報告済みです」。ディアジオのイヴァン・メネゼスは、年に一度行われる取締役会との合宿会議の冒頭で、順調に進んでいることを七つほど、そしてうまくいっていないことを同じ数だけ報告するようにしているという。「判断を下すのは決して易しいことではありませんから、誠実さと勇敢さは取締役に求められる重要な要素です。私は彼らに常に真実を語り、しかもうまくいっていない問題に特に重点を置いて報告します。そうすることで信頼関係が築かれ、取締役会が現状を把握しやすくなるので、状況が厳しくなってどうしても助けが必要になったときも彼らは支えてくれます」。また、エスケルグループのマージョリー・ヤンは、他社の取締役を務めるうえで、その会社のCEOの透明性が信頼関係の構築に大きなインパクトをもたらすことを実感している。「数社の取締役を経験していますが、その際CEOが自身の懸念を打ち明けてくれて非常に助かりました。取締役として何の隠し立てもされていないことがわかれば、こちらもより一層熱心に取り組めます」

ベストなCEOにとって大胆なほどの透明性を実践することは重荷ではなく、むしろ自然にできることであり、しかもそれは良い結果をもたらす力となる。この点について、ケイデンスのリップブー

・タンはこう説明する。「当社の取締役会は、私に対して好意的です。なぜなら、私は常に株主を見ていますます。そして、自分に自信を持っていて、会社にとって正しいと自分が信じていることをやっているからです。そういう意味では、透明性の高い企業文化を築くことは、私自身にとって物事を進めやすくするということです。当社では経営陣が何らかの判断を急いで下したいとき、それが取締役会にとって寝耳に水だったということはありません。私たちがやろうとしていることは、すでに取締役会は知っているからです。私と取締役会は協働しています」

CEOと取締役会議長の信頼関係を強化する

オープンであるということは、取締役会が対処しきれないほどの大量の情報をただ与えるという意味ではなく、良い悪いにかかわらず彼らが知っておかなければならない情報をきちんと知らせるということだ。最初に報告すべきは、取締役会議長か筆頭取締役だ。前に触れたとおり、取締役会を運営するのは取締役会議長か筆頭取締役であるから、もしCEOとの足並みが揃っていれば、彼らは雑音を遮断し、本当に大事な問題だけに必要なレベルで集中できるよう徹底して協力してくれる。また、彼らはあらゆる事柄において、CEOのメンターや相談相手に適した人物であり、そういう役目も担うべきだ。JPモルガンのジェイミー・ダイモンは、自身のこうした関係について次のように語っている。「当行の筆頭取締役は、私へのフィードバックを四、五件ほど手書きしたメモを、毎回会議の終わりに渡してくれます。内容は『取締役会が求めているのは……』『私たちが少し気になっている点は……』といった、そのときの問題についてです」

ウエストパック銀行のゲイル・ケリーは、取締役会議長との関係について決して成り行き任せにしないと語る。「ＣＥＯの役目は各取締役が仕事をしやすいようにすることであり、仕事をしづらくさせることではありません。そのためにはまず、取締役会議長と強い信頼関係を築かなければなりません。その重要さは、語りつくせないほどです。そして、この信頼関係を強く保つのは取締役会の仕事ではなく、自分の仕事だと常に思ってきました」。ウエストパック銀行でケリーがＣＥＯを務めていたとき、途中で取締役会議長が交代したが、ケリーはそれぞれに合ったやり方でどちらとも強い信頼関係を築いた。

ケリーをＣＥＯに任命した人物でもある最初の取締役会議長は、他にも会社の取り組みに関わっていて、社内のオフィスにいることが多かった。そのおかげで、頻繁にざっくばらんな意見交換ができた。「金融危機、政府の動き、最新の出来事についてよく話しあいました。彼はとても頭が良く、おまけに専門知識も豊富だったのです。こうしたディスカッションは私の思考を方向づけるうえでとても貴重な助けになりましたし、二人の間に強い信頼関係を築くのにも役立ちました」。また、ケリーはこういった会話の最中に、社内で起きていることも手短に報告した。それは取締役会議長が取締役会の議題や資料を考え、次の会議に備えてそれらをできるかぎり明確かつ直近の状況に沿ったものにするために役立った。

次の取締役会議長に対しては、ケリーはそれまでとは異なる方法で関係づくりに乗り出した。彼は多くの会社の取締役会に席を置く、いわばプロの取締役会議長で、ウエストパック銀行以外での活動予定が非常に多かった。「私は彼の時間を尊重しました。私たちは互いにどこにいても、毎週金曜に私から電話を入れるようになりました。前の取締役会議長とは違い、これは自由な意見交換の時間ではありませんでした。私はともに対処しなければならない問題を、話しあいの議題として準備していました。たとえば、首相との会議のあとには、そのときの内容について簡単に説明します。あるいは、

『○○について少し心配しています。うまくいっているかどうか、確信が持てないのです』といった話もしました」。一人目のときと同様に、ケリーは次の取締役会議長とも強い信頼関係を築いた。「私たちはお互いウエストパック銀行をすでに辞めていますが、今でもたまに金曜の午後に彼に電話します。すると『ああ、ゲイル。金曜の午後の打ち合わせの時間だね』と答えてくれるのです。とても素敵なことです」とケリーは語った。

ベストなCEOの多くは、取締役会議長や筆頭取締役に、自身の思考を研ぎ澄ますためのご意見番になってもらっている。トタルのパトリック・プヤンヌは、石油業界以外から招かれた筆頭取締役と定期的に会っている。「彼女は私にとって、とても有用な役目を果たしてくれています。いわば外部の鏡のような存在です。彼女は社内の人間ではありませんが、情報の吸収、人の話を聞く、あるいは問題解決の能力に非常に長けています」。買収提案や資本投資に関する判断の論理的根拠を彼女に説明することで、プヤンヌは自身の主張がどのように受け入れられるかを確認することができる。「彼女に聞いてもらうことで、自分の考えがより明確になり、分析をより深く検討でき、最も適した言葉が何なのかがわかります。もしそういったことができなければ、それはこの判断の根拠がまだしっかりとしておらず、さらに明確にしなければならない点があるという意味です。そうやって、自分自身の状況を正直に認めることができます」。また、アッサ・アブロイの前CEOで、現在スウェーデンのエンジニアリング企業サンドビックの取締役会議長を務めるヨハン・モリン（四四七ページ参照）は、取締役会議長はそういった対話を歓迎していると指摘する。「CEOがふさわしい人物であるかどうかを確認する以外の私の役目は、ただひたすら議論の相手でありつづけることです。今のCEOとは隔週で会って、数時間話します。あくまでざっくばらんな会話をしているだけで、彼に取って代わろうなどという気はありません」

取締役会議長とCEOの関係を理想どおりのものにするために、ベストなCEOたちはどんな関係を求めているのかを明確にしている。DSMのフェイケ・シーベスマは、CEO就任後の早い段階で二人の関係のあり方について取締役会議長と話しあい、「お願いですから、私を支持するだけでなく、疑問も投げかけてください」と頼んだ。この点について、シーベスマは「そうするには、二人の間に信頼と率直さが必要なことに私たちは気づきました。相手を信用できなければ支えられないですし、言葉の奥にある本音が読み取れなければ批判に耳を傾けられません」と語っている。

そういう相互の信頼を築くために、シーベスマと取締役会議長は時間を割いて会議の見直しと評価を行うようにした。しかも、難航した会議を中心に。「まずは、それに慣れなければなりませんでした」とシーベスマは振り返る。「難航した取締役会のあと、どちらかが『終わった話を蒸し返すのは止めよう。あの問題は対処できたのだから』と言い出すこともありました。でも結局、『いや、やはりどんなふうに事が運んだのかを、きちんと理解しよう』と、見直すことにこだわりました。これは互いへの尊重と信頼を育むのに、大いに役立ちました。簡単なように思えるかもしれませんが、取締役会議長とCEOとのこれほどオープンな関係は、そう多くありません」

取締役会議長と強い信頼関係で結ばれていることの価値は、とてつもなく大きいと言っても過言ではない。二〇一四年にオーストラリアの通信会社テルストラのCEOに就任したデビッド・トデイ（四三四ページ参照）は、当時ある問題を抱えていた。かつて政府が所有していたこの固定・携帯電話会社は同国最大規模だったが、顧客サービスの評判が悪かった。トデイはまず、自身がいかにしてテルストラをオーストラリアのみならず世界中で最も信頼される企業にしようと思っているかという構想をまとめた資料を、取締役会に提出した。数名の取締役は、顧客を中心としたトデイの戦略は漠然としすぎていると強く反対した。そして、少なくともその後しばらくは、異議を唱えた取締役たちのほうが正しいように見えた。トデイが就任してから半年の間に、テルストラは業績下方修正発表を二度も行うことになり、株価が急落したからだ。新米CEOのトデイは、ある取締役に「デビッド、ここをちゃんと乗り越えてくれないと、私たちは代わりを探さなければならなくなる」とも告げられた。

トデイは自身の戦略を実践する時間を稼ぐために筆頭取締役にはたらきかけ、彼女の信頼を勝ち取ろうと懸命に努力した。彼女と毎週会って、この新たな取り組みの進捗状況を欠かさず報告した。「彼女は私に対して求めていることを、極めて明確にしてくれました」とトデイは振り返った。「断固とした姿勢を決して崩さない反面、こちらのことを何かと気にかけてくれる、とても有能な取締役でした。彼女は私と取締役会との間にできた溝を埋めてくれました。私が進めていた構想を推奨する役目を、自ら務めてくれたのだと思います。それと同時に、取締役会が抱いていた懸念についても、私に教えてくれました。そのおかげで、本音でぶつかりあえるとてもオープンな議論ができました」

トデイと筆頭取締役との間で信頼関係がうまく築かれた理由の一つは、構想の進捗状況を取締役会に報告する際にどの指標を使うかについて、二人の意見が一致したことだ。「信頼はカリスマ性や友情を通じて生まれるものではありません。信頼とは、相手に何をもたらすかに基づいて築かれるのです。私の仕事は取締役会に対して、『これが良いものも悪いものも含めたすべての結果と、今私が取り組んでいることに関する情報です』という報告を欠かさず行うことでした」。他の取締役たちの信頼を勝ち取るためにトデイが主に用いたマイルストーンは、顧客解約率が一八パーセントから九パーセントにまで減少したことや、顧客がブロードバンドを導入するまでに会社側とやりとりしなければいけない回数が一五回から八回までに減ったことだった。こうした改善の動きのおかげで、テルストラの資本収益率は、トデイの在職期間中におよそ二三パーセント向上した。

一人一人の取締役にはたらきかける

ベストなCEOたちは、取締役会議長あるいは筆頭取締役と極めて多くの時間を過ごす一方で、取締役会の他の各メンバーとの関係づくりにも投資することを忘れない。「取締役会は一枚岩ではありません」とGEのラリー・カルプは指摘する。「一〇名ないし一二名のメンバーはみな、それぞれ独自の見解を持っています。取締役会全体のみならず、各メンバーに個別にはたらきかけることも重要です」

ベストなCEOは、各取締役の世界観や優先順位、あるいはどんなコミュニケーション方法を好むか、具体的にどんなスキルを発揮してくれるのかを把握して、各取締役をよく知ることを自身の使命にしている。さらに、自分の思考をまとめていくために、取締役一人一人との個別の時間を有効利用している。この点について、アホールド・デレーズのディック・ボーアは次のように説明している。「取締役自身が意見を述べる機会があり、それが私にきちんと伝わっていると実感してもらえるよう、私は各取締役との個別の時間を多く取ってきました。また、同時に私自身のビジョンも共有して、私が進めていた戦略的な枠組みの議論についてともに考えはじめるようになりました。こうしたオープンな対話のおかげで、そのとき得られた彼らの意見を、のちに建設的な形で活用することができました」

各取締役それぞれと関係を築くことは、CEO就任直後の時期においてとりわけ重要だ。エーオンのグレッグ・ケースも、「CEO就任直後から会う時間を増やして、かなりの時間をともに過ごすべきです。取締役会の各メンバーにあなたを理解してもらい、あなたがそれぞれのメンバーを理解することが何よりも重要です。そうすることで、信頼と透明性が生まれるのです。私も早い時期からもっと多くの時間を過ごしていればよかったです」と指摘する。キャタピラーのジム・オーウェンズは、自身の行動の基本となるマインドセットについて、こう語っている。「CEO就任直後、これは私の取締役会ではないことに気づきました。この取締役会のメンバーはみな、私がCEOを引き継ぐ前からいたのです。それどころか、私を雇ってくれたのは彼らですから！　それでも、この取締役会は前の二人のCEOたちがつくりあげたものに変わりありません。そんなわけで、私は就任直後から半年～九カ月ほどかけて各取締役とそれぞれの職場で個別に会い、夕食をともにして徐々に親交を深め、会社の事業について深く語りあうようにしました」

前CEOが取締役会議長になって引きつづき会社をコントロールしたがっているという不運な状況においては、各取締役との個別の関係づくりが成功を大きく左右する。エコラボのダグ・ベイカーは、このことを身をもって学んだという。「それに気づくまで、時間がかかりました。前任者が私よりはるかに長く取締役会にいたこともあって、いくつかの点で彼に自分の存在を軽んじられたような気がしたのです」。ベイカーはそれまで取締役会のメンバーを務めたことはなく、取締役会に関する過去の経験といえば、取締役会へのプレゼンテーションに若手経営幹部として何度か出席しただけだった。「ようやく、問題の原因は自分だと気づきました。そうして、私の前任CEOである取締役会議長とだけ話すのではなく、他の取締役メンバーにもはたらきかけるようにしたのです」。このとき自身が学んだことについて、ベイカーはこう語っている。「就任したばかりのCEOにとって最大の課題の一つは、取締役会内部の力関係を把握することです。力関係にはオフィシャルなものとインフォーマルなものという二つの種類がありますが、取締役会においてしっかりと把握しなければならないのは、インフォーマルなほうです」。ここでベイカーがインフォーマルな力関係と呼んでいるのは、取締役会の各メンバーがもたらしている影響力の差や、メンバー間の協力関係の度合いといった、公の場では示されないが裏では存在しているという性質のものを指している。

通常、ベストなCEOは取締役会のすべてのメンバーと、年に一、二度個別の話しあいの機会を持つ。デュポンのエド・ブリーンは、次のようにアドバイスする。「取締役会がない期間に取締役メンバーとの仕事の電話スケジュールを入れて、半年の間にすべての取締役と、取締役会以外の日に一対一で三〇分間話しあえるようにします。相手に何でも質問してもらいましょう。中には、他と比べて内気な人もいます。オープンに何でも話してほしい、そして自分を支えてほしい、と相手に願うのなら、自分も相手に対してオープンかつ正直であらねばなりません」。また、GMのメアリー・バーラは少なくとも年に一度、すべての取締役の「本拠地」を訪れるようにしている。「私たちは少なくとも一時間、通常は二時間ほど話します。私は会社と取締役会についていくつか尋ね、改善点について話しあいます」

一方、年に一、二回よりも多く個別に話しあおうとするのは、一般的にはやりすぎとみなされている。イントゥイットのブラッド・スミスも、「『やるべきことリスト』をただこなすだけかのような会話になってしまうのなら、取締役たちはかえって迷惑します。みな忙しいのですから」と指摘している。とはいえ、それでも頻繁に連絡すべき取締役もいる。スミスはさらにこう語っている。「取締役はみな、それぞれ異なるスキルと経験を有しています。そうした手腕が必要なときは、遠慮なく彼らに頼るべきです。あなたに連絡をもらって個別にサポートを頼まれることは、取締役にとって何にも増して大きな栄誉であることを忘れないでください」。アトラスコプコのロニー・レテンも、同様の意見だ。「取締役が一〇名いれば、それぞれとまったく同じ関係を築こうとするのは不可能です。金融での高度な専門知識を買われて取締役会に招かれた人もいれば、市場のある分野で極めて大きな強みを持っている人もいて、実にさまざまですから。ゆえに、あなたのニーズに合わせて特定の取締役とより頻繁に意見交換するのは、おかしなことではありません」

取締役会の各メンバーにはたらきかける際には、ベストなCEOは両者の間柄を考慮して、常に一線を引いた関係を維持している。ガルデルマのフレミング・オルンスコフも、次のように指摘している。「彼らは友人ではありません。彼らはあなたがどんなときも会社にふさわしい人物であり、しかも常に最高のパフォーマンスを発揮できる人物であることを確認するために、株主やオーナーの代理人としてそこにいる存在なのです。取締役会を気さくなものとみなしているCEOはみな、状況を正しく理解できていません。常に礼儀正しさを心がけて、場にそぐわない発言は控えたほうがいいです」。USバンコープのリチャード・デイビスのアドバイスは、実に簡潔だ。「取締役会はあなたの上司です。上司とは親友同士になれません。これは当たり前のことです」

取締役会を経営幹部に関わらせる

信頼関係は、取締役会が経営幹部と直接関われるようにすることでも構築可能だ。ベストなCEOなら、エコラボのダグ・ベイカーの「私は取締役会と経営幹部に、関わりを持ってもらいたいです」という言葉に賛同するだろう。そうすることで、トップチームが取締役会で活発な役割を果たしていることは珍しくない。「私自身がプレゼンテーションを行うことは、ほとんどありません」と、TIAAのロジャー・ファーガソンは言う。「多くの場合、他の経営幹部がプレゼンテーションを行います」。とはいえ、このやり方にもマイナスになりうる面がないわけではない。取締役たちから質問されたとき、場慣れして度胸がついたCEOと違って、他の経営幹部たちはうまく対処できないことが多い。この点についてファーガソンは、「当社の取締役会は、反対意見を多く出してきます。ですから、それは取締役会が私たちの仕事へのサポートに前向きではないという意味ではないことを、同僚たちに理解してもらうのが私の役目です。取締役たちは、単に自分の仕事をしているだけですから」と語っている。また、伝えたい内容を、他の経営幹部がCEOほどうまくプレゼンテーションできないというリスクも考えられる。その懸念を解消するために、ベストなCEOは取締役会の前で部下がうまくプレゼンテーションできるよう、多くの時間を割いて自らコーチングする。アッサ・アブロイのヨハン・モリンも、「取締役会と適切なレベルで情報共有できるよう、部下に『それでは細かすぎます。もっと大きなテーマや重要点に基づいて、内容をまとめるほうがいいです』といったアドバイスをしました」と語っている。

だが、そういったリスクがあるなら、もうCEOがすべての取締役会を自分で仕切ればいいではないか。なぜ、ベストなCEOはそうしないのだろうか？　なぜなら、それは取締役会を敵に回す振る舞いだからだ。「二カ月ごと、または四半期ごとのこの日は、取締役会があなたを観察する日です」と、ガルデルマのフレミング・オルンスコフは指摘する。「この日、彼らはあなたの振る舞いを観察しています。あなたが自身の同僚に対してどう振る舞うかも含めて。誰を取締役会に連れてきたのか？　出席させる人物を幅広く選んでいるか？　他の経営幹部が話しているときに耳を傾けるか、それとも遮って自分が話すのか？　いつも自分ばかり話しているのではないか？　トップチームのメンバーは話す機会があるか？　改善の余地があると思われるときも前向きな姿勢を保つか、それともチームに対して否定的な態度を示しつづけるのか？　取締役会は、あなたのそうした振る舞いを見ているのです」

また、取締役会を経営幹部に関与させることは、時間とエネルギーを大幅に節約できるというさらなる利点をＣＥＯにもたらす。ＩＤＢのリラック・アッシャー＝トピルスキーは、「取締役会での取り組みのうち、何件かをトップチームのメンバーに移管することができました」と自身の経験について語った。「取締役会には、リスク委員会、戦略委員会、技術委員会といったさまざまな委員会がありました。私は最高経営幹部である最高リスク管理責任者《ＣＲＯ》、ＣＦＯ、最高情報責任者《ＣＩＯ》に、それぞれが関係している委員会の長と連絡を取りあって、委員会の会議に出席するよう依頼しました。私は自分と取締役会議長が築いた関係を、彼らと委員長たちとの間でも築いてほしかったのです。数カ月後には、私はどの委員会の集まりにも基本的には出席しなくてよくなりました。私が出席するほうがいい特定の議題がある場合のみ、彼らから連絡をもらうようにしました。でもほとんどの場合、彼らだけでこなせました」

　ベストなＣＥＯは取締役会自体でのプレゼンテーション以外にも、さまざまな機会をつくって取締役会を経営幹部に対して開かれたものにしようとする。ＵＳバンコープのリチャード・デイビスは、次のような手法を用いている。「ギャラリーウォークと呼んでいる催しを行います。これはトップチームの各メンバーとその部下数名が出席する、カクテルパーティーです。このパーティーでの取締役会の役目は、会場内を動き回って、室内に散らばっている三、四名のグループに順に話しかけることです。そう、お見合いパーティーのように。各グループではトップチームのメンバーが数分話し、主に自分の部下を自慢します。現在、私は取締役としてこうした集まりに参加しますが、そうするとたとえばコンプライアンス部門のトップと知りあえるのみならず、彼女の直属の部下三名とも知りあえるのです。しかも、彼らがプレゼンテーションしているのを見ているわけではないので、相手が緊張しているのを感じたり、時間が無駄に思えたりすることもありません。ただ一緒にカクテルを飲んで、彼らが自身についての話を聞けばいいのですから」

また、経営幹部と取締役会がともに現地視察を行うという方法もある。ゼネラル・ミルズのケン・パウエルも、頻繁に実施していた。「ともに学べるいい機会になりました。また、年に一度の会議のあとの取締役会主催の夕食会では、取締役会の各メンバーがそれぞれ一〇名の管理職と同じテーブルに着きます。そこでどんな話をするか事前に打ち合わせることはないですし、取締役たちがどんな質問をするかを決める権限も私にはありません」。トタルのパトリック・プヤンヌは少しばかりひねりを加えて、三名一組にインタビューを行うという機会をつくっている。経営幹部四名と将来の経営委員会メンバー候補一、二名にインタビューを行うという機会をつくっている。「この取り組みは、とても楽しかったと取締役にも評判が高かったです。当然ながらこの目的の一部は、取締役も経営側も会社の戦略について同じような見方を共有できているかの確認だったり、取締役に経営側のリーダーを紹介したりすることですが、取締役会のメンバー同士でお互いをよく知ってもらうという意図もありました。このインタビューを三名一組で行うことに私がこだわったのは、そういうわけだったのです」

話を聞く中で、私たちはベストなCEOが取締役に経営幹部たちと概ね広く関わるよう促している事例を何度も耳にした。DBSのピユシュ・グプタも、「私にとって取締役会はパートナーですから、彼らは私のトップチームのどのメンバーとも話しあえます。両者の完璧なまとまりを目指すうえで、情報の自由な流れは役立つはずです」と語っている。ただし、こうした関わりには一定の注意が払われていることが多い。経営幹部に対しては、たとえばイントゥイットのブラッド・スミスは会社のリーダーたちに「取締役会のどのメンバーにはたらきかけても構いません。私を通す必要もありません。しかし、たとえ完全に引退していても、彼らは社外で一日中さまざまな役目をこなしていて忙しいという点を十分理解して、どういう点で助けが必要なのかを明確にしてから連絡してください」と注意している。ウエストパック銀行のゲイル・ケリーは経営幹部たちに対して、取締役会のどのメンバーとの話しあいにおいても、上に知らせるべき情報が出てきたら彼女自身またはチーフ・オブ・スタッフに報告するよう指示した。また、ＣＥＯの中には、取締役会のメンバーが各幹部の印象を得るために経営幹部と会うのは常に歓迎するが、何らかのアドバイスをする際は自分を通してほしいと願う人もいる。

「信頼は歩いてやってくるが、馬に乗って立ち去る」という格言は、どんな関係に対しても当てはまっている。とはいえ、取締役会との信頼関係においては、ベストなＣＥＯは信頼が馬に乗って急速にやってきて、しかも絶対に失われない方法を見つけ出す。そのためにベストなＣＥＯは、良い、悪い、不快だといったどんな知らせについても、取締役会に対して、大胆なほどの透明性をもって共有することを選択し、一人一人の取締役と個別に関係を築き（とりわけ取締役会議長と）、そして、取締役会が経営幹部に関わることを促す。

ここまでは、ＣＥＯたちがいかにして各取締役との信頼関係を築いて維持するかについて見てきた。信頼関係が高まるにつれて、ＣＥＯは取締役会が会社に与える付加価値をより一層強められるようになる。

第一一章 決議能力を向上させるための行動習慣

年長者たちの知恵に敬意を払う

私はあなたにできないことができます
あなたは私にできないことができます
そんな二人が力を合わせれば、すばらしいことが実現できるのです
――マザー・テレサ

中世の封建制度では、イギリスの人口の七五パーセントを農奴が占めていて、彼らは奴隷に近い暮らしを送っていた。一二〇〇年五月二五日、ジョン王（ロビン・フッドやマグナ・カルタで有名）は、イギリス史上最も古い「法人（自治体）」勅許の一つを、北海の近くに住む少数のグループに与えることで彼らを「解放」した。新たに解放されたイプスウィッチの町の住人たちは、町の役人を選ぶ権利をこの勅許によって手に入れた。六月二九日、町民たちは聖メアリー・ル・タワー教会の墓地に集まると、王によって定められた指導者的役割を務める人物を選んだ。その役職と人数は、行政を担う執行官二名、それに王の利益を代表する役人四名だった。

その次に行われたのは、勅許の内容に含まれてもいなければ、前例もほぼなかったことだった。町の書記官の記録によると、投票を終えた町民たちは、「今後、当自治体には宣誓した議員一二名による最高議会が必要だ」と考えた。この議員とは、「当自治体とその自由を守るために統治する。町の問題について判決を言い渡す。さらには、当自治体の幸福と栄誉のために当自治体内で維持、規定、実行されるべきことを行う。これらをすべて実践するために、議会と町全体の代表として全権が委任される」役職だった。これによって、イプスウィッチは書面に残る中でイギリス初の「取締役会」を設立したことになった。(55)

この取締役会設立に関するイプスウィッチ市民の具体的な動機は記録されていないが、歴史学者たちの多くは、すべての住人が町を統治するために必要な知識や判断力を備えているわけではないこと、すべての市民が町議会に参加するのは現実的に不可能だという二つの理由によるものではないかと推測している。こうした事情は、今日のコーポレートガバナンス構造が抱えているものと若干似ている。実際、現代の企業の基になっている、初期の貿易会社がつくったガバナンスモデル自体、イプスウィッチをはじめとする町単位の自治体が生み出した例に大きな影響を受けたものだ。当時のイプスウィッチの住人同様、ベストなCEOは取締役会が会社の繁栄を支えるために必要な知識と判断力をグループとして確実に持てるよう、積極的に取り組んでいる。

ジェイミー・ダイモンが二〇〇〇年春にバンク・ワンのCEOに就任したいきさつも、そうした事例の一つだ。最終的にはダイモンがCEOに選ばれたが、取締役会の数名のメンバーからまだ支持されていたCEO代理がダイモンのCEO任命に断固反対したことから取締役会で激しい議論が起こり、当時のマスコミに取り上げられたほどだった。また、バンク・ワン出身者とファースト・シカゴ銀行出身者が激しい派閥抗争を繰り広げていたのも、周知の事実だった（この二つの銀行は当時より二年前に合併していて、それゆえダイモンがＣＥＯ就任を打診された）。

ダイモンは当時を振り返って、この役職を引き受けるかどうかについて、家族や友人のアドバイスはみな同じだったと語っている。アマゾンやシリコンバレーの企業からも勧誘されていたこともあって、みな口を揃えて「バンク・ワンの仕事を引き受けるべきではない、あそこは収拾がつかない」と繰り返した。深刻な軋轢が原因で前職のシティグループから離れたのちに一年以上休んでいたダイモンは、自分が人生で何をやりたいのか長期間にわたって真剣に考えつづけた。そうして、自身が本当にやりたいのは金融サービス業界での仕事であり、これほど多くの困難を抱えているバンク・ワンでの挑戦は、本当に大きな変革をもたらすための絶好の機会に思えた。

ダイモンはすでに、半数がファースト・シカゴ銀行出身者、残りが生え抜きのバンク・ワン出身者から成る二二名の取締役会は、効率的な意思決定を行うには多すぎると判断していた。しかも、取締役会メンバーはお互いを嫌っていて、内輪もめに気を取られていた。さらに、非効率な業務の重複、不要なソフトウェアシステム、社内政治が事態をますます悪化させていた。取締役の多くは、社外から招かれた人物が同行の問題点を理解したり、企業文化を変えたりするのは到底無理だと思っていた。[56]

初回の取締役会で、ダイモンは出席者にこう語った。「一言申し上げると、私はこの銀行にとって正しいことをするつもりです。そして毎回、みなさんにすべての真実を、そして真実のみをお話しできるよう全力を尽くします。多くはお約束しません。なぜなら、そんなことはできないからです。私がどう思っているのか、なぜそう思っているのかだけをお伝えするつもりです。そして、もし私が間違っていたら、それも告白します」。ダイモンは次に、自分が銀行をどう運営するつもりなのかを説明し、そして一息ついたあと率直に言った。「とはいえ、私がお伝えしたい一番大事なことは、みなさんの支えが必要だということです。みなさんが以前のバンク・ワンやファースト・シカゴに忠誠を尽くしていたことは、私にとってどうでもいいことです。みなさんはこの二行の合併の件で争いつづけてきました。私はこの二つの銀行の名前の争いを、もう聞きたくありません。私が望んでいるのは、この銀行が前に進むために正しいことと、顧客にとって正しいことが何であるかです。それ以外のことを考える必要はありません」

ダイモンは早速、二二名の取締役会メンバーを一四名に削減するように説得した。「これは公正な手順に従って行いました。必要とされる幅広い経験や能力を有する取締役会であるための基準に沿って、前に進むために最も貴重な付加価値を提供できる人物に残ってもらいました。私は取締役会に『私はみなさんに強制はできませんが、みな分かっていると思いますが、これが正しい判断です』と話しました。すると彼らは、『ジェイミー、それはまさに正しいことです』と答えてくれたのです」。

ダイモンはさまざまな提案をする中で取締役会からアドバイスやサポートをもらい、取締役会からの信頼を一層高めていった。そうした提案の中には、貸倒引当金の増加や、会社の配当金を大幅に減額するといった苦渋の決断を実行するというものもあったが、それはやがてバンク・ワンが「要塞」と呼ばれるほど堅固なバランスシートを実現することへとつながった。

二〇〇四年には収益が大幅に向上し、株価はダイモンがＣＥＯに就任した当時と比べて八割増しになった。この業績改善は、同行がＪＰモルガンとの五八〇億ドル規模の大型合併によって、シティグループに次ぐ大規模な金融サービス機関となる道を開いた。

ダイモンのこのバンク・ワンの事例はかなり極端だが、どんな取締役会も時間とともに少なくとも何らかの微調整が必要だ。ベストなＣＥＯたちはどれくらいの変革が必要かを明確に把握していて、そうした変革を促すために実践していることは……

・取締役会と経営陣の役割を明確に線引きする
・取締役に求められる人物像を具体的に示す
・取締役会に自身の考えに対する理解を深めてもらう
・取締役会に常に変化しつづけるよう促す

取締役会と経営陣の役割を明確に線引きする

概念上では、上場企業における取締役会の役割について意見が分かれることはまずない。取締役会とはオーナー（つまり株主のことで、その大半は会社に直接関与していない）の代理となる独立したガバナンス機構で、ゆえに取締役会の説明責任はオーナーに対するものであって、CEOに対してではない。一方、CEOが率いるトップチームは取締役会に対して説明責任があり、会社の運営の責任を担っている。ケイデンスのリップブー・タンは、次のように説明する。「取締役会には主に三つの役割があります。一つ目はサクセッションプラン（すなわちCEOの任命と解任）で、二つ目は、五年後あるいは一〇年後の姿を描いた会社の戦略を承認すること、そして三つ目は、監査、ガバナンス、報酬といった委員会を通じてリスクの監視と管理を行うことです」

これはとてもわかりやすく思える。だが実際には、こうした役割に関するさまざまな問題が起きてしまう。CEOとそのチームは、彼らから見れば取締役たちによる干渉に、いつも神経を尖らせている。一方、長年の経験を有する取締役会の重鎮たちは、物事を思いどおりに進めることに慣れているので、自分のアドバイスが無視されてしょっちゅう苛立っている。CEOと取締役会の関係がうまくいかなくなると、互いの信頼が低下し、効率性が悪化して会社の動きを麻痺させる。では、ベストなCEOはどうしているかというと、彼らは早い段階から取締役会と協調して、その緊張を緩和している。そのときに使われている手法は、取締役会の役割を明確に定義することや、十分に理解を得られた二者間の境界線を引くといったものだ。

とりわけ後者が極めて重要な理由について、USバンコープのリチャード・デイビスはこう説明している。「理解すべき非常に大事なことは、取締役会はあなたが設定した状態の中で運営されるという点です。もしあなたが彼らに多くの些細な問題ばかりをぶつけたら、彼らは些細な問題の対処に忙殺されることになります」。数多くの取締役会のメンバーを務めてきたデイビスは、こうした状況を両方の立場から見てきた。「社外取締役を務めていた当時、取締役会が近づくたびに全取締役に電話をしてそれぞれの意向を伺っていたCEOがいました。これはまったく感心できないやり方です。そうではなく、あなたはCEOとしての自分が最も有益だと思う方向に、取締役会を動かしていくべきなのです」。デイビスはさらにこうアドバイスする。「あなた自身が取締役会にどんな役目を担ってもらいたいのかを明確にしてください。まずは筆頭取締役、または取締役会議長について考えましょう。なぜなら、取締役会を運営しているのは、あなたではなく彼らだからです。とはいえ、あなたと取締役会がどんな関係を築くべきかを決めるのは、あなただけに任された仕事です」

つまり、探るべき問題は「ベストなCEOは、取締役会にどんな役割を果たすよう提言しているのだろう？」ということだ。アメリカン・エキスプレスのケン・シェノルトは、取締役会の役割として好ましくない例を説明している。「CEOとしてのあなたの行いで最悪なものの一つは、あなたのやりたいことすべてにただ同意してしかも関与しないという、受動的な取締役会をつくりだしてしまうことです」。デイビスと同じく、シェノルトも双方の立場を経験してきた。「他社の取締役会のメンバーだったとき、明らかに取締役会あるいはその一部のメンバーが議論についていけていないと経営陣が感じてしまっているのではないか、と思ったことが何度かありました。経営陣が非常に内容の濃いプレゼンテーションを行ったにもかかわらず、結果として活発な議論につながらなければ、組織のやる気も奪われてしまいます。それはやがて経営陣の決断や自信に悪影響を及ぼしていきます」

一方、取締役会が担うべき役割については、資生堂の魚谷雅彦が説得力のある例えを挙げている（取締役会のメンバーである、元弁護士の大学教授から教わったものだそうだ）。「彼は私にこう言いました。『魚谷さん、コーポレートガバナンスとは日本の新幹線のようなものだということを、あなたも理解すべきです。私たちは、あなたをＣＥＯに任命しました。あなたはＣＥＯとして、この会社を運営しています。あなたは自律性を必要としています。権限を必要としています。そして明らかに、あなたは自分が正しいと思ったことを、本当にやりたいと思っています。そんなあなたが細かい決定をするたびに取締役会に承認を求めるのは無理でしょうし、もしそうするとすれば運営の速度が落ちて、ＣＥＯの仕事が楽しくなくなるはずです。あなたは、時速三〇〇キロで走らなければならないのです。とはいえ、日本の新幹線は一分程度で緊急停止できます。つまり、あなたがまったく見当違いのことをやっているのに気づいたら、私たちはあなたを一分後に止められるのです』」

説明の仕方はさまざまではあるが、ベストなＣＥＯたちはみなこの新幹線の考え方を理解している。ネットフリックスのリード・ヘイスティングスは、次のように語っている。「取締役会に戦略を描いてほしくはありません。というのも、もしそれが間違ったものだったら、命取りになるからです。それに、彼らはもはや審判ではなくなってしまいます……。もし取締役会の戦略だとしたら、彼らの中立性が失われてしまいます。取締役会にはトップチームが行っていることを十分理解し、結果に対する優れた判断力を持ち、必要な修正をすることで取締役会としての説明責任を果たしてもらわなければなりません」。エレクトロニック・アーツのアンドリュー・ウィルソン（四三一ページ参照）も、自身と取締役会との健全な力関係は、こうした役割に対する共通の認識に根差したものだと説明している。「取締役会は、方向性を示すためのものではありません。物の見方をアドバイスするためのものです。取締役会メンバーの多様な経歴と見解を考慮すれば、彼らによるフィードバック自体が必ずしも一致していないのは当然のことです。経営陣としての私たちの役目は、そうしたフィードバックから得られる情報を、最善の判断をするために最大限に活用することです。そして、ひととおりのアドバイスを行ったあとの取締役会の役目は、私たち経営陣を支えることです」

マイクロソフトのサティア・ナデラも取締役会のメンバーに対して、「みなさんの仕事は、私の判断を判断することです。それがみなさんの本来の仕事なのです。ゆえに、私たちがやっていることを何とかしてすべて理解しようと思わないほうがいいです」と同様のガイドを行っている。イントゥイットのブラッド・スミスは、「企業戦略における取締役会の役割は、企業がきちんと戦略を持っていることとそれが正しいものであることの確認です。つまり、鼻は突っ込んでも手は出さないということです。たとえ取締役会のメンバーが、会社のホームページのボタンの位置を動かしたいと思っても、それは取締役会の役目ではありません」と考えている。ベスト・バイのユベール・ジョリーは、新たに迎え入れる取締役会メンバーに対して、「あなたから意見をいただくのは極めて重要ですが、一つだけ明確にしておきたい点があります。それは、あなたが言うことをすべてやるのが私の仕事ではない、ということです」と必ず最初に伝えるようにしていた。こうした取り決めは、取締役会と経営陣との年に一度の会議で正式に確認されることが多く、さらには双方の役割決めに関する基本合意書の提出を取締役会に求めるCEOさえいる。

取締役会とCEOの関係を定義づけることに加えて、ベストなCEOは論議が起こりやすい領域においても基本原則を定めている。たとえば、ジェイミー・ダイモンはＪＰモルガンの取締役会と、Ｍ＆Ａに関する明確な合意を交わしている。「取締役会との関係を損なわないために、買収案件についてはただちに手順に沿って行動します。ＣＥＯは合併案件の話を取締役会に知らせなかったという理由で、解任される恐れがあります。とはいうものの、情報が漏れると大きな損害を招きかねません。そういうわけで、私は誰かを紹介される程度の極めて早い段階の打ち合わせについては報告しなくていいという承認を、取締役会から得ています。話がもう少し具体的になれば、筆頭取締役に電話をして案件が進行していることを伝えます。取締役会を招集するかどうかは、筆頭取締役に任せます。私は彼らを驚かせるような行動は、一切とりません」

当然ながら、取締役会しか立ち入ることが許されない領域もある。それに関して、ダイモンは次のように語っている。「ＣＥＯがいない場で取締役会が話しあうべき議題は、後継者問題、ＣＥＯの報酬、取締役会全体としてどう機能すべきかについてです。さらには、経営危機が起きた場合に備えて、その際ＣＥＯの行動に間違いがなかったかどうかを検証する手順が導入されていることを確認しておかなければなりません」

取締役に求められる人物像を具体的に示す

古代ギリシャの都市国家の中には、長老たちによる議会の議員を市民の発声投票によって選ぶところもあった。その仕組みは、どの候補者への声援なのかがわからないよう別の建物に離された数名の男性が、最も大きかった声援がどれかを判定して勝者を決めるというものだった。[57] 現代の法律制度におけるガバナンスの手順の大半はそこまで騒々しくはないが、あの時代とまったく異なるというわけでもない。取締役の選任および解任は、最終的には株主の投票によって決まる。取締役候補者を選ぶのは取締役会か、取締役会の小委員会である指名委員会だ。その際のCEOの最も重要な役目は、一般的には、そうした指名に関して取締役会が経営陣に求めてくる情報を提供することだ。だが、ベストなCEOは尋ねられるまで待つようなことはせず、会社を前進させる支えとなる取締役にはどんなスキルや経験が必要かを、積極的に伝えている。

この点について、TIAAのロジャー・ファーガソンは次のように語っている。「デジタル、アセットマネジメント、および小売業の知見、そしてダイバーシティがより一層必要だと思いましたので、そういった点を変えました。今日の取締役会は、私たちがやろうとしていることのほぼすべての分野に関して専門知識を有する人がいて相談に乗ってもらえるとても有益な存在です」。ウォルターズ・クルワーのナンシー・マッキンストリーは、全員がオランダ人だった取締役会を、他国の人が大半を占めるものへと変えていった。そしてさらに、技術系の人材や、同社の法律、税務、ヘルスケア事業の顧客としての経験がある人物を取締役として招いた。「会社はもちろんのことながら、ある程度顧客を反映した取締役会を目指しました」。また、ベスト・バイのユベール・ジョリーは、戦略的に重要なヘルスケア分野での専門知識を有する人物を、取締役会のメンバーに招いた。サンタンデール銀行のアナ・ボティンは、グローバル銀行という同行の特徴を反映するために、より国際色豊かな取締役会を目指した。ジェームズ・ムワンギは、エクイティグループの九名の取締役のうちの四名を必ず女性にした。「彼女たちは当行の若い女性行員にとって、自分もそこまで上を目指せるという大きな励みになっています」というのがその理由だ。こうした事例には枚挙にいとまがない。

ふさわしい取締役を選ぶための手助けとなるツールの一つは、取締役会マトリクスだ。これについて、イントゥイットのブラッド・スミスは次のように説明している。「取締役会の仕事に関与していなくても、取締役会の構成を決めるシステマティックな方法を、いくつか導入しました。そうしたツールの一つは、決議能力を上げるスキルマトリクスです。この表の上側には、クラウド上のデザイン思考型プラットフォーム企業になるという戦略を実現するために取締役会に必要なスキルや専門分野が横一列に記入されています。左側には、各取締役の名前が縦一列に書かれています。このツールを効果的に利用するためにはまず、それらのスキルや専門知識を取締役会に提供しているかどうかを、表に基づいて各取締役に自己評価してもらいます。次に、空白の箇所に丸印をつけて、どんな決議能力が足りないのかを特定します」。また、GMのメアリー・バーラは、「私たちは取締役会スキルマトリクスを使って毎年評価を行っています。次の五年間に必要なスキルを考慮しながら、会社の発展に合わせてマトリクスを細かく調整、更新していきます」と語っている。マトリクス自体の導入に加えてそうした評価を行うことは、文化、性別、人種、地域面での配慮といった、取締役会構成上の必要条件を満たしているかどうかの確認にもつながっている。

イートンCEOのサンディ・カトラーは、主要財界ロビー団体「ビジネス・ラウンドテーブル」のコーポレートガバナンスタスクフォース議長を務めていた二〇〇〇年代初め、企業がスキルマトリクスを導入するよう強く推進していた。当時のS&P500構成企業の大半は、社外取締役をごく少数しか置いていなかった。カトラーは、このマトリクスと戦略立案の取り組みを同期させることは有益であり、鍵となる次の問いにつながると主張する。「その問いとは、『会社が直面している課題やチャンスを踏まえると、この取締役会にどんなスキルが必要だろうか？』です。これは後ろ向きではなく、非常に前向きな問いかけです」

正規の取締役会を設置していない企業のCEOは、賢明にもここで取り上げたのと同様の手法を数多く用いて、外部諮問委員会を設置する場合が多い。シンシナティ小児病院CEOマイケル・フィッシャーの前職は、グローバルな自動車部品メーカーとして知られたプレミアマニュファクチャリングサポートサービスのCEOだった（同社はのちにサービスマスターに売却された）。「当時、引退していた元最高執行責任者《COO》、人事部門経営幹部、成功した起業家、優秀な営業部門経営幹部、労働経済学者を集めて外部諮問委員会をつくりました。そうした方々を社員として招く金銭的余裕はまだなかったのですが、会社の潜在能力を引き出すためには彼らの専門知識や経験が必要だったのです」

取締役会に自身の考えに対する理解を深めてもらう

取締役会にふさわしい人材を選ぶことも重要だが、より大きなインパクトをもたらす取締役会を実現するには、ネットフリックスのリード・ヘイスティングスの次のアドバイスが役に立つはずだ。「取締役会は会社の状況をきちんと理解する必要があり、CEOはそのために協力するのは自身の義務だと自覚するべきです。取締役会のメンバーたちが把握すべき状況は、市場、会社にとってのチャンスや脅威、社内のプレイヤー、そして外部のプレーヤーです」

ある調査によると、自分は会社が事業を行っている業界の動きを確実に理解していると思っている取締役会メンバーはほんの一〇パーセントにすぎず、また、自分は会社がどのように価値を創出しているかを完璧に理解していると感じているメンバーはわずか二一パーセントだった[58]。しかも、たとえ取締役会のメンバーが業界を把握していたとしても、それはここ二〇年で成功してきたことは次の二〇年でもうまくいくだろうという仮定のもとで、バックミラーを覗き込んでいる場合が大半だ。だが、そうした仮定はほぼ間違っている。こうした問題を解決するには、取締役会は時間を割いて、会社の内外で起きていることを理解するよう努めなければならない。ベストなCEOはそうした理解への取り組みを促し、取締役会が会社に付加価値を与えられるよう協力している。

二〇一三年、DBSのピユシュ・グプタは、同行はビジネス界で起きているデジタル変革の先を行かなければならないと判断した。アリババ創業者の馬雲（ジャック・マー）との、ビッグデータ、AI、分析の威力についての意見交換で刺激を受けたことで、グプタはDBSを銀行業界のアリババにしたいと思うようになった。それはつまり、テクノロジーに強い金融サービス会社ではなく、金融サービスを提供するテクノロジー企業を目指すということだった。その年の八月、デジタル分野で先進的な試みを行っている韓国の銀行を視察するために、グプタは同国で二日間かけて取締役会のメンバーを案内した。また、未来の社会がいかにテクノロジーを活用するかを展示するためにSKテレコムが設立したティウム技術博物館も訪れ、さらにはサムスンをはじめとする巨大テクノロジー企業の取り組みを学ぶための視察も行った。

この視察の記憶が新しいうちに、グプタは取締役会に対して「私がやりたいのはこのようなことです。私たちはテクノロジー分野にさらに大きな額を投資して、独自の技術スタック構築に挑戦すべきです」というように、新たな戦略計画をプレゼンテーションした。取締役会は彼の話に耳を傾けたあと、「あなたが来年中にやりたいと話したことをすべて実現できれば、アリババに追いつけるのですか？」と尋ねた。グプタは微笑んで、「それは無理です。アリババは私たちの一〇年先を行っています。追いつくまでには、相当長くかかるでしょう」と答えた。すると取締役会は、「ということは、今の案ではあなたのビジョンは実現できませんね。もっと野心的で大胆な策を取ってみるのはどうでしょう」と提案した。そしてさらに、同行がテクノロジー分野ですでに行っていた一〇億ドル近い投資に加えて、数億ドルもの追加投資をグプタに許可したのだった。この一件について、グプタはこう語っている。「これは、私たちが示した会社が進むべき道を信じて、大きな賭けに出てもいいという取締役会の決意の表れでした。提示された金額は多大な信頼によって決まったものであり、この判断によって、計画を実行に移せると会社全体が大いに活気づきました」

取締役会の視野を広げるためにCEOが取れるさらなる策は、会議をさまざまな場所で行い、それに合わせて学べる催しを組み入れることだ。ゼネラル・ミルズのケン・パウエルは次のように指摘している。「当社の取締役会は上海やパリなどを訪れ、工場を視察して地域の規制問題、消費者の好み、経済といった、会社に影響を及ぼす事情について理解を深めました。視察旅行は取締役会が会社についての理解を深めるためのみならず、信頼関係を揺るぎないものにするためにも役立ちます」

とはいえ、継続して理解を深めてもらうためには、必ずしも旅に出る必要はない。シンシナティ小児病院のマイケル・フィッシャーは、自身が導入した、より身近な場所で行える手法について説明している。「CEOに就任後、社外から招いたゲストスピーカーが取締役会に話をする夕食会を四半期ごとに行うようにしたところ、極めて大きな効果がありました。ゲストスピーカーは、他の医療機関や大手医療保険会社のCEO、大手の業界パートナー、大口の取引先などにお願いしました。さらには投資銀行を招いて、ヘルスケア業界についてより幅広い視野で語ってもらったこともありました。こうした講演会によって、取締役会の各メンバーの理解や知識が大幅に深まりました。この業界について、彼らが初めから私たちと同じくらい理解していて当然と考えるべきではありません」

新たな取締役会メンバー向けの優れた研修プログラムも、極めて効果的な学びのツールになる。そうしたプログラムの導入は、新たな取締役会メンバーにテクノロジーの変化、新たに発生するリスク、台頭する競合他社、マクロ経済シナリオの変化といったトピックでの基本的な知識を与えるだけに留まらない。会社にとって有効な取締役会メンバーとはどういうものなのかを、その役割と寄せられる期待をしっかりと学んで理解するための適切な機会にもなる。これは与えられて当然のようなものに思えるが、実際には、取締役就任時に「十分な初期研修」を受けたと思っている取締役会メンバーは、三三パーセントにすぎないことが判明している。[59] ベストなCEOたちは、そういった不満を抱かせないようにしている。

シェルのピーター・ボーザー（四三二ページ参照）は、初期研修の一環として、取締役会メンバーを海上プラットフォーム、GTLプラント、石油精製所に案内する。「率直に言うと、石油会社が実際にどんなことをしているか、大半の人はまったく知りません。ロボットを潜らせて水深二五〇〇メートルの箇所にできた穴を修理する方法について技術者が説明すると、取締役会のメンバーはみな驚きます。『我が社がこんなことをしていたなんて知らなかった！』という声が上がります。そうした保守ができないとリスクが巨大化して、二〇一〇年のメキシコ湾原油流出事故のような事態を招きかねないことを、取締役会に理解してもらわなければなりません。また、この事業における探査は、成功率が低い場合がほとんどだという点をわかってもらうことも重要です。六割ほど成功すれば、喜ぶべきことなのです。しかし、小売業や製造業に携わっていたメンバーには、その数字を受け入れるのが難しいこともあります。時間をかけて納得してもらうしかありません」

取締役会に常に変化しつづけるよう促す

ガバナンスの重要性はいわずもがなであるが、取締役自身のパフォーマンスについてオフィシャルな評価を定期的に受けていると答えたのはわずか三二パーセントで、また、取締役会議がうまく運営されたかどうかについて同議長から呼ばれてフィードバックを求められると答えたのは、たった二三パーセントだったという調査結果に驚く人は多いのではないだろうか。[60] そういったフィードバックがなければ、取締役会のパフォーマンスを管理するのは難しい。会社の取締役会で交代すべきメンバーが少なくとも一名いると考えているCEOは全体の八二パーセントもいて、その理由として高齢によるパフォーマンスの低下、取締役を兼任している会社が多すぎる、経営陣に異議を申し立てる気がない、などを挙げている。(61) 任期と定年を設ければ、何らかの効果に結びつくかもしれない。だが、そうした対策を導入しても、取締役会の肥大化や老朽化を防ぐのは簡単ではない。マスターカードのアジェイ・バンガは、「退任についての何らかの目安を決めて、同意を取りつけなければなりません。そうしなければ、誰も辞めません。とはいえ、すでに一四年、または一八年、あるいは二二年も務めているメンバーがいるのなら、そういった目安も役に立ちません」と強く指摘する。

ベストなCEOは、取締役会のパフォーマンスを定期的に評価するよう取締役会議長に促している。ブラッド・スミスは、イントゥイットではそうした取り組みがどのように行われているのかについて語っている。「当社の取締役会では、社外弁護士による評価と診断を年に一度実施しています。私たちはみな、『各種委員会の運営状況について、どう思いますか?』『改善の余地があるところはどこですか?』『取締役会全体としてのパフォーマンスについて、どう思いますか?』といった質問の答えを記入します。また、無記名の三六〇度フィードバックも書きます。この作業によって、『この取締役会メンバーが個別にもたらしている、会社のため、そして私たちの目標推進のために最も有用なものは何だろう?』『この取締役会メンバーの効果効率をより高めるための鍵は何だろう?』『この取締役会にはスター選手がいるだろうか?　落伍者はいるだろうか?』といった問いかけに対する洞察が得られます。実際、この一連の評価と診断が、取締役交代についての議論につながったこともあります」

ファシリテーターを招いて取締役会のバランス改善に取り組んでもらうのが効果的な場合もあるが、

そのためにはこの取り組みに参加する人全員が、非常に冷静な視点を持たなければならない。ベスト・バイのユベール・ジョリーは、自身の経験を次のように語っている。「社外のコンサルタントを招いて、CEOと取締役会の効果効率を評価してもらいました。初めて行ったとき、コンサルタントは取締役会の改善案をいくつも挙げました。当時、業績を回復させている最中の傲慢なリーダーだった私の最初の反応は『この人たちは、いったい何様なんだ？　会社の業績は非常にいいのだから、私たちは互いにありがとうやおめでとうと言いあっていればいいんだ』でした。しかし、一、二週間もすると、彼らの言葉を受け入れられるようになり、私が得ているのはフィードバックではなく、将来をより良くするために取り組むべき『フィードフォワード』であることに気づきました。批判に耳を傾けて、『わかりました。もちろん私たちはもっとうまくできます』と言うのには大変な勇気がいります。しかし、結果的には大きな活力を与えてくれる取り組みでした」

どんなチームもそうであるように、理想的な取締役会とは各メンバーがみなふさわしいスキルを有し、勝とうという強い意志を抱いているものだ。だが、大半のチームとは異なり、取締役会のメンバーがともに過ごす時間は、通常それぞれの勤務時間の一割以下だ。[62] ベストなCEOは、ふさわしい人材をチームに据えるために取締役会議長や筆頭取締役と協業しているだけではない。ベストなCEOは、取締役会と経営陣の役割を明確に線引きし、会社に最も役立つ取締役会メンバーの人物像を具体的に示し、取締役会に理解を深めてもらうよう積極的に動き、取締役会に常に変化しつづけるよう促すための手段を見つけるといった、取締役会全体としての成功を実現していく要件も整える。

信頼の土台を築き、取締役会の適切な構成の実現に影響をもたらす以外に、「事業に役立ってくれるよう取締役会を支える」うえで極めて重要な項目がもう一つある。それは取締役会自体を最大限に活用することだ。

第一二章

取締役会を最大限活用するための行動習慣

未来に重点を置く

今日という日は、昨日のことにとらわれすぎてはならない
――ウィル・ロジャース

コメディアンを目指す者の大半と同様に、この道に入ったばかりの頃のジム・キャリーは一文なしで、先行きも暗かった。一九九〇年のある日、キャリーは日付を五年先にした一〇〇〇万ドルの小切手を、自分宛に切った。そして、その小切手を財布に入れていつも持ち歩き、毎朝取り出して眺めては、一〇〇〇万ドルを稼ぐには何をすればいいか、どれくらい懸命に努力しなければならないかを考えた。自分宛の小切手を切ってから約五年後、キャリーは映画『ジム・キャリーはMr．ダマー』のヒットで一〇〇〇万ドルが手に入ったことを知った(63)。

キャリーは、明確な意図を持って力を入れるべきことに集中すれば、最高の結果につながることをわかっていた。マジドアルフッタイムのアラン・ベジャニは、これは取締役会にも当てはまると指摘する。「取締役会が最大の力を発揮できるよう導くうえで、経営陣は極めて重要な役割を果たしてい

ます。取締役会を優秀な監視ツールである以上の存在とするには、メンバーにどのように関わってもらうべきでしょうか?」。この質問でベジャニが提起している点は、リスクや評判の面を考慮して悪いことが起きるのを未然に防ぐのがガバナンスの基本的な性質であるという認識についてだ。「取締役会のマインドセットが、あなたが失敗しないように防御線を引くというものであれば、会議での議論は失敗に重点を置くものになります。大事なのは、将来に重点を置くことです。それが、ただ単にリスクを管理するのみならず、チャンスを捉え、成長を促進して、会社を前進させることにつながります」

ベストなCEOはそうするために、取締役会が会議室で過ごす時間が、「取締役会が会社の頂点に立つ警察官のように振る舞う会議」(DBSのピユシュ・グプタ)にならないよう徹底している。ベストなCEOは取締役会を、同じような関心を持つ賢明な人々の集まりから知恵を引き出すためのチャンスとみなしている。また、マスターカードのアジェイ・バンガは、「取締役会は最高のベテランコンサルタントです。彼らは、あなたのためならどんなことでもやろうとしてくれます」という見解を示している。

アメリカン・エキスプレスのケン・シェノルトは、将来を形づくるために取締役会を巧みに活用した。「非常に活発な意見交換を行っていました」と、当時を振り返ったシェノルトは、同社のカードや決済商品をサービスプラットフォームとして見直すという戦略を立てるために、取締役会がいかに協力的であったかを語った。たとえば、コスト削減のための抜本的な見直しに取り組んでいたとき、取締役会は将来の成長への大々的な投資も同時に行うべきだとシェノルトの背中を押した。二〇〇一年にアメリカ同時多発テロが発生したとき、元アメリカ国務長官ヘンリー・キッシンジャーなどの一部の取締役は、今後起こりうる事態についての見解を示すという極めて貴重な役割を果たした。「グローバルな状況についての彼の考察は、その後の動きを予測するのにとても役立ちました」

通常、企業は取締役会を年に四回から一〇回行っている。それらの会議を生産的かつ前向きなものにするために、ベストなCEOは……

- プライベートセッションから始める
- 会社の将来に向けた議題を積極的に挙げる
- 取締役会メンバーの立場で考える
- 取締役会に会議の運営を任せる

プライベートセッションから始める

フェイケ・シーベスマが二〇〇七年にDSMのCEOに就任した当時、取締役会の議題の最後に「その他案件」という枠が毎回取られていた。シーベスマは取締役会議長に、この枠を議題の最初に持っていきたいと提案した。一部のメンバーは戸惑いを隠せずに「まだ何も話してないというのに、その他もろもろの案件について話しあいたいのですか?」と尋ねた。シーベスマはうなずくと、取締役会議長にさらにこう求めた。「毎回会議の最初に、私に次のように尋ねてほしいのです。『フェイケ、今日の議題と承認案件以外に、あなたの頭の中にあるものは何ですか? あなたが今最もワクワクしたり、懸念したりしているものは何でしょうか?』と」。そして、こう結んだ。「そう尋ねてもらう以外は、議論の形式は自由ですし、プレゼンテーション用の資料を用意する必要もありません。

この枠を、『良いニュースと悪いニュース』と呼びましょう」

シーベスマがこのような依頼をした理由は、二つあった。まず、取締役会の中で今後議題に取り上げられる話の背景を事前に説明できるので、各メンバーがその際に最も有効な形で議論を進められる。次に、決議を採るには時期尚早のためにまだ議題に挙げられないトピックを報告できる。「この方法を試してみたところ、とてもうまくいきました。一時間程度、さまざまな話題について話し、以降の取締役会でも行うのが定番になりました。取締役会と経営陣との関係がより一層オープンになり、信頼もますます深まりました」とシーベスマは語った。

この提案は当時の取締役会議長にとって斬新に思えたかもしれないが、それはベストなCEOが普通にやっていることを、シーベスマもただやろうとしたにすぎなかった。デュポンのエド・ブリーンは、自身の例を次のように語っている。「私は新たにCEOに就任した人と話すたびに、取締役会の最初の一時間はCEO本人と取締役だけが参加するプライベートセッションを行うよう勧めています。このとき、社内の他のメンバーは一切加わらないようにしてください。つい最近も、このアドバイスが一番役に立ったと、あるCEOから言われました。こうしたセッションを行うと、取締役会はあなたが取り組んでいることとの全体像がよりはっきりと見えるようになるので、さらに的確なアドバイスができます」

とはいえ、プライベートセッションは、前に取り上げた「大胆なほどの透明性」が実現できなければ決して成功しない。サーモフィッシャーサイエンティフィックのマーク・キャスパーがCEO就任後にまず始めた策の一つが、取締役会の最初にプライベートセッションを毎回行うことだった。「そこでは、私が懸念していることや、私たちがどんなチャレンジに直面しているかを重点的に取り上げました。これを行った唯一の理由は、会議に透明性という文化をもたらすことで、取締役たちが時間をかけて問題を探り当てなくてもいいようにするためです。もちろん、問題点を探して指摘してもらうのも大歓迎ですが、経営陣の真の存在意義は取締役会に問題を知らせることだという点を、彼らにわかってもらいたいのです。この取り組みによって、会議にまったく新しい文化が生まれます。CEOであるあなたは取締役会の信頼を勝ち取り、取締役会はあなたをさらなる高みへ引き上げてくれます。それによって、議論とインパクトのレベルが高まるのです」

JPモルガンのジェイミー・ダイモンは、こうしたセッションを状況に応じて思いも寄らない方向に進めることで知られている。たとえば、グローバル金融危機の最中、取締役会に出席したダイモンは、これから行われるどんな議論も、今の自分が本当にやらなければならないことの妨げになるだけだと思っていた。「船が沈んでいる最中に楽団について喋っている、映画『タイタニック』の一場面のようになるだろうと危惧していました」。そこでダイモンは一時間かけて自分の考えを話す代わりに、「私は仕事に戻らねばなりません。今まさに起きている問題に、現場で緊急に対処しなければならないのです。よかったら、一緒に来ませんか？」と取締役会に声をかけた。そうして、取締役会のメンバーは会議室を出て、リスクエクスポージャーの報告や、何を売り、何をヘッジすべきかの提案を示している取引画面を最前列で視察した。

プライベートセッション以外の方法で、取締役会と直接コミュニケーションを取っているCEOもいる。デューク・エナジーのリン・グッドは通常二週間ごとに、問題の最新状況を報告する手紙を取締役会に送っている。「これは複雑な問題について、取締役会メンバー同士でより頻繁に話しあえるようにするためです」。また、資生堂の魚谷雅彦は自身の例を次のように語っている。「私は取締役会のメンバーに頻繁にメールを送って、最新情報を共有しています。彼らが新聞やニュースフィードを見て、まだ聞いていない内容について資生堂が発表している記事を目にするようなことにはなってほしくありませんから。取締役会には常に事前に情報を提供するようにしています」。さらに、魚谷は投資家ミーティング出席のために世界各地を巡った際には、帰りのフライトの中で取締役会宛の七、八ページのレポートを熱心に書いているという。

会社の将来に向けた議題を積極的に挙げる

プライベートセッションを始めたら、ベストなCEOが次に行うのは、信任義務関連の議題に加えて会社の将来に向けたトピックが取締役会の議題に含まれているよう徹底することだ。こうした取り組みは取締役会も概ね歓迎していて、取締役の半数以上が、戦略、組織の健全性、人材強化といった、会社の高パフォーマンスを推進するトピックにより多くの時間をかけたいと思っている。[64] とはいえ、そうしたトピックを効果的な方法で盛り込むのは、思った以上に難しい。アホールド・デレーズのディック・ボーアは、次のように説明している。「取締役会メンバーは、八週間前の前回の会議であなたが何を話したかをすっかり忘れていることが多いのです。一方、あなたはその間、議題に挙げた事業についての自身の見解をますます深め、戦略の実現に向けて日々チームと協力してきているのです」。イントゥイットのブラッド・スミスは、さらに複雑な事態が起きる恐れを指摘する。「どういった点で取締役会のサポートが必要なのかを明確に伝えなければ、必要としていないことについてもありとあらゆる意見や提案が出てきてしまいます」

ベストなCEOはこうした課題を克服するために取締役会と協力し、戦略的なフレームワークを構築して合意したうえで、一連の会議に一貫性を持たせるようにする。たとえば、アホールド・デレーズでのボーアのフレームワークには、小売部門を改革して成長を促進するための六つの柱があった。

一つ目のグループの柱は、顧客ロイヤリティの構築、イノベーションの推進、そして新たな市場への参入に関するものだ。二つ目のグループの柱は、事業の簡素化、企業責任の促進、人材開発といった社内の課題に重点を置いたものだ。「フレームワークが決まると、取締役会への追加報告がずっとやりやすくなりましたし、彼らから私へのフィードバックの有益性も高まりました」とボーアは熱く語った。

各CEOの戦略的なフレームワークはみなそれぞれ異なるが、戦略、企業文化、人材強化といった要素が含まれてさえいれば、取締役会の議題には会社の将来に向けたトピックの中で最も重要なものがおのずと取り入れられることになる。こうした会社の将来に向けたトピックが取締役会で毎回取り上げられなければならないというわけではないが、かといって年に一度しか議論しないほど優先順位を下げるのも問題だ。通常は、経営陣の運営のリズムに合わせたタイミングで、取締役会で三、四回ほど取り上げるのがいいのではないだろうか。GEのラリー・カルプは、「取締役会の歩調やリズムが私たちの会社の運営方法を反映したものになれば、取締役会の準備がとても楽になります」と語っている。

たとえば、戦略というトピックを例にしてみよう。最初のセッションでは、戦略的なフレームワークの全般的な変更についての同意を求める。次のセッションでは大まかな提案の承認を行い、その次ではより具体的な案を選んで承認する。その後の会議では、進捗状況を評価する。それは単に財務面での数字のみならず、市場や競争における状況変化を背景とするKPIも対象にする。また、人材強化のトピックの場合、取締役会は最初の会議では会社の全般的な人材強化目標についての議論を行い、次の会議では上位三〇名から五〇名の上級管理職の業績評価を細かく検討し、その次ではリーダーシップの層を厚くして強化するための全体的な計画を立てる、というのが一般的だ。こうしたトピックは、信任義務関連、取締役会の継続的な事業への理解の促進、取締役会自体への評価（最後の二つは第一一章で取り上げた）といった課題と併せて検討を行うようにすることが必要だ。

また、人材強化関連のトピックの中でもサクセッションプラン（後継者育成計画）は、就任してから日が浅いCEOは取締役会に持ち出すのを失念してしまうことが多いのだが、どの会社でも常に忘れずに取り上げるべきものだということに注意してほしい。CEOは交代の時期が来ても後任選びに関わることはないが、それでもベストなCEOは有望な候補者の育成において指導的な役割を果たす。現職のCEOは、独自の視点で会社の戦略を幅広く深く理解しているので、どんな後継者が最適かをわかっているからだ。後継者選びのプロセスがバイアスで歪められるのを徹底的に防ぐためにも、CEO、人事部門のトップ、そして取締役会から選ばれた一部が実質的な中心メンバーとなって、社内での候補を選ぶ基準の見直し、最終選考に残った候補者の評価および再評価、候補者へのフィードバック、育成計画の立案と導入を定期的に行うべきだ。

マスターカードのアジェイ・バンガは任期の一年目からそうした話しあいを始め、その後は毎年一二月に行ってきた。この一連のプロセスは取締役会のみならず、自分にとっても有益だったとバンガは打ち明ける。「私からCEOのみなさんへの最大のアドバイスは、自分が去ったあとのCEOが成功するために必要だとあなたが思うことに早めに手をつける、というものです。そうしたことを取締役会と議論するのを、ためらう必要はありません。彼らからフィードバックをもらいましょう。本当のことを言えば、これはあなたのCEOとしてのはたらきを評価してもらうものでもあるのです」

取締役会で会社の将来に向けたどんなトピックを話しあうときも、経営陣が取締役会に何を求めているのかを明確に示すことが最良の策であるのは明らかだ。ブラッド・スミスが次に紹介する手法は、イントゥイットで大きな成果をもたらしたそうだ。「取締役会へプレゼンテーションを行うたびに資料の表紙に概要を載せ、その右側の四角で囲った中に、どの箇所でアドバイスが必要かを二、三点にまとめたものも加えました。この方法で、取締役会のエネルギーの九割を私たちをサポートする方向に向けることができたのです」

とはいえ、心からアドバイスを求める気持ちがなければ、話しあいの中で役立つアドバイスを引き出せることなく終わるだろう。ベスト・バイのユベール・ジョリーは、CEO就任直後は自身の態度に問題があってうまくいかなかったと打ち明ける。「CEOになりたての頃は、自分はとても優秀だから何もかも自分でこなせると思い込んでいました。取締役会への報告は、派手な見世物にすぎないとも思っていたのです。それゆえ、私は自分がすごいと思われそうな話ばかりしたので、取締役会は私の話に異議を唱えることも、つけくわえることもしませんでした。私は勝ったと思いました。しかし、人は年齢とともに謙虚になり、経験を積み重ねることで賢くなります。そうして、私は自分のやり方を変えていきました」

取締役会メンバーの立場で考える

取締役会のメンバーになるとはどういうものなのかをCEOが理解するための最善の策は、他社の社外取締役になることだ。取締役会の会議室のテーブルの反対側から、取締役会を体験するのは極めて有益な学習経験であり、効果的なやり方は取り入れて、そうでないものは避けて通ればいい。

エーオンのグレッグ・ケースも次のように語っている。「私が他社の取締役会のメンバーになったのは、取締役会の一連の流れを理解して、そのパターンをもっとよく把握したかったからです。CEOになると、取締役会で座って穏やかに会話し、充実した時間を過ごせます。そして、やがてそこを去ることになります。するとその後、自身についての何らかの批判を耳にするものです。他社の取締役会メンバーになると、そこのＣＥＯが去ったあとに取締役会でどんな会話が交わされるのかを目の当たりにすることができるという、最高の利点があります。他では到底得ることのできない教訓を手に入れられるのです」

アメリカン・エキスプレスのケン・シェノルトのように、ＣＥＯになる前に他社の社外取締役を務めてきた例もある。「ＣＥＯになる前に務めた最初の取締役は、ＩＢＭにおいてでした」とシェノルトは言う。「取締役を務めることは、のちにＣＥＯになったときに直面することになる問題をより深く理解し、対処方法を直接学ぶうえで役立ちました。そして、そのお返しと言っては何ですが、ＣＥＯ就任後は今度はそのリーダーとしての経験を通じて、取締役会メンバーとしてより一層貢献できました」

ただし、ベストなＣＥＯの多くは、就任後の最初の二、三年は一社のみ社外取締役を務めるよう勧めている。ゼネラル・ミルズのケン・パウエルは、その理由を次のように説明している。「私の前任者は他社の取締役会を三つ掛け持ちしていました。当時はＣＥＯが数社で社外取締役を務めるのは珍しくありませんでしたし、しかも問題なく両立できたようです。しかし、今日のＣＥＯは自身の仕事に費やさなければならない時間が増えています。それに実のところ、取締役も求められる仕事の時間量が増えているので、ＣＥＯが複数の社外取締役を掛け持ちするのは無理だと思います。しかし社外取締役を一社だけ務めるのは、極めて貴重な経験になります。取締役会を反対側の立場から見ることができる機会ほど、役に立つものはありませんから」

他社の取締役会メンバーを務めるのには、そうした新たな視点を手に入れられることのみならず、他の会社がどのように運営されているかを知ることができるという利点もある。デューク・エナジーのリン・グッドも、次のように語っている。「その会社のガバナンスの仕組みのみならず、戦略、人材強化、資本に関する重要な判断といった、どれも私自身の仕事と関係することの仕組みも内側から覗けて、とても興味深いです。取締役会のメンバーになると、それらを最前列で見ることができるのです」

取締役会に会議の運営を任せる

この部ではベストなＣＥＯがいかにして取締役会を引き入れているかを取り上げてきたので、ベストなＣＥＯが取締役会への対応に多大な時間を費やしていると読者のみなさんは思ったかもしれない。だが実際は、そうではない。この点について、ＪＰモルガンのジェイミー・ダイモンもこう語っている。「自分の時間の三割を取締役会との仕事に充てている、というＣＥＯに会ったことがあります。そのとき私は『え、何だって！』と内心思いました。私が自社の取締役会と過ごす時間は、それよりはるかに少ないからです。もちろん、今の私は取締役会のメンバーをよく知っているというのもありますが、それでもＣＥＯになりたてのときだってそこまで一緒の時間を過ごそうとは思いませんでしたし、私にそこまで取締役会に時間を使ってほしいと思う取締役は、どこを探してもいるとは思えません」

エーオンのグレッグ・ケースも、この点に強く同意している。「『私にとって大変幸運なことに、当社の取締役会はとてもきちんとしています。資料にはすべて目を通してくれます。どんな議題も決して手を抜くことなく問題解決に向けた熱心な議論を行い、必要とあればそうした会議を何度でも行います。取締役会のメンバーに話を聞くと、彼らは実質的に勤務時間の二割を取締役会の仕事に充てているそうです』。こう耳にすることがありますが、これは間違っています。平均レベルの取締役会を一〇回行うよりも、高レベルのものを四、五回行うほうがずっと効果的です。会議では最も重要な問題に集中して、それ以外は委員会で詳細を詰めるほうがうまくいきます。しかも、委員会の運営に秀でた経営幹部に任せられるなら、CEOは何もすべての委員会に出る必要はありません」

ベストなCEOは詳細の詰めを委員会に任せるのみならず、これまでの章で取り上げた内容以上にガバナンス項目に首を突っ込むことはない。その理由について、USバンコープのリチャード・デイビスは、次のように強く訴えている。「何があろうと、取締役会のやり方に決して口を挟んではなりません。絶対に駄目です。たとえば、委員会のメンバーに誰を選べばいいと思うかと取締役会に尋ねられたら、『それはみなさんにお任せします』と答えるのです。具体的に答えても何の利点もありません。私はさらに、『全員がふさわしいと思いますよ。みなさんはこの取締役会について誰よりも詳しいのですから、みなさんで決めてください』とつけくわえます。何事も、CEOが中心となって決めようとするのは賢明な策ではありません。なぜなら、あとになって、あなたの判断は偏見やえこひいきによるものだと取締役会にみなされるかもしれないからです。CEOが良かれと思って質問に答えたにもかかわらず、それがのちに本人にとって不利にはたらいてしまった例をいくつも見てきました」

JPモルガンのダイモンは、本書でここまで取り上げてきた以外の、取締役会のガバナンス項目の領域には決して足を踏み入れないことの重要性について、こう語った。「『ロンドンの鯨』の一件（同行が六〇億ドル以上の損害を被った取引問題）は、まさにその例です。私は取締役会に、ただ次のように言いました。『問題に対処するためのプレーブックは、そちらで用意してください。なぜなら、私も調査を受けなければならない立場だからです。私はCEOとしての調査を行いますが、みなさんにはそれとは別で調査を行い、私が何の不正も行っていないこと、そして取締役会も何の不正も行っていないことを明らかにしていただかなければなりません。私の仕事は、この問題を解決して分析を行い、他に問題がないかどうかを取締役会のみなさんに報告することです』」

サクセッションプラン（後継者育成計画）でさえも、CEOは前に説明した社内候補育成の役割以外については、できるだけ距離を置くに越したことはない。エコラボのダグ・ベイカーは、後任の候補者の面接は取締役会メンバーに、各候補者の評価は外部機関に行ってもらうことにした。「取締役会がすべてのデータを入手するまで、私は何の意見も言いませんでした」と、ベイカーは当時を振り返った。「外部機関による評価と、候補者たちを面接した他の取締役会メンバーたちの評価にまず目を通してもらいたかったのです。取締役会には『みなさんの手順を邪魔したくありませんので、そのあとで私の見解をお伝えします。最終的な結果がたとえどんなものであっても私は受け入れますし、その結果を全力で支持します。最終的な選択権は取締役会にあるのですから』と伝えました。頭の中ではまさにそのように思っていましたし、たとえ何があってもその考えに従って行動していたはずです。ただし、心の中では自分の希望どおりになってほしいと思っていました。まあ、人間とはそういうものですから」

きちんとした対処がなされなければ、取締役会はダッシュボードやバックミラーを必要以上に長く覗き込むだけのものになってしまう。ベストなCEOたちは、取締役会メンバーたちの専門知識を前方の道案内に十分活用するために、彼らの目が将来にも向けられるよう徹底する。そのために、重要となりうるトピックのプレビューを共有するプライベートセッションから会議を始める。また、信任義務案件のみならず、戦略、企業文化、人材強化関連の議題が必ず含まれるよう徹底する。さらに、

ＣＥＯ自身、取締役会のメンバーになるとはどういうものなのかを経験するために他社の社外取締役になり、取締役会がどのように運営されているのかを取締役会メンバーの立場から理解すると同時に、他社の運営方法について実践に役立つ洞察も手に入れる。それ以外については、実務上（時間の使い方）と思想上（取締役会の独立性の担保）の理由から、取締役会の仕事とは一定の距離を置く。

取締役会を引き入れる――ベストなＣＥＯを他と分かつもの

マインドセット――事業に役立ってくれるよう取締役会を支えよ

信頼関係を構築するための行動習慣――	**信頼の土台を築く** ・大胆なほどの透明性を選択する ・CEOと取締役会議長の信頼関係を強化する ・一人一人の取締役にはたらきかける ・取締役会を経営幹部に関わらせる
決議能力を向上させるための行動習慣――	**年長者たちの知恵に敬意を払う** ・取締役会と経営陣の役割を明確に線引きする ・取締役に求められる人物像を具体的に示す ・取締役会に自身の考えに対する理解を深めてもらう ・取締役会に常に変化しつづけるよう促す
取締役会を最大限活用するための行動習慣――	**未来に重点を置く** ・プライベートセッションから始める ・会社の将来に向けた議題を積極的に挙げる ・取締役会メンバーの立場で考える ・取締役会に会議の運営を任せる

まとめ

この部で取り上げたのは、ベスト・バイのユベール・ジョリーが「新たなＣＥＯにとっての最大の変革かつチャレンジ」と呼ぶ、「取締役会を引き入れる」ことだ。ＤＢＳのピユシュ・グプタの次の言葉は、ベストなＣＥＯを他と分かつマインドセットを総括している。「大多数の人、それに実は大多数の取締役会自体も、取締役会をガバナンス機関と思っています。でも私の考え方は異なります。私はＣＥＯになったその日から、取締役会はビジネスにおけるパートナーだと思ってきました」

「事業に役立ってくれるよう取締役会を支えよ」というマインドセットには、関係構築、決議能力、取締役会の有効活用の三つの主な側面があり、ＣＥＯは取締役会を引き入れる際にそれらを考慮しなければならない。それらをまとめたものが前ページの表だ。取締役会の有用性を確かなものにすることは、高い価値のある活動だ。ある調査によると、取締役会の高い有用性は、会社の業績および時価総額の向上と強い相関があり、しかも一部の好ましくない物言う株主（アクティビスト）を寄せつけない効果があることも判明している。

大手上場企業ＣＥＯによるこれらのアドバイスの多くは、そうでない人にも役に立つ。自分自身に次のように問いかけてみよう。私にアドバイスしてくれて、私が責任を持って義務を果たすのを支えてくれる、私の独立諮問委員会（非公式なものでも）のメンバーは誰だろう？　私にとって大事なスキルの中で、それらの人々が持っているもの、あるいは彼らに欠けているものは何だろう？　その人々は私に適切な指導ができるくらい、私の事情を詳しく把握しているだろうか？　私は自分の最新の立ち位置や自身のニーズについての極めて高い透明性を、彼らにどの程度もたらしているだろうか？　私たちはリスク管理やチャンスを捉えることについて、深く話しあっているだろうか？　私は誰の諮問委員会のメンバーで、その結果何を学んだだろうか？

「ステークホルダーと連携する」ためのマインドセット

「なぜ?」から始めよ

誰もがみな、大事な存在だ

難しいのは、その理由を探し当てることだ

――エモリー・R・フリー

事業を経営して取締役会に対応するだけでも大変なのに、今日のCEOは各方面のさまざまなステークホルダーと、従来では想像もできなかったほど頻繁にやりとりしなければならない。マイクロソフトのサティア・ナデラも、こう語っている。「私の仕事とは常にお客様に対応することであり、ビジネスパートナーに対応することであり、社員に対応することであり、そして投資家や政府に対応することです。私はすべての時間を、彼らすべてに捧げています」。実際、会社の業績と、CEOのそうした対応の巧みさには、関連性があることがわかっている。ある調査によると、企業と社外ステークホルダーとの関係は、最終利益を三割も変化させうるほどの影響力を持つという(65)。さらに、ステークホルダーとの連携は、企業の将来に予想外の多大なインパクトをもたらす可能性もある。たとえば会社が危機に見舞われたときには、リーダーがいかに事態に対処するかのみならず、さまざまなステークホルダーの信頼と信用を得るためにそれまでどんなことをしてきたか（あるいはしてこなかったか）によって、その後の展開は劇的に変わってくる。

ＣＥＯの大半はそうした現実を理解しているので、自社の広報部に協力を仰いで、ステークホルダーたちと円滑な関係を保とうとする。そのとき主に重視しているのは、誰といつ、何について話すか、といったことだ。一方で、ベストなＣＥＯたちは、「なぜ？」という問いかけから始める。「私たちの会社は、なぜ社会で活動するに値しているのだろう？」「私たちはなぜ、各ステークホルダーにとって重要な存在なのだろう？」「各ステークホルダーは、なぜ私たちにとって重要な存在なのだろう？」「各ステークホルダーはなぜ、今やっていることを選んでやっているのだろう？」。そのようにして関係者たちの動機、希望、懸念を深く理解することで、ベストなＣＥＯたちは会社の長期的な繁栄を支えてくれる外部との強い絆を築いている。

このあとの章では、「なぜ？」と問いかけるこのマインドセットを、「社会的責任を明確に示す」「強い相互連携関係を築く」「真実の瞬間に指導力を発揮する」といった、ステークホルダー対応における責務の三つの側面で、実践につなげる方法について取り上げていく。

第一三章

社会的責任を明確に示すための行動習慣

大局にインパクトをもたらす

目的の明確さは、あらゆる成果の出発点だ
——W・クレメント・ストーン

一九四六年、ヴィクトール・フランクルは、ナチスの強制収容所で囚人としてとらわれていたときの経験を記した著書『夜と霧』（一九八五年、みすず書房）を出版した。絶望と落胆に満ちた環境下でなぜ一部の人は生き残れたのかを突き詰めて考えたフランクルは、生還した彼らにはより大きな目的意識があったという結論に達した。フランクルは、収容者の中にはバラック小屋を歩き回っては他の人を慰め、自身の最後の一切れのパンを与えていた人もいたと振り返っている。そして、次のように記している。「そういった人は数のうえではごくわずかだったかもしれないが、彼らの存在は、人間からは絶対に奪うことのできないものがあることの十分な証拠となった。そう、どんな状況においても自分の心構えを選べる自由、自分の道を選べる自由という、これは人間に最後まで残された決して奪うことはできないものなのだ[66]」

それから七〇年以上経った現在、フランクルのこの著書は一〇〇〇万部以上の販売数を記録し、二四カ国語に翻訳され、アメリカ議会図書館の「最も大きな影響を与えた本一〇選」の一冊に選ばれている。同書がこれほどまでに支持され、人々に影響を与えている理由は、それが「世の中で生き延びて前進するためには、意義を持つことが不可欠だ」という人間の深遠な真理を明らかにしたものだからだ。

とはいえ、人は仕事ではどんなことに意義を見出しているのだろうか？　ある調査によると、従業員は少なくとも五つの目的や動機によって働いていることが判明している。(67)　一つ目は、自分自身の成長、金銭的および非金銭的報酬、行動の自由といった、自分自身に関するもの。二つ目は、帰属意識を抱く、互いを気づかう、自分が属するグループのためにやるべきことをやるといった、職場の仲間や同僚に関するもの。三つ目は、ベストな行動習慣を身につけて競争相手に打ち勝つことで業界トップに立つという、会社に関するもの。四つ目は、より優れたサービスや製品を提供することでお客様の暮らしをより便利でより良いものにするという、顧客へのインパクトに関するもの。そして五つ目は、世の中をより良くするという、社会へのインパクトに関するものだ。

大半の人は多かれ少なかれこの五つすべての動機から意義を見出しているが、その中で最も強い動機はそれぞれによって異なっている。また、この五つのどれが仕事のためのエネルギーの最大の源になっているかという調査を行うと、どんな母集団でも答えがほぼ均等に分散されることが示された。つまり、自身の成長に関することが最大の動機になる人が全体の五分の一、仲間や同僚に関することがそうである人も全体の五分の一、といった具合だ。そのためCEOは、「なぜ、今取り組んでいることをやっているのだろう？」という問いかけに対して、この五つの要素それぞれについての説得力のある根拠を示せるよう徹底しなければならない。たとえば、会社がいかにして競争相手に勝てばいいかについての話は、聞いている人の二割にしか深く刺さらない。ＣＥＯはこの五つの動機について の「なぜ？」に明確に答えることで、会社の全従業員のそれぞれの最大の動機を高めて会社の実績に結びつけることができる。

また、社会的責任と他の四つの動機との境界線はますますあいまいになってきている。今日ではアメリカの消費者の八七パーセントが、自身が関心を抱いている社会問題の解決を支援している企業の製品を購入したいと答えているし、[68] 就職予定者の九四パーセントが、自分の能力を大義のために活かしたいと思っている。[69] さらに、前にも述べたとおり、ソーシャルメディアの台頭によって企業の事業運営に関する透明性が高まったことで、世間は企業のリーダーたちに対して、企業が社会、環境に与えたインパクトへの責任を、二一世紀以前なら到底無理だった手段で問えるようになった。

それゆえ、アメリカの主要企業ＣＥＯ一八一名によるロビー団体「ビジネス・ラウンドテーブル」（ＪＰモルガンのジェイミー・ダイモン、ＧＭのメアリー・バーラ、デュークエナジーのリン・グッド、ロッキード・マーティンのマリリン・ヒューソンといったメンバーも理事を務めていた）が、二〇一九年に「企業のパーパス」の定義を「何としてでも利益を最大化する」という、何十年間も資本主義者の目標となってきたものから、「企業の行動が影響をもたらすあらゆることの健全性とあらゆる人の幸せを追求する」という、より包括的な目標へと変更したのは当然のことと言えるだろう。[70]

同団体のこの決断が世界中のマスメディアで大きく取り上げられたことで、ほぼすべての大企業のＣＥＯは、自社の社会的責任を明確にするよう関係者たちから求められた。しかしながら、ベストなＣＥＯたちはすでにそうしていた。ここ二〇年間において、自社の社会的責任を明確に掲げている企業の業績はＳ＆Ｐ５００を大きく上回っていることが、ある調査によって判明している。[71] これらの企業の優れた業績は、ステークホルダー資本主義の複合的な恩恵によってもたらされたものだ。たとえば、顧客ロイヤリティの向上、リソース使用削減による効率性の改善、従業員のモチベーション向上、資本コストの低減はその一例だ。また、ステークホルダーとのより密接な結びつきが、リスクの早期発見・回避能力の向上につながった。株式市場も、こうした手法には利点があるとみなしている。一九九五年以降、サステナブル投資は一八倍にも成長している。

とはいえ、社会的責任を持つことは高業績につながるという証拠がこれほど多くあるにもかかわらず、大半の企業はそれを実践できていない。八二パーセントの企業がパーパスを持つことの重要性を認めていながらも、自社が掲げている「パーパス」が社会に影響をもたらしていると答えた企業はたった四二パーセントだった[72]。一方、消費者の半数以上は、ブランドメーカーは自らが掲げているほど社会に貢献していないと感じていて、しかも、自分が購入するブランドを信頼していると答えたのは三人に一人にすぎなかった[73]。

そんな中、ナイロビを本拠地とするエクイティグループホールディングスは、掲げた約束をきちんと実行している企業の一例だ。同社は東部および中部アフリカ最大の金融サービス会社で、およそ一〇億ドルの総資産と一五〇〇万人の顧客を擁している。同社の社会的責任は、人々の人生をより良く変化させ、人々の尊厳を守り、人々が富を生み出せるチャンスをつくることだ。この使命を果たすための数多くの取り組みの一つとして、グループ傘下のエクイティ銀行は三万六〇〇〇人の孤児に対して、四年間の中等教育を無償で受けられる「空を飛ぶための翼（Wings to Fly program）」という奨学金プログラムを導入した。二〇〇五年に同グループCEOに就任したジェームズ・ムワンギはこう説明している。「これはつまり、何千もの村において『エクイティの支援がなければ、あの子は生きるのに苦労していたはずだ』とみなが知っていて話題になる子どもが、少なくとも一人はいるということです。私たちが地域社会の身寄りのない子どもたちを教育する責任を負ったことで、今度はその地域社会がお返しとして、私たちの商品やサービスを利用して支えてくれています。要は、分け与えれば与えるほど、私たちはより一層大きな目的を持って会社を運営できると同時に、より多くの利益を実現できるということです。これはまさに共生関係であり、私は今ではこの関係を企業の社会的責任と呼ぶ代わりに、繁栄の共有と呼んでいます」

ムワンギが「繁栄の共有」と呼ぶこの関係をつくりだすために、ベストなCEOは……

- **自社が「なぜ?」社会に存在しているのかを明らかにする**
- **パーパスを会社運営の中心に組み込む**
- **強みを活かしてより良い変化を実現する**
- **正当な場面では立ち位置を明確にする**

自社が「なぜ?」社会に存在しているのかを明らかにする

組織が社会的責任を持つという発想は、決して目新しいものではない。一九六〇年三月八日、ヒューレット・パッカードの共同創業者でのちにCEOに就任したデイブ・パッカードは、同社の研修部門に次のように語りかけた。「そもそも会社というものがなぜ存在しているのかについて、お話ししたいと思います。それはつまり、私たちは今なぜここにいるのか? ということでもあります。世間では、会社はただ金儲けのためだけに存在していると思われているようですが、その考え方は間違っています。お金は会社が存在することで得られる大事な結果ではありますが、私たちの存在意義を見つけるためにはもっと深く掘り下げなければなりません」。そうしてパッカードは、「会社は『社会に貢献する』ために存在している」という自身の見解を示した。そしてさらに、科学の進歩に大きく貢献する責任がヒューレット・パッカードにある理由についても語った。また、「パーパスを具体的な目標や事業戦略と混同してはなりません」と指摘し、「目標を達成したり戦略を実現したりすることはできても、パーパスを果たすことはできません。なぜなら、パーパスとは地平線の先を導く星と同じように永久に追いかけるものであって、決して到達できないものだからです。また、パーパスそのものは変化しませんが、パーパスは変革を促します。パーパスとは決して完璧に果たされないものであるという事実があるからこそ、組織は変革と進歩を促進しつづけられるのです」と説明した。[74]

パッカードと同様に、ベストなCEOたちは自身の組織に明確かつ社会的な目的意識を植えつける。ロッキード・マーティンの従業員にあなたの仕事は何ですかと尋ねたら、彼らはこう答えるとマリリン・ヒューソンは言う。「自分たちはただ航空機、レーダー、ミサイル防衛システムをつくっているのではなく、アメリカと同盟国がグローバルな安全保障を強化するのを支えていると答えるでしょう。自分たちはただソフトウェアを開発しているのではなく、政府が大勢の市民へ必要不可欠なサービスを提供するのを支えていると答えるでしょう。自分たちはただ人工衛星やロケットを設計しているのではなく、科学的発見の境界線を広げていると答えるでしょう」。また、ゼネラル・ミルズの前CEOケン・パウエルによると、同社の従業員たちは「消費者のみなさんに愛される商品を、世界に提供」しているという。フレミング・オルンスコフがCEOを務めるガルデルマでは、従業員たちは「肌の健康に対する科学的根拠に基づいた解決策に重点的に取り組むことで、人々の生活の質を向上させている」という。私たちが話を聞いたベストなCEOたちはみな同様に、自社の存在意義が何であるか、自社がいかに社会に付加価値を与えているかについて、明確かつ説得力のある言葉を持っている。

パタゴニア、トムス、ワービーパーカー、セブンスジェネレーション、ベン&ジェリーズのように、社会的使命を果たすことを極めてはっきりした目的として創業された企業もある。また、自社の社会的アイデンティティーがそこまで明確になっていない場合、優れたCEOは自社のビジョンを再定義するのと同じ方法でそれらを定義する。ベストなCEOの多くがビジョン、ミッション、パーパスを代替可能な構想とみなしているのはそういうわけだ。また、第一章でも取り上げた、「弱者に味方する」というイントゥイット創業時の基本精神を生き返らせたブラッド・スミスや、「人々がさらなるテクノロジーを創造できるようなテクノロジーを創造する」というマイクロソフト創業時の高い理想を再確認したサティア・ナデラの例のように、自社の創業の原点に社会的な意図を見つけて、それをより一層高めようとするCEOもいる。

二〇一二年に大手電力会社オーステッド（旧名デンマーク石油・天然ガス会社）のCEOに就任したヘンリク・ポールセン（四四二ページ参照）は、近年で最も劇的なパーパス主導型の企業変革の一つとされる変革を成し遂げ、世間をあっと言わせた。CEO就任直後、かつてはデンマーク最大の電力会社だった同社の成長が停滞していたことから、ポールセンは同社に新たな活力を吹き込む方法を見つけなければならないと決意した。そうして新たな方向を模索する中で、ポールセンは自身のチームとともに「社会が必要としているものは何だろう？　この会社が秀でているものは何だろう？」と自問しつづけた。

ポールセンたちは、この業界は化石燃料からクリーンエネルギーへの大規模な転換の一歩手前にいると強く感じていた。「科学が正しいこと、そして世界はいずれ地球温暖化に真剣に対処しなければならなくなるということを、私たちが本当に信じているかどうかを明確にしなければなりませんでした」。そして、そう信じていたポールセンは、「あとからついていくのではなく、なるべく早く正しい道を歩むべきだ」と判断した。ポールセンはCEOとして、オーステッドが投資していた洋上風力発電プロジェクトに賭けることにした。当時、この発電技術は化石燃料発電よりもコストがかかったが、会社の長期的成長を考えるうえで最も大きな可能性を秘めているように思えた。たしかに当時は利益の上がらないニッチな事業で需要も不確かであったが、ポールセンは自身がマクロトレンドにうまく乗っていることを確信していた。

変革に乗り出した早い段階から、ポールセンはオーステッドが化石燃料事業から脱却するための大胆な手をいくつも打った。その一つは、二〇一四年に資金調達のために同社株式の一八パーセントを、ゴールドマン・サックス傘下のプライベートエクイティ投資会社へ売却するという策だった。当時オーステッドの株式の大半を保持していたのはデンマーク政府で、自身の計画の実現に資金が必要だったポールセンは政府から資金調達をしようとしたが、うまくいかなかったのだ。そうして、ポールセンがゴールドマンとの取引を発表すると、激しい反発が起きた。デンマーク国民の多くは、ポールセンが株を安売りしたと感じた。国民の六八パーセントが売却に反対し、六名の閣僚を含む主要な政治家が多数辞任した。それでも、ポールセンは自身の判断を曲げることなく、ゴールドマンから調達した資金を活用した。その後、オーステッドはイギリス、ドイツをはじめとする国々でいくつものプロジェクトを受注し、洋上風力発電のグローバルなリーダーを目指して成長していった。

二〇一六年、オーステッドは上場し、上場時の時価総額は一六〇億ドルだった。翌年、同社は石炭の利用を廃止し、石油・ガス事業をイネオスに一〇億ドルで売却した。さらには再生可能エネルギーへの転換を反映して、同年に社名をデンマーク石油・天然ガス会社からオーステッドに変更した（新社名は電磁場を発見したデンマークの科学者ハンス・クリスティアン・オーステッドに由来している）。今日では、同社がつくりだすエネルギーの九割は再生可能資源によるものだ。会社を変革するために気候変動への対処という大きな社会的使命を遂行しようとする施策は、効果をもたらした。かつては化石燃料が中心だったこのデンマーク企業は、ポールセンがＣＥＯを退任した二〇二一年には、世界で最もサステナブルな企業という評価を得るようになっていた。しかも、時価総額は八〇〇億ドルを超えていて、これはポールセンがＣＥＯに就任した当時の九倍に相当していた。そしてポールセンの在職期間中に、オーステッドの洋上風力発電能力は五倍以上になった。

「この八年間を振り返ると」とポールセンは語る。「私たちにとって、組織内で目的意識を深く根づかせることが極めて重要でした。社員たちは私たちが進めていたことを心の底から信じてくれました。その信頼が生産性を生み出し、実行する能力を生み出しました。そうして、その実行能力が競争力を生み出したのです。私たちの確信が大きくなるにつれて、周囲を取り巻く社会も私たちが正しいとより一層信じるようになりました。人々が大きな関心を抱いている市場の基本的なニーズにしっかりとつながっているパーパスは、会社にとって最大の資産になります」

ただし、すべての企業の社会的責任がオーステッドのものと同じくらい明白であるわけではない。では、ＣＥＯは自社のパーパスが正しいものかどうか、いかにして判断しているのだろうか？　基準となるのは、そのパーパスには情緒的なインパクトがあるかどうか（「私たちは本当にこれができるのだろうか？」という挑戦する気持ちを従業員たちから引き出せるか？）と、それが理にかなったものかどうかだ（会社のビジョン、戦略、能力、企業文化、ブランドと共生関係にあるか？）。ガルデルマのフレミング・オルンスコフは、以前ＣＥＯを務めていたバイオテクノロジー企業のパーパスが正しかったことを実感できた経験について、次のように語っている。「私がＣＥＯを務めていた当時のシャイアーの社員と、ばったり会ったときのことです。彼女は私にこう言ってくれました。『今勤務している会社に欠けていてシャイアーのときにあったと思うのは、私は自分たちがなぜこれをやっているのかを常にきちんと把握できていたということです。パーパスがとてもはっきりしていました。当時は家に帰ると、希少疾患について、そうした病気に対処することがいかに重要であるか、そして私たち社員がいかにして貢献しているかを家族に説明できたのです』」

パーパスを会社運営の中心に組み込む

一部の批評家は社会的責任を語るＣＥＯに対して、それは果たして会社の実際の事業内容と本当に連動しているのかと疑いの目を向ける。たしかに、そういった主張には一理ある。自社の社会的責任について語らなければならないという世間からの圧力が高まるにつれて、多くのＣＥＯは「意識が高い《ウォーク》企業ぶる」という罠にますますはまっていっている。つまり、「我が社はより良い社会になるよう支援している」と言っているにもかかわらず、実際には弱者のコミュニティに害を及ぼしつづけている企業が多い。それとは対照的に、ベストなＣＥＯが追求していることについて、マイクロソフトのサティア・ナデラはこう語っている。「かつて『思考、言葉、行動が一致している人しか信用できない』と言っていた人がいました。それと同様に、思考、言葉、行動が一致している企業しか信用できません。大事なのは、そうした一貫性なのです」

たとえば、ダグ・ベイカーはエコラボにおけるサステナビリティを副次的なものではなく、同社の成長の成果にしようと取り組んだ。「『我が社の成長がより深刻な公害をもたらしているので、カーボンオフセットに資金を提供して相殺しよう』というやり方では、当然ながら会社の一貫性は保たれません。私たちは事業におけるそうした矛盾を解消するために、資源の利用を削減しながら世界に誇る成果を上げられる手法を開発、導入しました。その結果、当社が成長すればするほど水やエネルギーの消費が削減されるという点で、プラスのインパクトをもたらしました」。ベイカーはサステナビリティを企業イメージ戦略の一つではなく、エコラボの事業を運営するうえでの欠かせない一部にした。

ベイカーが社会的責任についてのひらめきを得たのは、ＣＥＯに就任してまだ日も浅い頃に、医療機器メーカーであるメドトロニックのアニュアルレポートに何気なく目を通していたときのことだった。「この会社のミッションステートメントを読んで、衝撃を受けました」とベイカーは言う。「同社はペースメーカーをつくっている企業ですから、その製品は人の命を救い、寿命を長くするために役立っています。しかも、患者さんたちを招いて、メドトロニックがいかにして彼らの命を救ったかを社員に話してもらう機会までつくっているのです。そうした場での経験は、社員の心をかき立てます。このレポートのおかげで、私はエコラボにももっと多くを成し遂げる力があると気づきました。私はビジネスにおいて、より多くの点数を挙げるのを競うのが好きです。そういった競争は、とても楽しいです。しかし、人生で大事なのは、お金を稼ぐことだけではありません。そして、社会的責任を果たすためには、社内のチームの判断力に訴えるのみならず、彼らの心もつかまなければなりません」

そこで、ベイカーは会社のインパクトと社会的責任についてより深く検討するよう、トップチームに指示した。当時創業八〇周年を迎えていた同社は、労働力の効率化やコスト削減をうたい、工業用洗浄剤や食品安全関連の製品やサービスを提供していた。ベイカーとチームは何度も検討を重ねた結果、世界をより清潔、安全、健康的なものにして、人々、そしてなくてはならない資源を守るという、サステナビリティに基づいたパーパスを選んだ。「そうしたことで、私たちは水とエネルギーの節約にはるかに力を入れて取り組むようになり、それによって経済面でも環境面でも便益をもたらすことができました」。エコラボは自社の製品がより高度な節水、省エネルギーを実現できるよう開発を進め、それと同時にナルコ（水処理）やチャンピオン（エネルギーサービス）を買収して企業の能力を高めた。

「私からのアドバイスは、昼間は悪いことをして、それを相殺したいから午後六時から七時までは良い行いをする、という生活にはまってはならないということです。それは失敗に終わるモデルです。そうしたやり方は、いつかぼろが出ます。長期的には、決してうまくいきません。売れば売るほど水やエネルギーが節約できる、というようにこの二つを両立して初めて、自身の仕事と価値観を一致させられるのです」とベイカーは語る。このアドバイスは、傾聴に値するだろう。なぜなら、ベイカーは二〇〇四年にはおよそ七〇億ドルだったエコラボの時価総額を、二〇二〇年には六〇〇億ドルを超えるまでに成長させ、同社のアメリカ企業時価総額ランキング上位一〇〇社入りを実現したからだ。またベイカー本人も、『ハーバード・ビジネス・レビュー』の「トップ100CEO」に名を連ねた。さらに同じく重要な点として、エコラボの事業推進上の主要指標である顧客の年間節水量は現在二〇六〇億ガロンで、二〇三〇年に三〇〇〇億ガロンを達成するのが目標となっている。

ベイカーと同様に、ベストなCEOたちは社会的責任を自社の運営の中心に組み込むことで、その二つの間の矛盾を最小限に抑える。その中で、自社の戦略、製品、サービス、サプライチェーン、指標、インセンティブが、掲げたパーパスとかみ合っているかどうかを確認する。そのうえ、「重要なステークホルダーから偽善的だと指摘されそうな我が社の事業領域は何だろう？」「現在まだ測定や報告を行っていないもので、将来社会が私たちの責任とみなすようになると思われるものは何だろう？」と常に自問している。

ユベール・ジョリーは、ベスト・バイの戦略を「テクノロジーを通じて生活を豊かにする」という同社のパーパスと比較検証することで、成長への新たな機会が開かれたと語っている。「お客様のために自分たちに何ができるかという発想を、大きく広げることができました」。その一例は、人口の高齢化に加えて、施設に入るよりも住み慣れた我が家でできるだけ長く過ごしたい高齢者が増加するという世界的なトレンドを読んで、同社がヘルスケア業界に参入したことだ。「そのために、いくつかの企業を買収しました。現在は高齢の方々のご自宅にセンサーをつけ、ＡＩを活用して毎日の生活を見守っています」とジョリーは説明する。「たとえば、問題なく食事や睡眠を取られているかを確認しています。そして、何らかの事態が起きたときはセンターに通報が行きます。このサービスは保険会社を通じて販売されていて、当社にとって大きな成長が見込める分野です。従来の発想だけで自社の事業を捉えていたら、この業界への参入は思いつかなかったはずです」

強みを活かしてより良い変化を実現する

どんなに明確で説得力があり、会社運営の中心に組み込まれたパーパスがあっても、ステークホルダーが求めているレベルの企業の社会的責任《CSR》活動をすべて実践できている企業は少ない。実践の有無について企業に厳しい目が向けられるのは、環境・社会・ガバナンス《ESG》の各要素にまつわるＣＳＲリスクやビジネス機会に関わるものが大半だ。環境の要素に含まれる例は、エネルギー効率、公害、森林破壊、廃棄物処理だ。社会的要素は、ダイバーシティ（多様性）とインクルージョン（包括性）、労働条件、人権擁護、適正賃金、地域社会との良好な関係といった、人がどう扱われているかに関連したものだ。ガバナンスの要素には、リスク管理、役員報酬、寄付、政治的なロビー活動、税務戦略、情報公開などがある。ベストなＣＥＯたちはこうした要素すべてに目を配ると同時に、自社の強みを活かすことで卓越した結果を出せそうな分野を探す。

アメリカでの人種間の平等を求めるデモをきっかけに、ＪＰモルガンは恵まれていない地域社会、とりわけ黒人やラテンアメリカ系住人たちに経済的なチャンスを与えることを目的とする、五年間で三〇〇億ドルの投資を行っている。この投資は、住宅ローン、ローンの借り換え、手頃な価格の住宅を対象としたエクイティ投資、あるいは中小企業向け融資という、すべて同行が持ち前の手腕を惜しみなく発揮できる方法で行われる。この投資を発表したとき、ジェイミー・ダイモンは次のように語っている。「構造的な人種差別は、アメリカの歴史における悲劇の一つです。とりわけ黒人やラテンアメリカ系の人々に対する人種差別の助長や、経済格差の拡大をもたらした構造を打ち壊すために、私たちがもっとうまくやれる方法があるはずです。人種間の不平等に対して社会はもっと前から、より具体的、有意義かつサステナブルな方法で対処すべきだったのです[75]」

新型コロナウイルス感染症が世界的に大流行したとき、ベストなＣＥＯたちは自社の強みを活かして支援を行った。ＧＭは自動車の電気部品を製造していたインディアナ州ココモの工場の装置類を入れ替えて、すべて人工呼吸器の製造ラインに変えた。同社が目指したのは利益を出すことではなく（人工呼吸器はアメリカ政府が原価で購入した）、国の戦略備蓄量を四倍にするという国家をあげた取り組みに協力することだった。ネットフリックスは電気技師、大工、運転手といった、通常の場合映像制作プロジェクトごとに時間単位で雇用される映画やテレビ番組制作専門職の失業者に対して、一億ドルの救済基金を設立した。シンシナティ小児病院のマイケル・フィッシャーは、取締役会でこう語った。「成人で重度の新型コロナウイルス感染症患者に対応するためにこの病院施設の用途を一部変更してほしいという声が地域社会から上がれば、私はいつでも対応します」

自社の強みを活用してESG関連の問題に対処し、世界をより良くしようという取り組みは、危機が発生したときだけに行われているわけではない。ケン・パウエルはゼネラル・ミルズの手法について、次のように語っている。「私たちはグローバルな食料安全保障とサステナブルな農業に重点を置いていて、これは当社の業界を考えれば理にかなっています。私たちはこうした分野において、世界中ですばらしいことをいくつも成し遂げてきました。たとえば、アフリカで食料関連の小さなスタートアップ企業の支援にボランティアで携わった社員は、大きなやりがいを得たと同時に地域で信頼を築いて関わりを深めました。私たちにとって、それまでなかった経験を得る機会になりました」

同様に、ノボノルディスクのラース・レビアン・ソレンセンはCEOに就任して間もない頃、製薬業界は患者に薬を届けるためのより適切な方法をまだ編み出せていないことに気づいた。製薬会社が自社の知的所有権を守らなければならない一方で、発展途上国は自国の社会的弱者のために低コストの製薬手段を必要としていた。「最終的に、貧しい国に対してはインスリンを原価で販売することにしました」とソレンセンは語った。「また、さらに重要な活動として、世界糖尿病基金という独立機関を設立しました。当社のインスリン売り上げの一部がこの基金に寄付され、発展途上国での医療向上に使われています」。今日、同基金は慢性疾患のための世界最大の資金提供機関となっている。

社会的責任ステートメントと同様に、CSR／ESGレポートも非常に厳しくチェックされる。だが、ベストなCEOたちは自社の中核に社会的責任が反映されていることがわかっているので、そうやって厳しく調べられるのをむしろ歓迎している。DSMのフェイケ・シーベスマは、次のように説明している。「当社ではCSRレポートを廃止して、すべての領域における当社の活動と見解をアニュアルレポートに組み込みました。この会社の中心となる事業は、より良い社会を築くために貢献することで収益を得なければなりません。私はパーパス、あるいはCSRと呼んでもいいですが、それを当社の能力や事業の中心に組み込みたかったのです。それによって、サステナビリティが当社のパーパスでもあると同時にビジネスモデルにもなりました。いわば、サステナビリティがサステナブルになったのです」。シーベスマのこの方針によって、同社は企業のサステナビリティでリーダーシップを発揮したことが認められ、『フォーチュン』の「世界を変える企業ランキング」に三年連続で選ばれた。また、シーベスマ自身もCEO在職中に国連年間人道主義者賞を受賞している。

正当な場面では立ち位置を明確にする

CEOたちは、好むと好まざるとにかかわらず、最近の社会問題と関連して注目を浴びる可能性が高い。たとえ、それが会社の社会的責任とはほとんど関係ないものだとしても。ベストなCEOはそうした事態に対応できるようにしていて、むしろ積極的に関わろうとする人が多い。マジドアルフッタイムのアラン・ベジャニは、次のような見解を述べている。「たしかに社員たちは、自社のCEOが今日の主要なトピックの中心になっている姿を見たいと思っています。社会問題やグローバルな課題は政府だけで対処するには大きすぎるので、政府、企業、市民社会での協力が極めて重要です。私たちCEOには、そうした取り組みを語ることで推進し、公開討論での議論においても建設的な意見を積極的に述べるという重大な役目があります。変革はまず言葉やアイデアから始まるものであり、それがやがて活動につながっていくのです」

エコラボのダグ・ベイカーは、こういった点でのCEOの役割が、一五年を超える在職期間中にいかに変化したかについて振り返った。「これまでならコメントするのをあえて控えてきた問題に対しても、私たちがもっと声を上げなければならないという考え方が、ビジネス界に浸透してきたと思います。たとえば、警察の取り締まりに関する問題といった社会正義的な問題に対して、以前の私なら決して非難の声を上げなかったでしょう。もちろん個人的な意見は持っていますし、友人たちにはそれを語ったはずです。しかし、CEOとしては『これについて、私はどうこう言える立場ではない。私の意見を聞きたいと思う人などいないはずだ』と自分に言い聞かせたでしょうし、少なくとも私はそう思ってきました。しかし現在は、私たちが非難していることを周囲に察してほしいが発言は控えたいと思うような社会の負の側面についても、いざ声を上げると多くの人が『あなたが支持を表明してくれて嬉しい』と言ってくれます。信じられないことです。昔とは状況が大きく変わりました」

このような声を上げているのはベイカーだけではない。二〇二一年初め、アメリカ大統領ドナルド・トランプがジョー・バイデンに敗北した選挙に関するソーシャルメディアでの嘘の蔓延を調べるために、ツイッターCEOのジャック・ドーシーとフェイスブックCEOのマーク・ザッカーバーグがトランプのアカウントを無期限に凍結するという厳しい決断を下すと、多くの企業も同様の策を取った。アメリカン・エキスプレス、ベスト・バイ、マスターカードといった企業は、アメリカの五〇の各州における選挙人投票結果確認のための合同会議で、選挙結果承認に反対票を投じた国会議員一四七名に対する献金を打ち切ると発表した。他にも、JPモルガン、マイクロソフト、エーオンは、選挙結果を覆そうとする企ては自社の価値観と一致していないゆえ、すべての政治献金を凍結すると発表している。

とはいえ、ベストなCEOは個人的な強い思いと自社の方針を混同したりはしない。CEOは個人として発言すべき場合と、自社の全関係者やステークホルダーの代表として発言すべき場合について、トップチーム、取締役会、一般社員の見解を得ることが極めて重要だ。この点について、イントゥイットのブラッド・スミスは次のように語っている。「二〇一六年の大統領選挙後、トランプ候補が勝ったことでひどく落胆している人々に理解を示しているという手紙を私から社員に送ってほしいと、かなり強く迫られました。私はそれを断り、代わりに『やってみてほしいことがあります。すべての支社の所在地を地図上で示して、それらが赤い州（共和党寄り）にあるか、それとも青い州（民主党寄り）にあるか確認してみてください。さらに、ターボタックスやクイックブックスの利用者のみなさんがどこに居住されているかも確認してみてください』と指示しました。それでわかるように、私たちの支社もお客様も、赤い州、そして青い州の両方に存在しているのです。私も各社員もそれぞれ自分が支持する政党に投票したとしても、仕事に個人的な信条を持ち込むべきではありません」

スミスはさらに続けた。「一方、会社が何を支持しているかは、明確にしておかなければなりません。というわけで、方針を明文化しました。内容は、『私たちは次の価値観を守ります。私たちは人権、市民の自由、法律による平等の保護を擁護します。私たちが会社を運営しているすべての州、国の法律に従います。これらについて違反が起きた場合は適切と思われる手段で対処し、そのときにはまず良い変化をもたらせるよう努めます』という簡単なものです。CEOの多くはこういったことをまだやっていないようですが、これは大事なことです」。CEO在職中の最後の三年間で最も大変だったのは、こうしたメッセージをいかに発信するかを検討することだったとスミスは打ち明ける。「それによって、社内が真っ二つに分かれてしまう恐れがありますから。一部の社員が、彼らが思い描くような特定のことを支持するリーダーになってほしいとCEOに期待する一方で、別の意見を持っている社員もいます。大変ではありますが、CEOはうまく舵取りする方法を見つけ出さねばなりません」

また、話すよりも聞くほうが大事なときもある。「気詰まりな会話をあえてすることに慣れるのも必要です」とスミスは言う。「たとえば、タウンホールミーティングの冒頭で『私一人では、この問題に対処する方法がわかりません。私たちはどうすればみなさんのお力になれるでしょうか？　私たちに何ができるでしょうか？　みなさんが必要としているものは何でしょうか？』と述べてみてください。相手が解決策を考えるのに協力できる機会をつくりましょう」。USバンコープのリチャード・デイビスは、アメリカで人種問題を引き起こした警察への抗議運動が起きたときに、まさにその手法を用いた。デイビスは同行の二五の地域のリーダーにヒアリング会を開催するよう指示し、そのうちのいくつかに自身も参加した。「これは銀行という事業とは、まったく関係のない会でした。株主たちにとっては、まったく興味のないことだったでしょう」とデイビスは語った。「しかし、彼らに意見を述べてもらうということは極めて重要で、そういった会を開催したことへの感謝の言葉が殺到しました」

ベスト・バイのユベール・ジョリーは、発想をさらに広げている。「ＣＥＯは頭だけで人々を率いることはできません。心、魂、度胸、耳、目といった、心と体のすべてを使って率いなければならないのです。そうした今日のＣＥＯの理想像は、二〇年前の典型的なＣＥＯとは大きく異なります」

今日、社会的責任はかつてないほど事業上の目的との関係性を強めている。だが、ベストな企業のリーダーたちは、利益と社会的責任には密接な関係があることを常に把握していた。さらに、一九四六年のヴィクトール・フランクルの考察によれば、社会的責任はそれが実現する高い利益よりも、はるかに大きなインパクトをもたらす。職場において「目的意識を持って生きる」人は、そうでない人より生活の充実度が五倍高く、しかも仕事により打ち込める可能性が四倍高いことが明らかになっている。また、仕事以外の生活でも、目的意識の高い人々はより長く健康で暮らせるという調査結果も出ているのだ。(76)

ベストなＣＥＯは会社が存在する社会的な意義を極めてはっきりさせる（「なぜ？」を自問し明確に答える）ことで、社会的責任がもたらす最大のインパクトを捉える。次に、その社会的責任を会社運営の中心に組み込む。そして、自社の強みを活かして、今日の環境《E》・社会《S》・ガバナンス《G》問題に対処する。さらに、ベストなＣＥＯは、求められているときにはＣＥＯという立場を活かして発言し、立場を表明する。

明確な社会的責任への意識は、ステークホルダーとの関係づくりにおける強固な土台を築く。とはいえ、適切な関係づくりを目指すには、ＣＥＯは自身の「なぜ？」のみならず、ステークホルダーたちの「なぜ？」にも常に注意しなければならない。

第一四章 ステークホルダーと相互連携するための行動習慣

本質を見抜く

相手の立場で物事を考えないかぎり、その人を本当に理解することはできない
——ハーパー・リー

ある人気の一コマ風刺漫画で、二人の人物が地面に書かれた一つの数字を同時に指さしている。数字をはさんで片側に立っている人物は、その数字は6だと言う。一方、反対側に立っている人物は、9だと言う。漫画の下には「あなたが正しいからといって、私が間違っているというわけではない」というキャプションがつけられている。この単純明快な図は、同じ状況下でもそれぞれの視点によっていかに解釈が異なるかを示している。この漫画はいわば、複数のステークホルダーに対応する複雑さを示す的確な例えだ。

複数のステークホルダーへの対応を最も行わなければならないのはCEOだが、この役目には極めて大きなリスクが伴う。マジドアルフッタイムのアラン・ベジャニも、次のように語っている。「事業を続けていけるかどうかを左右するのは、それが個人や、地域社会や世間であろうが、会社が影響

をもたらす人々です。会社がどんなにすばらしい戦略、テクノロジー、バランスシートを実現していても、そうした人々にとっての何かが変化すると、たとえそれが会社やCEOのコントロールできる範囲内のものであろうとなかろうと、会社の組織に極めて大きな（直接的または間接的な）影響を及ぼしかねません。最初はごくありふれたことだと思っていたものが、対処しなければならない問題へと発展したという事例は数多くあります。ステークホルダーとのそうした関係にうまく対応できなければ、取り返しがつかないほど評判が失墜してしまう恐れがあり、そうなれば良くてもCEOの辞任、悪ければ事業からの撤退や戦略の変更に追い込まれてしまいます」

ベジャニが挙げたこうした事態が起きる理由に関して、経営の権威であるピーター・ドラッカーはかつて次のように考察している。「どんな企業においても、その使命が何であろうと、CEOこそが内部つまり『企業』と外部を結びつける存在だ……。内部ではコストしか生じない。業績がつくられるのは外部においてのみである」(77)。ここでドラッカーが「外部」と呼んでいるのは、株主、債権者、投資家、アナリスト、規制監督機関、政府機関、顧客、サプライヤー、卸売、地域や全国のコミュニティ、一般社会（グローバルなコミュニティ）、マスメディア、労働組合、業界団体、職能団体、権利擁護団体、競合他社などで、挙げていくときりがない。こうしたステークホルダー自体の多くも、あるときは競合関係、そしてまたあるときは相互依存関係をもって複雑に絡み合っている。

ステークホルダーとの関係を最大限に活用するため、ベストなCEOはいつどこへでも移動し、何としてでも会社の事業を支える。大手石油会社ロイヤル・ダッチ・シェルの前CEOピーター・ボーザーは、同社のようなグローバル石油会社の勢力が次第に弱まり、国営石油会社がますます強くなるという世界的な動向を目の当たりにしていた。そして、シェルの成長を維持するには、そうした国営石油会社とそれらを支配する政治家たちと、より良い関係を築かねばならないことも把握していた。

たとえば、シェルがブルネイで関与している事業は同国のＧＤＰの約八〇パーセントに相当し、同様にオマーンでは同国のＧＤＰの約六五パーセントを占めている。「両国の国王が、ＣＥＯ以外の弊社の誰と話すべきだというのです？　答えはＣＥＯ以外にありえません！　私たちは彼らに対して、絶対に果たさなければならない大きな責任があるのですから」とボーザーは言う。

ボーザーは話を続けた。「私には自分はＣＥＯであると同時に、シェルの大使なのだという強い思いがありました。私は一〇万人の社員、販売所で働く三五万の人々、そして私たちのためにプロジェクト現場で働く五〇万人の作業員、つまり一〇〇万人近い人々の代表なのです」。ボーザーは株主への対応以外での社外ステークホルダーとの関わりに、ＣＥＯとしての仕事時間の半分近くを充ててきたという。そして、それらの時間の大半を、長い移動時間をかけて多くの国を次々に訪れては、その国の繁栄のためにシェルがいかに長期的に協力してきたかを詳しく説明することに費やしてきた。「ロシアの大統領や中国の国家主席、あるいはオマーンの国王に会いたいと言われたら、『三週間後に伺います』とは言えません。翌日伺わなければならないのです」

私たちが今回話を聞いたすべてのＣＥＯたちと同様に、ボーザーはステークホルダーと関わるという極めて過酷な任務を非常に有意義なものだと感じていて、「この仕事の最大の喜びは、他の誰にも開けられない扉を開けて、人に会うことができるということでした」と話している。だが、すべてのＣＥＯがベストなＣＥＯのように外部の世界にうまく対処できているわけではない。全般的には、自分が社外のステークホルダーと効果的に関わっていると感じているＣＥＯは三割に満たない。一方、正しく対処できているＣＥＯたちには、いくつかの共通点がある。彼らは……

・「外部」と過ごす時間を限定する

・相手側の「なぜ？」を理解する
・相互連携からできるだけ多くの良いアイデアを集める
・すべてのステークホルダーに対して一貫して同じメッセージを伝える

「外部」と過ごす時間を限定する

ピーター・ドラッカーは、CEOの定義を「内部と外部を結びつける存在」と定めるべきだと主張したのと同時に、彼は優先順位づけの重要性を訴えた。二〇〇四年の『ウォール・ストリート・ジャーナル』の社説で、ドラッカーは「CEOの最初の役目は、企業にとっての『有意義な外部』を定義することだ。そうした定義づけは決して簡単ではないし、ましてや明白でもない」と記している。そして、どんな企業も外部のすべての分野でリーダーになれるわけではないと指摘し、どのステークホルダーに重点を置くかは「極めて大きなリスクを伴う判断であり、しかも変更や取り消しが非常に難しいものでもある。この判断ができるのは、CEOだけだ。そして、CEOはその判断を行わなければならないのだ」と結論づけた(78)。

では、CEOはどのようにして優先順位づけを行うべきなのだろうか？　大半のCEOは、単に何らかの基準を用いてステークホルダーを検討、順位づけする。一方、ベストなCEOたちは、まずもう一つ高いレベルに立つことから始める。要は、外部とどれくらいの時間をともに過ごすかという断固とした境界線を、しっかりと決めるのだ。この点について、イントゥイットのブラッド・スミスは次のように説明している。「まずは、自分に合った時間配分を決めることです。私の場合、社外との仕事の時間は全体の二割までにしました。そして、この二割の時間枠の一部が欲しい人は、同じくこの枠を希望する別の案件よりも、私にとって有意義な時間になることを示さなければならないようにしました。秘書は私のすべてのスケジュールを色分けし、私が有効な時間の使い方をしているかどうかを月末に検証します。たとえば、なぜ私が筆頭株主とのミーティングをキャンセルしてまで『フォーチュン』のインタビューに答える時間を取るべきかについて、合理的な理由が必要です。そのトレードオフが理にかなったものであると私が納得できるよう、十分に説明できなければなりません。この二割の時間枠を超えるという選択肢はないのですから」

私たちが聞き取り調査を行ったベストなCEO全員の答えによると、彼らは平均して三割の時間を社外のステークホルダーとの何らかの形での関わりに充てていることがわかった。だが、平均から大きく外れている例外もある。たとえば、アホールド・デレーズのディック・ボーアは、社外との関わりを仕事時間の一割に抑えてきた。一方、ネットフリックスのリード・ヘイスティングスは、三分の一の時間を政府、広報、株主関連の活動に充ててきた。さらに、フォーカスグループから得られた情報を把握したり、どんな番組が人気でその理由は何かを分析したりする時間も加えると、ヘイスティングスの社外との関わりはスケジュールの半分を占めることになる。これは先ほど紹介したシェルのピーター・ボーザーよりは少ないが、それでも十分多い。ただし、こうした時間配分はCEOの状況が変わるとともに変化する場合が多い点に留意すべきだ。「CEOに就任してから日が浅い時期は、社員との関わりや社内の施策に重点を置いていました」と、USバンコープのリチャード・デイビスも語っている。「そうして、信頼できるチームを適材適所に置けるようになったあとは、社外のステークホルダーと過ごす時間が増えていきました」

ベストなCEOは外部のステークホルダーとの時間配分を決めたら、会社がパーパスを果たし、戦略を実践し、短期的および長期的リスクに対処するためには誰と連携することが役に立つかという判断に基づいて、ミーティングの優先順位づけを次に行う。ウォルターズ・クルワーのナンシー・マッキンストリーは、社外と関わる時間の大半を顧客に充てる。デューク・エナジーのリン・グッドは、監督機関や政治家との時間が重要だと考えている。USバンコープのデイビスは、「地域社会関連」にかなりの時間を割くことを選んだ。ロッキード・マーティンのマリリン・ヒューソンは、グローバルな関係づくりを重視した。IDBのリラック・アッシャー＝トピルスキーは、労働組合との関係構築に多大なる時間を投資した。エクイティグループのジェームズ・ムワンギは、国連をはじめとする各種諮問委員会の委員を務めることを選んだ。このように、時間の使い方は実にさまざまだ。

自社の目的や戦略にかかわらず、上場企業のCEOであれば誰にとっても投資家関連のステークホルダーは重要な存在だ。大抵の場合、ベストなCEOは最も重要な投資家の上位一五名から二五名（最も知識が豊富かつ熱心な投資家）に対応し、それ以外はCFOやIR（投資家向け広報）に任せる。また、年に一、二回は投資関連のカンファレンスに出席するが、その程度の回数に留めておく。

DSMのフェイケ・シーベスマは、CEO就任当初にIR部門チームとともに株主を訪ねて回ったときのことを、次のように振り返った。「その中には短期、それどころか次の四半期の業績動向が知りたいと、とりわけ私に質問される方々もいました。つまり、その株主にとっては、直近の動きのほうが会社の将来よりも大事だったのです」。そこでシーベスマはこの株主に対して、もし当社に求めるものが短期的であるなら株をお売りになるほうがいいと勧めた。その後、株主へのそのような対応は最善の策だったのでしょうかとIR部門チームに尋ねられたシーベスマは、「もちろんです」と答えた。「何といっても、私たちは会社を変革しようとしているのですから」

シーベスマは、それで良いとわかっていた。「私たちの方針に理解を示してくださる株主のリストをつくりました。それに、当社のやり方に賛同していてもまだ株を持っていない方もたくさんおられます。投資に関してよく言われるのは、『あなたは自身の所有者を決めることはできない。誰を所有するかを決めるのは、投資する本人たちだ』です。そこで、私はチームにこう語りました。『たしかに投資家のお金であって、それを投資するかどうかを私が決めることはできません。それでも、ともに歩んでくれそうな投資家を説得して、招き入れることはできます』。私たちはこの策に、多くの時間をかけました。株主とは、自然に与えられるものではありません。努力して獲得しなければならないものなのです。そして、自分たちとともに歩んでもらいながら信頼を築けるよう、彼らとより密なコミュニケーションを取らなければなりません」。グレッグ・ケースもエーオンで同様の策を取った。「一〇年ほど前、『私たちは、この会社の投資家の考え方に納得できない』と社内で話しあっていました。投資家たちは短期的な結果ばかり気にしていましたので、私たちは株主を変えようとしました。そこで、『会社の戦略から見て、誰がこの会社を所有すべきなのか？』という分析を行いました。その結果に基づいて、現行の株主とは話しあいをして、まだ株を持っていない有望な方々を特定して説得しに行きました」とケースは語った。

外部の誰とどれくらいの時間をともにすべきなのかが明確になった時点で、ベストなCEOは一分一秒も無駄にしないような、最も有効なスケジュールを立てる。ウエストパック銀行のゲイル・ケリーは、四半期ごとに訪れる各地域でステークホルダーとの予定をぎっしり詰め込むことで、オーストラリアではよく知られた存在だった。そのようにして、ケリーは地域社会、同行支店の行員、顧客、地方自治体、マスメディアと次々に会った。「私はそうした分刻みのスケジュールを忠実に、そして徹底してこなしました」とケリーは語っている。さらに、ロッキード・マーティンのマリリン・ヒューソンは、細かいスケジュールを組むのは重要だが、ある程度柔軟に対応する姿勢も必要だと指摘している。「毎年九月になると、投資家向け業績報告、顧客訪問、航空ショー、カンファレンスを含めた、次の一年間の予定を立てます。その後他の予定が出てきた場合、それを断るか他の予定と入れ替えます。もちろん、他をキャンセルせずに調整する余地は残していますが、その年の予定の優先順位を決めていますのでそれに従います」

相手側の「なぜ？」を理解する

ステークホルダーとの関係づくりの土台を築くうえで自社自身の「なぜ？」に明確に答えることの重要性について、前の章で詳しく取り上げた。同様に、ベストなＣＥＯはステークホルダー自身のことのみならず、彼らの「なぜ？」にも理解をしようと力を入れる。そうすることでより深いつながりが築かれて、対立が解消される可能性が高まる。あるいは少なくとも、耳を傾けて理解しようとしてくれたことへの敬意が、相手の心の底に生まれる。

リード・ヘイスティングスは、ネットフリックスの一部のステークホルダーについての自身の考察を、次のように語った。「たとえば、マスメディア。マスメディア自身は真実を語る人になりたいにもかかわらず、無理やり娯楽性を求められている、というのがマスメディア全般に対する私の見解です。彼らのこの葛藤を理解できれば、娯楽的でありながら何らかの真実を伝えられるように協力できます。政治家にとって重要なのは、社会の大半の人々を支援しつづけることです。これは極めて大きい、かつ難しい課題であり、その点が理解できれば、自身を取り巻く狭い世界の中では理不尽に思えることを政治家たちが行っても許せるようになります。なぜなら、国民感情を導くという彼ら独自の手腕に、深い尊敬の念を抱くようになるからです。この二つはともに、相手側に立って本当に理解しようとする例です」

この点についてよく表しているのは、ロッキード・マーティンのマリリン・ヒューソンが前アメリカ大統領ドナルド・トランプの要請に対応した際の、世間から大きな注目を浴びた極めてインパクトの大きな事例だ。二〇一六年、ヒューソンはイスラエル南部のネバティム空軍基地に向かっていた。この訪問は、イスラエル空軍へのF35ステルス戦闘機二機の初納入を記念するものだった。すると携帯電話が突然ブーンと鳴って、当時就任前の次期大統領だったトランプが、一六〇〇万人を超えるフォロワーに送ったばかりのツイートが表示された。それは、「F35の開発プログラムとコストはもはや収拾がつかなくなっている。［トランプが大統領に就任する］一月二〇日以降に購入される国防関連（そしてそれ以外でも）の機材については、何十億ドルも安くなるようにしてみせる」というものだった。すると、ロッキード・マーティンの株価は急落しはじめ、ついに一日で時価総額が四〇億ドル近くも失われるほどとなった。そうして、ヒューソンは目的地に到着するや否や、イスラエルのベンヤミン・ネタニヤフ首相から「もしアメリカの新大統領が安く購入できるのなら、イスラエルも新たに納入されたこの戦闘機の代金を一部返金してもらえるのか」と即座に尋ねられた。同社にとって、こうした事態はかつてなかったことであり、ゆえに何の対処法も用意されていなかった。

ヒューソンは持ち前の冷静さと落ち着いた姿勢を崩さずに、チームの主要メンバーを集めて今後取るべき方法について話しあった。そして、次期大統領とそのチームにどんな情報を提供できるのかを、大至急まとめた。また、質問に答えたり最新情報を提供したりして世間の理解を深めるために、F35開発プログラム責任者にマスメディアに対応するよう指示した。一週間後、ヒューソンはフロリダ州にあるトランプの海辺の邸宅マー・ア・ラゴに招かれた。部屋に入ると、政府関係者や産業界のリーダーたちが大勢待ち受けていた。次期大統領にF35開発プログラムをより詳しく理解してもらうために、ヒューソンは万全の準備をしてきた。さらに、F35開発プログラムの大幅なコスト削減に取り組みつづけることを彼女自身が保証すると約束した。会議を終えたあと、ヒューソンは「とても有意義な話しあい」ができたと感じた。だが、そのあと日も変わらぬうちに、次期大統領は新たにこうツイートした。「ロッキード・マーティンのF35のコストと予算超過があまりに膨大なため、私は同機に匹敵するF18スーパーホーネットの見積もりをボーイングに依頼した！」。その瞬間からロッキード・マーティンの株価はまたしても下落しはじめ、前回のトランプのツイートで受けた打撃がますます大きくなっていった。

その後の展開について、ヒューソンは次のように語っている。「この事態はいったいどういうことなのかを、信頼しているトップチームと真剣にとことん考えました。そして、当社を話題にしているトランプの本当の目的は、『私はこの国の防衛を重視します。私は取引を有利に運びます。私は納税者のみなさんのお金を賢く使います』とアメリカ国民に知らせることにあるのだと気づいたのです。それが理解できたことで、私たちは『彼のニーズを私たちがわかっていることを示せるような、新たなやり方を考えましょう。また、防衛費は重要であり、しかも賢く使われなければならないというトランプの見解に当社が賛同していることを、マスメディアに知らせましょう』と考えるようになりました」。ヒューソンはこの重要な公的責任についての同社の考え方を、公の場、プレスリリース、顧客との個別ミーティングなどで強く訴えた。

数カ月後、コスト削減問題で合意に達すると、「ロッキード・マーティンのヒューソン、トランプを敵から友人へと変える」と大きく報じられた。このときすでに大統領に就任していたトランプも、ホワイトハウスでのミーティングで「彼女はタフだ！」というディールメーカーとしての最大の賛辞をヒューソンに贈った。F35にまつわるこの一連の経験について、ヒューソンは次のように振り返った。「相手の話を聞く以上のことが求められました。相手がなぜそんなことを言っているのかを時間をかけて理解すれば、彼らの長期的な方針づくりに協力できます」

　ステークホルダーの「なぜ?」を理解しようとするうえで必ずしも推量に頼る必要はなく、大抵の場合は直接尋ねて構わないし、むしろそうすべきだ。フィンランドのネステの前CEOマッティ・リーヴォネン(四五〇ページ参照)は、石油精製事業が中心の同社をよりサステナブルにしようと決意したが、その道のりは容易ではなかった。ネステは都市ごみ、再生木材、プラスチックといった、より再生可能な原料で燃料を製造するという目標の達成を目指していたが、進展は順調ではなかった。そんな中、二〇一一年一〇月のある日、四半期ごとの投資家向け報告のために車で会社に向かっていたリーヴォネンがふと外を見ると、本社の外壁にグリーンピースの横断幕がいくつも掲げられていた。アクティビストが正面玄関を塞いだり、壁を乗り越えたりしようとしていた。広報部長は不安げで、他の社員たちも衝撃を受けていた。グリーンピースは、ネステが精製原料にパーム油を利用していることに抗議していたのだった。「当社はパーム油関連のあらゆる面においてサステナビリティが保証されるよう懸命に努力し、画期的な手法を取り入れていました」とリーヴォネンは語った。「それでも、彼らの活動が当社の事業運営や評判に打撃を与える恐れを考えると、相手の意見に耳を傾け、彼らの懸念に対処しなければならないと思いました」

　リーヴォネンはアクティビストを社内に招き入れ、およそ五〇〇名を前にして講堂で話しあいを行った。そして、リーヴォネンがアクティビストの立場を尊重するように、アクティビストも彼に同様の姿勢を取るならば、アクティビストの質問に答えて彼らの懸念に対処するとリーヴォネンは約束した。「透明性はどちらの側にも求められるものです」とリーヴォネンは当時を振り返った。「あの初回の会合では、その場ですぐに答えられない質問もありました。しかし、あれはネステがより良い会社になるための対話の、出発点となりました。すべての点で同意できたわけではありませんが、当社を強く批判する側の意見を聞くのは大事なことでした」。また、トップチームの透明性を目の当たりにしたことで、社内の雰囲気も変わった。ネステは研究やサステナビリティへの取り組みにより一層力を入れ、新たな原料を調査した。そうして、リーヴォネンが退任する頃にはネステの再生原料を用いた製品は大幅に増え、同社は廃棄物や残留物から精製される再生可能ディーゼル燃料やジェット燃料の世界最大のメーカーとなっていた。

「批判は変わるためのチャンスとみなすべきです」とリーヴォネンは言う。「他のステークホルダーの立場から物事を見るのは重要なことです。それは相手の信頼を勝ち取るためのみならず、自身が向上するためにも。そのおかげで、今の私たちは前よりもずっと良くなりました」

相互連携からできるだけ多くの良いアイデアを集める

大抵のCEOは通常、判断する、合意に達する、理解を深めるといった、明確な目的を抱いてステークホルダーと関わる。一方、ベストなCEOは、常にさらなる目的を持って、ステークホルダーとのあらゆる相互連携に臨んでいる。それは、事業をより良くするための新たなアイデアを収集する、ということだ。たとえば、シャイアーとガルデルマの両社において、フレミング・オルンスコフが何件ものM&Aを決断したきっかけとなったのは、大抵の場合顧客との会話だった。「シャイアーでの案件の少なくとも二、三は、『この件について、真剣に検討するべきです』『私はこの製品開発に携わっています』『この臨床試験の患者さんを診察しました』といった、医師たちの言葉がきっかけになったものです」

エーオンのグレッグ・ケースは、新たなプロダクト開発のアイデアを顧客との会話の中で得ることが多い。サイバーセキュリティや知的財産盗用対策の製品は、その二つの例だ。ケースは自身の哲学についてこう語っている。「当然ながら、お客様と関わる目的は彼らの役に立とうとするためです。しかし、お客様と関わるのは、自分がどのように変わりたいかを知るためでもあります」

アイデアのひらめきは、顧客以外のステークホルダーから得られることもある。サプライヤー、パートナー、それに政治家さえも、大いに役立つ新たな思考を生み出すきっかけとなる場合もある。意外かもしれないが、ベストなCEOたちは彼らから情報を得ようとする投資家やアナリストからさえ、逆に何かを得ようとする。ゼネラル・ミルズのケン・パウエルは、次のように振り返る。「当社の大株主たちと、多くの時間を過ごしました。その中には、手っ取り早く儲けたいという方ももちろんいましたが、この業界を本当に理解するために長い時間をかけて、とても建設的な意見をくださる方々もいました。そうした方々との会話から、たくさんのエネルギーをもらいました。それは私たち自身の考えに磨きをかけたり、あるいはすでに思いついていたアイデアを強固にしたりするのに役立ちました」

デュポンのエド・ブリーンも、物言う株主（アクティビスト）に対して同様の姿勢で関わる。「私はアクティビストとも会話をします。彼らに耳を傾けると、大抵の場合優れたアイデアを持っていることがわかります。彼らが書いたホワイトペーパーの八割に同意してきました。同意できなかったのは、彼らが懸念している問題への対処方法です。ただし、彼らの見解は『エドがより優れた解決方法を編み出せるのであれば、それでいい。ただ、確実に実行してほしい』ということでした。要は、彼らはとにかく問題を解決してほしいのです。そうした点を理解して関われば、味方になってくれることが多いです」

トタルのパトリック・プヤンヌにとっては、特別利益団体が発想の源になることが多い。たとえば、気候変動に関する国連会議で、プヤンヌは一〇〇社のリーダーたちがカーボンニュートラルについて話すのを聞いた。「その中には、石油やガスのトップはいませんでした」とプヤンヌは振り返った。「会議を終えて、私はこれらの話が現実を表していることに気づいたのです」。こうした相互連携の影響を受けたプヤンヌは、環境面でも責任を持てるエネルギーのグローバルプレイヤーになるというトタルの使命を追求するために、何十億ドルをもかけてさらに積極的に再生可能エネルギー分野への参入を加速した。

外部との提携から、優れたアイデアが得られる場合もある。元ネスレCEOのピーター・ブラベック＝レッツマット（四六八ページ参照）は、ネスレとディズニーがコミュニケーション戦略の向上を目指して提携を結んだ縁で、ロサンゼルスのディズニー・スタジオにしばらく滞在した。そこで学んだのは、ディズニーは新たなアニメ映画の企画を思いついた時点で、その映画を一〇年先までいかに最大限に活用するかをすでに考えているということだった。そのプロセスはまず各キャラクターづくりから始まり、次にそれをのちにどう商業化していくかを考えるものだった。そして映画が劇場で封切られたあとに作品のＤＶＤ化などが行われ、その間ずっと映画の要素を活用することで、一〇年にわたって映画の価値を高めつづけていく。つまり、ディズニーは映画の制作のみならず、全体的なフランチャイズ展開までも考えていた。

ネスレに戻ったブラベック＝レッツマットは、自社の製品でも同様のことをしたいと考えた。そこでブランド展開できる栄養成分を開発するよう、社内の研究員に指示した。その第一号であるＬＣ１乳酸菌は、さまざまな製品に取り入れられた。この経験について、ブラベック＝レッツマットは次のように語っている。「一つの製品用に一つの成分を開発しても、その価値は限られます。そこで、栄養成分をブランド化してそれを一〇年間にわたって活用する方法を考えました。あなたがどこにいて、どんな役割を担っているかは関係ありません。みなそれぞれの方法で製品をつくったりコトをなしていますので、あなたもいつだっていろんな人から何かを学んで、自分の組織に取り入れられます」

すべてのステークホルダーに対して一貫して同じメッセージを伝える

ベストなCEOは、相互連携すべきステークホルダーの多さを考えれば、それぞれに異なるメッセージを伝えようとするのは無駄足になるとわかっている。そして、（前章で取り上げたような）会社の社会的責任のみならず、会社の事業のあらゆる面に関して外部と相互連携する際も、一貫したメッセージを用いるほうが有効的かつ現状を打破しやすくなると考えている。その一例として、ヴァレオのジャック・アシェンブロワは同社のステークホルダーにいかに対応しているかについて、こう説明している。「私が取締役に提示する内容は、株主に提示する内容、リーダーたちに提示する内容、そして労働組合に提示する内容とまったく同じです。コミュニケーションに関して、差をつけたくありません。すべて同じでなければならないのです」

ＩＤＢのリラック・アッシャー＝トピルスキーは、とりわけ株式市場に対してオープンかつ誠実であること、しかも一貫性を保つことが重要だと訴えている。「自身のビジョンを提示して、そのビジョンをいかに持ちつづけるかを示します。社内あるいは社外で何か起きた場合も、同じ姿勢でコミュニケーションを続け、『私たちは先行きについてこのように伝えました。そして実際に起きたのはこうです』と話します。そして、前に話したとおりになった、あるいはそうならなかった理由を順に説明します。大げさな約束をしてはなりません。チャンスのみならず、問題点についても率直に話してください。そうすれば、『あの会社は果たせもしない約束をした。株価を下げよう』というような市場の動きを招かずにすみます」

たとえ話しているときは気が重くても、そうした率直さこそが、真の信頼と信用を築くための唯一の手段だ。USバンコープのリチャード・デイビスは、悪い知らせがあるときに投資家たちにどう対応したかについて、次のように語っている。「彼らに対していつもこう言っていました。『みなさんに、ありのままの真実をお伝えします。私たちは今このような問題に取り組んでいます。みなさんは真実を知るに値しますし、私たちはみなさんに信じていただくに値する存在でありたいのです。そうすれば、物事が極めてうまくいっていると今後お伝えするときも、みなさんは悪い知らせを正直に知らされたときのことを思い出して、信じようと思われるでしょう。私たちはみなさんに対して、常に正直でありつづけます』」

エーオンのグレッグ・ケースはCEOに就任してすぐの頃に、外部に対して明確で一貫性のあるメッセージを伝えることの重要性を学んだ。二〇〇五年にこの保険サービス大手のCEOに就任した直後、ケースは一カ月後に予定されている投資家向け説明会《インベスターデー》でプレゼンテーションをしなければならないと告げられた。ただし、同社ではこういった説明会は何年も行われていなかった。ケースは当時を振り返って、こう語った。「私がもっと経験豊かだったら『そうですか。では中止しましょう』と言ったでしょう。しかし、当時の私は右も左もわかりませんでしたので、『わかりました。準備します』と答えてしまいました。エーオンの将来に向けた戦略について有意義かつ説得力のある話を一カ月後にするには、何をどう語ればいいのだろう？　そう考えても何も浮かびませんでした。それに、たとえ一カ月以内に答えが見つかっても、投資家のみなさんにいきなり語るのは無理な話です。まずは、社内で話しあうのが先です。大きなことをやり遂げるには、基礎を固めなければなりませんから。

そうして初めて、投資家のみなさんにお伝えできるのです。しかし、当時の私には見当もつきませんでした。結局一カ月後に予定どおりに開催しましたが、それはまるで炎上を止められない最悪の消火訓練のようでした」。この一件で、ケースは明確な教訓を得た。「とにかく事前にきちんと計画することです。そして、自分がやろうとしていることを周囲の全員が理解しているかを、徹底して確認することです」

あらゆるステークホルダーに伝えるメッセージを統一することによって、ベストなCEOは一貫性を保ちつづけられると同時に各ステークホルダーにかける時間を減らせるという好循環を生み出している。この点について、ベスト・バイのユベール・ジョリーは次のように説明している。「どんなステークホルダーに対応するときも、鍵となるのは『言行一致率』を適切にすることです。これはつまり、自分がやると言ったことと、実際にやったことを比べたものです。それを理想に近づけることで、信用を得られるのです。しかも、あなたがやると言ったことを実際に実行していれば、ステークホルダーはあなたに前より会えなくても構わなくなります。なぜなら、あなたが事業に専念して約束を実現することを優先してほしいと、彼らは思うようになるからです」

会社を経営するうえで、外部にうまく対応することは極めて重要だ。「政府、ディーラー、サプライヤー、労働組合、地域社会といったステークホルダーとの関係づくりは、できればやったほうがいいというものではありません」とGMのメアリー・バーラは指摘する。「それは会社をうまく運営するために必要なことの一部なのです」。ここまで見てきたとおり、ステークホルダーとの関わりには多大なる労力が必要とされ、それゆえCEOはそれに多大な時間を取られる場合もある。この役目は、たしかに大変なものだ。CEOは社員に対しては直接の権限を持っていても、会社の将来に影響を及ぼせるステークホルダーの多くに対してはそうした権限がない。しかも、ステークホルダーたちはかつてないほど企業を厳しくチェックしているし、アクティビストは経営幹部を攻撃するためにますます高度な手法を採用している。

それでも、ベストなCEOたちは、エスケルのマージョリー・ヤンの言葉を借りれば「社外のグループと多くの時間を費やしすぎて社内の同僚たちとの時間が十分に取れなくなる、というよくある罠を回避」している。ベストなCEOはステークホルダーと過ごす時間を限定することで境界線を引き、限られた時間を最大限に活用する。また、相手側の「なぜ?」を理解してつながりを築くことで、各ステークホルダーとの相互連携をできるかぎり有意義なものにする。さらに、ベストなCEOは社外におけるあらゆる関わりを、会社をより良くするための新たなアイデアを集めるチャンスとみなしている。そして、ベストなCEOは、すべてのステークホルダーに対して常に同じメッセージを伝える。そうすることで信用が高まり、しかも通常は複雑になりがちな社外との関わりを単純化できる。

ステークホルダーとの強固な関係は、いつだって貴重だ。だが、とりわけ危機が生じたときは、ステークホルダーとの関係は運命を左右するものとなる。

第一五章
真実の瞬間に指導力を発揮するための行動習慣
高い場所にいつづける

最善の結果を期待していても問題はない
最悪の事態に備えてさえいれば
――スティーヴン・キング

二〇一五年、ウェルズ・ファーゴのCEOジョン・スタンフは、モーニングスターの「年間最優秀CEO」に選ばれた。この受賞から一〇カ月後、スタンフは同行の不正営業を受けてCEOを辞任した。ボーイングCEOのデニス・マレンバーグは、『アビエーション・ウィーク』の「二〇一八年の今年の人」だった。一一カ月後、同社の737MAXの大事故で、取締役会はマレンバーグに辞任を求めた。BPのトニー・ヘイワードは、メキシコ湾原油流出事故の直後に辞任した。ウーバーのトラビス・カラニックは、同社の企業文化への懸念を理由に、複数の取締役から辞任を求められた。残念ながら、「称賛から辞任へ」という流れは、CEOたちの間で何度も繰り返されている物語なのだ。

危機に対処するための最善の方法は、そもそも危機を起こさないことだ。たとえどんなに会社がうまく運営されていようと、たとえベストなCEOであろうと、問題は「もし、危機が起きたら」ではなく「危機が起きたときに」どう指導力を発揮するかだ。ここ一〇年において、『フォーブス』の「グローバル2000」の上位一〇〇社の名前が「危機」という言葉とともに大きく報道された件数は、その前の一〇年間の一・八倍になった[79]。これはテクノロジーとグローバルサプライチェーンによってつくりだされる製品やサービスがますます複雑化している現状を考えれば、決して驚くべきことではない。そして、この事態をさらに大きくしているのは、これまでの章でも取り上げた次の三つの要因だ。一つ目は、高まりつづけるステークホルダーの期待。二つ目は、ツイッターやフェイスブックといった、急速かつ確実に懸念を増幅させるソーシャルメディア。そして三つ目は、有権者のために介入への意欲をますます高めている多くの政府だ。

危機はどんな形で発生するかわからない。たとえば、当時ユナイテッド航空CEOでのちに取締役会長に就任したオスカー・ムニョスは、オーバーブッキングされていた航空機から引きずり降ろされ負傷した乗客の姿がマスメディアで大々的に報道されたことがきっかけで、窮地に追い込まれた。信用調査機関エキファックスの元CEOリチャード・スミスは、大規模な個人情報流出の責任を問われた。あるいは、コストのかかる安全性問題、倫理規定上の問題、敵対的買収の企てなど、引き金となる要因は数えきれない。しかも、危機は自身の会社に限定されるものではない。マクロ経済事象、感染症パンデミック、国際紛争、自然災害、社会的対立、テロ攻撃といった無数の外部要因はみな、CEOたちにとって危機的な状況をつくりだす。

メアリー・バーラがGMのCEOに就任してからわずか二週間後の二〇一四年一月、同社は多数の死亡事故の原因と考えられるイグニションスイッチの欠陥のために、数百万台のリコールを始めることになった。バーラは当時について、「危機が起きたとき、その深刻さはすぐに把握できるものではありません。通常は悪い知らせを聞いたとたんに、『大変だ、これは重大な危機になる』とは思わないものです。しかしイグニションスイッチを取り巻く状況が次第に明らかになってくると、これは深刻な事態だとすぐに気づきました」と語っている。そこで、バーラがGMの株主でもあるウォーレン・バフェットに相談すると、バフェットは倒産危機に陥っていたソロモン・ブラザーズを指揮したときの彼自身の合言葉、「正しくやれ、早く取りかかれ、打ち明けろ、そして終わらせろ」を彼女に授けてくれた。

バーラは一五名からなるトップチームの中の五人をリコール問題担当に任命し、彼らと毎日会議を行った。危機の初期の段階では、担当チーム内での話しあいで出てくるのは答えよりも新たな疑問のほうが多かったため、バーラは彼らに答えを探し出すよう指示した。こうした会議は二時間に及ぶときもあればわずか二〇分のときもあったが、いずれにせよバーラは担当チームと密に連絡を取りつづけた。その一方で、バーラはトップチームの他のメンバーに対しては、通常の事業運営を続けるよう、つまり、日々販売を続け、製品開発プログラムをスケジュールどおりに進めることを指示した。

興味深いことに、バーラはこの危機を、必要と思われる企業文化の変革を加速させる機会とも捉えていた。この点について、バーラは次のように語っている。「この危機に直面したとき、私たちは当社が大切にしている価値観を明らかにして、『これはただ壁に貼られたスローガンではない。この困難なときに、この価値観を行動で表せるよう努力しよう』と語りあいました。そして、『お客様ファースト』を大切な価値観の一つにして、『透明性を実現しよう。お客様を支えるために全力を尽くそう。こうした事態が二度と起こらないよう全力を尽くそう』と決意したのです」

同年の春、バーラはアメリカ連邦議会に召喚され、追及された。厳しい質問を受けたバーラが、現段階ではどうしてもまだわからず、すべての調査が終わるまでは答えが出ないだろうと説明する場面もあった。当時について、バーラは「そのように答えたことで、激しく非難されました。しかし、根本的な問題が具体的には何だったのかについて、あのとき憶測で答えなくて本当によかったと思っています。もしそうしていたら、おそらく誤った情報を与えてしまっていたでしょう。そうして事態をさらに悪化させ、『あのときはああ言ったのに、今はこう言うなんて』と言われたはずです」と語っている。その後、バーラのチームは新たな事実を入手するたびに情報をただちに公表し、顧客の役に立てるよう全力を尽くした。GMは最終的に二六〇万台以上をリコールし、数千件の人身傷害請求に対応した。また、リコールされたイグニションスイッチが使われた車の所有者やリース利用者が受けたとされる経済的損害を主な理由とする集団訴訟に対して、一億二〇〇〇万ドルを支払って和解した。

こうした一連の対応に対して、バーラは『フォーチュン』の二〇一四年度「今年の最も優れた危機管理対応経営者」に選ばれた。被害を受けた人々への深い謝罪の気持ちを決して忘れてはならないという決意とともに自身が得た教訓について、バーラは次のように語っている。「この一連の件での私の大きな学びは、リーダーとして判断を下そうと思っていても、実際にはそうする必要がない場合もあるということです。それは、正しい道が一つしかないときです。もちろんじっくり考えなければなりませんが、本当のところ、選択肢はありません。『こうした問題が起きています。財務上、これだけの影響が出ると思われます』と言われることが多いですが、そんなとき私は『私たちが取るべき正しい道は何ですか？　もしそれが財務の悪化につながるとしたら、それは嬉しくはありませんが、それでも正しい道が何かを探って進むべきではないでしょうか？』と答えます」

一度の危機によって、それ以外ではすばらしいはたらきをしていたCEOが辞任に追い込まれることもある。一方、危機に巧みに対応することで会社を新たな段階へ導き、危機を乗り越えたあとにより一層高い成果を出せる場合もある。この両極端な結果の分かれ道で、正しい方向に進むCEOは……

……

・定期的に会社のストレステストを行う
・危機発生時に司令センターを設置する
・常に長期的な目線を持つ
・自身のレジリエンスの高さを示す

定期的に会社のストレステストを行う

ベストなCEOたちは、「百の治療薬より一の予防」という古いことわざを肝に銘じている。エコラボのダグ・ベイカーも、「危機が起きた日に危機に備えようとしても無駄です。危機に対処する方法とは、前もってレジリエンスを身につけることです」と語っている。エスケルグループのマージョリー・ヤンの次の例えも、役に立つはずだ。「危機に遭遇するのは、嵐に向かって進んでいくヨットに乗っているようなものです。嵐が起きている場所に向かう前に、ヨットの備えをしっかりしておかなければなりません。すぐ手前まで来たときに、ぎりぎりになってから何をすればいいかわかっている人がいることを期待するわけにはいきませんから」

ほぼすべての企業が、何らかの方法を用いて将来を予測しようとしている。優秀な企業は、「ベスト」「ベース」「ワースト」のシナリオに基づいた予測を行っている。両極端のシナリオを比較することで、下振れを最小限にして上振れを最大にするための、緊急時の対応策を立てられる。さらに、ベストな企業はもう一歩先を行って、ごく少数の「ブラックスワンイベント」（まれにしか起きない想定外の深刻な危機だが、通常はあとから見れば起きたのは当然だとわかること）への自社の対応能力を測るための、ストレステストを行っている。

たとえば、ネットフリックスのリード・ヘイスティングスは、「一〇年後、ネットフリックスは倒産している。次のリスト内の出来事が原因となる確率を推定せよ」という問題を考える訓練を行っている。たとえばその一つが、ネットフリックスの本社に航空機が墜落したからだとする。その確率は一〇万分の一だ。そのようにしてヘイスティングスと彼のチームは、リスト内のすべての原因についてそれぞれ確率を計算する。ヘイスティングスはこの訓練について、「それらのシナリオが起きる確率を考えるのは、驚くほど実りある成果が得られます。そうしたリスクについてどう対応すればいいか、という議論に発展する場合もあります。とはいえ、大半においては、どんなリスクに直面する恐れがあるかを明確にするだけでも、会社全体のレジリエンスを高めるための賢明な行動をとるよう促すことができます」と語っている。

さまざまな事態に対するストレステストを行うことで、いくつものシナリオに共通するパターンが明らかになれば、CEOとそのチームはそれらを活用して危機管理プレーブックを作成できる。イントゥイットのブラッド・スミスも、こう語っている。「危機は二つとして同じものはありませんが、一歩引いてよく見てみると、特徴の七割から八割は共通しています。つまり同じプレーブックが利用できますが、細かい状況については手直しが必要です」

優れた危機管理プレーブックには、危機が起きたときのリーダーたちが取るべき手順、作戦司令室の構成、行動計画、連絡手段が網羅されている。さらに、高まりつつある脅威の先行指標を特定して測ることにも役立つようにできている。ゼネラル・ミルズのケン・パウエルは、次のように指摘している。「危機管理における重要な点の一つは、危機が生じたときに察知できることです。すべての危機が、新型コロナウイルス感染症パンデミックほど明白だとは限りません。発生したことがあまりにはっきりしないため、大声で知らせなければならない場合もあります。とても勢いよく伸びていて、あなたの会社を今にも抜き去ろうとしているスタートアップ企業によって、危機がもたらされることもあります。一〇〇〇人の熱狂的なユーザーを擁するそういった企業があれば、常に注意しておかなければなりません。アンテナに引っかかったものに注目して素早く反応しなければ、危機が迫っていることに気づけません」

キャタピラーのジム・オーウェンズは、初期の兆候に素早く対応したことで会社の軌跡を変えることができたという自身の経験について、次のように語っている。「二〇〇七年から二〇〇八年にかけて、私のチーム全員が、掘削用重機の生産能力を倍にしなければならないと確信していました。しかし、ニューヨークやワシントンに滞在する機会が多かった私は、たとえキャタピラー社内では楽観的なムードが広がっていても、私たちがこのまま進むと滝から落下してしまう状態にあることがわかりました。結局、グローバル経済への不安から、生産拡大はしませんでした。採掘会社からは、生産台数が彼らの需要に対応できていないと言われました。しかし翌年になると、彼らは注文した台数の半分も購入しなかったのです！」

プレーブックを現実に即したものにしつづけるには、CEOは実際に危機が起きたときに何をすべきかを全従業員が理解できているようにするために、定期的なシミュレーションという「通し稽古」を行うよう管理職に指示しなければならない。オーウェンズは、毎年ストレステストを行うよう社内のリーダーたちを説得するのは、大変だったと語っている。「すべての事業部門に、『過去二五年間で最悪の周期的な落ち込みが起きたとき、どのようにして自分の部門の収益性を維持するか』という課題を与えて報告するよう指示します。これは全員に対して、年に一度行われる訓練です。始めてから五年間は売り上げも利益も記録的な結果が続いていましたので、こんな課題はくだらないとみんなが思うようになっていました。しかし、六年目に入ったとき、この訓練がかなり役に立つことが示されました。（グローバル金融危機の最中の）二〇〇八年一一月、『よし、みな以前に作成した深刻な景気後退時用のシナリオを取り出して、実行に移しましょう』となったのです」

ダンゴート・グループもストレステストを実施していたおかげで、新型コロナウイルス感染症パンデミックの危機を乗り越えられた。「パンデミックの前に、当社の事業プロセス、ガバナンス、組織構造の強化と改善を行っていました」と、CEOのアリコ・ダンゴートは語る。「この課題をこなす中で、たとえば、今回のような事態に対して確実に備えられる、堅固なリスク管理機能を設けました」。その結果、今回のパンデミックという試練において、ダンゴートは自社の運営の主要な領域を事前対応的にモニターして、財務へのマイナスの影響を抑えることができた。「事業継続のために適切に機能する枠組みを持っていたことは、グループ全体の事業運営を確実に継続するうえで役立ちました」

たとえ危機が起きなくても、ストレステストを定期的に行うことで会社のレジリエンスを高めるチャンスをつかめることもある。たとえば、不採算事業の売却、無駄なコストの削減、高成長地域での事業活動の強化、M&A計画の推進、トップチームの有効性向上、テクノロジー分野での必要な投資の実行、といった策の実施につながる。こうした行動の重要性について、エコラボのダグ・ベイカーは「ビジネスには問題がつきものです。確実に起きると思われるが予測できない問題に対処する余裕を確保できるよう、目の前の問題にはすぐに対応しなければなりません。何かが起きたら徹底してすぐに対処しつづけるだけでも、レジリエンスを大幅に高められます。ビジネスの課題を、山積みにしてはなりません」と指摘している。

ストレステストはビジネスにおける課題以外にも、前章でも取り上げた、ピーター・ドラッカーが提示した「有意義な外部」に対応することの重要性も明らかにしてくれる。この点について、ベイカーは次のように語っている。「必要ないときでも、ステークホルダーの信用を得ることに力を入れなければなりません。それは、長い時間をかけて貯金するようなものだと考えてください。私はUSバンクの取締役を務めていました。同行は金融危機以前から、監督機関に対して信頼と信用という形の多大なる『貯金』を行っていました。具体的には、透明性を保つ、サブプライムローンに手を出さない、何事においても善良な企業市民であるといったことです。こうした姿勢によって監督機関の同行に対する認識が変化し、金融危機時の彼らの同行への対応にプラスの影響をもたらしました。信用を得られれば、有罪と証明されるまで無実とみなされるようになり、その逆のようにはならないのです」

「計画を立てないのは、失敗する計画を立てることだ」という格言を踏まえて、危機が発生する前にレジリエンスを身につけたCEOは、実際に危機に直面したときにははるかに容易に対処できるはずだ。とはいえ、事前に計画を練っておけば十分というわけではない。元ボクシングヘビー級王者マイク・タイソンの「誰にだって計画はある。口元に一発食らうまでは」という言葉が、それを物語っている。次は、危機の最中のCEOの行動について見てみよう。危機に適切に対応できるCEOは、自身そして会社の運命を大きく変えることができる。

危機発生時に司令センターを設置する

危機が起きたとき、CEOは次のような事態を覚悟しなければならない。地域社会、顧客、生活環境が深刻な打撃を受けた恐れがある。投資家は激怒する。取締役会や関連する機関は、責任の所在を明らかにしようとする。当然考えられる競争相手や敵対者は、会社の不運につけこむだろう。たとえば、アクティビストは結集し、顧客は不買運動を行い、競合他社は顧客や社員を横取りしようとし、ハッカーは会社のシステムを標的にし、そして、マスメディアは会社の過去のあらゆる過ちを掘り返すだろう。そして、事実が正確に知られることはほとんどないまま、危機の深刻さや、どの程度組織ぐるみだったのかについての意見や噂が飛び交うだろう。トップチームのメンバーが、共犯として関わっているかもしれない。あるいは、あまりに経験が浅いために役に立たない、あるいは重圧に満ちた事態への対応を任されるのがどうしても性格的に向いていないメンバーもいるかもしれない。

混乱の最中、大抵の企業は、実際の状況が予想よりも悪くならないことを願いながらさらなる事実の確認を待つ間に、社外にあいまいな発表をしてしまう。そして危機が高まるにつれて、直近の批判的な報道に反応するという悪循環に陥りがちだ。たとえば、メアリー・バーラはGMのイグニションスイッチリコール問題が起きた当時について、次のように語っている。「トップチームの一部のメンバーは、プレスリリースさえ出せば騒ぎが収まると思っていました。私は『それでは収まりません。それ以上のことをしなければなりません。沈黙しつづけることも、プレスリリースだけで情報発信するのも無理な話です』と反論しました。そうして、一部のアドバイスに反して記者会見を開いたのです」

GMでのバーラのように、ベストなCEOは部門横断型の「司令センター」をただちに始動させる。こうしたセンターには主な脅威（法務、技術、オペレーション、財務面での、相互に関連している課題）と二次的な脅威（主要なステークホルダーの反応）の両方に対処する権限が与えられている。センターを構成するチームは通常の場合少数精鋭で、上級経営幹部が専任のリーダーに任命されている。チームには極めて多くの予算と、数日ではなく数時間以内に意思決定をして実行するために必要な権限が与えられている。こうしたチームがなければ、みなは良かれと思って動いていても組織はたちまち機能不全に陥ってしまう。たとえば、不完全または不正確な情報に基づいて各管理職がばらばらの策を取ったり、動くのにいくつもの承認が必要なために上層部による意思決定が遅れてしまったりする。最悪の場合、縄張り争いや非難合戦が起きて、会社が立ち往生してしまう。

司令センターの重要な役割は、社内でも社外に対しても、円滑なコミュニケーションが取れるよう調整することだ。新型コロナウイルス感染症パンデミック発生時、シンシナティ小児病院のマイケル・フィッシャーは、院内と院外の両ステークホルダーとのコミュニケーションを大幅に強化した。フィッシャーと危機対策チームは、「よくある質問と答え（ＦＡＱ）」のページをインターネットに掲載した。また、トップチームとともに、経営幹部から従業員への一連のビデオメッセージを作成した。毎週月曜日、トップチームは同院の八〇〇名の管理職と一時間にわたる対話の機会を持った。「最大の目的は、私たちから管理職に対して『全員が知っておくべきこと』について伝えることと、『マイケルとトップチームに知っておいてほしいのは、次の点です』と彼らが私たちに伝えることの二つでした」とフィッシャーは語る。彼にとってこの時間は、「ステークホルダーとの信頼関係をただ維持するのではなく、より一層強めるため」の機会となった。

このフィッシャーの事例が示すとおり、危機に適切に対処できるチームを持つことには多くの利点がある。こうしたチームによって、危機の大きさ、範囲、背後にある事実について最大限の情報を手に入れられる。これらの情報は、リーダーたちが先入観に惑わされないようにするのと同時に、危機を乗り切るのにどれくらい時間がかかるかを正確に判断するためや、のちに会社（とＣＥＯ）の信用がさらに失墜するような約束が絶対に交わされないようにするためにも役立つ。また、チームがステークホルダーの過度の反応を鎮めるよう対処することで、脅威についてより詳しく説明して理解を深めてもらうための時間を稼げる。たとえば、ビジネスパートナーへの緊急財政支援、消費者への補償、あるいは製品リコールといった策をチームが提示する。さらに、必要に応じて監督機関に迅速に対応する役目も担う。

そして、司令センターを設置する最大の利点は、上述のような極めて重要な、そしてときには会社の命運を左右するほど大きな課題にチームとして取り組むことで、CEOが危機の対処にかかりきりにならずにすむことだろう。

常に長期的な目線を持つ

もしあなたが艦長を務める戦艦に魚雷が命中したら、あなたはどうするだろうか？　最も優秀な艦長は、一部の乗組員を船体が破損した箇所へ行かせるが、自身は指揮を行う船橋《ブリッジ》に留まる。そして、船の速度を最大にまで上げ、残りの乗組員に戦いつづけるよう命じる。危機に見舞われた企業も、同様の手段を取るべきだ。大抵の場合、危機の影響を直接被るのは組織の一、二カ所なので、他の従業員を会社の前進に向けて集中させられるかどうかは、CEOの手腕にかかっている。CEOはすべての従業員が仕事で最善を尽くしつづけられるよう、落ち着きを与えて長期的な見通しを示さなければならない。また、たとえ会社全体が危機の影響を受けたときも、「危機の最中に人々が必要とするのは、継続的なコミュニケーションだけではありません」と、アメリカン・エキスプレスのケン・シェノルトは指摘する。「CEOは、今後の状況がどうなるのかを示さなければなりません。つまり、短期的、中期的、そして長期的な見立てをどう定めるかを、考えなければならないのです」

長期的な目線を持ちつづけたおかげで、ディアジオは新型コロナウイルス感染症パンデミックにうまく対処できた。世界中のバーやパブが休業する中、イヴァン・メネゼスと彼のチームは、店舗で消費されないまま期限が切れそうな樽入りビールを、何千万ポンドものコストをかけてすべて無条件で買い戻すことにした。「その間の四半期利益は二期連続で減少しましたが、どの地域の業績が悪化しても気にしませんでした」とメネゼスは言う。「お店の短期的な重圧をいくらか軽減できたことは、私たちが取れた最善の策です。しかもこれは、『ブランドを支え、お客様を支えるためにやるべきことをする』という、社内の各チームへのメッセージにもなりました。そうして、この大変な時期から抜け出したあと、当社は参入している市場の大半でシェアを伸ばしました」

「これまで危機に直面したときに得た教訓の中で、CEOにとって重要だと思われる三つをお話しします」と、アホールド・デレーズのディック・ボーアは語った。「一つ目は、CEOが危機対策チームのトップに立ったり、チームを率いたりしないことです。CEOは、あくまでチームから報告を受ける立場でいてください。そうすることで、危機への対処だけではなく、会社運営のあらゆる面に目を配るための時間と余裕が確保できます。二つ目は、CEOとしての自信を全社員に示すことです。自分が事態を把握していること、自分が何をすべきかわかっていること、自分がすべての社員とお客様を守るということを示してください。そして三つ目は、嵐がまだ収まらない状況の中でも、その後何をすべきかを考えるということです。なぜなら危機のあと、それまで思いもしなかったチャンスに遭遇するといった事態が、結果として起きるからです」

ボーアのこの洞察は、「crisis（危機）という言葉は、中国語では漢字二文字で表される。一方の漢字は『危険』を、もう一方は『機会』を意味している」という、上院議員時代のジョン・F・ケネディの考察を想起させる。(80) 危機対策チームが危険を最小限に抑えようとしている間に、ＣＥＯはチャンスをどう活かすかも考えなければならない。危機との直面を、自社で必要とされていた企業文化の変革を加速させるきっかけにした、ＧＭのメアリー・バーラのように。また、アディダスのカスパー・ローステッドはこの発想をさらに広げ、「有用な危機を決して無駄にしてはならないとよく言われますが、実際危機の最中は、会社で抜本的な変革を起こすのにまさにうってつけです。なぜなら、ＣＥＯがより独断的になって、『私たちはこれを二度と繰り返さない』と言えるときだからです。不要な出張の削減、オンライン販路の活用といったどんなものであろうと、何もなかった場合よりも二、三年先を行くべきときなのです」と語っている。

ベストなＣＥＯは、危機を組織の変革のきっかけにするのみならず、会社が新たな方向性を追求するための理由として活かすこともある。この点について、イントゥイットのブラッド・スミスは次のように語っている。「危機が加速させる世の中のトレンドに、敏感でなければなりません。グローバル金融危機のときは、プラットフォームの導入、モバイル機器の普及、そしてグローバリゼーションが、誰もが予測できなかったほど急激に加速しました。新型コロナウイルス感染症パンデミックの危機では、バーチャルコラボレーション、オムニチャネルが加速し、さらには、より優れた金融リテラシーと資金運用能力を身につける必要性も急速に高まるでしょう。現在新たに加速していて、自身が急いで取り入れて順応すべきと思われるものは何なのかを、ＣＥＯとして問いつづけなければなりません」。さらに、危機の最中に取り入れた手法は、以前のものより優れている場合が多いとスミスは言う。「危機の前よりも現在のほうがうまく回っていることを、常に一覧にしておいてください。次にそのリストを見直して、新たなオペレーティングモデルに取り入れるかどうかを判断します。たとえば、新型コロナウイルス感染症パンデミックの最中には、ズームが平等を推進するツールとして大きな役割を果たすようになりました。誰もが発言権を持てるようになったのです。もはや、みなオフィスに出社して働く必要はなくなったのかもしれません」

ベストなCEOは長期的な目線を持つことで、いずれ悪い結果をもたらす恐れがある目先の解決策に組織が飛びつかないよう導ける。不況に見舞われたとき、イートンのサンディ・カトラーはトップチームに「社員を解雇すべきではありません。この会社が再び成長するとき、彼ら全員のスキルが必要になります。というわけで、別の策を考えなければなりません」と指示した。そうして、同社は自主退職を募ると同時に、チームの他のメンバーと仕事を分け合うためにしばらく休職できないか従業員たちに打診した。さらに、トップチームのメンバー全員がボーナスを辞退し、基本給の減額にも応じた。

「みな信じられないほど協力的な反応を示してくれました」とカトラーは語る。「私たちが社員に伝えたかったのは、『今は全員がベルトを多少強く締めて、他の人を思いやるときです。しかし、会社がもっとうまくいくときがきっとやってきます』ということです。この策について、社外からはかなり批判されました。苦渋の決断でした。株式市場は、当社が三万人から四万人の社員を解雇するのを期待していました。しかし私たちは『そういった策は取りません。それはもはや古い考え方です。リソースをいかに温存して費用をいかに変動費化させるかというのが、今の考え方なのです』と答えました」。さらに、カトラーは自身の判断を批判してきた投資家たちに対して、はっきりとこう答えた。「みなさんには、当社の株を所有しないという選択肢があります。しかし、その選択は大きな間違いだと言えるでしょう。なぜなら、私たちは社員を大量に解雇した会社よりも、ずっと速く元どおりになりますから」

危機の最中、CEOは支持基盤の一つである取締役会をないがしろにしてしまいがちだが、それは命取りになる恐れがある。デューク・エナジーのリン・グッドは、「危機が起きると、マスメディアに執拗に取材されたり、会社を批判されたりするでしょう。CEOは報道内容や危機にどう対応するかについて、取締役たちに説明して理解してもらうべきです」と指摘している。それに、CEOと取締役会の関係は、一方通行のものではない。これまでの章で取り上げてきたとおり、取締役会は会社の支えになることもできる。グッドはさらに、「これまで何度か、具体的な問題への対処に特化した小委員会を取締役会が設置しました。そこでは取締役会の各メンバーのスキルを活かした、より掘り下げた議論が頻繁に行われました。危機が生じたときは次回の取締役会の開催を待つのではなく、取締役会メンバーのあらゆるスキルを活かせるよう柔軟に状況に順応して、取締役会とのコミュニケーションを欠かさないようにするべきです」と語っている。

危機発生時の混乱が落ち着いたあとも、ベストなCEOは危機対策チームが根本的な原因に対処したと確信できるまでは、決して終わったとみなさない。そうした原因が技術的なものであるのはまれで、大抵の場合は、人（企業文化、決定権、組織能力）、プロセス（リスクガバナンス、業績管理、基準設定）、システムやツール（メンテナンス手順）の問題に関するものであり、そのどれもが対処に数年かかる可能性が高い。さらに、CEOは自社のステークホルダーから、危機を招いた張本人に責任を負わせること、影響を被ったステークホルダーに対して多大なるお詫びの気持ちを長期にわたって示すこと、そして、今回の危機に関して今後何年かかってもCEO自身が会社の代表としてマスメディアや議会への対応にあたることを求められるだろう。

自身のレジリエンスの高さを示す

危機は企業や団体のみならず、そのリーダーたちにとっても真実の瞬間だ。大きな困難に直面したとき、ベストなCEOはステークホルダーの怒りが自分に集中すること、しかも家族や友人にまで影響が及ぶことを覚悟している。そして、一方的な報道、ソーシャルメディアに投稿されるパロディー、自宅にやってくる抗議者、家族がオンラインでの攻撃対象になることに備えなければならない。こうした形で注目されることは、数日、数週間どころか数カ月経ってもなくなることはまれだし、通常何年も続いてしまう。

二〇一四年、スポーツウェアメーカーのアディダスは不運な出来事に次々に見舞われ、その結果業績が急激に悪化した。まず、同社のゴルフ事業が不振に陥った。当時テーラーメイドとアディダスゴルフがともにアディダス傘下だったことから、アディダスは世界最大のゴルフ用品メーカーだった（キャロウェイの倍の規模を誇っていた）。続いて、アディダスにとって三番目に大きな市場であるロシアのルーブルが暴落した。ウクライナの政治情勢をめぐって、欧州連合《EU》がロシアに制裁措置を取ったことで市場が大きく落ち込み、アディダスの三億五〇〇〇万ドル分の利益が一カ月で吹っ飛んでしまった。アディダスが業績下方修正を発表するや否や、同社の株価も下がった。この事態で嵐のように吹き荒れた否定的な感情は、CEOヘルベルト・ハイナー個人に向けられた。「投資家たちに厳しく批判されました」と、ハイナーは当時を振り返った。「『景気が良いのに、なぜこんなことになったのか？』『彼はもう年を取りすぎている』『もうアイデアが枯れてしまったんだ。一三年間のCEO在任は長すぎたようだ』などと言われました」

ハイナーは自身の長期的な目線を失わないよう、じっくりと考えようとした。「あのときは、人生で最も辛い時期の一つでした。私はごく普通の人間ですから。新鮮な空気を求めて、昼食後に思わず一時間散歩に出ました」。そうして歩いているうちに、ハイナーは落ち着きを取り戻してきた。「まず思ったのは、『彼らは、いったい何を言っているんだろう？　この一三年間に私が何をやってきたか、知っているのだろうか？　それについてどう思っているんだろう？　なぜ、みんなあんなに文句ばかり言うのだろう？』ということでした。次に、『まあ、いい。彼らはみんなおかしいんだ。もう、たくさんだ。私のことがもう嫌になったのなら、誰か他の人にやらせればいい』と考えました。そして、最後にようやく『さあ、もう愚痴は止めよう。世界中のみんなに、とりわけ私を批判したあの人たちに、私がもう一度やれるところを見せてやろうじゃないか』と自分に言い聞かせられるようになったのです」。そうしてハイナーは会社に戻ると、社員たちに彼らがいかに優秀であるかを思い出させ（それまでみな優れた実績を上げていたのだから）、みんなで必ず嵐は乗り越えられると励ました。その後、一年もしないうちにアディダスの株価は五五ドルから倍増して、一一〇ドル近くまで上昇した。同社は再び上向きの軌跡を描くようになり、以降その状態を保ちつづけている。

ハイナーはCEO在職期間中に自身のレジリエンスを高めて、鋼のような強い精神力を身につけることができた。アディダスがスポンサー契約を結んでいたアスリートが非難を浴びたとき、ハイナーも同じく批判された。「あのときは、『何をやっているんだ？　彼らをちゃんと罰したのか？　なぜアディダスは、黙って見ていたのか？』と言われました」と、ハイナーは当時について語った。「あれはCEO初期の頃の、最も大変な出来事でした。投資家、マスメディアといった社外のステークホルダーとの関わりの最前線に自分が立たされていることに気づきました」。そうして、ハイナーはCEOにしかできないこの最前線での役目を務めるうちに、次のことがわかってきた。「たとえどんなに厳しいときも、危機が去ったあとには常に新たな世界が広がっています。先の見通しがどんなに暗くとも、自分と社員を信じて、前向きな姿勢を保ちつづけなければなりません。自分も、そして会社も、どうにもできない事態の影響をまともに受けすぎないように」

エレクトロニック・アーツCEOのアンドリュー・ウィルソンは、危機に直面したときもレジリエンスを保つのに、武道の一種であるブラジリアン柔術での一六年間の修行で学んだことを活かしている。「柔術から学んだ大事な点は、私のように体重七〇キロくらいの小柄な人が一四〇キロ近い相手と戦うと、たとえどんなに優秀でも不利な体勢になるときが必ずあるということです。柔術では、身動きが取れない体勢の中でも楽になれる姿勢を探すよう教えられます。呼吸ができるかぎり、戦い続けられるのだと教えられます。たとえ極めて厳しい体勢で一四〇キロの対戦相手の下になったとしても、私は呼吸をして次の作戦を練れる余裕を確保できる、あの姿勢を探さなければなりません。そして、負け戦にするのではなく、自分が得意な状況へと試合を運んでいくのです」

ビジネスにおいても、ウィルソンは一四〇キロの対戦相手に覆いかぶさられたときのような苦しい事態を何度も経験してきた。「トップレベルの人材の確保と引き留め、あるいは極めて競争の厳しいこの業界で高品質の製品を発売するという挑戦において、身動きが取れない状況に追い込まれるときもあります。そんなときは、怖気づいてはなりません。やるべきことは、楽になれる姿勢を見つけて呼吸し、次の作戦を練ることです。私たちは有利な立場で競える、または動ける状況はどういったものかを、常に考えています。また、ビジネスはライバルたちとの戦いですから、相手が有利に戦える状態から彼らを追いやろうともします。そうして、呼吸ができて楽になれる姿勢が見つかったら、次は積極的かつ建設的な行動に出られるような、より有利な立ち位置を目指します」

マッティ・リーヴォネンはネステのCEOに就任してからわずか三カ月後に、フィンランドの大手経済誌で同国の最悪のCEOの一人に選ばれ、解雇されるべき人物とまで書かれた。「CEOを実際に務めてわかったのは」とリーヴォネンは言う。「悪いことに落ち込みすぎて、ずっとひきずられてもいけないし、良いことに浮かれすぎても駄目だということです。この役職はどうしても世間から注目されますが、とにかく地に足をしっかりつけて、ベストを尽くすしかありません。私には、ストレスに負けて健康を害するという辛い経験によって教訓を学んだ過去があります。幸運なことに、支えてくれる家族のおかげで、今では公私のバランスが取れています。彼らは私のご意見番です。何かがうまくいくたびに、社内のチームや組織で称えあいましたが、その間も私は会社のより大きな目的を決して忘れませんでした。また、CEOという役割の先にもまだ人生がある、ということにも気づきました」。数年後、ネステは原油からバイオ燃料への方針転換で高く評価されるようになり、CEOのリーヴォネンは企業価値を創出したとして多くの称賛を得た。

ロッキード・マーティンのマリリン・ヒューソンは、CEO時代の浮き沈みについて「理不尽だと思える批判を受けたこともありました」と語っている。ヒューソンは自分自身とCEOの役職を切り離すことで、そうした事態に対処した。「私個人に対する批判と思わないようにしたのです。批判の言葉が私に向けられたのは、あくまで私が会社の顔だったからです。私個人についての批判ではありません」。また、アメリカン・エキスプレスのケン・シェノルトは、自社の存在意義の「なぜ？」の答えを常に探しつづけることも、自分を見失わないための有力な方法だと指摘している。「何事も、会社の存在意義に基づいて考えればいいのです」とシェノルトは言う。「たとえば、グローバル金融危機が起きたとき、私はアメリカン・エキスプレスの本質はサービス業であることを、社内で再度訴えました。この点に重きを置いて、サービスを提供することの本当の意味をみなが理解しなければならなかったからです」

とはいえ、自分自身とCEOの役職を切り離す、個人への批判に思慮深く慎重な姿勢で対処する、そして会社の価値観に基づいて考え行動する、そういったことができる高度なレジリエンスを身につけるのは、決して簡単ではない。ベストなCEOたちは、睡眠、短い休憩（見通しを得るために散歩に出るという、ハイナーが身をもって示した例もある）、栄養の取れた食事、運動、愛する人や家族との充実した時間が、レジリエンスを高めるうえで大きな支えになることを知っている。サンタンデール銀行のボティンは、この考えが込められた“Estar bien para poder hacer más”という言葉を自身のモットーにしている。これは「気分が良ければ、より多くのことができる」という意味だ。CEO自身の時間とエネルギー管理を最適にする行動習慣を重点的に取り上げる次章では、ベストなCEOがいかに危機に直面する前から個人のレジリエンスを高めているかについて、さらに掘り下げていく。

ロナルド・ハイフェッツとマーティ・リンスキーは著書『最前線のリーダーシップ』（二〇一八年、英治出版）で、「定期的にダンスフロアから離れて、上のバルコニーから全体を見渡す」よう、リーダーたちにアドバイスしている。[81] 危機が起きるとCEOは当然ながら「ダンスフロア」に駆り出されて、差し迫る問題の解決や、事業オペレーションの変更といった、現状への対処をしなければならない。そんな中でも、ベストなCEOたちはパターンを発見したり、先の希望を見つけたり、次の機会を探したりするために、「バルコニー」から全体の眺めを確保する術を知っている。彼らは定期的に会社のストレステストを実施して、危機に対してできるかぎり事前に備える。そして、実際に危機が起きたら専任のチームからなる司令センターを設置し、そこで情報を集め、社内の流れを整理し、目の前の問題を解決する。それと同時に、ベストなCEOは長期的な目線を持ち、個人攻撃に耐えるレジリエンスを身につけ、批判に思慮深く対応し、自社の存在意義の「なぜ？」の答えを探すことを意思決定の中心に据えつづける。

ステークホルダーと連携する――ベストなCEOを他と分かつもの

マインドセット――「なぜ？」から始めよ

社会的責任を明確に示すための行動習慣――	**大局にインパクトをもたらす** ・自社が「なぜ？」社会に存在しているのかを明らかにする ・パーパスを会社運営の中心に組み込む ・強みを活かしてより良い変化を実現する ・正当な場面では立ち位置を明確にする
ステークホルダーと相互連携するための行動習慣――	**本質を見抜く** ・「外部」と過ごす時間を限定する ・相手側の「なぜ？」を理解する ・相互連携から新たなアイデアを収集する ・一貫して同じメッセージを伝える
真実の瞬間に指導力を発揮するための行動習慣――	**高い場所にいつづける** ・定期的に会社のストレステストを行う ・危機発生時に司令センターを設置する ・常に長期的な目線を持つ ・自身のレジリエンスの高さを示す

まとめ

本章では、ステークホルダーと関わるという困難かつ危険を伴うこともある役割を、ベストなCEOたちがいかにうまくこなしているかについて掘り下げた。紹介した多くの洞察や事例の中には、最も重要なステークホルダーと関わるためなら、たとえはるか遠く離れた場所でもただちに訪れることも含めどんな苦労も惜しまない、シェルのピーター・ボーザーの例もあった。また、ロッキード・マーティンのマリリン・ヒューソンが、F35開発プログラムに関するトランプ次期大統領の否定的なツイートの背景にあった「なぜ？」を理解することで、いかにうまくトランプの批判に対応できたかについても見てきた。さらに、すべての関係者に透明性をもって対応することで、イグニションスイッチ問題の危機を巧みに乗り越えたGMのメアリー・バーラの事例も取り上げた。

前ページの表は、ステークホルダーの「なぜ?」を理解するというマインドセットは、「社会的責任を明確に示す」「強い相互連携関係を築く」「真実の瞬間に指導力を発揮する」という、ステークホルダーとの関わりの三つの主な側面として実践できることをまとめたものだ（このマインドセットがもたらす実質的な影響は、企業の利益の三割近くに相当するという調査結果がある）。

CEOではない読者にとっても、ここで得られた教えは組織やプロジェクトの「外部」にうまく対応するために非常に役立つはずだ。自分自身に、こう問いかけてみてほしい。自分たちがやろうとしていることが社会にどれくらい大局的なインパクトをもたらせるのかを、私はきちんと認識できているだろうか? その最終的な目的に向けて進んでいることを、具体的に示せるようなものは何だろう? 社会にお返しをするために、私たちは自身のどんな強みを活かしているだろうか? 自分たちにとって重要な社会問題について、声を上げているだろうか? ステークホルダーと関わる時間を、適度に限定できているだろうか? 私にとって最も重要なステークホルダーは誰で、彼らの行動の背景にある「なぜ?」は何だろう? ステークホルダーとの相互連携で、どんな新たなアイデアを収集できたのか? 私はステークホルダーに一貫して同じメッセージを伝えているだろうか? 予想される危機の発生に対する「ストレステスト」を、実施しているだろうか? 危機の中でも自分自身の目線を持ちつづけて正しい判断を下せるような、レジリエンスが私にはあるだろうか? どんなリーダーも、これらの問いかけに対して優れた答えを見つけられれば、それはきっと役に立つはずだ。

ここまでの章では、ベストなCEOを他と分かつ五つのマインドセットと、それらに関連する行動習慣を取り上げてきた。真実の瞬間で指導力を発揮するために自身のレジリエンスを保ちつづけるという本章の内容は、自分自身を導くという次のトピックへとつながっていく。それはすなわち、CEOが回さなければならないすべての「皿」を回しつづけられるようにするための、CEO自身のオペレーティングモデルを持つことだ。

「自身のパフォーマンスを最大化する」ためのマインドセット

自分にしかできないことをせよ

まったくやる必要がないことを効率的にやることほど無駄なものはない
——ピーター・ドラッカー

大抵の場合、本書で取り上げてきたCEOのさまざまな責務を全うするためには、精魂尽き果てるほど大変なスケジュールをこなさなければならない。この挑戦に立ち向かうために、ベストなCEOたちは徹底して心と体の健康の維持に努める。だが、これは決して簡単なことではない。マジドアルフッタイムのアラン・ベジャニも、「自分自身を導くことは最も難しく、これほど気力をくじかれる仕事は他にありません。ありったけの勇気が必要です」と語っているように。

私たちが話を聞いた中で、このトピックについては何のアドバイスもできないと言うCEOもいたほど、これはまさに気力をくじかれる仕事だ。あるCEOは、「地雷が埋められている中を、毎日歩いているようなものでした。もちろん、無傷のはずはありません。ただ吹き飛ばされずにすんだだけです」と語った。とはいうものの、CEOたちは自身のパフォーマンスを最大化することは、他のどんな仕事よりも自身が主導権を握れるものであることもわかっている。マスターカードのアジェイ・

バンガも、「CEOとしての自分にとって何が大事なのかわからず、しかもそれを見つけるための時間をつくるつもりもないのなら、問題はあなた自身にあります。他の誰も、あなたを助けることはできません」と指摘している。実のところ、CEOたちにとってこれは極めて重要かつ難しいトピックであり、私たちが聞き取り調査を行ったCEOの多くが、この行動習慣については第一章で取り上げるほうがいいのではないかと提案したほどだ。それでもこのトピックをあえて終盤に持ってきたわけは、CEOが多大なエネルギーを費やさなければならない一連の責務それぞれについて、読者のみなさんがまず深く理解できるよう詳しく説明するのが先決だと考えたからだ。というのも、実際、CEOの半数近くがこの職について「想像していたものとは違っていた」と語っているからだ。(82)

ベストなCEOが自身の心身の健康を維持してパフォーマンスを最大化するために取っている方法は、各自異なる。とはいえ、多少なりとも共通点もある。それはガルデルマのフレミング・オルンスコフが話しているが、「みなそれぞれの方法でうまくやっています。とはいうものの、私が尊敬し親しくさせていただいているCEOのみなさんを観察してわかったのは、みなある信念に基づいて行動していました」という例の言葉のとおりだ。オルンスコフのこの言葉を聞くと、それでは「どんな信念に基づいているのだろう?」という疑問が次に湧いてくるのは当然のことだ。この質問に対して、多くのCEOは「私の仕事は、自分がやるべきことをすることです」と答えるだろう。だが、ベストなCEOたちはそうは考えない。「私の仕事は、自分にしかできないことをすること」というのが、彼らのマインドセットなのだ。キャタピラーのジム・オーウェンズは、自身のパフォーマンスを最大化するための鍵について、「CEOにしか解決できない最も重要な問題を最優先にして、その他の仕事は他に任せること」と説明している。

ベストなCEOは、「自分にしかできないことをする」ことで、自身のパフォーマンスの最大化に欠かせない三つの重要な点である、「時間とエネルギーをうまく使う」「リーダーシップモデルを決める」「全体観を持ちつづける」を実現する。

第一六章
時間とエネルギーをうまく使うための行動習慣
短距離スプリントを何度も続ける

時間に操られるのではなく、時間を操らなければならない
――ゴルダ・メイア

容量が五〇〇ミリリットルのコップに満杯に入った水の重さはどれくらいか、計測することを考えてもらいたい。まず一方では、答えのヒントは質問の中に示されている。水が入ったこのサイズのコップを手で持てば、おおよその重さを当てられるだろう。だが、このコップを一時間手に持ったままだったらどうだろう？　腕が痛くなってきて、五〇〇ミリリットルの水が入ったコップよりもずっと重く感じられるはずだ。では、丸一日持ちつづけたら？　おそらく、救急車を呼ぶことになるだろう。つまり、コップに入った水の重さは変わらないのに、感じられる重さはどれくらい長く持ったかによって変わってしまうということだ。

この例は、人が努力して成果を出そうとするあらゆる試みにおいても当てはまる。たとえば、ボディビルでの成功の鍵は、エネルギーの消費と回復を規則的な速度で行うことだ。テニスのトップ選手

たちは、ポイントが入った直後に特定の回復方法を実践して心拍数を一五～二〇パーセントと大幅に下げていることが、調査によって示されている。史上最も偉大なゴルファーの一人であるジャック・ニクラスは、「私は高度な集中と深いリラックスの間を、必要に応じて自由に行き来する術を会得した」と『ゴルフダイジェスト』誌で語っている。(83) レオナルド・ダ・ヴィンチは最高傑作『最後の晩餐』の制作中にもっと長時間作業するよう求められると、無遠慮にこう言い返した。「偉大な天才というものは、時間をかけないときのほうがより多くを達成できるのです」

ベストなCEOも、こうした動と静の切り替えをうまく行うことが重要だとわかっている。イントゥイットのブラッド・スミスは、「経営幹部を指導するコーチに、『一生かかっても、CEOの仕事を完遂できる人はいません。常に、こなせる以上の仕事がありますから。ハードワークがあったからこそここまで来られたと思っているかもしれませんが、それはもはや関係ありません。この仕事を完遂するのは無理なのです』とよく言われました」と語っている。そしてシンシナティ小児病院のマイケル・フィッシャーも、「自分自身について気を配って、それを一貫して続けてこなかったら、この役目を一〇年続けることはできませんでした」と認めている。アディダスのカスパー・ローステッドも、「時間をかければかけるほど、自分の成果は薄まってしまうように思えます。CEOになると、自分に関係ないことに首を突っ込むようになりがちです。そこで、自分に時間的な制約を課すようにすれば、自分にとって何がより重要かがわかりやすくなります」と指摘している。

実際、ローステッドは自身のこの考え方に基づいて、明確かつ規則正しいオペレーティングモデルをつくりだした。通常、ローステッドは午後六時にオフィスを出る。そうして、健康維持のためのランニングやエクササイズの時間を確実に取れるようにし、また、熱心なスキー愛好家でもある。週末は必ず、妻と四人の子どもたちと一緒に過ごす。「会社の人たちと過ごすのが嫌いというわけではないのです」とローステッドは言う。「しかし、特定の誰かとバーベキューをしたりするのには乗り気ではありません」。こうした姿勢を貫く理由には、ＣＥＯに求められる客観性を保つため以外に、公平性の問題もあるという。「チームの誰かを特別扱いするのは、望ましくありません。格差が生まれてしまいますから」。さらに、ＣＥＯとして招かれた社会的なイベントには、ビジネス上の明確な理由がないかぎりは出席を断っている。「もしアカデミー賞授賞式に招待されても、断ります。とにかく興味がありませんので」

ローステッドは自身にとって優先順位の高いことだけに確実に時間を費やせるよう、少なくとも三カ月前から計画を立てている。ただし、緊急の要件に対応できるよう、スケジュールにはかなりの余裕を持たせている。問題が山積みにならないように、電子メールの返事は翌日に持ち越さないことにしている。さらに、自分がどの仕事に時間を割くべきかについて、徹底的に優先順位をつけている。社内のリーダーたちが優れたプランに沿って仕事をうまく回していたら、ローステッドは彼らに時間を割く必要はないとみなし、別のことに時間を充てる。「彼らがやるべきことをきちんとこなしていたら、そこに私が割って入る必要はありません」

ローステッドが実践しつづける行動モデルは、成果を出すために役立ってきた。ヘンケルのＣＥＯを務めていた八年間で、同社の株価を三倍にした。アディダスでは現役のＣＥＯとして活躍中だが、すでに最初の三年間で株主へのリターンを倍にし、『フォーチュン』誌の「今年度の最優秀ビジネスパーソン」の一人に選ばれた。

もちろん、ローステッドの手法がすべての人に向いているというわけではないが、ベストなＣＥＯが時間とエネルギーをいかに管理しているのかを調べていくと、いくつかの共通点が見つかった。ベストなＣＥＯたちの大半は……

・「過密だが柔軟な」スケジュールを継続する
・感情を切り離すよう努力する
・エネルギーを生み出せる時間を日課に組み込む
・自身のニーズに合ったサポートスタッフをつける

「過密だが柔軟な」スケジュールを継続する

当然ながら、ベストなCEOたちは自身の時間の使い方を、非常に細かく決めている。マスターカードのアジェイ・バンガも、次のように指摘している。「時間は最も貴重なリソースであり、しかも限りがあります。CEO就任後の最初の二年間は、とても大変でした。今だから話せますが、当時は時間管理で失敗ばかりしていました。なぜあんなにもたついてしまったかというと、何もかもを全部やろうとしたからです。たとえば、コミュニケーションをうまく取る、知り合いを増やす、変革の先頭に立つ、新たな人間関係を築く、彼らに私の考えが伝わるようにする、というように」。さらに、バンガは、うまく管理できない場合に日常がどうなるかについて、こう語っている。「当時は出張も多かったです。その出張先で、なかなか寝られませんでした。アジアの滞在先で夜の一一時にホテルに戻ってくると、返事をしなければならないアメリカからのメールが、一〇〇件もたまっているのです。しかも、自分のチームには、彼らからのメールと電話はすべて二四時間以内に返事をすると約束していました」

バンガは、優先順位が高い各種ビジネス案件にバランスよく取り組む、とりわけ出張中の会議の合間に考えるための時間を捻出する、といったことを実践するには、スケジュールをもっとうまく管理しなければならないと痛感した。そこで、スケジュールの作成に色分け法を取り入れた。スケジュールを出張、顧客と会う、監督機関への対応、社内での予定といった項目ごとに、すべて異なる色に分けて記すようにした。「これらの項目の時間配分がおかしくないかどうか、スケジュールを一目見るだけではっきりとわかります。私のチーフ・オブ・スタッフの主な仕事の一つは、会議に充てる時間配分が適切かどうかを確認することでした」

過密スケジュールとCEOとして求められる仕事をこなすために、リストを作成するという昔ながらの方法を大事にするCEOもいる。エコラボのダグ・ベイカーもその一人だ。「私は今もなお、四半期ごとの目標を手書きしています。まずは、『私は何をやり遂げなければならないのだろう?』という、リーダーが問うべき質問の答えを探すところから始めます。私自身の目標は、会社の年間目標に基づいています。要は、会社の戦略を実現するために何をしなければならないかということです。そのようにして、自身の負うべき責任を明確にします」。次に、ベイカーは目標リストの各項目に印をつけていく。星印は取り組んでいる最中という意味だ。丸印はあと少しで達成できることを示している。そして、やり遂げた項目には横線を引いて消していく。「とても初歩的なやり方かもしれませんが、目標リストの中で手をつけていないものが多いときは、目標達成につながることを帰る前に三つやり遂げるようにしています」

チェック・ポイント・ソフトウェアのギル・シュエッドは、やるべきリストの項目を三つに分類する。一つ目はわずかな調整や改善が必要な内容。二つ目は、さらに力を入れて取り組まなければならない課題に関する内容。そして三つ目は、会社を正しい方向に進めるための大胆な施策に関する内容だ。この分類について、シュエッドは次のように指摘している。「もしあなたが毎日行っている仕事がすべて一つ目、つまり些細な作業だけならば、会社全体がすばらしくうまく回っているか、あるいはあなたが必要とされていないか、もしくは会社運営に十分な価値を付加できていないかのどちらかです」

ベストなCEOはしっかりと予定を立てる一方で、その予定に柔軟性を持たせることも決して忘れない。ロッキード・マーティンのマリリン・ヒューソンも、次のように語っている。「目的を達成するために必要なことができているかどうか、自身の時間の使い方を毎月確認しました。とはいえ、CEOの仕事は日々突然変更があるものだということを、覚悟しておかなければなりません。何か新たな用事が突然入ってくるのです。しっかりと予定を立てておかないと、そのとき起きている問題やそこまで必要ではないことばかりにしか対応できなくなりますし、しかも予定が読めないので他の誰かに任せることもできません。にもかかわらず、たとえば『来週ホワイトハウスに来てください』といった連絡を受けたら、迅速にスケジュールをやりくりできるだけの柔軟性が必要不可欠なのです」

ベストなCEOたちの中には、スケジュールに空白の時間を組み込んでいる人もいる。マジドアルフッタイムのアラン・ベジャニは、スケジュールが埋まっていない時間が十分取れるよう、目標値を決めてそれに近づくよう努めている。「思案したり、内省したり、何か重要なことが起きたらすぐに対応できる余裕を確保したりするために、実は予定の七割を自由時間にしたいと強く思っています。達成に悪戦苦闘しているところですが、私はまだ希望を捨てていません！」とベジャニは言う。「私がオフィスにいなくても大半のことが期待どおりに回っているような、いわば私が余剰人員になって初めて、自分がCEOとして成功したと言えると思っています。それはつまり、成長を遂げるために必要な力、頭脳、筋肉を、この会社が身につけたということですから」

ＣＥＯはあちこちからの要望でとかく予定が埋まりがちなので、どんなに効率的な管理法を用いる場合でも、「ノー」と言えるうまい方法を身につけなければならない。ガルデルマのフレミング・オルンスコフは、自身の考え方を次のように説明している。「私にとって大事なのは、一日の時間をすべて会社に捧げる必要はないということです。もしそうしなければならないのなら、私は優れたＣＥＯにはなれないと思います。ＣＥＯの仕事は精神的にも肉体的にも大きな疲労を伴いますし、時間も取られますので、生活のバランスをうまく取って健康を維持することが大事です」。さらに、バランスの取り方についてこう語っている。「私が身につけなければならなかったのは、『ノー』と言えるようにすることでした。それまでは『基調講演をお願いしたいのですが』『この議題について合宿会議をしませんか？』『夕食に行きましょう』といった連絡をもらったとき、『ノー』とは言いづらかったのです。なぜなら、彼らはあくまで友好的な気持ちで提案してくれているからです。しかし、丁重に断ることは重要です。『ノー』と言って断ったあとは、『イエス』と答えた予定をできるかぎり実りあるものにするにはどうすればいいか、重視しています」

最後に、社外の長丁場なイベントをうまく乗り切る方法について、ウエストパック銀行のゲイル・ケリーのアドバイスを紹介しよう。「企業主催の夕食会では、もちろん各テーブルや部屋中を必ず回って挨拶しましたが、適当な時間になったら切り上げるようにしていました」。そのためには、自身のチームの協力も欠かせなかった。彼らにはケリーが挨拶回りを早く終わらせられるよう次のグループに移りやすくしてもらい、目立たないよう退出するために配慮してもらった。「私は翌日も忙しくなることがわかっていましたから、エネルギーを回復しなければならなかったのです。一足早く車に乗って帰宅するよう心がけていました」

時間の管理は極めて重要だが、他と比べて機械的に行えるものでもある。それよりも難しいのは、自身の精神状態や心の状態をうまく保つことだ。これは時間を効果的に使ううえで不可欠な能力であり、身につけるためにはまず感情を切り離す努力が必要だ。

感情を切り離すよう努力する

心理学では、高い能力を発揮するには「今この瞬間にいる」という発想が極めて重要だと考えられている。この本質的な意味は、ベストを発揮するにはそれを邪魔するような過去の出来事、未来への思いなどにとらわれてはならないということだ。ガルデルマのフレミング・オルンスコフはさらに簡潔に、「身も心もこの瞬間にいること」と説明している。大量の仕事を次々にこなさなければならないCEOにとって、この役職における情緒面での最大の問題は、前の会議で起きたことに対するあらゆる感情があふれそうになって、次の会議に身が入らなくなることだ。

この点について、USバンコープのリチャード・デイビスはさらに詳しく説明している。「感情を切り離すことが、極めて重要です。どの会議にもあらゆる責任や負担を背負った重い気持ちで出席したり、一日の中でさまざまな感情がどんどん積み重なっていったり、一日の初めよりも終わりのほうが他人に厳しくてイライラしやすいと思われたりしている場合、あなたは感情の切り離し方をわかっていません。すべてのことをありのままに受け止め、他と切り離し、コントロールするのです。まず切り離して、次にコントロールです。ベストなCEOは、最終的にそれを会得します。そうすれば何かを忘れてしまうわけではなく、負の感情を大きくすることだけは止められます。すると、この人は感情に振り回されずに大事なことに集中できていると、周りから見られるようになります」

家族との生活においても、「今この瞬間にいる」ことを実践しなければならない。CEOの仕事が家族に与える影響の大きさを考えると、それは極めて重要だ。エーオンのグレッグ・ケースも、「この役職は公になる部分が多いため、想像していた以上に家族に影響を及ぼします。しかも、自身についてあれこれ言われることが、必ずしもすごく良い内容ばかりではありませんから」と指摘している。ゼネラル・ミルズのケン・パウエルは、自身の経験についてこう語っている。「娘たちは私がＣＥＯであることを、少しも喜んでいませんでした。それどころか、とても嫌がっていました。新聞に書かれるし、そこでは給料が公にされたり、何か失敗したりしたときにこそ記事になるのです。子どもにとっては、大変なことです。パートナーがいる場合、こうした辛い問題について話しあうべきです。私の場合、妻と話しあって『これはＣＥＯの仕事の良い面と悪い面の一つだから、どうにかして受け入れよう』という結論を出しました」

キャタピラーのジム・オーウェンズは、仕事とプライベートを一定の距離感をもって分けるために、次のような習慣を日々実践していた。「生活と時間を、公私できっちりと分けました。具体的には、満杯のブリーフケースを手にオフィスを出て、それを車の後部座席に置いた瞬間、それ以降は仕事のことは一切考えないようにします。すると、自宅に着く頃には家族とのことに完全に切り替えられています」。また、マスターカードのアジェイ・バンガも似たような方法を用いていた。ただし、ニューヨーク式で。「オフィスから自宅まで歩いて帰っていました。歩いての帰宅は運動のためというよりは、仕事をすべて忘れるためでした。いわば仕事のデトックスです。家に着いたときには、デトックス完了です」

家で過ごしているときも、急ぎではない仕事に邪魔されない方法がある。デュポンのエド・ブリーンは「日常業務の忙しさから離れて、もっと大きなことを考えるのに適している」ため、週末も自宅で仕事をしていることが多いが、それでも家族との時間をできるだけ大事にする策も取っている。

「実はあまり言いたくないのですが、私のチームも全員知っていて隠しようがないから打ち明けますと、家族との時間を確保するための私の最大の策は、携帯電話で電子メールが受け取れないようにしていることです。緊急事態が起きたときは、電話するようチームに伝えています。これにより週末の外食中に、携帯電話を何度も確認しなくなりました」

ベストなCEOは、休暇のときも邪魔が入らないようしっかり対策する。マスターカードのバンガの方法を紹介しよう。「私の休暇中には毎日二回、決まった時間帯に私から大量の電子メールが一気に届くことを、部下たちは全員わかっています。一度目は朝の七時半頃です。なぜなら、その時間は、家族は誰も私のことを気にしていませんから。二回目は午後四時頃です。この時間になると、みなすでにワインを何杯か飲んでプールサイドでくつろいでいますので、私がいなくても何も言われません。それに、仕事用の電子機器はすべて妻が金庫に入れて、彼女しか知らない暗証番号で鍵をかけています。金庫を開けて中身を出すには、毎回妻に頼むしかないのです！」

シェルでは休暇の時期が来ると、CEOのピーター・ボーザーのトップチームメンバーは交代で休暇を取るようにしていた。そのほうが互いの仕事をよりうまくカバーできるという考えによるものだった。だがある年、チーム全員が一斉に休暇を取って、その間の仕事はそれまでチーム内でカバーしあっていた代わりに部下に任せることにした。「その結果、どうなったと思いますか?」とボーザーは語った。「私へのメールが激減しました。チームのメンバーも同じだったそうです。実務担当者たちに仕事を任せたのは、まさに名案でした。それに、彼らは緊急事態でもないかぎり、通常は電話もしてきません」

感情の切り離しは、マスメディアや株式市場といった外部からの批判を気にしないためにも必要だ。ケイデンスのリップブー・タンがCEOに任命された当時、その人選はおかしいとソーシャルメディアが騒ぎ立てた。というのも、タンはベンチャー投資家として成功していたので、ケイデンスをすぐに売り払うのではないかと噂されていたからだ。また、タンには同社の主力であるコンピュータチップ設計用ソフトウェア事業の知識が本当にあるのかと、疑問視する人々もいた。「あのときは、落胆するなどというものではありませんでした」とタンは当時を振り返った。「ただ、私が書斎でそういった批判的な意見を読み上げるのを座って聞いていた一番下の息子が、『パパはパパの仕事をすればいいよ。そんなコメントをずっと見ていなくてもいいんだから』というすばらしいアドバイスをくれたのです。あのときの私にとって、まさに最高のアドバイスでした。それ以来、自分について書かれたコメントは、決して見ないようにしています」

エネルギーを生み出せる時間を日課に組み込む

心理学における第一線の研究者たちは、エネルギー（活力）の管理は時間管理と同じくらい重要であり、しかもより大きなリターンを見込めると長年強く主張してきた。ベスト・バイのユベール・ジョリーも、「物理学では、エネルギーは有限だと教わりました。しかし、人間が持っているエネルギーは、そうではありません。人に備わるエネルギーは、無からつくりだせるものなのです」と指摘している。

ベストなCEOたちは自身のエネルギーがどのように生まれ、どのように消耗されるかを把握していて、長期間の活動のあとに疲れ果ててイライラが続く「エネルギーの谷」を避けるための努力を怠らない。イントゥイットのブラッド・スミスは、次の方法で自身のエネルギーレベルを高く保っている。「まずは一日の中での、自分のエネルギーレベルの最高時と最低時の波が通常はどこにあるか、そして必要な回復時間を把握します。私は朝型人間です。ですから、午前中の会議での私は、恐ろしいほど冴えています。しかし、遅い午後の会議での私は、他の出席者に申しわけなく思うほど低調です。そんなわけで、戦略性の高い最も重要な会議は、一日の早い時間に設定します」

「みな、それぞれ独自のやり方があると思いますが」と、ガルデルマのフレミング・オルンスコフは言う。「負担があまりに大きくなってきたと思われる兆候や症状が出てきたら、ひと休みしなければなりません。疲労が激しすぎたり過剰反応したりするようになると、あなた自身やあなたの評判が傷つく恐れがあります」。また、ウエストパック銀行のゲイル・ケリーは、彼女が「余白」と呼んでいる空き時間を、会議と会議の合間に必ず入れるようにしていた。「すべての予定で全力を尽くせるよう、気持ちの準備を怠らないようにしなければなりません。そうした心の余裕を確保するために、各予定の合間に一〇分から一五分の空き時間をつくりました」。ケリーはさらに、平日はあまり遅くならずにオフィスから出るほうがいいとアドバイスする。「その日の仕事をそこで終えたわけではないのですが、とりあえずオフィスを出ました。家族と夕食を取って、ひと息ついて、散歩をして。そうして体勢を立て直しました」

CEOの中には、従業員と交流することでエネルギーを蓄える人もいる。ヘルベルト・ハイナーもその一人だ。「社員たちと交流すると、たくさん元気をもらえます。五〇〇〇人の社員全員が利用する社員食堂に行っては、適当なテーブルに座って会話に混ざります。『やあ、あなたはどの部署で働いているんですか？　仕事の内容は？　最近調子はどうですか？』というように」。また、アリアンツのオリバー・ベイトも従業員たちとの交流でエネルギーをもらっているが、人は必ずしもエネルギーを与えてくれるタイプばかりではないこともよくわかっている。彼らの中にはエネルギーを生み出す人もいれば、奪われないよう警戒している人、はたまた吸い取る人もいるのだ。「私はそうした中からエネルギーを与えてくれる人を探して、その人たちと一緒に過ごそうとします」とベイトは語っている。

ベストなCEOは平日のオフィスでエネルギーをうまく管理する方法のみならず、仕事の外で充電する術も編み出している。スティーブ・タッピンは著書 *The Secrets of CEOs*（CEOに学ぶ秘訣）で、「CEOが抱く感情のうち影響が大きいものは、不満、失望、焦燥、そして圧倒感である」と指摘している。そうした感情を長く引きずると、やがて燃え尽き症候群（バーンアウト）に陥ってしまう。スポーツの世界と同様に、この連鎖を断ち切るには、高負荷をかけた活動を行う期間と、復活が実感できて前向きになれる低負荷の活動を行う「回復」期間を、徹底して交互に確保することだ。

ロッキード・マーティンのマリリン・ヒューソンは、次の回復法を実践してきた。「きちんと食べる、睡眠を取る、運動する、といった基本は大切にすべきです。ずいぶん前から、経営幹部は『企業《コーポレート》アスリート』と一部で呼ばれてきましたが、そういった意味でもCEOは自身の体を大事にしなければなりません。それに、家族と過ごす時間を必ず確保してください。私は休暇の計画をかなり前から立てて、その休暇を家族との大事な時間にするというのを、仕事のリズムの一部にしてきました。とにかく、リフレッシュできる時間をつくることです」。同様に、サンタンデール銀行のアナ・ボティンは、自身のスケジュールを細かく立て、睡眠を優先し、ピアノを弾く時間を大事にしている。「健康管理用のフィットビットを使って、食事のメニューを記録し、睡眠時間と運動時間を測っています。友人の中には、私のことをちょっと面白みに欠けると言う人もいます。でも、私は自分が面白みに欠けるとは思いません。とても規則正しいだけです」

ベストなCEOは、他の人にとっても回復時間が重要なこともわかっている。イントゥイットのブラッド・スミスは、次のような方法を取っている。「たとえば、確認してほしいと言って、一五ページものパワーポイントの資料を週末に送ってくる部下もいます。そういうときは、『確認して気づいたことがあれば、月曜日に伝えます』と返事を送ります。これは、相手とその家族が、充電できるための時間をつくりだせるようにするためにほかなりません。このように仕事と休みの境界線をはっきりさせるのは、自身がより優れたワークライフバランスを取るためのお手本となるのにも役立ちました」

また、アトラスコプコのロニー・レテンは、働くのが回復につながる人がいるならば、それでも構わないと指摘している。「CEOは創造力を発揮して、社員全員がベストを尽くせるよう公私のバランスも取りやすい環境を率先してつくりださなければなりませんが、バランスの取り方は人それぞれです。週末を楽しく過ごして充電する人もいます。たとえば、サッカーをする人もいます。映画を見るのが好きな人もいるでしょう。一方、仕事をしたい人もいて、それも一案だと思います。もしかしたら、働くことで家族間のストレスが減ってリラックスできるのかもしれません。私は会社の成功に向けて社員それぞれの違いを理解し、彼らをありのまま受け入れるよう努めました」

エネルギーを生み出すためのこうした行動習慣は比較的はっきりしているが、実践するのは言うほど簡単ではない。「CEOをうまく務められるかどうかわかりませんでしたので、とにかく常に一〇〇パーセント全力を尽くすようなやり方で仕事をしていました」とレゴのヨアン・ヴィー・クヌッドストープは打ち明ける。「ところが最初の五年間で、健康状態がかなり悪くなりました。健診に行くと、『あなたの健康年齢は、六五歳相当です』と医者に言われました。当時の私は、まだ四〇前だったのに。それからは、自分の体にもっと気をつけるようになりました」

マイクロソフトのサティア・ナデラは、いかにして自身の発想を変えたかについて語っている。「経営幹部というものは二四時間営業ですから、ワークライフバランスを取るのは難しいと感じることが多いです。そこで、自分はバランスを取ることよりも調和を目指せばいいのだというように、考え方を変えようとしました。というのも、『バランス』と言うたびに、バランスが取れていない自分の生活を振り返って落ち込むからです。私は、仕事がプライベートに入り込んでいるとはみなしていません。そうしてすべてやり終えたあと、それまでのことを振り返って『私は何て充実した時間を過ごせたんだろう。すばらしい人々から学び、マイクロソフトの内でも外でも本物のつながりを築くことができた』と言いたいのです」

自身のニーズに合ったサポートスタッフをつける

ナデラが描いたような結果を出すためには、優秀なオフィススタッフをつけることがCEOにとって極めて重要だ。ベストなCEOのスタッフチームには必ず、スケジュール管理、出張やイベント出席の手配を専任で行う有能な補佐が一名ないし二名いる。補佐は優先順位の高い予定に重きを置いたスケジュール作成を徹底することで、CEOが効果的に時間を管理できるようしっかりと支え、さらには回復時間をスケジュールに組み込んで、上司のエネルギー管理にも気を配っている。

CEOの多くは、この役職に就く前にも経営幹部の一員としてこうしたサポートをすでに受けていただろう。だが、CEOになると、もっと自由に決められる点が多いことに気づくはずだ。「CEOに与えられたすばらしい特権の一つは、会社のスケジュールを自分で決められることです」とGEのラリー・カルプは語る。「私はとにかく念入りに計画を立てました」。カルプはスケジュール管理に熱心なあまり、子どものクラブ活動の予定表が配布されるよりもかなり前に、学校の体育責任者に電話をしてスケジュールを確認していたことも周りによく知られていた。そうして、ライバル校とのソフトボールの試合に娘がピッチャーとして出ているとき、「私は一人の父親としてスタンドから大声で応援できました」とカルプは言う。

その他にもCEOになる前と異なるのは、多くのCEOがこの役職ならではの複雑な仕事をこなすために、チーフ・オブ・スタッフをサポートとしてつける点だ。実は、就任直後は自分にはCOSは必要ないと考えるCEOも多いが、この役職の重さを実感したとたんにみな考え直す。イントゥイットのブラッド・スミスは、自身の経験を次のように語っている。「CEOに就任したとき、事務スタッフはいましたがチーフ・オブ・スタッフはつけませんでした。しばらくして、チーフ・オブ・スタッフをつけることにしたのですが、すると状況が大きく変化しました。そのおかげで、私は思ってもみなかったほどの非常に強いリーダーシップを、急激に発揮できるようになったのです。この人物は、私が変革を推進するのを支えてくれ、私のスケジュールを状況に即して作成して、それらの予定が確実に実行されるようにしてくれる、まさにチェンジエージェントです」

スタッフの多すぎるCEOサポートチームを前任者から引き継いだために、スリム化を行わなければならないCEOもいる。マスターカードのアジェイ・バンガがCEOに就任したとき、彼のCEOサポートチームには一一名のスタッフと、さらには秘書も三名いた。バンガは、サポートチームをCOS一名と補佐二名にスリム化した。自身のCOSの仕事内容は「私が失敗しないようにすること」だと、バンガは一言で説明する。この任務をこなすために、COSはバンガの電子メール、スケジュールをはじめ、バンガが手腕を発揮するために必要なものすべてへのアクセスを認められている。「私はチーフ・オブ・スタッフに隠し事は一切しません」とバンガは言う。「私たちは、一心同体のようなものです。出張にも、できるかぎり同行してもらいます。私が懸念を示すべき点のリマインド役として、会議にも一緒に出てもらいます。私が点と点をうまくつないでより優れたCEOになれる

ようにしていきます。「ベストなチーフ・オブ・スタッフは、CEOを背後から

よう、支えてもらいました」。バンガはさらに話を続ける。また、バンガはさらに話を続ける。「ベストなチーフ・オブ・スタッフは、CEOの頭の中が読めます。話を最後まで聞かなくても察します。彼らは、CEOを背後から守って守っています。CEOがあまりに多くのことに気を取られていて周りが見えなくなっている中で、ベストなチーフ・オブ・スタッフはこの先起こりそうなことを代わりに察知します。今の私があるのは、ひとえにこの一〇～一一年の間、私についてくれた歴代のチーフ・オブ・スタッフのおかげです」

また、バンガはCOSを一年半～二年ごとに代えている。バンガがCOSを選ぶ基準は、能力が高く、新たなキャリアの道を志望していて、しかもこの仕事を通じて学んだり指導を受けたりするチャンスを活かそうとする意欲があるかどうかだ。「私は自分が得るものと同じくらい、多くを与えるつもりでいます」とバンガは言う。この「ローテーションしながら新たな血を入れる」手法には、さらなる利点がある。バンガのように、CEOがCOSを自身の延長とみなして活用する場合、COSの立場が強くなりすぎる恐れがある。ゆえに、新たな人材を定期的に投入するのは、そうしたリスクを軽減する効果もある。

私たちが話を聞いた他のCEOの多くも同様に、将来有望な人材を順にCOSの役目につける方法を取っていた。一方、長期にわたってCOSを代えないCEOもいる。たとえば、シンシナティ小児病院のマイケル・フィッシャーを長年支えているCOSは、戦略的なプレゼンテーション用資料作成から組織改革の推進サポートにいたるあらゆる仕事を行う権限を、フィッシャーから与えられている。「私のチーフ・オブ・スタッフは、横にいてくれる万能なパートナーです。高い知性、高潔さ、そして優れた判断力を備えていて、しかも決して目立とうとしません」とフィッシャーは語る。「彼女は私がいくつもの仕事を同時にこなせるようサポートしてくれると同時に、会議の合間を縫って仕事が進められるよう配慮してくれます。また、唯一彼女とはいつでも連絡がつくようにしています。彼女

と一時間過ごせば八つの異なる案件に対処できますし、しかもそれらについて八つの会議を設定しなくても、各案件がきちんと進捗していくことがわかっています。さらに彼女は、この病院で取り組んでいる最大の変革プロジェクトの調整役であり、評議会との連絡係でもあり、現場を率いるチームとの日々の会議の準備係でもあります。しかもその間、マーケティング部門と広報部門も率いてくれているのです」

エーオンのグレッグ・ケースは、ＣＯＳの役割をもう一つ挙げている。「私たちが下した判断に対して社内がざわついたとき、彼女は安全弁の役目も果たしてくれます。社員たちが彼女に語った不満や不安を取りまとめて、大事な点を私に伝えてくれるのです」。また、デューク・エナジーのリン・グッドは、さらに二つ追加する。「私のチーフ・オブ・スタッフは、私が業界団体や地域社会関連の務めでしっかりと役割が果たせるよう、それらに関する仕事を多く引き受けてくれます。また、スタッフ会議の議題決めも、重要なトピックがトップチームの会議に適時に上がってくるよう、私と細かく打ち合わせながら、彼女が担当しています。二〇二〇年が終わり、我が国が社会不安の多大な影響を受けている現在、彼女は人事部門のトップと密に協力しながら、当社のダイバーシティ（多様性）・公平性・インクルージョン（包括性）プログラムのリーダーもしています。彼女が私と一緒にＤＥ＆Ｉの件を率いてくれることで、当社の上層部において重視され、きちんと対応されているのです」。

ＣＥＯの中には、「オフィス」のサポートが公私の境界線を超越する場合もある。エスケルのマージョリー・ヤンは、自身の例を次のように語っている。「女性会長兼ＣＥＯとして、私にはオフィスの外でもサポートが必要です。公私ともにうまく回るよう、支えてくれる人たちが欠かせません。私には住居が二カ所ありますし、九五歳の母もいます。そうした家のことのためには、私には個人秘書がいます」

ＣＥＯは自身の仕事を、全速力でひたすらダッシュしたり、水の入ったコップを丸一日持ちつづけたりするように取り組んではならない。そんなふうにしたら、救急車で運ばれるはめになるだけだ。一方、マラソンも適切な例えとは言いがたい。一定のペースでゆっくり走りつづけても、ビジネスの世界の頂点にはまず辿り着けないからだ。最も適切な例えは、短時間の高負荷運動を何度も行い、その合間に休息と回復の時間をはさむインターバルトレーニングだ。そうすれば、より多くの仕事をより短い時間でこなせるリズムを持続できるようになる。

そのためにベストなＣＥＯたちは、細かく計画されている一方で予定外のことが起きたときにも十分対応できるよう余裕を持たせた、「過密だが柔軟な」スケジュールを立てる。また、オフィスであろうと自宅であろうと感情を切り離し、今この瞬間は、一緒にいる人たちと身も心も同じところにいるというコミットメントを意識的に行う。エネルギーの谷を避け、エネルギーを生み出せる時間を日課に組み込み、燃え尽き症候群に陥らないよう十分な回復時間をスケジュールに入れるよう徹底する。そしてさらに、会社に対する自分のインパクトを最大にできるよう、自身のニーズや希望に合ったサポートスタッフチームをつくる。

本章では、ＣＥＯがどのようにして自身の時間とエネルギーをうまく管理しているかについて取り上げた。さらに、ベストなＣＥＯたちは、周囲にも気を配ることができるリーダーとして日々活動してお手本を示すうえでも、同じ手法を活用している。

第一七章 リーダーシップモデルを決めるための行動習慣
「なりたい自分」リストをすべて実現する

そうありたいと思っていなければ、いくらやってもそうはなれない
――エックハルト・トール

マハトマ・ガンディーに相談しようと待っていた何百もの人々の中に、幼い息子とその母親がいた。順番が来ると、母親はガンディーに、甘いものを控えるよう息子に言ってほしいと頼んだ。するとガンディーは、二週間後に戻ってくるよう母親に言った。そのときに息子に話すからと。母親は、息子はここにいるというのになぜ話してくれないのだろうと思いながらも、ガンディーの言葉を受け入れた。二週間後、再びやってきた親子は、数時間並んで再びガンディーと話すことができた。前回の頼みを再び聞いたガンディーは、すぐさま息子に甘いものを控える努力をするよう言い聞かせ、息子はうなずいた。母親はガンディーの思慮深く思いやりあふれる言葉へのお礼を述べたあと、なぜ一度目で助言をせずに後日戻ってくるように言ったのかと尋ねた。すると、ガンディーはこう答えた。「二週間前にあなた方が訪ねてきたときは、私も甘いものを食べていましたから」。そして、自分が実践

していなければ、息子に甘いものを食べないように言うことも諭すこともできないのだと説明した。(84)

この話は、イギリスの支配に対するインドの非暴力独立運動を率いたガンディーがなぜ、ダライ・ラマ、ゴルダ・メイア、マーガレット・サッチャー、マーティン・ルーサー・キング・ジュニア、ネルソン・マンデラ、シモン・ボリバル、ウィンストン・チャーチルといった人物たちとともに、史上最も偉大な指導者の一人として世界中から尊敬されているのかを描いた逸話の一つだ。一九世紀アメリカの奴隷廃止論者で神学者でもあったジェームズ・フリーマン・クラークは、偉大な指導者とその他大勢の大衆のリーダーたちとを分かつ本質的な要因を、次のように捉えた。「政治家と指導者の違いは、政治家は次の選挙のことを考えるのに対して、指導者は次の世代のことを考えるという点だ」と。

本章で私たちが伝えたいことと関連して、クラークのこの比較が非常に興味深いのは、指導者と政治家は行動という面では極めてよく似ているということだ。たとえば、両者はともにコミュニケーションを取り、人を説得し、人脈を築こうとする。両者を分かつのは、「自身がどうあるべきか」という思いがあるかないかだ。指導者は、世論調査の結果に惑わされずに統治する。自分自身が根本的な真理と信じるものを、土台としている。そして、本質的な価値を大切に守る。彼らの目標は政治の世界で抜きんでることではなく、もっと大きな目的を果たすことだ。

ベストなCEOは、「行動」と「あり方」の違い、そしてこの二つを正しく実現することが秘めている途方もない可能性について、はっきりと認識している。二つの違いについて、シンシナティ小児病院のマイケル・フィッシャーは次のように説明している。「私は『やるべきこと』リストを書き出すのを、ずっときちんとやってきました。『今日AとBとCをやる』ことを絶対に忘れないように。毎日その日のスケジュールを印刷して持ち歩き、必要に応じてメモを取ります。一方それと同時に、

『今日はどんな自分でありたいか』について意図を持って考えますし、そういった意識を持ちながら仕事に行きます。そんなわけで、リストの項目に『あるべき自分』も加えました。たとえば、今日の自分は『寛大かつ誠実』でありたいとします。もちろん、毎日そうありたいです。しかし、今日は特にそうありたいことを絶対に忘れないようにしたいのです。トップチームの主要なメンバーとの大事な会議があれば、そこで彼らに単に義務的でその場限りのような対応をするのではなく、私が彼らを高く評価していることを惜しみなく伝えたいからです。また別の日には、『協調的かつ触媒的存在』であることが自分の役割であるような仕事が入っているかもしれません。そんなふうに、自分がその日そうでありたい自分の人柄を毎朝二つ決めることを、日課の一つにしています」

自分がどうあるべきかについての内省は、周りの人の言葉がきっかけになることもある。「CEOの役目を打診されたとき」と、イントゥイットのブラッド・スミスは語る。「前任者のスティーブに、その決定は満場一致だったのですかと尋ねました。すると、彼はこう言いました。『ええ、あなたが適任だというのが全員の意見でした。一方、全員が同じ疑問も抱いています。あなたは厳しくなれますか？　南部の人特有の穏やかで控え目な性格のあなたですが、CEOになるとやがて難しい状況に対処することになります。あなたはときに優しさを捨てられますか？』」。この言葉を重く受け止めたスミスは、父親に相談した。「すると、父は『優しさを弱さと勘違いしてはならない』と言いました。そして、子ども向けテレビ番組『ミスター・ロジャーズ』の例を話してくれたのです。この番組が始まった当初、出演者のフレッド・ロジャーズは、死、離婚、偏見といった内容も番組で取り上げていました。たとえば、当時はアフリカ系アメリカ人が泳いだという理由で、ホリデイ・インホテルのプールに漂白剤を流し込む人たちがいました。そこで、ミスター・ロジャーズは家の裏庭にある子ども用の浅いプールに足をつけながら、黒人のクレモンズ警官に一緒に入りませんかと声をかけたのです。

ミスター・ロジャーズは穏やかで優しい人物でありながらも、自分の主張をはっきり示したのです」

父親が語ってくれた話は、どんなCEOになりたいかと悩んでいたスミスが知りたかったことすべてに答えてくれた。「このマインドセットから、厳しい判断を下しながらも思いやりも示せる方法を学んだのです」とスミスは言う。「マヤ・アンジェロウの詩は、私が自分もそうありたいと思っていることをまさに言い表しています。『私は学んだことがある。人はあなたが言ったことは忘れるだろうし、あなたがしたことも忘れるだろう。でも、あなたが湧き起こさせた気持ちは決して忘れない』というものです」。スミスは、自身の信念を貫きとおすことができたと言えるだろう。彼の退任後、イントゥイットは社屋の一つにスミスの名前を冠し、彼がいつも口にしていた「懸命に働き、優しさと誇りを持て」という言葉を建物名の下に刻んだ。

フィッシャーやスミスのように、ベストなCEOたちには仕事で「あるべき自分になる」ための、いくつかの共通点がある。彼らは……

・自身の人格（強みや価値観）と一致した行動をとる
・会社のニーズに合ったリーダーシップを取る
・リーダーとして成長しつづけるという精神のもと、フィードバックを受け入れて対応する
・たとえどんなに悲惨な状況であろうと、常に将来への希望を与える

自身の人格（強みや価値観）と一致した行動をとる

一貫した人格とは、どんな状況においても同じ規範に沿うということだ。親の役目を果たすことを例にしてみよう。「『嘘を言ってはいけない』と教えてきたけれど、映画館で割引してもらうために年齢を実際より下だと言ってごまかすのはかまわないから」というように親が自身の方針を曲げると、それを目の当たりにしてきた子どもたちも同じことをするようになる。さらに、親が方針を曲げて甘くなりそうな瞬間を予想して、うまく立ち回る術を身につける。そうして、親が忙しかったり疲れていたりするときを狙って、自分の思いどおりに物事を運んでしまう。最も高い役職の人物に全社員の目が注がれるという意味では、リーダーの役割は親のものとよく似ている。ベスト・バイのユベール・ジョリーは、著書『THE HEART OF BUSINESS（ハート・オブ・ビジネス）――「人とパーパス」を本気で大切にする新時代のリーダーシップ』（二〇二二年、英治出版）で、リーダーシップにおける一貫性について次のように記している。「大事なのは理論だけで社員を率いるのではなく、全身全霊を込めて率いることだ。ＣＥＯが一貫してそうした姿勢を示せば、その理念はトップダウンではなく、有機的に全社に浸透していく」

ベストなＣＥＯは、自身の価値観に忠実でありつづけることは短期的には割に合わないように思えても長期的には必ず報われることを、身をもって知っている。ヨアン・ヴィー・クヌッドストープは、レゴでの自身のそうした経験を次のように語っている。「私は周りを楽しませるタイプではありません。だから『みんなに確実に好かれるようにするには、どうすればいいだろう？』と思いながら部屋に入っていくことはしません。人にはみなそれぞれの試練や人生の物語があります。私はどうやらそうした経験のおかげで、『いったいなぜ、あの人たちに対してああ言えたの？』と周りから言われるような大胆なことを、危険を承知でやれるようになったのかもしれません」。当時三五歳のクヌッドストープは、レゴの経営幹部になってまだ三年しか経っていなかった。それでも、会社が困難に直面しているという自身の見解をまとめた意見書を、取締役会に提出する義務が自分にはあると感じていた。「意見書の主な内容は、『我が社はここ一五年間、会計上の利益はほぼ毎年出ていても、（資本コストを上回る）プラスのエコノミックプロフィットは一度たりとも生み出していません。どういうわけかみなさん現状に満足されているようですが、我が社は企業価値を毀損しつづけています』というものでした」

「取締役会に衝撃が走りました」と、クヌッドストープは改めて当時を振り返った。「取締役会議を追い出されて、『ここでの仕事は最高だったけれど、大学での研究に戻ることになるよ』と妻に電話したのを覚えています」。ところが、翌日会長から連絡があり、意見書を三回読んだことと、さらに詳しく話しあいたい旨を告げられた。それから一年もしないうちに、クヌッドストープがレゴの次期CEOに就任すると取締役会から発表された。クヌッドストープが同社のトップの座を勝ち取れたのは、彼の一貫した姿勢によるものだった。また、その姿勢によって、クヌッドストープは同社を好転させることができた。「CEOが会社にうまくなじもうとするのは、危険なことなのです」とクヌッドストープは言う。「私が入社したときのレゴはすばらしい会社ではありましたが、仲良しクラブのようにも感じられました。誰とも反対意見を言いあうこともありませんでしたし、社員がみな非常によく似ていたのです。多様さがほとんどありませんでした。私がCEOに任命されたとき、当時の管理職の多くは『えっ、ずいぶん奇妙な選択だな』と思ったはずです」。どんなに気まずくても、率直にありのままを話すというクヌッドストープのやり方によって、同社の企業文化が急速に変わり、変革が加速した。「CEOとしてうまくいったことで、ありのままの自分でいることに、より一層自信が持てるようになりました」

この事例の教訓は、CEOはみなクヌッドストープのように単刀直入にものを言わなければならないということではなく、自身の強い信念が何かを知り、たとえ犠牲や困難が大きくても、その信念に忠実でありつづけなければならないということだ。アフリカ大陸における数少ないユニコーン企業（企業価値が一〇億ドル以上のスタートアップ企業）である、汎アフリカフィンテック企業インタースイッチの創業者兼CEOミッチェル・エレグベ（四六一ページ参照）は、一貫した姿勢を取るために厳しい判断を下さなければならないときもあったと語っている。「私が最初に学んだ大きな教訓は、勝つこと（win）と勝利を収めること（victory）の違いでした。戦争に行ってすべての戦士を失ったけれど戦いには勝ち、自分が唯一の生存者として国に帰るというのも、勝ったこと（win）にはなりますよね？　一方、戦争に行って戦いに勝ち、そしてすべての戦士が無事に国に帰れば、それは勝利を収めた（victory）ことになります。そこで、難しい事態に直面したときには『自分は勝ちたい（win）のか、それとも勝利を収めたい（victory）のか？』と常に自身に問いかけました。そうして、勝利を収める（victory）のはただ勝つ（win）よりもずっと良い勝ち方だと、私は常に考えるようになりました」

実際にエレグベが判断を下すとき、彼はその決断が社員とその家族、株主、そして社会にもたらすであろう影響の大きさを考える。そして、そこで想像される将来の絵姿が望ましいものと思えない場合、それ以上先に進めないことにしている。中でも汚職問題には、とりわけ注意を払っていると彼は言う。「政府関係者があれこれしてほしいと求めてくる、といったことが多々あります。しかし、これに応じても勝利を収める（victory）ことにはつながらないとわかっていますので、取りあわないようにしています。この取引に応じれば勝つ（win）かもしれませんが、これは本来の私たちのあり方ではないと心の奥底ではわかっていますし、応じたことで得られる恩恵を心から喜べませんから」

テルストラのデビッド・トデイは、企業文化の大規模な変革を難しい状況の中でやり遂げるには、一貫した姿勢が極めて重要であることを経験から学んだ。オーストラリアのこの通信会社をより顧客中心にするという取り組みを行うにあたり、トデイは従業員に対して、お客様に満足していただくためならどれだけ費用がかかってもいいと指示した。もちろん、ある程度の上限はあったが。だが、一部の従業員には、トデイの言葉の意味がきちんと伝わらなかったようだった。ある日、保守工事部門のトップでもある技術者がトデイのオフィスにやってきて、北部では豪雨が原因で、銅線を使った電話回線に不具合が起きていることと、この四半期の業績の数字を悪化させないよう次の四半期まで待ってから修理を行うことを報告した。トデイにとっては、この報告にうなずいて短期的な業績を良くするほうが楽だったが、それでも目の前の技術者に「ちょっと待ってください。私たちが最優先にしていることを、忘れていませんか？」と尋ねた。そして、電話回線の不具合が、北部のテルストラの利用者にどれほど大きな影響を与えることになるかを説明した。一方、技術者は修理には四〇〇〇万ドルかかる見込みだと答えた。すると、トデイはただ一言「進めてください」と指示したのだった。このように、たとえそうするのが難しいときも、自分の信念に忠実でありつづけることで、トデイはテルストラをオーストラリアで最も信頼される企業に変えていった。

会社のニーズに合ったリーダーシップを取る

一貫性を保つということは、ＣＥＯは頑なな態度を取らなければならないという意味では決してない。ベストなＣＥＯたちは自身の本質的な価値に背くことなく、会社を率いる方法を状況に応じて修正する意志も能力も持ちあわせている。この「状況対応型リーダーシップ」という考え方は、『状況対応マネジャー』（一九八五年、日本生産性本部）の著者ポール・ハーシー博士と、『1分間マネジャー』（一九八三年、ダイヤモンド社）の著者ケネス・ブランチャードによって、約五〇年前に提唱された。彼らの主張は、本当の自分を変えることなく自身のやり方を状況に対応させられるリーダーは、より優れた結果を出せるということだ(85)。また、レゴのヨアン・ヴィー・クヌッドストープは、自身の経験を「大事なのは、会社にどんなCEOが求められているのかを把握することです」と総括している。

とはいえ、状況対応型リーダーシップは、本物の自分であることとは相容れないのではないだろうか？　いや、決してそんなことはない。DSMのフェイケ・シーベスマは、この二つの考え方が共存することを理解するに至った数年前の経験を、今でも鮮明に覚えている。「CEOになった当初は、『本当の自分であることはすばらしい』と思っていました」。だが、チーム全体で受けていたトレーニングセッションで、みなで互いをフィードバックしあうようコンサルタントに指示されたとき、シーベスマは自分に向けられた一部の批評に嫌気が差してしまった。そして、「でも、これがありのままの私です。本当の自分なんです」とチームを戒めた。チームのメンバーの一部からは、シーベスマの反論には納得できるという声が上がった。だが、コンサルタントはシーベスマをまっすぐに見て、「フェイケ、それがあなたの本当の自分なんですね？　わかりました。でも、あなたが本当の自分でいることに対して、なぜ周りの人間が嫌な思いをさせられなければならないのでしょう？」と尋ねた。シーベスマは何も言えなかった。コンサルタントが伝えたかったのは、本当の自分でいることは大事だが、それにはより優れたリーダーシップのスキルが伴わなければならないということだった。シーベスマはこの経験について、「決して愉快なものではありませんでしたが、あの言葉はまさにそのとおりでした。あのセッションは私に大きな影響を与えてくれ、その後のキャリアに役立ちました」と振り返った。

ウエストパック銀行のゲイル・ケリーは、当初は自身のやり方を変えることに抵抗があったが、最終的にはそれが同行にとって正しいと判断した。「私が話す内容があまり銀行員らしくなく、投資家のみなさんには物足りなかったのです。銀行員として長年経験を積んできた同僚たちのような、専門用語を駆使した話はしていませんでした。私に対する投資家のみなさんのフィードバックは、『数字面以外のソフト面では、たしかに優秀なのだ。本当に、数字に強いＣＦＯがついていてよかった』というものでした。それを聞いた当時の私は、本当に頭に来ていました」

話す言葉と伝え方を変えたほうがいいと同行の会長に強くアドバイスされても、ケリーは当初は反論した。「『いいえ、私はありのままの自分で行きます』と言って。しかしその後、『いや、やはりこのアドバイスに耳を傾けるべきだ』と気づきました。そこで、自分を変えてみたのです。自分が大事にしていることは変えませんでした。でも、投資家のみなさんと話すときに使う言葉を変えて、彼らからの質問には数字を多く入れて答えるようにしました。以前ならＣＦＯやＣＲＯに振っていた質問にも、自分で答えました。私がみなさんに伝えたいことは、忠告には耳を傾けるべきだということです。在職期間中に変えなければならないことが、いくつも出てくるはずですから」

イントゥイット時代のブラッド・スミスは当初、社員を褒めるときは人前で、そして指導するときは一対一で行うようにしていた。このやり方でしばらくはうまくいっていたが、その後スミスはこのリーダーシップモデルがすでに時代にそぐわなくなっていたことに気づいた。「ＣＥＯとしての一一年間の中で、六年目のことでした。三六〇度評価のフィードバックの一つが『ブラッドはこの会社の社員のレベルを下げてしまっている。なぜなら、評価が甘すぎるし、他の人の前では誰も注意しようとしない。社員を褒めるときは人前で、そして指導するときは一対一で行う、というのが彼の信条だ。だがそのせいで私たちは、社員に対して彼が本当に求めているレベルについて知る機会を奪われてしまっている』というものだったのです」

スミスは自身の信念を変えるつもりはなかったが、今とは違う自分を会社に求められたことから、やり方は変えることにした。「仕事面での改善についてのコーチングは人前で行うようにして、個人的な問題の改善については一対一で話しあうようにしました。人には優しくしても問題については厳しく対処することを自身に課すと全社員に伝えました。そしてさらに、『もしみなさんの仕事ぶりに対する私の評価がまだ明確さに欠けるようでしたら、そう指摘してください。ただし、私は人に恥をかかせるつもりはないこともわかってほしいのです。私はみなさんの尊厳を重んじ、みなさんに敬意をもって対応したいのです』と話しました」

一方、ロッキード・マーティンのマリリン・ヒューソンは、自身の行動を変化させるよりも、そのように振る舞う理由を説明するほうが正解となる場合もあると言う。「私は何でも熱心に取り組む性格ですが、多くの質問をするという私のやり方が威圧的だと感じる人もいます。状況対応型リーダーシップが大事なことは知っていますが、たくさん質問することを止めるつもりはありません。ただし、私がなぜそうするのか、それが私のあり方とどう関係しているのかを、きちんと説明するのは大事です」

ここまで見てきたように、自身の強い信念に忠実でありつづけながら、会社のニーズに合った自身になることは、周囲からのフィードバックなしには実現しえない。ベストなＣＥＯたちは、必要なアドバイスを手に入れることを運任せにはしない。

リーダーとして成長しつづけるという精神のもと、フィードバックを受け入れて対応する

さまざまな方面からＣＥＯたちに向けられる目の厳しさを考えると、彼らの元には常にフィードバックが殺到しているはずだと思うのは当然のことだ。だが、それは事実とはまったく異なっている。前にも触れたとおり、ＣＥＯというのは同僚が一人もいない役職だ。たしかにＣＥＯは取締役会に監督されてはいるものの、日々の振る舞いについては誰にも細かくチェックされない。それゆえ、ＣＥＯの大半は誰かに直接指導されることがほとんどなく、建設的な批判からもますます遠ざかっていく。「ＣＥＯというこのトップの役職に就くと、会いに来る人はみな、何もかもうまくいっているふりをします。みな、あなたに悪い知らせを伝えるのが怖いのです」と、ＤＢＳのピユシュ・グプタは言う。インドゥイットのスミスも同意する。「本人はなかなか気づきませんが、ＣＥＯには耳障りのいい情報しか入ってこないことが多いのです。ＣＥＯになったとたん、いきなり持ち上げられたり、前と同じジョークを言っても周りの笑い声が明らかに大きくなったりするのを、みな経験しているはずです」

スミスはタウンホールミーティングでスピーチしたあとに、「私の出来はどうでしたか？」と従業員数名に必ず尋ねるようにしていた。彼らは「大変すばらしかったです」と答えるしかなかった。いつもそういった同じフィードバックしか得られないことから、スミスは取締役会長に相談に行き、自分が本音を聞かされているのかどうかわからないと打ち明けた。会長は「聞かされているわけがありません」と、ベテランらしい一言で答えた。そして、スミスにこうアドバイスしたという。「次回スピーチを終えたら、『今のスピーチをさらに改良するには、どうすればいいと思いますか？』『変えるとしたら、どの点でしょうか？』と社員たちに尋ねるよう言われました」。要は、意図がわかりづらいあいまいな質問ではなく、自分に役立つ具体的な答えが得られるような尋ね方をしなければならないということだ。スミスは「本物のフィードバックを手に入れるための方法はそれだと学びました」と語った。

アホールド・デレーズのディック・ボーアも、的を射たフィードバックを得るために的を射た質問をすることの重要性を訴えている。「私が学んだ大きな教訓の一つは、建設的な批判を求めつづけることです。それこそが、本物のフィードバックです。それをもらえるようになるには、周りの人々を鍛えなければなりません。そのために、私は彼らを刺激しないとなりませんでした。長い会議のあとには必ず『私に何か言いたいことはないですか？　遠慮せずに教えてください。私にとって耳障りのいいことよりも、私たちが向上すべき点についてのみなさんの意見を歓迎します』と尋ねるようにしていました」

フィードバックを集めて活用するために、コーチの助けを借りているCEOも多い。ベスト・バイのユベール・ジョリーは、次のように語っている。「何年も前なら、たとえば『スコットはコーチをつけているらしい』と誰かから聞けば、『えっ、スコットはいったいどうしたんだろう？　何か問題でもあったのだろうか？　もしかして解雇されるのだろうか？』と思いました。でも今では、経営幹部を指導するコーチが、成功しているリーダーをさらに飛躍させられることを、私もよくわかっています。ランキング上位一〇〇名のテニス選手たちは、全員コーチをつけています。また、NFLの全チームも、一名どころかコーチ陣として多くのコーチを雇っています。というわけで、CEOやトップチームがコーチをつけるのは、何もおかしなことではありません。私たちに必要なのは単発の指導ではなく、絶え間ない向上を支えるための継続的なコーチングです」

ロッキード・マーティンのマリリン・ヒューソンは、コーチに協力を依頼して、自身のチームから自分への客観的なフィードバックを集めていた。「当然ながら自身の盲点は見えませんから、自分では認識すらできていないが会社に与えてしまっているインパクトを把握するためには、仕組みが必要でした。私はトップチームが私に対してどう思っているか調べるために、社外コーチの手を借りました。その後、結果を見て自分のやり方を修正しました。そして、チームには『みなさんは今回このように教えてくれましたから、私はこのようにします。そのようにして私は変わりますから、みなさんもチェックしてください』と話しました」

直属の部下ではない社員たちにフィードバックを求めることでも、継続的な学びを得られる。リード・ヘイスティングスは、ネットフリックスで次のような取り組みを行っている。「上位五〇名の社員に、『もしあなたがネットフリックスのＣＥＯだったとしたら、会社は今とどう違いますか？』と質問します。書いてもらった数行または数段落分の答えはすべて、共有されているスプレッドシートに掲載されます」。また、イントゥイットのブラッド・スミスは、さらに下の組織にまでフィードバックを求めた。「週二回、何段階も下の組織の社員と会議をしていました。会議の人数は毎回八～一〇名です。大学を出てまだ一～三年目の社員たちがメンバーだったときもありました。技術者に限定した回や、カスタマーケアに携わる社員を対象にした回もありました。私はどの会議でも、同じ三つの質問をしました。『半年前より良くなったと思うことは何ですか？』『進展が不十分に思えるものや、間違った方向に進んでいると思われるものは何ですか？』『ＣＥＯである私が知っておくべきなのにどうやら誰も伝えていないようだと、あなたが思っていることは何ですか？』と。いくつもの階層を飛び越えて、私自身が学びたい分野の最前線で働いている社員と直接話せるのは、またとない経験でした。間に入って情報をふるいにかける人が、誰もいないのですから」

自分の新しく、より良い「あり方」についてのひらめきは、社外から得られることもある。ＩＣＩのＫ・Ｖ・カマートは、優れたリーダーシップの土台は好奇心だと考えていて、「私は自身の改革と再充電を、毎年行わなければならないと思っています。そして、周りにも『知らない』と言うのは決して恥ずかしいことではないと、はっきりと述べています」と語っている。世の中の流れに後れを取らないよう、カマートは毎年数日間、著名な経営学教授C・K・プラハラードに教えを受けている。カマートにとって教授は、「神への畏敬と、考えることを教えてくれた人物」だ。さらに、社外の他のビジネスから教訓を得ることもある。フォーミュラ1のファンでもあるカマートは、レースから二つのことを学んだ。「一つ目は、いったいどうやって彼らは四本のタイヤを三秒もかけずにすべて交換できるのだろうという疑問が発端になりました。一見不可能に思えるようなことも、プロセスとそれにまつわる知識を学べば、さらに優れたことができるようになることを教えられました。また、フォーミュラ1は、限界を超えずにぎりぎりのところで運転する方法について考えることを教えてくれました。そうした運転を可能にするには、脳、目、神経系の協調が必要です。そうして、そういったものをビジネスにも取り入れるには、どうすればいいかを考えるようになりました。ビジネスにおいても、コントロールできなくなる瞬間よりもかなり前にブレーキを踏まなければならないのかもしれません」

デュポンのエド・ブリーンは前途有望なCEOに対して、他のCEOたちと非公式に集まって重要なトピックについて話しあえるようなグループに、一つでも二つでも入るようアドバイスしているという。「それぞれの業界についての話から多くを学べますし、しかも内容の深さは『ウォール・ストリート・ジャーナル』の記事から得られるものどころではありません。私は今もそういったグループで集まっています。帰る頃には新しいアイデアが六つや七つも湧いています」。また、トタルのパトリック・プヤンヌは、グローバルな動きをより深く理解できるような集まりを探して参加していて、それは目に見える成果につながることが多いという。「人々に会い、変革を肌で感じ、彼らと話す。そうすると、考えが深まります。そこでネットワークをつくり、問題に取り組みます」。プヤンヌのそうしたネットワークの一つには、インドの業界のリーダーたちとの集まりがある。そこでの議論をもとに、二〇二一年初めに、世界最大の太陽光発電会社であるインドのアダニ・グリーン・エナジーの株を、トタルが二〇パーセント取得する案件が実現した。

継続的に学ぼうとするのは、勇気がいることだ。「CEOはスーパースターというイメージを抱かれています」と、ベスト・バイのユベール・ジョリーは指摘する。「リーダーにも弱みがあるという考え方は、つい最近理解されはじめたものです。私たちは自身が完璧ではないことを、受け入れなければなりません。自分、そして周りの人に完璧さを求めるのは、とても危険です。完璧でないことに対して、怒りが湧くからです。仕事のプロセスやアウトプットに対して欠点がないことを求めるのは、問題ありません。しかし、それと、人に欠点がないことを求めることはまったく別物です」

ジョリーが指摘するとおり、CEOは完璧ではないゆえに多くの難問に直面するだろう。しかし大事なのは、そうした難問に対処するときにどんな姿勢を示すかだ。

たとえどんなに悲惨な状況であろうと、常に将来への希望を与える

リチャード・ボヤツィス、フランシス・ジョンソン、アニー・マッキーは著書*Becoming a Resonant Leader*（共鳴しあうリーダーになる）で、リーダーの気分はまさに伝染性で、あっという間に社内の隅々にまで広まることが、神経学や心理学の研究で示されていると指摘している。問題が起きたときにCEOが怒っていたり、恐れていたり、迷っていたりすると、そうした気持ちは会社全体に浸透する。反対に、もしCEOが前向きにチャンスを探し、希望を抱き、決意を示せば、組織全体はついてくる。[86]

デューク・エナジーのリン・グッドは、あるとき突然ひらめいてから、そうした前向きな気持ちを分かちあうようになった。「常にショータイムだと思っています。以前の私は、たとえ暗くなってしまうようなときでも自分が社内にも社外にも楽観的な姿勢を示すことの意味がよく理解できていませんでした。しかし、私がそうしなければ、チームのみんなも事態を乗り切れる気がしなくなってしまうのです」。また、エスケルのマージョリー・ヤンも、前向きな姿勢を示すことの大事さを訴えている。「私の仕事は、不安や焦りを追い払うことです。どんなビジネスでも、不安は最大の敵です。私が前向きな気持ちでオフィスに来れば、みんなの気持ちも上向きになります。リーダーとしての私の仕事は、将来への自信を保ちつづけ、その自信を周囲にも浸透させることです」

そうした態度を示すことは、現実で起きていることと向き合わないという意味では決してない。「私がまさに日々思い返している、リーダーシップに関する合言葉は……」とアメリカン・エキスプレスのケン・シェノルトは語る。「『リーダーの役目とは、事実を明確にして希望を与えることだ』です。これはナポレオンの言葉を言い換えたものですが、『ナポレオンのような結末は迎えたくありませんがね』という一言はいつもつけ加えています！　これは、リーダーシップの最も簡潔な定義だと思います。事実を明確にするのは、極めて難しいことです。何が真実か、何が事実なのかをはっきりさせるには、高い透明性と多大なる勇気がいります。しかも、必要なのはそれだけではありません。どんな戦術を取るべきか？　そのための戦略は？　希望を持とうとみんなに言える理由は何か？　といったことも考えなければなりません。私は事実を明確にして希望を与えることに重きを置くというこの考え方を、リーダーとしての指針にしてきました」

シェノルトが指摘するとおり、見せかけの希望を与えてはならない。信じるための本物の理由を探し出すのはCEOに課せられた役目であり、もしそうした理由がなければ、自身のあり方と行動の不一致を従業員たちに見抜かれてしまう。「私はコップの中には水はまだ半分もあると考えるほうです。もともと楽観的な性格なのです。状況がどんなに厳しくても、気にしません。必ず解決策はあるのですから」と、アディダスのヘルベルト・ハイナーは語っている。「話しあうべきことは、問題についてではなく解決策についてです。このマインドセットを持っていれば、周囲の人にも広まります。一方、見せかけのやる気は、周りに気づかれます。『私はやる気にあふれています』と偽りの宣言をして、そのあとやる気が見えなければ、あなたの言葉は無意味だとみなされます」

ＪＰモルガンのジェイミー・ダイモンは、バンク・ワンのＣＥＯに就任した当初、次のようなやり方で希望を与えながら現実に対処した。自身のチームと話すとき、彼は残酷なまでに本音を語った。「みなさんは士気についてよく語っています。士気を上げるために、実に多くのことをしてきました。しかし、私たち経営幹部が社内政治にふけり、官僚的で、そして経営に失敗していることを、全行員が知っています。この銀行が良くならなければ、行内の士気は著しく低いままです」というように。だが、その一方で、問題解決のための最適の人材を連れてきたり、「これからの私たちの仕事は、最高の銀行にすることです」とチームを励ましたりすることで希望も与えた。

エレクトロニック・アーツのアンドリュー・ウィルソンは、今日のＣＥＯは社内から経営上の専門的なアドバイスを求められるのみならず、生き方、精神面、そして考え方でのサポートも期待されていると考えている。それゆえ、ちょっとした思いやりを示すだけでも、従業員たちの士気が上がる場合もあるという。新型コロナウイルス感染症パンデミックで全従業員が在宅勤務を行っていた当時、ウィルソンが七〇〇〇名の従業員とズーム会議を行っていると、五歳の息子が部屋に入ってきて紙飛行機をつくってほしいとねだった。ウィルソンは話を中断して、紙飛行機をつくってあげた。「あのときは」と、ウィルソンは当時を振り返った。「普段父親としてやっていることを、やったまででした。三〇秒ほどのことでしたから、そのあとは何事もなかったかのように進みました。しかし、会議が終わったあと、社員たちが口々に『嬉しいです。あの行動は、私たちが親として振る舞ってもいいということを示してくれました。親としての時間を大切にしてもいいということを示してくれたのです』とわざわざ言ってきたのです」

「ああいった場面は」とウィルソンは話を続ける。「自然に出る振る舞いが組織に力をみなぎらせたり、新たな発想をもたらしたりする例の一つでしかありません。偉大なCEOでもある友人たちと話しているとき、彼らの口から出るのは、自分の会社がどれほど大きいか、株価がどれほど高いか、どれほど儲けているか、あるいは世界のGDPにどれほど貢献しているか、といったことではありません。彼らが大事にしているのは、社員たちにどんな気持ちを与えられているかということです。それが、偉大なCEOの偉大たる所以なのです」

アメリカのベストセラー作家カート・ヴォネガットは、「私を人間たらしめているのは、行動ではなくあり方だ」という有名な言葉を残している。たしかに、自身のリーダーから受けた最も大きな刺激は何かと尋ねられて冷静に考えた人の多くは、リーダーの具体的な「行動」よりも自然な「あり方」に基づいた答えを挙げる。ベストなCEOたちが、その役割を果たすためにどんな自分になりたいか、そしてどんな自分が求められているのかを常に明確にしようと努力しているのは、そういうわけなのだ。

その出発点となるのは、自身の強い信念を大事にして、たとえどんな状況に置かれても、自分の中心となる信念に忠実であることだ。それと同時に、ベストなCEOは、会社のニーズが自身の中心となる信念に反するものでなければ、自らのリーダーシップスタイルをそれに合わせて変えることを厭わない。そうした変革を実現するために、彼らは積極的にフィードバックを求めようとする。さもなければ、正直かつ建設的なアドバイスはまず手に入らないからだ。そして、その間もずっと、従業員たちに将来への希望を必ず与えつづけられるよう尽力する。

本章では、自身のパフォーマンスを最大化するうえでの、「行動」と「あり方」に対するCEOの取り組みを掘り下げてきた。次章では全体のまとめとして、ベストなCEOがどのように自らの役割について全体観を持ちつづけているのか、一歩引いた視点から見ていこう。

第一八章

全体観を持ちつづけるための行動習慣

謙虚でありつづける

立派な椅子に座ったからといって、王になれるわけではない

——スーダンのことわざ

ある言い伝えによると、アメリカ大統領ジョージ・ワシントンが自宅周辺で仲間たちと乗馬をしていた最中、みな次々と石垣を飛び越えていたときに馬の一頭が石を蹴落としてしまった。ワシントンが「みんなで積みなおしたほうがいいな」と言うと、仲間たちは「いや、放っておけば農民たちがやるだろう」と答えた。だが、ワシントンはそれを良しとしなかった。そして解散後、来た方向へ戻った。先ほどの石垣を見つけると馬から降り、散らばっている石を丁寧に積みなおした。すると、通りかかった乗馬仲間の一人がワシントンの行いを目にして、「君はそんなことをするには偉大すぎる」と言った。ワシントンはただ、「いや、むしろ私にぴったりの仕事だ」と答えた。(87)

謙虚な振る舞いが、大々的に報道されることはまずない。スポーツ界のスター選手、芸能人、政治家たちは自分の功績を喧伝しがちで、マスメディアもそういったものばかり取り上げるからだ。「謙

虚さ」という言葉は、さまざまな印象を惹起する。『メリアム・ウェブスターカレッジ英英辞典』によると「謙虚さ」の定義によれば、「うぬぼれや傲慢さがないこと」だ。注目すべきは、自信や能力のなさとは無関係であることだ。聖職者ではなかったが神学にも造詣が深かったイギリス人作家C・S・ルイスも、「真の謙虚さとは自分を卑下することではなく、自分を中心に物事を考えないことだ」と記している。世界の巨大企業のリーダーたちを思い浮かべたとき、通常は「謙虚さ」という言葉は連想されないが、このような定義ならば連想されてしかるべきだ。私たちが話を聞いたCEOたちはみな、キャリアを積んでこれほど高い地位まで上りつめたにもかかわらず、地に足がしっかりとついていて、自分が代表している組織や従業員たちの役に立ちたいと心から思っている。

こうしたCEOたちが抱いている共通の自戒について、マジドアルフッタイムのアラン・ベジャニは次のように語っている。「CEOになると、自分はこの会社にとって史上最高の存在であり、自分が行っていることは大抵すばらしくて先見性に富んでいると、思うようになりがちです。しかし現実は、そうではありません。大事なのは、そうした誇大妄想に決してふけらずに、何事に対しても正しい大局的視点から捉える必要があります。何にせよ、あなたは最高経営『責任者』であり、『責任者』という役職が意味するとおり、あなたも一従業員にすぎません。たまたま、その役割の椅子に座っているというだけなのです。その特権に見合うようになるには、日々の努力が欠かせません」

IDBのリラック・アッシャー＝トピルスキーは謙虚さを忘れないために、次のことを日課にしていた。「毎朝出社してオフィスに入ったら、まず自分の椅子を見ます。そして、たくさんの人が近づいて話しかけるのはあの椅子なのだと、自分に言い聞かせます。今あの椅子にたまたま座っているのは自分だけれど、謙虚な気持ちを決して忘れてはならない。みな同じ人間なんだと。あの椅子に座っていると自分にすごい力が与えられている気になりますが、明日はもう座っていないかもしれないということを、忘れないようにしました」

　マイクロソフトのサティア・ナデラは、自身の成功の大半は前任者のおかげだと語るところに謙虚さが表れている。「インドで公務員をしていた私の父は、託された後任者のほうが自分より優れた成果を出す人たちの例として、制度を構築することに貢献した人々についていつも話してくれました。私は成果を後任へ託すという考え方が、とても好きです。マイクロソフトの次のCEOが私よりもさらに大きな成功を収められたら、私は自分の仕事をきちんとこなせたのだと思えるでしょう。もし次のCEOが大失敗したら、私の自身の仕事への評価は異なるものになるはずです。もともとスティーブ（前任者のスティーブ・バルマー）が始めたことの成果に対して私があまりに称賛されすぎていて、彼への評価が十分ではないと思うのはそういう理由です。私が今日達成できたことは、スティーブがクラウドコンピューティングへの移行も含めた数々の課題に取り組んできたからこそ、成し遂げられたのだと思っています」

　ベストなCEOたちは、自身の仕事と自分自身を正しく捉えるために……

- 自分が主役だと決して思わない
- サーバントリーダーシップを身につける
- 多様性のある「私設顧問団《キッチンキャビネット》」を置く
- CEOの椅子に座るチャンスを与えられたことへの心からの感謝を示す

自分が主役だと決して思わない

エーオンのグレッグ・ケースに自身のオペレーティングモデルを尋ねたところ、ケースは「ちょっと待ってください。大事なのは、私のことではありません。とにかく一番に考えるべきは、お客様と社員についてです。私の仕事は、彼らを大事にすることです。彼らの役に立てるのは、光栄なことです」と即答した。また、イタウ・ウニバンコのロベルト・セトゥバルは、この発想をさらに広げている。「すべてのCEOはこう自問すべきです。『自分はどんな存在として人々の記憶に残りたいのか？　偉大な人物としてなのか、それとも会社を偉大にした人物としてなのか？』。もし会社を偉大にしたいのであれば、会社のことを第一に考え、自分のことは二の次にしなければなりません。自分が認められたいというのは人間の本能的な欲求ですので、自分よりも組織を優先させるのは簡単なことではありません。しかし、それを実行できて、しかも優れたサポート体制、マインドセット、ひたむきさが備わっていれば、すばらしいことを成し遂げられるのです」

この点について、マスターカードのアジェイ・バンガが挙げていた例が印象的だった。「結局、あなたがいなくなったあとは、誰もあなたのことなど覚えていません。でも、それは喜ばしいことです。自分のことなど、忘れてもらったほうがいいのです。大事なのは、目指した方向で会社が成功することです。そもそも、あなたの会社ではないのですから。もっとも、会社をつくったのがあなたで、しかもあなたがスティーブ・ジョブズやビル・ゲイツのような存在であれば話は別です。しかし、そうでない私たちは、航海する船を全般的に管理する役目を担っているような存在です。自分がいるときは船が沈まないよう細心の注意を払い、さらには帆を二、三枚追加したり、新たなエンジンの技術を取り入れることが必要だったりします。要は、船がより一層うまく進むようにします。しかし、その船に自分の名前を冠して、『アジェイ・バンガ号』などと呼ぶことは絶対にしません」

謙虚さを忘れないためには、仕事以外で関わる人々が大事な役割を果たす場合もある。「地に足をつけた生活を送ることで、より良いCEOになれた気がします」と、エコラボのダグ・ベイカーは言う。「そのためには、誰かとの関わりが必要です。CEOに就任してすぐの頃は、子どもたちの存在が大きかったです。家にティーンエイジャーが三人もいると、いやでも父親としての役目を果たさなければなりません。子どもたちが巣立ったあとは、友人たちがより一層大事になりました。あなたのことを隣人や友人として大切に思ってくれて、偉い肩書ではなくあなた自身を見てくれる人々がいる場所を見つけてください」

エコラボのベイカーが指摘するとおり、家族との時間が重要な役目を果たすこともある。USバンコープのリチャード・デイビスは、自身の経験を振り返って次のように語っている。「子どもたちから『会社ではそうしないといけないからみんなパパのジョークで笑うんだろうけれど、正直言ってパパは自分が思っているほど面白くないからね』と言われていました。CEOを退任するや否や、その言葉を痛感させられました。誰ももう私のジョークで笑わなくなりますし、電話もしてこなくなるからです」。ケイデンスのリップブー・タンも、自身の日常に触れている。「妻のおかげで、自分を見失わずにすんでいます。CEOという役職には、我を忘れさせる何かがあります。成功に酔ってしまうのでしょうか。毎朝、一緒に働いている人への感謝を忘れないようにと、妻からは言われます。『あなたは自分に与えられた、全体から見ると一部の役割の仕事をやっているだけであって、あなたが会社の成し遂げたことをすべてやっているわけではありません。栄光は神に捧げるべきです』と。その言葉で、私は地に足がついた思いを取り戻せるのです」

ダンゴート・グループのCEOアリコ・ダンゴートは、宗教によって心の落ち着きを得ることを大事にしている。「私の柱になっているのは、神の敬虔な信者であることです。長年にわたり、自身の人間性を高める方法は常に、信仰によって示されてきました」。ダンゴートはすでにアフリカで最も裕福な人物だが、それでも信心深さによって、より一層大きな構想を描きつづけられている。「アフリカの経済を変革するという私たちのビジョンがあるかぎり、私は自分を見失いません。この大陸の人々の人生をもっと良いものにしなければならないという思いに、私は常に突き動かされてきました。大陸中の人々の生活をさまざまな形で改善できることが、私の喜びになっています」

ともすれば有名人としてちやほやされることもある世界で最も強力な肩書を持ちながら、「自分が主役ではない」という姿勢を貫くのは決して簡単なことではない。おそらくそれゆえに、ベストなCEOはさらに一歩進んで、サーバントリーダーシップのマインドセットを身につける。

サーバントリーダーシップを身につける

ドイツとスイスの両国籍を有し、ノーベル賞も受賞している作家ヘルマン・ヘッセが一九三二年に発表した小説『東方巡礼』（一九五七年、新潮社）は、レーオという人物を中心に展開していく。巡礼の最中のレーオは、「結社」と呼ばれる宗派の一団と旅をともにする。レーオはどこにでもいる、ただのごく普通の「サーバント（召使い）」として描かれている。旅は楽しく有意義だったが、ある日レーオが姿を消すとすべてが一転し、一行は仲違いして言い争うようになった。そうして一行はのちに、レーオが実はサーバントどころか、この結社のリーダーという存在であったことに気づくのだった。[88]

ロバート・K・グリーンリーフは、ヘッセが生んだこの登場人物レーオから「サーバントリーダーシップ」の着想を得て、一九七〇年に評論"The Servant as Leader"（リーダーとしてのサーバント）を発表した。グリーンリーフの理論によると、サーバントリーダーにとっての成功や力の源とは、他の人をサポートして力を与え、彼らが成長することだ[89]。皮肉屋たちはこういった考えは理想主義者のたわごとにすぎないと一笑に付すかもしれないが、一方ベストなCEOたちはサーバントリーダーシップを強く支持していることが、私たちの調査で明らかになった。アメリカン・エキスプレスのケン・シェノルトも、「リーダーシップとは私に与えられた特権だと確信しています。リーダーとしての役目を果たしたいならば、人に仕えることに全力を尽くすべきです」と語っている。

ロッキード・マーティンのマリリン・ヒューソンは、このマインドセットについて自身の経験を例に挙げて説明している。「仕事上危険な状況にさらされざるをえない社員たち、そして彼らの家族に影響を及ぼす判断を下すことについて、夜中に横になったまま眠れずに考えつづける。私はまさにそうしてきました。受託者責任として義務を果たすことが重要なのです。ロッキード・マーティンの株を購入した人が損をしないよう、私は気を配らなければなりません。それでもより現実的な問題として、ロッキード・マーティンが抱えている一〇万人の社員とその家族を支える責任が私にはあります。私は貧しい家の出ですので、いい職が家族にとってどんな意味を持つのか痛いほどよくわかっています」

リード・ヘイスティングスがサーバントリーダーシップのすごさを経験したのは、ネットフリックスを創業するよりも前のことだった。「二八歳の頃の私は、ソフトウェア技術者として昼も夜も夢中になって働いていました」。ヘイスティングスはいつも早朝四時頃出社していて、一週間もするとコーヒーを飲み終えたカップがデスクの周りに積みあがっていた。「毎週、清掃作業員がカップを全部洗って、並べておいてくれる手筈になっていたのです」。ところがある日、いつものように朝の四時に出社したヘイスティングスは、彼のカップをCEOが洗面所で洗っているのを発見した。「そうです、これまでずっと私のカップを洗ってくれていたのは、清掃作業員ではなかったのです。何とCEOだったのです。私が理由を尋ねると、彼は『あなたは、私たちに多大な貢献をしてくれています。そんなあなたに、私ができるのはこれくらいですから』と答えたのです。見返りを求めることなく謙虚に振る舞うという、彼が示したお手本に私は強く惹きつけられ、尊敬の念でいっぱいになりました。彼にならどこまででもついていこうと思いました」

ヘイスティングスのこの経験は、「リーダーはリーダーであるからこそ人々に仕える一方で、彼らは人に仕えるからこそリーダーになった」というサーバントリーダーシップのパラドックスを示している。この点について、USバンコープのリチャード・デイビスがさらに詳しく説明している。「謙虚さを実践することは良い振る舞いであるのみならず、自分で考えつくどんな戦略や戦術、あるいは指示よりも多くの支持を得ることができます。この点をわかっていないCEOが多すぎます」。この持論に則り、デイビスはお高くとまっていると思われないよう努めてきた。支店を視察するときは、案内役をつけなかった。まず窓口に直行し、窓口係全員に挨拶した。次に支店内を一巡して、支店長たちに会うのはそのあとだった。「自分は象牙の塔にこもって、一般社員には代理の者に会いに行かせるというようなことはしません」とデイビスは強く訴えた。

アッサ・アブロイのヨハン・モリンも、同様の考えを抱いている。CEO就任直後のモリンがまず行ったことの一つは、同社が運営上の問題をいくつも抱えていたイギリスに行き、状況を把握するために製造ラインの従業員たちと肩を並べて作業することだった。「それ以前はサッシ用ロックが何か見当もつきませんでしたが、今ではわかります」とモリンは言う。ユベール・ジョリーは、ベスト・バイでサーバントリーダーシップを真剣に根づかせることを経営幹部たちにわからせるために、こう告げた。「みなさんが、自分は自分自身、あるいは上司、あるいはCEOである私に仕えるべきだと思っていても、それは構いません。それは特に問題とは思いません。ただ、そういった人はここで働いてもうまくいかないと思います。一方、現場で働く人々に仕えて、彼らのためにより良くしていこうとみなさんが思っているのなら、私たちはうまくやっていけると思います」

CEOがサーバントリーダーシップを身につけるためのもう一つの方法は、会社の組織図を通常とは逆にして、顧客と現場の従業員を一番上、そしてリーダーを一番下に置いてみることだ。ホーム・デポでは共同創業者のバーニー・マーカスとアーサー・ブランクによって、この逆ピラミッドの見方が取り入れられた。では、これは実務においてどんな意味を持っているのだろう？　「この発想に影響されて」とホーム・デポのフランク・ブレイクは語る。「私はオフィスから飛び出しました。それまでは『カスケードダウン』という言葉がとても気に入っていました。しかし、逆ピラミッドを想像すると、『私が何を言っても誰にもカスケードダウンされない。私が言わなければならないと思っていることを、誰も気にしようとしない』ということにすぐに気づきました。そこで、逆ピラミッドの下から上に向けて、私の言うことなど気にかけようとしない人々がいる各層に対して、自分のメッセージを順に伝えていくことに時間をかけるようにしました。そのためには、彼らが気にかけていることが何なのか、彼らが気にかけていることと私が気にかけていることをどうかみ合わせるか、それを逆ピラミッド組織の下から上へどう伝えていくかということを考えなければなりませんでした。そして、それは現場の意見に耳を傾けること、しかも真剣に聞くことを意味していました」

多様性のある「私設顧問団《キッチンキャビネット》」を置く

CEOが自分を見失わずに謙虚でいつづけるために役立つ存在で、これまでまだ取り上げていないのは私設顧問団《キッチンキャビネット》だ。この名称は、アメリカ大統領アンドリュー・ジャクソンが、少人数の私設顧問をホワイトハウスのキッチンに集めたことに由来している。彼らはジャクソンに、政府の閣僚たちよりもさらに思慮深いアドバイスを与えた。そしてジャクソンはこの影のグループを賢明に活用したことで、アメリカで最も実務に長けた偉大な政治家の一人とみなされるようになった。それと同様に、CEOの私設顧問団は、会社でのコーチや公開討論などから得られるよりもさらに深い洞察に基づく極秘のフィードバックを本人に提供している。

ベストなCEOの私設顧問団には通常、示唆に富んだ問いかけを投げかけたり賢明かつ多様な見解を示してくれたりする、極めて有能な思想家や聞き手がメンバーとして招かれる。また、自身のリーダーシップ、経営幹部、従業員、顧客、投資家やその他のステークホルダーに関するデリケートなトピックもオープンに議論できるよう、メンバーたちは口が堅くなければならない。しかも、できるかぎり客観的に物事を見ることができ、自分のことよりもCEOと会社の利益を最優先に考えることができる人物でなければならない。さらに、イタウ・ウニバンコのロベルト・セトゥバルは、メンバーに求められるもう一つの重要な要素として「あなたのことを恐れていない、あなたに近しい人」を入れることが大事だと語っている。マスターカードのアジェイ・バンガは、多様な視点を得られることを重視している。「私と似ていない人、生き方も似ておらず、異なる出身校、経験、生い立ちや業務経験を持つ人々の意見が欲しかったのです」

こうしたグループは、CEOにとってどのように役に立っているのだろう？　デューク・エナジーのリン・グッドは、次のように説明している。「CEOが何かを相談したいとき、誰に頼ればいいでしょうか？　これは本当に切実な問題です。トップチームがどんなに優秀だとしても、あらゆる悩みを彼らに相談できるわけではないですから」。特定の分野の問題については、ある投資銀行家に相談相手になってもらっている。状況によっては他の会社のCEOに連絡することもあるが、気をつけている点もある。「彼らは忙しいので、それほど頻繁には頼らないようにしています」。さらに、相談できるコンサルタントもいる。「どうしても誰かに話を聞いてもらいたいときには、このコンサルタントに電話します。彼は状況に応じて批判もするし励ましてもくれますし、頻繁にご意見番になってくれます」

アドビのシャンタヌ・ナラヤンの私設顧問団には、イーベイのジョン・ドナホー、イントゥイットのブラッド・スミス、シマンテックのエンリケ・セーラムといった、ナラヤンとほぼ同時期にCEOに就任したメンバーが加わっている。「私にとって、この自助グループはとても大事です」とナラヤンは言う。「取締役会という相談相手もいますが、何でも話せるグループも必要です。CEOに注意できるのは、二種類の人々しかいません。その一つは家族で、みなさんも毎朝あれこれ言われていることでしょう。それは私たちにとって最もためになることです。もう一つはこの自助グループです。なぜなら、彼らは私がCEOになってから歩んだ道のりの一部始終を見てきていますし、彼らも同じ経験をしてきているからです。私が問題に対処しようとしていなかったり、臆病になったりしているときは、単刀直入に指摘してくれます。もちろん彼らに機密情報を教えるようなことは決してしませんが、CEOを経験している人にしか答えられない相談をしています」。このグループの助けによって、ナラヤンは「リーダーとして常に成長しつづける」という、両親から学んだ教えを実践できた。「年月とともに、自分が得意とすることが変化していきました」とナラヤンは語っている。「私は『企業には、旗を立てていく人と道路をつくる人の両者が必要だ』という話をよくします。CEOに就任した直後の私は、道路をつくるだけの人でした。もともと技術者でしたし、細かい作業が好きだったのです。全体像を見るのは得意ではありませんでしたが、当時は高い挑戦をする意欲が十分ではなかった気がします」

同様に、ディアジオのイヴァン・メネゼスも、自身の私設顧問団に他社のCEOに入ってもらうことの重要性を説明している。「この役職に就くと、最初はひどく孤独を感じます。そんなとき、取締役会、株主、経営幹部チーム以外で話せる仲間たちがいるのは、とても心強いものです。どんな新CEOにとっても、信頼できるグループをつくって維持しつづけることは、極めて貴重な財産になるはずです」

アディダスのカスパー・ローステッドは、私設顧問団のあるメンバーのアドバイスのおかげで、全体観を持って自分を捉えることができたという。「少人数のグループに、相談に乗ってもらっています。たとえば、一時期の私は、毎日のようにマスメディアに批判されていました。その最中のある土曜日、私はこの状況について相談するために私設顧問の一人に電話しました。すると、『あなたは気にしすぎです。今日の新聞の内容を、明日覚えている人など誰もいません。だから泣き言を言うのは、もう止めましょう。いいワインを開けて、奥様と楽しく過ごしたらどうでしょう』と言われたのです。彼は共感こそあまりしてくれませんでしたが、考えるきっかけを与えてくれました。そうして私は、悩む必要のないことにくよくよしすぎていたのかもしれない、と考えるようになりました。彼のアドバイスは、自分のこうした状況をより大きな全体像の中で捉えるのに役立ちました」

レゴのヨアン・ヴィー・クヌッドストープは、かつて顧問の一人と四半期ごとにお茶の時間を過ごした。この顧問はCEOに就任した直後のクヌッドストープに、「会社の問題点は何ですか？」「この会社の存在意義は何ですか？」という二つの質問をした。「会社の存在意義についての私の一度目の答えは」とクヌッドストープは当時を振り返った。「子どもたちや夢について語りました。そして会社の問題点については、米ドルの下落、パートナー企業が期待に応えてくれなかった、といった外部要因を列挙しました。すると顧問に、『お茶をどうぞ。次の四半期にも、またお会いしましょう。まだ話は終わっていませんので』と告げられたのです」

四半期ごとに、クヌッドストープは前よりも突き詰めた答えとともに再訪した。それでも、ＣＥＯになってからこの顧問が満足できる答えを出せるまで二年かかった。「またしても彼の庭で座ってお茶を飲んでいると、『会社の問題点は何なのか教えてください』と尋ねられました」。「まあ、ひどくお粗末な経営自体でしょう」と自分が答えたのを、クヌッドストープははっきりと覚えている。そして、会社の存在意義については、「二一世紀において極めて重要となる、問題解決能力と創造力を育むことです」と答えた。すると顧問は、「どうやら話は済んだようですね。もうお帰りいただいていいですよ」と告げたのだった。

クヌッドストープはこの経験について、「彼は私が問題を自分のものとみなし、責任を果たそうとするようになってほしかったのだと思います。さらに、会社の存在意義とレゴブランドの重要性についての、私自身のビジョンを持てるようにしてくれました」

これらの例が示しているように、ＣＥＯは私設顧問団のメンバーたちとはグループ単位で集まることはあまりなくて、通常は個別に連絡を取るほうが多い。ただし、そうでない例もある。他のベストなＣＥＯの中には、ケイデンスのリップブー・タンのように私設顧問団のメンバーたちと定期的に集まっている人もいる。タンは自身が始めた集まりを「アカウンタビリティグループ」と呼んでいる。この少人数グループのメンバーは、異なる分野で活躍している信頼できる友人たちだ。毎月一回、土曜日の午前一〇時から正午まで、メンバーの誰かの自宅で会うことになっている。集まりでは主に、最近読んだ本で学んだことや、それが自身の仕事や人生にもたらす意味について議論する。あるいは、職場や家族に関する個人的な問題を話しあう。すべて口外無用だ。「アカウンタビリティグループを結成した主な理由の一つは」とタンは言う。「このCEOという仕事を最後までしっかり頑張りたいということです。道を踏み外してしまいかねない、誘惑がたくさんありますから。本当に大事なこと、さらには地域コミュニティや社会全体にインパクトをもたらせるような、自分のみならず他の人々のためになることに集中しつづけなければなりません」

CEOの椅子に座るチャンスを与えられたことへの心からの感謝を示す

感謝という言葉も普通はCEOとはなかなか結びつかないが、実はベストなCEOとは切っても切れないものだ。「私たちは、本当に運に恵まれています」と、JPモルガンのジェイミー・ダイモンはCEOたちに語っている。「そのことを、私たちはしっかり認識すべきです。地球上の七〇億を超える人々のほぼ全員が、もし叶うなら、喜んで私たちの仕事（CEO）と彼らの仕事を交換するはずです。今日ここにいる私たちは、とても幸運なのです。それゆえ、私たちには重い責任と義務が課されているのです」。エーオンのグレッグ・ケースも同じ考えだ。「自分を正直に見つめましょう。私たちはみな自分が天才だと思いがちですが、実際はこの役職に就けたのは幸運以外の何物でもありません。今の自分があるのは決して自分だけの力によるものではないことを肝に銘じて、感謝の気持ちを忘れないようにしなければなりません」

GEのラリー・カルプは、ダナハーのCEOを退任したときに自分の手から離れてしまったものが何かにすぐに気づいた。「それは高校時代のバスケットボールチームで感じていた、忘れもしないあの高揚した気分に近いものです。チーム全員が全速力で走り、互いを思いやって、結果を出しました。

ダナハーでもそれと同じようなことを長年続けてきましたし、今ではGEでもそれに近づこうとしています。驚くほど才能豊かな人々と全速力で走って、レベルの高い仕事をこなせるのは楽しくて仕方がありませんし、実にさまざまな形のやりがいを手に入れられます」

ロッキード・マーティンのマリリン・ヒューソンも、自身の経験を振り返っての思いについて、次のように語っている。「何一つ持っていなかった私が、こんなにも恵まれた役職に就けたなんて実に幸運です。私が九歳のときに父が亡くなり、母には五人の子どもが遺されました。家族みんなが、生活にとても苦労しました。私は学校に通いながらずっと働いていて、夜も仕事をしていました。でも、そうした生活のおかげで今の私があるのですから、貴重な経験だったと思っています。とはいえ振り返って考えてみると、私はいったいなぜ、あんな状況から世界最大の軍需企業のCEOになどなれたのでしょう？　日々全力を尽くしている一〇万人の信じられないほど頭脳明晰な人々とともに、信じられないほど革新的な仕事をするまでに私はなれたのでしょう？　ただひたすら驚異に思うばかりです。この思いを、決して忘れることはありません」

ボストン・サイエンティフィックのマイク・マホーニーは、自分がCEOを退いてからずっとあとに葉を茂らせて木陰をつくるであろう植物の種を植えられることに感謝している。「今取り組んでいるイノベーションのうちの何件かは、おそらく私が退任したあとに花開くでしょう。もちろん、現在臨床試験まで進んでいる、とてもすばらしい開発もあります。短期的な収益を上げるために、よりリスクの高い長期的な開発を削減するのは簡単です。しかし長期的な開発によってこれまでになかった価値を生み出すためには、リスクを冒すのを恐れてはなりませんし、イノベーションの火を絶やさないよう全力を尽くさなければなりません。私たちがこの考え方を大事にしながら、人の暮らしにかかわる科学の進歩に尽力していることを、私はとても誇りに思っています。今朝ちょうど、ある患者さんから電子メールをもらいました。彼は重いパーキンソン病を患っていて、震えのせいで日常生活を送るのに支障が出ていました。そんな中、当社が最近開発した新たな脳刺激装置によって、この患者さんの生活が見違えるほど改善したのです。現在では震えは抑えられていて、彼は再び日常生活を送れるようになり、さらにはドラムの演奏まで再開できたそうです。こうした話を聞くと、より多くのことを成し遂げたいという意欲がますます湧いてきます」

ゼネラル・ミルズのケン・パウエルは、ことさら夢のようだった瞬間について詳しく語った。「CEOになると、信じられないほど恵まれた経験ができる機会があります。私にとって最も記憶に残る経験は、地震の被害を受けたハイチへの支援を話しあうために行われた、政府と産業界の会議に出席したときのことでした。会議が終わったあと、オバマ大統領に話しかけられました。大統領はとてもきさくな方です。『この件でリーダーシップを取っていただき、どうもありがとう。私たちはハイチの人々を助けなければなりません』と言われました。そこで私が、非営利人道支援組織で働いている娘が難民キャンプ設営を手伝うために現地に向かっていることを話すと、『大統領があなたを誇りに思っていると、娘さんに伝えてください』と言ってくれたのです……」。パウエルはここまで話すと、大統領のメッセージを娘に伝えたときのことを思い出して、声を詰まらせて喜びの涙をこぼした。

CEOであることへの感謝の気持ちを持つことは、ただ「気分が良くなる」という効果以上のものをもたらす。心理学の研究では、感謝の念を抱くことは、健康の改善、あるいは逆境に対処する能力や強い信頼関係を築く能力の向上にも関連していることが示されている。すなわち、次のような好循環が生まれる。感謝を忘れないCEOはより良い成果を出せるようになり、その結果プラスのインパクトをもたらせたことで感謝の気持ちがさらに強まるのだ。

偉大なCEOが高い生産性を保ち成功していてしかも自信に満ちていることに、疑問の余地はない。それゆえ、彼らはお高く止まっていて傲慢で、嫌われやすいと思われがちだ。しかし、それらは事実とはまるで懸け離れている。ベストなCEOたちは謙虚な物の見方を見失わないよう、在職中にさまざまな対策に積極的に取り組んでいる。彼らは、たとえ最も成功して最も長く務めたCEOになったとしても、その役職に就いて過ごす期間は自分の一生の中で比較的短い部分になるに違いないとわかっている。また、謙虚さとは、やるべき項目リストの一つとしてこなすだけのものではないことも理解している。謙虚さを示して、それだけで誇らしく感じてしまうことは容易だ。しかし、目標にすべきなのは謙虚になることではなく、謙虚さが自然とにじみでるようになることなのだ。

そういう謙虚さを身につけるために、ベストなCEOたちは自分が主役だと決して思わないようにしている。そして、サーバントリーダーとしての自身の役割を見失わないよう、具体的な策を講じている。また、自分の思い込みにとらわれずに事実をきちんと知るために、多様性のある私設顧問団を置いている。さらに、最高位の役職に就いて指導力を発揮できる機会に心から深い感謝を示し、そうした立場に伴って発生する自らの責任についてもきちんと認識している。

自身のパフォーマンスを最大化する――ベストなＣＥＯを他と分かつもの

マインドセット――自分にしかできないことをせよ

時間とエネルギーをうまく使うための行動習慣――	**短距離スプリントを何度も続ける** ・「過密だが柔軟な」スケジュールを継続する ・感情を切り離すよう努力する ・エネルギーを生み出せる時間を日課に組み込む ・自身のニーズに合ったサポートスタッフをつける
リーダーシップモデルを決めるための行動習慣――	**「なりたい自分」リストをすべて実現する** ・自身の人格（強みや価値観）と一致した行動をとる ・会社のニーズに合ったリーダーシップを取る ・リーダーとして成長しつづけるという精神のもと、フィードバックを受け入れて対応する ・たとえどんなに悲惨な状況であろうと、常に将来への希望を与える
全体観を持ちつづけるための行動習慣――	**謙虚でありつづける** ・自分が主役だと決して思わない ・サーバントリーダーシップを身につける ・多様性のある「私設顧問団」を置く ・ＣＥＯの椅子に座るチャンスを与えられたことへの心からの感謝を示す

まとめ

本章では、ベストなＣＥＯたちがいかにして自身のパフォーマンスを最大化しているのかについて取り上げてきた。この能力は、異なる種類の「皿」を一度に回しつづけるために欠かせないものだ。みなそれぞれ独自のパフォーマンス最大化モデルを持っているが、ベストなＣＥＯに共通して言えるのは、「自分にしかできないことをする」というマインドセットを、「時間とエネルギーをうまく使う」「リーダーシップモデルを決める」「全体観を持ちつづける」という、自身が選んで実行できる三つの面によって実現していることだ。

ベストなCEOが教えてくれた、自身のパフォーマンスを最大化するこうした方法は、どんなリーダーにとっても効果が期待できるものだ。自分にとって優先順位が高いものは何かを把握していて、それらに適切な時間量を割り当てているだろうか？　予期していなかった予定がうまく入らなくてパニックになるほど、過密なスケジュールを立てていないだろうか？　どんな場面においても、過去や将来のことにとらわれずに今のこの瞬間に集中できているだろうか？　回復のための時間を、どのように日課に組み入れられているだろうか？　自分の中のエネルギーを生み出す原動力が何かをわかっていて、そのための時間をきちんと取っているだろうか？　私はどんな方法で、時間とエネルギーを管理しているのだろうか？　私はリーダーとしてどのような人柄と資質を体現しているのだろうか？リーダーとしての自分に対するフィードバックをどのように入手して、どのように活用しているだろうか？　現実を明確にして希望を与えることで、他の人のエネルギーを生み出しているだろうか？歯に衣着せぬご意見番になってくれる、私設顧問団を置いているだろうか？　結局のところ、自分は主役になろうとしているのか、それとも社会全体の利益を謙虚に追求しようという思いで行動しようとしているのだろうか？

ここまでの章で、ベストなCEOを他と分かつマインドセットと行動習慣を、ひととおり取り上げてきた。しかしながら、エンジンの主なパーツ（たとえば、クランクシャフト、コネクティングロッド、カムシャフト、バルブ、シリンダー、ピストンなど）を理解しても、空気と燃料の混合気が着火して燃焼し、動力源となる力を生み出す仕組みを理解したことにはならない。ゆえに残る質問はこれだ。これらすべてのパーツがどのように組み合わされるべきなのか。

終わりに

細かな筆づかいをおろそかにしていたら、
あなたの壮大な絵が傑作になることは決してない
――アンディ・アンドリューズ

二一世紀で最も偉大なアスリートは誰だろう？　たくさんの候補者が挙げられるだろう。アルゼンチンのサッカー選手リオネル・メッシ、スウェーデン人ゴルファーのアニカ・ソレンスタム、ジャマイカの陸上競技短距離選手ウサイン・ボルト、ドイツ人フォーミュラ1ドライバーのミハエル・シューマッハ、ブラジルの総合格闘家アマンダ・ヌネス。そしてアメリカ人ならば、体操選手シモーネ・バイルズ、テニス選手セリーナ・ウィリアムズ、水泳選手マイケル・フェルプス、アメフトクォーターバックのトム・ブレイディ、バスケットボール選手レブロン・ジェームズといった選手たちだ。

他にも選ばれるに値するスーパースターはたくさんいる。しかし、それよりもなお興味深いのは、今世紀で最も偉大なアスリートと呼ばれるにふさわしい最強の記録を持つ人物の名前が、このリストにまず挙がらないことだ。アメリカの十種競技選手アシュトン・イートンは二〇一七年の引退当時、二日間かけて行われるこの過酷な競技の世界記録を持っていた。十種競技の選手たちは、一五〇〇メートル走、棒高跳び、やり投げをはじめとする一〇種類のまったく異なる種目で競う。一九一二年ストックホルムオリンピックの十種競技で優勝したジム・ソープは、スウェーデンのグスタフ五世から「あなたは世界で最も偉大なアスリートです」という言葉を贈られた(90)。

イートンが世界記録を打ち立てたのは、一度だけではない。選手生活の中で、七種競技と十種競技で世界新記録を五回樹立し、この競技でオリンピックの金メダルを二大会連続で獲得した史上三人目の選手となり、しかも世界選手権では四大会連続で優勝した。こうした記録を残すには、各種目で秀でているだけでは不十分だ。競技の中の数種目で、それぞれの世界記録保持者並みの能力を発揮しなければならないのだ。二〇一二年のオリンピックアメリカ代表選考会でイートンが十種競技の世界新記録を打ち立てたとき、彼の走り幅跳びでの記録八・二三メートルは、その年の世界第一四位だった。また、一〇〇メートル走で一〇秒二一を出したイートンは、一〇〇メートル走における世界最速の選手の一人なのだ。

とはいえ、これがCEOエクセレンスとどう関係しているというのだろうか？　答えは単純明快だ。CEOという役目は、一つの種目を極めるアスリートよりも十種競技の選手との共通点のほうが多いと、私たちは考えているからだ。ベストなCEOは、「方向を定める」「組織を整合させる」「リーダーを動かす」「取締役会を引き入れる」「ステークホルダーと連携する」「自身のパフォーマンスを最大化する」といった各項目で、必ずしも世界一というわけではない。だが、彼らはこれらの責務をすべてうまく束ねて実践することにかけては、世界のトップレベルなのだ。

KBCのヨハン・タイスも、この考えの持ち主だ。「私はいろいろなことが得意ですし、しかもその中の一つや二つはかなり極めていますが、そのどれについても一番にはなれないと思います。でも、一番になる必要はありません。CEOにとって重要なのは、すべてのバランスを取れることです。何か一面だけをうまくやれればいい、というわけではありません」。また、アッサ・アブロイのヨハン

・モリンは次のようにつけくわえている。「CEOは唯一の存在であるけれど、あまりに万能型であるがゆえに各分野においては一番ではないことに気づかなければなりません。最も賢い存在になろうとせず、人々に良いアドバイス、円滑に進めるためのサポート、そして励ましを与えられる存在であることが大事です」

私たちが話を聞いたCEOの一部はかなりの有名人（ジェイミー・ダイモン、サティア・ナデラ、リード・ヘイスティングスなど）ではあるものの、世界トップレベルとみなされているこういった多くのコーポレートアスリートたちがビジネス界以外ではほとんど知られていない理由は、この十種競技選手の例から明らかだ。彼らはCEOの極めて重要な責務をこなすために、本書で取り上げたマインドセットや行動習慣を取り入れて、舞台裏で懸命かつひっそりと努力している。こうした責務のバランスをうまく取るというCEOに課せられた役割は極めて難しいものであり、だからこそ、私たちはこの役割のあらゆる側面を深く掘り下げて調べたのだ。今の時代、ソーシャルメディアにあふれている経営者へのアドバイスは、半端な知識を振りかざしたものや、大雑把な経験則が大半を占めている。一方で、グローバル大企業の運営に関わる手法はあまりに複雑すぎるので、単純明快な教えを選りすぐって編集した、CEOが成功するためのテキストブックを作ることは困難である。そして、私たちは「どんなものも単純化すべきだが、だからといって単純化しすぎてもいけない」というアインシュタインの名言に従いながら全力を尽くすことにしたわけだ。

これまでの章では、私たちはCEOの役割をこなすために必要な項目をすべて検討してきた。次は、どんなパターンやアーキタイプ（類型）が私たちの調査で浮かび上がったのかを確認していこう。

パターンとアーキタイプ

ヒンドゥー教の聖典でもある叙事詩『ラーマーヤナ』では、聖者ヴィシュヴァーミトラが神の化身ラーマに自身の神聖な武器や知恵を授けて、力を貸している。ギリシャ神話では、女神アテナは英雄ペルセウスがゴルゴン姉妹の一人であるメドゥーサを倒せるよう、ペルセウスに鏡の盾を与えた。魔法使いは、困っていたシンデレラを舞踏会に送り出した。書かれた時期が何千年も離れていて、しかもまったく異なる場所で生まれたにもかかわらず、これらの物語には主人公が超自然的な存在から助けてもらうという共通点がある。このように、一見無関係に思えるさまざまな例で、似たようなパターンが繰り返し現れることを「アーキタイプ」という。

今回の調査において、私たちはCEOの役割を定義して、ベストなCEOと他とを分かつマインドセットや行動習慣を明確にしたあと、今度は各種の定量的および定性的分析を行って、CEOのさまざまな責務にまたがるアーキタイプがあるかどうかを確認した。CEOが自身の時間とエネルギーを何に優先的に使うかを決める際、何かパターンはあるのだろうか？　ベストなCEOが注力領域を変える判断をする際、アーキタイプは存在するのだろうか？　経営改革に迫られている（調査対象のCEOの五五パーセントが直面）、あるいは「良い企業からすばらしい企業へ」または「すばらしい企業からより一層すばらしい企業へ」進化させようと試みている（同四五パーセントが直面）といった会社の状況は、CEOがどの責務に重点を置くのかにどの程度影響を与えているのだろうか？　私たちは何らかの指針が浮かび上がることを期待したのだが、残念ながらそういった共通点は見つからなかった。どんな状況においても、調査に協力してくださったCEOたちは、いつ何に重点を置くのかについて、実にさまざまな判断を下していたのだ。

ＤＳＭのＣＥＯ就任後に経営改革を迫られ、その結果同社を化学製品中心からライフサイエンス中心の会社へと転換させたフェイケ・シーベスマは、方向性を探っていた初期の頃は社外との関わりに重点を置いていた。「当初は自身の時間の二五パーセントを、投資家たちと過ごすことに充てました。改革への道を辿るにあたって、彼らの協力が必要だったのです。また、四〇パーセントは市場とお客様との関わりに充てました。彼らが世間をどんなふうに見て何を重視しているかを、把握しなければならなかったからです」。一方、同様に経営改革に迫られたヘンリク・ポールセンは、オーステッドを石油・天然ガス会社からクリーンエネルギー会社へと転換させたとき、シーベスマとは逆の策を取った。「弊社の改革について話を聞きたいという方々と会いに世界中を飛び回る、ということに時間を費やすという選択肢もあったかもしれません。しかし、私たちは自身の戦略を実行するための企業文化づくりをおざなりにしたくなかったのです」

また、「良い企業からすばらしい企業へ」進化させた例でも同じだ。マスターカードのアジェイ・バンガは社内での取り組みを非常に重視し、大半の時間を「方向を定める」と「組織を整合させる」ことにかけた。バンガが目指したのは、この進化の旅を全社員で共有することだった。「当時は、マスターカード社外との関わりに多くの時間を割くという方針を取るのは、とても無理でした」とバンガは言う。そうして社内での努力が実を結ぶと、今度は社外での取り組みに力を入れるようになり、取締役会と関わる時間をさらに増やしたり、自身のパフォーマンスの最大化により一層努力したりするようになった。一方、イントゥイットのブラッド・スミスは、自身の時間の四割を業績向上の推進、三割をコーチング、二割を社外との関わり、そして一割を自分自身の成長と学びに充てるという、およそ４：３：２：１の時間配分をＣＥＯ就任初日から貫いた。

それでも、私たちが調査を行ったＣＥＯたちがどのようにこの役職に就任し、そしてどのように退いたかについては、いくつかの共通点を見つけることができた。

任期の始めと終わりに特に力を入れる

私たちが話を聞いたすべてのCEOが、この役職を引き継ぐときには関係者たちの声を聞いて回る「リスニングツアー」に時間をかけることがメリットになると強調した。イントゥイットのブラッド・スミスは、取締役会メンバー、投資家、CEO仲間、そして従業員に、同じ三つの質問をしたという「私たちがまだものにしていない、最大のビジネスチャンスは何ですか？　もし対処しなければ、この名高い会社を終わらせかねない最大の脅威は何ですか？　私がこの会社をつぶさないために、これだけはやってはならないということは何ですか？」と。また、ロッキード・マーティンのマリリン・ヒューソンは、CEO就任後のハネムーン期間にリスニングツアーを実施するのが大事だという理由について、こう説明している。「あなたが新米CEOだからこそ、みないろいろ教えてくれるのです。二、三年後には、そういうアドバイスはもうしてもらえません」。リスニングツアーを最大限に活用するうえでの、ベストなCEOたちの貴重なアドバイスの一部を次に紹介しよう。個別セッションを行う（グループより一対一のほうがずっと多く話してくれる）、自分が話すことよりも相手の話を聞くことに力を入れる、何も約束はしない、今まで行ったことがない場所を訪問する、そして顧客や元従業員を忘れずにリスニングの対象者に入れる、などだ。

他に、就任直後のCEOたちに共通した点として、診断を自ら行ったことが挙げられる。この役職に必要な能力獲得のための成功要因を、三度目のCEOを務めているエド・ブリーンに尋ねると、彼はこう答えた。「CEOとして入社したとき、あるいはたとえその会社にずっと務めていてCEOに昇進したとしても、あらゆるものを一からよく見なければなりません。リターン指標、運転資本回転日数といった、主要な指標すべてをです。そうすれば、似たようなビジネスモデルを持つ非常に好調な企業と比べたときの自社の位置がわかり、『なぜ、私たちはあの会社のようになっていないのだろうか？　彼らがあの状態に到達しているのならば、自分たちだって辿り着けないわけはないだろう』と自身に問いかけるようになります。そこに辿り着く方法は必ずあります」。同じく三度目のCEOを務めているフレミング・オルンスコフは、医師という自身の経歴に基づいた例えを用いて説明した。

「第一のステップは、医療の場合は既往歴と呼ぶ、詳細を見て、過去の経緯を把握します。次に、医療では症状と呼びますが、現状を確認します。そして、診断します。それはつまり、仮説を立てるということでもあります。そして一、二点の仮説に絞り込んだら、次は『どんな治療がいいだろうか？』と考えるのです」。さらに、ディアジオのイヴァン・メネゼスは、自社を評価する際は極めて冷静でなければならないと強調する。そして、「現実から決して目を背けずに、残酷なまでに正直な評価を行ってください。市場、他社との競争、自社の位置づけ、自社の企業文化を、公平な目で見てください。これらのどの項目に対しても、極めて客観的でなければなりません」とアドバイスしている。

診断が行われたあとには、三つ目の共通点として、新たな方向性を単純明快に示すことを行っていた。私たちが話を聞いたCEOのほぼ全員が、自身の戦略をごく短い時間で簡潔に説明できた。さらに、彼らは戦略の全体像を一枚にきっちりとまとめた「戦略の一枚もの資料」をいつも持ち歩いている。DBSのピユシュ・グプタは自身の場合について、次のように説明している。「弊社のビジョン、戦略、価値、目標といったあらゆる項目を、一ページにわかりやすくまとめた資料をつくっています。社内で『DBSハウス』と呼んでいる階層状に表現した一枚です。これを用いれば私たちが何をやりたいのか、そしてさらに大事なのは、何をやりたくないのかを、全社で共有できます」。また、ディアジオのメネゼスは、「ディアジオが目指すパフォーマンス」という一ページの資料を常に携帯している。そこには同社の目的とビジョンが上部に、その下には同社の六つの戦略の柱が、専門用語を使わずにわかりやすい英語で記されている。メネゼスはこの資料が非常に有益な理由について、「ケニアの瓶詰めライン作業員も、ベトナムの営業員も、自分がこの一ページ内のどこにいるのかが把握でき、どう貢献すれば会社をより良くできるのかがわかります。戦略とそれを実行するために必要な変革を明確に示すうえで、とても役立っています」と説明している。同様に、エーオンのグレッグ・ケースも「エーオン・ユナイテッド戦略構想」という一ページのまとめを作成している。シンシナティ小児病院のマイケル・フィッシャーは、同院全体のビジョンと、患者ケア（Care）、地域社会（Community）、治療（Cure）、組織文化（Culture）の「4C」分野での戦略と成功指標を示した概要を、一ページにまとめている。

このCEOという役職から退くことについて、話を聞いたCEOたちの多くが、あまり長く居座るつもりはないと語っている。「どんなに優れたCEOでさえも、引き際を誤って最盛期を過ぎて居座ってしまうことがある、というのはよくわかっていました。そこで、私もつい最近自分はどうするのかを自問しました」と、TIAAのロジャー・ファーガソンは語る。「CEOが引き際を判断する際の重要な点は、世界がどれだけ大きく変わったかどうかを見逃していないかということです。私は現在の社会で目に映るものの多くが、自分が五年前や一〇年前に描いていたものとは違うことに気づきました。そこで、『私は当社の旅の次の行程を率いるのに最適な人物なのだろうか？』と自身を見つめて問いかけました。そうして、TIAAを一二年間引っ張ってきた今、CEOのバトンを次のリーダーに渡すときが来たと判断したのです」

ヘルベルト・ハイナーはデジタル世界の台頭を目の当たりにしたとき、その分野をより深く理解している人物が会社には必要だと気づいてアディダスを去ることにした。同様に、ディック・ボーアはアホールド・デレーズの合併を無事終えたことで、CEOを六〇代の自分から次に譲り渡すべきだと感じた。合併後の統合が完了した今、会社を安定させるためには、新たな土台の上に卓越したオペレーションを築いていかなければならないと考えたからだ。フレミング・オルンスコフは武田薬品による買収後にシャイアーを去ったことについて、「買収後の統合を率いるための最適な人物が自分でないことは明らかで、他に適役がいるはずだと思ったからです。それは、自分自身の強みを活かせる役割ではありませんでした」と簡潔に説明している。ソニーの平井一夫は、同社の転換期を率いるCEOとしては自身が適役だと思ったが、安定期に差し掛かった段階においてはよりふさわしい人がいると感じたという。

メドトロニックのビル・ジョージは、CEOを退任すべき時期が来たかどうかを判断するために、試験紙のように次の質問に定期的に答えるよう勧めている。この役職に就いていることでの充実感や喜びを、今なお感じられるか？　現在も学んだり、挑戦したりしていると思えるか？　考慮しなければならない新たな個人的な事情（家族の問題や自身の健康問題など）はないか？　社外において、もう二度と来ないと思われる特別なチャンスに遭遇しているか？　サクセッションプラン（後継者育成計画）は、順調に進んでいるか？　CEO交代が多かれ少なかれ自然なものとして受け入れられそうな、会社の具体的なマイルストーン（大きな買収後の統合、重要な新製品の発売、長期プロジェクトの完了）はあるか？　業界があまりにも劇的に変化しているため、新たな経営視点を取り入れるほうが会社にとって有益ではないだろうか？　CEOに留まりつづけているのは、自身の次のキャリアが想像できないからではないのか？[91]

そうして実際に退くときが来ると、ベストなCEOは円滑な交代を指揮する。キャタピラーのジム・オーウェンズは、理想的な後継者育成計画について次のように説明している。「どんな大企業も、CEOの退任時に有力な後任候補を少なくとも三名出せないのなら、深く反省すべきです。私は取締役会が後継者を評価できるよう、自分の任期の最後のほうでは候補者たちにより多くの裁量を与えて、取締役会への戦略のプレゼンテーションも彼らにやってもらいました。それに加えて、各候補者には所属部門の戦略を、投資家たちへそれぞれプレゼンテーションしてもらいました」。オーウェンズは他にも、円滑な交代のために留意すべき点として、辛い決断をしなければならない案件を後任に押しつけて去らないこと、就任前にリスニングツアーを行って戦略についての構想をまとめる時間を後任が十分取れるよう配慮すること、そして、自身のキャリアについて「次はどうするか？」と考えることを挙げている。「詰まるところ、CEOの役目の中で一番難しいのは去り際です。後任のために道をしっかりと空けて、これまで自分がやってきたことへの批評と大きく改善しなければならない点については後任に語ってもらうようにしなければなりません」

ブラッド・スミスはイントゥイットのCEOを退任する前、後任のササン・グダルジに、一緒にスティーブ・ヤングに話を聞きに行こうと提案した。ヤングは、アメフトの伝説的なクォーターバックである、ジョー・モンタナの後を継いだ選手だ。そのときのことについて、「一年目の前半はジョー・モンタナになろうと必死だったと、スティーブは私たちに語ってくれました」とスミスは振り返った。「髪型や服装もジョーと同じようにしたそうです。ボールの投げ方さえも、ジョーと同じにするために変えようとしました。結果、その半年間は最悪の成績だったそうです。その後ジョーを真似るのを止めたスティーブは、選手としてすばらしいキャリアを築きました。あのとき、スティーブはササンの目をまっすぐ見て『あなたは、世界一のササン・グダルジにならなければなりません』と言いました。そして次に私を見て、『あなたは、彼が世界一のササン・グダルジになろうとするのを、邪魔してはいけません』というアドバイスをくれたのです」

責務の優先順位づけ

明確なアーキタイプやパターンがない中で、CEOはどの責務の「皿」をいつどれくらいの速さで回すべきなのかを、どうやって判断しているのだろう？　「はじめに」で触れたとおり、その答えはビジネスの状況と、各CEOの独自の能力と、優先順位づけの相互作用によって決まる。だが、それらの要因は互いに独立した関係ではない。ビジネスの状況の変化にCEOが対応していくことで、彼らも能力が向上し、手法も変わっていく。この流れは、自転車に乗ることとよく似ている。外部の状況に、乗り手の調整能力やバランスといった内部要因が組み合わされる。自転車に乗れば乗るほど、より多様で難易度の高い状況に対処できるようになるし、どこで乗るべきかという優先順位づけもそれに応じて変化していく。

これこそが、CEOにとって真に有益なトレーニングはCEOを経験することでしか得られないと、大半のCEOが考えている主な理由だ。この点について、メドトロニックのビル・ジョージは次のように説明している。「準備万端だと本人がどんなに思っていても、CEOになる心構えができている人は誰もいません。CEOの役目をこなしながら、CEOになっていくしかないのです。あらゆることが起きていきますし、CEOの役割をこなすうちに人間としても成長します。事業の運営方法はすでにわかっているから大丈夫だと思っているかもしれませんが、それはどちらかといえばCOOの仕事です」。シンシナティ小児病院のマイケル・フィッシャーは、次のような例えを挙げている。「C

EOの役目をこなす能力を事前に身につけようとするのは、プロのスポーツチームでアシスタントコーチを務めているようなものです。自分はヘッドコーチの役目を理解していると思っていても、実際はそうではありません」

要は、責務の優先順位づけを行うための、共通の方法はないということだ。CEOとしての能力を身につけるにあたり、本書が提供するアドバイスは自転車に乗ることに例えれば、「ギアアップする」（ヘルメット、サイクルウェア、反射ベストなどを身につける）、サドルの高さを調整する、そしてタイヤに空気を入れることを上手にこなすためのものだ。ペダルの漕ぎ方、ブレーキのかけ方、ギアの使い方も学べるだろう。運転しているときの安全な手信号の出し方もわかるようになるだろう。そういったことがひととおり身につくはずだ。本書で得られる知識によって、リーダーたちはそれまでよりもより速くうまく自転車を漕げるようになるだろう。だが結局のところ、自転車に乗る際にいつ何をやるべきかを正確に学ぶには、実際に自転車にまたがって乗るしかないのだ。

ベストなCEOはいったんペダルを漕ぎだすと、より挑戦に満ちた状況に挑み、装備をアップグレードし、できるかぎりベストな乗り手になろうと努力する。そして時間とともに、彼らの多くがその人独自の強みで知られるようになる。偉大な自転車のライダーたちが、通常は特定の競技（ロードレース、BMX、ダウンヒル、クロスカントリーなど）で秀でていることが多いように。ジェイミー・ダイモンがバンク・ワンとJPモルガンの両行で発揮した運営能力は、伝説として語られている。ブラッド・スミスが、企業文化の変革を通じてリーダーたちにひらめきを与える能力は、広く知られている。オーステッドのヘンリク・ポールセンが備えている戦略的な洞察力は、多くの人の羨望の的だ。そして、数々の企業の事業ポートフォリオをつくり変えてきたエド・ブリーンの能力は、『ウォール・ストリート・ジャーナル』が彼に「分割のプロ」というニックネームをつけたほどだ。

私たちはCEOとしての道のりを歩むリーダーたちをサポートするために、最も大事な分野で確実にナンバーワンになるために活用できる、優先順位づけと評価のための一連のツールを作成した。このツールは、付録1に掲載されている。このツールで用いられている手法がかなり機械的であることは、十分承知している。私たちは、これは古典物理学のようなものと考えている。つまり、ニュートンの運動方程式が量子の動きや相対性理論について説明できなくても日々目にする現実についてはかなりうまく説明できているのと、同じような価値があると思っている。

CEOという役目の将来像は

本書の前半で、未来を見据えた、傑出した理想主義者になることの利点を並べた。それにもかかわらず、本書を通じて取り上げてきたベストなCEOのマインドセットや行動習慣は、どれもここ二〇年間のものに基づいている。それゆえ読者のみなさんの中には、これは「バックミラーばかり見ながらの運転では、うまく前に進めない」という格言に反しているのではないかと思う方もいるかもしれない。たしかにそのとおりであり、この点について私たちもずいぶん議論した。本書を通じて見てきたCEOの責務は、次の二〇年間においてもこれまでの二〇年間と同じように重要な意味を持つのだろうか？　ベストなCEOを他と分かつものとして挙げたマインドセットと行動習慣は、将来においてもこれまでと同じように勝者を生み出せるのだろうか？

私たちは、そうだと思っている。というのも、ビジネスの本分はそもそも不変だからだ。ドイツの哲学者フリードリヒ・ニーチェも、「価格を決める、価値を調整する、同等のものをつくりだす、物を交換する。これらはすべて人類最古の思想において極めて大きな部分を占めていて、それらが思考そのものを成り立たせていたと言ってもいいほどだ」と記している。[92] 大手企業を率いる場合においても、同じことが言える。たとえば、中国で大いに崇拝された大臣の命令で紀元前一一〇〇年に書かれた *Officials of Chou*（周礼〈周官〉）には、決定権が誰にあるのかはっきりさせる、明確な運営手順を確立させる、業績を細かく管理する、リーダーと雇用者が実りある関係を保ちつづける、互いを尊敬しあう文化を根づかせる、良いお手本を見せることで組織を率いるといった、現代のビジネスでも重視される行動習慣が数多く記されている。[93]

ビジネスのこの歴史的な流れを何かに例えるとすれば、操船術が好例と思われる。ヨットが描かれた最古の記録は、はるか紀元前五五〇〇年までさかのぼる。ナイル川で使用されたこれらの船は、簡単なつくりの横帆式の葦船で、マストには四角いパピルスの帆が一枚張られていた。その後、舵取り用のオールや舵、竜骨《キール》、船舶用エンジン、GPSナビゲーション装置といった、数々のイノベーションが起きた。だがその一方で、セイルトリム（帆を最も効率的な状態に張ること）、センターボードポジション（横流れを防ぐ）、ボートバランス（船体が傾くのを防ぐ）、ボートトリム（船体の水平を保つ）、実航行経路（A地点からB地点にできるだけ最短距離で行けるよう、潮の流れや風圧差を読んで調整する）といった操船術の基本は、常に変わらなかった。

ベストなCEOを他と分かつマインドセットと行動習慣を探るうえで、私たちは「本当のこと」と「新しいこと」の差異をあえて重視した。近年の歴史は、グローバリゼーション、インターネット、ソーシャルメディア、消費者行動主義、デジタル変革、社会不安、パンデミック、経済危機、新世代の労働市場への加入、といった一連の社会動向とそれに対抗する動きによって織りなされている。だがそうした変化の中でも、「方向を定める」「組織を整合させる」「リーダーを動かす」「取締役会を引き入れる」「ステークホルダーと連携する」「自身のパフォーマンスを最大化する」ことは、どれも変わらず行われなければならない。「大胆であれ」「業績を重視するのと同じように人を重視せよ」「チーム心理を紐解け」「事業に役立ってくれるよう取締役会を支えよ」『なぜ?』から始めよ」「自分にしかできないことをせよ」のマインドセットでもってこれらの責務をこなすことは、この先の海がどんな状態であろうと、CEOがヨットをうまく操縦するために引きつづき役立つはずだと私たちは確信している。

とはいうものの、たとえ成功へのマインドセットとこなさなければならない役割は変わらなくても、優先順位づけと戦術は変わっていく。一九七〇年代、肥大化した古い体質の企業がグローバルな競争に直面して次々に破綻したことで、株主の重要性が高まった。一九八〇年代、ケーブルテレビのニュースチャンネルの開始によって脚光を浴びるようになったCEOたちは、自身が世間に与えるイメージにより一層気を使わなければならなくなった。世紀の変わり目のテクノロジー革命によって、物的資産からデジタル資産、知的資産への移行が起きると、リーダーシップの人間的側面への注目が高まった。さらにこの革命ではブラックベリー等のユビキタスツールの普及もあり、個人の生産性を高めた。一方で、それらの機器は時間の節約というメリットと同時に、みな一日二四時間「オン」の状態でいて当然という風潮を生み、結果個人のエネルギーを奪う事態へともつながった。二〇〇八年のグローバル金融危機以降、取締役会はより積極的に企業に関与するよう求められ、その結果CEOのコーポレートガバナンス(企業統治)における役割は変化した。

こうしたことを踏まえて、ベストなCEOに関する私たちの最後の考察を述べることにしよう。彼らは自身を取り巻く環境において、信号と雑音《ノイズ》を見分ける感覚に優れている。この能力は、社会動向、アイデア、情報の流れがかつてないほど激しさを増す将来において、より一層重要になるはずだ。私たちがこの原稿を執筆している今現在も、ベストなCEOたちはデジタル変革、従業員のヘルス(健康）とウェル・ビーイング（満足）、ダイバーシティ（多様性）とインクルージョン（包括性）、気候変動、未来の働き方、リスキリング（社員の再教育）への取り組み、暗号通貨が普及する可能性、中国とアメリカの分断の深刻化、ステークホルダー資本主義の高まりといった課題や問題に対処している。さらに、彼らは「アジリティ」や「パーパス」がなぜ今日の流行語になっているのかを理解している一方で、世間で言われているような万能の解決策とはみなさないようにもしている。

この先も、上述の問題や今はまだ予想もつかない多くの問題に対して、リーダーたちは引きつづき目を離さずに対処しなければならないだろう。だが今後何が起きようとも、将来のベストなＣＥＯたちは次の四つをより一層身につけているはずだと、私たちは確信している。

・道義的責任
ソーシャルメディアが可能にするリアルタイムな透明性と行動主義により、ＣＥＯは個人および会社の振る舞い、ダイバーシティ（多様性）とインクルージョン（包括性）、慈善活動、リーダーシップ（信条）、企業文化の面で、より高い水準を保つ。

・ダイバーシティ（多様性）
性別、人種、民族、階級でより高度な多様性を反映するＣＥＯたちの手で、「ＣＥＯは英雄だ」という時代遅れのイメージについにとどめが刺され、さらにはサーバントリーダーシップ、持続的成長、謙虚さといった、ベストな行動習慣を取り入れる。

・レジリエンス（復元力）

CEOの時間とエネルギーが周囲からより一層求められることに加えて、CEOに向けられる世間の目がますます厳しくなることで、この役職はさらにストレスがたまりエネルギーを消耗するものになる。鈍感力を身につけるのと、効果的な自身のオペレーティングモデルを持つのは、もはや成功どころか生き延びるために最低限必要なことになる。

・大きなインパクト

CEOは社会のリーダーになり、そして自身の発言力の強さを活用して、多くのステークホルダーのためになる政策の支持を訴えることを求められている。ゆえに、CEOという役目で与えられるインパクトはますます大きくなり、この仕事から得られる充実感ややりがいもより一層大きくなる。

CEOの仕事の範囲がますます広がることで、いずれこの役職は一人で担うには大きくなりすぎるのではという声が上がるかもしれない。その一方で、AIのさらなる普及によって、CEOが担っている仕事の多くが不要になるという意見(「経営幹部を置くのは、自動航行可能な飛行機にわざわざパイロットを乗せるようなものだ」)も出るようになるだろう。だが私たちは、機械がリーダーシップの技術的側面を担えれば担えるほど、意欲を高める、ひらめきを与える、創造力と協調性を引き出すといったスキルに秀でたリーダーたちの競争優位性が、当然ながら高まるはずだと思っている。

CEOエクセレンスとは何かを探し当てるための私たちの調査は、二一世紀に活躍している大勢のCEOたちの中で最も秀でた人たちを絞り込むことから始まった。だが結局私たちが行ったこの絞り込みの作業は、周囲の人たちがそれぞれ想像した以上のことを達成できるよう、各リーダーがどれほどうまく彼ら彼女らを助けることができているかを測ったにすぎないのだ。どんなリーダーも、そういった能力を身につけることを目指せるはずだ。あなたがどんな役職のリーダーであろうと、本書があなたのそうした能力の向上に役立つことを、私たちは強く願っている。

謝辞

この本の表紙には私たち三名の名前しか載っていないが、私たちが話を聞いた本書の主役たち（付録2にこのCEOの方々の略歴を掲載している）以外にも、見えないところで協力してくれた「陰の実力者」たちが大勢いる。彼ら彼女らなしには、本書は完成しなかった。まずは、今回の調査に必要な分析、聞き取り調査で作成した一五〇〇枚以上もの原稿の整理、そして広範な外部情報の収集とまとめに携わってくれた方々。この調査チームのトップであるアナンド・ラクシュマナンがいなかったら、私たちは本書を出版するというこの旅路でこんなにも速く遠くまで行くことなどできなかったし、しかもこれほど楽しい旅にもならなかったはずだ。そして、アナンド率いるチームのメンバーである、アニー・アルディッティ、ミッシェル・コール、アウンガー・チャテジー、ジャスティン・ハーディ、ペックス・ホセ・パーラ、ジェームズ・プソマス、エリサ・シモン、ジョナサン・タートンにも感謝している。また、CEOの方々への聞き取り調査をそもそも実現できたのは、ジョディ・エルキンスが調整役として彼ら全員のスケジュールを魔法のようにうまく押さえてくれたからだ。そして、このプロジェクトの監督であり、CEOの方々に直接コンサルティングサービスを提供している、マッキンゼー・アンド・カンパニーのグローバルな「CEOエクセレンスサービスライン」も統括しているモニカ・ムラーカ。彼女は上述の調査チームのメンバー選定や、調査の方針決定に協力してくれたのみならず、私たちが本書の内容を組み立てるにあたり、経営幹部を指導する資格を持つコーチとしてすばらしい相談相手にもなってくれた。

CEOの役目について極めて正確に伝えようとすると内容がかなり難解になり、それを興味深い読み物に仕立てるのはとても大変だろうというのは、前からわかっていた。そこで、『フォーチュン』の記者であり『アマゾン化する未来』（二〇二〇年、ダイヤモンド社）の著者でもあるブライアン・デュメインに、協力を依頼することにした。ブライアンは本書の内容の正確さを損なわずに面白く読めるよう、最適なバランスを取ってくれた。また、私たちの担当編集者を務めてくれたスクリブナーズのリック・ホーガンは最初から最後までずっと、貴重なフィードバックとアドバイスをくれた。そして、ホーガンのみならずスクリブナーズのチーム全体のすばらしさは、私たちの知るかぎり出版業界でナンバーワンだ。さらに、初期のアイデアを形にするためのアドバイスをくれて、スクリブナーズとの縁を繋いでくれたリン・ジョンストン、そしてこの旅の始めにリンを仕事のパートナーとして推薦してくれた、マッキンゼーのグローバルパブリッシンググループのリーダーであるラジュ・ナリセッティにも感謝している。

マッキンゼー・アンド・カンパニー内でも多くの方々がサポートしてくれ、友好的な議論の相手までしてもらった。その中には、『マッキンゼー　ホッケースティック戦略——成長戦略の策定と実行』（二〇一九年、東洋経済新報社）の共著者であり、当社のシニアパートナーとして戦略とコーポレートファイナンスの実践を率いている、クリス・ブラッドリー、マーティン・ハート、スヴェン・シュミットも含まれている。彼らは同じくCEOカウンセリング分野における第一線の思想家かつ実践者であるマイケル・バーシャン、カート・ストローヴィンクとともに、私たちにインスピレーション、アイデア、調査を進めるための確固たる研究基盤を与えてくれた。また、当社の「CEOエクセレンスサービスライン」に携わっている、パートナーのエレノア・ベンズリー、ブレアー・エプスタイン、サンダー・スミッツにも、本書を作成する助けになってもらった。さらに、あまりに多いためにスペースの関係で名前を出せなくて申しわけないのだが、私たちが今回聞き取り調査を行ったCEOの方々との仲介役になってくれた、大勢の同僚パートナーたちにも感謝している。あなた方がリーダーたちからこれほど信頼されるコンサルタントでなければ、私たちはCEOの方々に直接話を伺う機会を得るのにもっと苦労していたはずだ。

そして、本書のための「夜と週末の仕事」に何年も我慢してつきあってくれた家族に、さらに大きな感謝を伝えたい。私たち三人はみなマッキンゼー・アンド・カンパニーでフルタイムのクライアントサービスに従事していて、本書の執筆をその妨げにするわけにはいかなかった。それゆえ、果てしなく続くように思えたこの仕事のために、プライベートの大半をつぶしてしまうことへの家族の理解とサポートがなければ、プロジェクトは暗礁に乗り上げていたはずだ。トーマス・ツェグレディ、フィオナ・ケラー、メアリー・マルホトラは、どんなときも私たちをサポートし、応援しつづけてくれた。

最後に、本書に興味を持ってくださった読者のみなさんにも感謝する。私たちはさらに精進を重ねて、今後の仕事においてもインパクトを与えつづけたいと思っている。そのためには、みなさんからのフィードバックが何よりもありがたい。ご意見やご感想があれば、以下の連絡先にお送りいただけると幸いだ。

carolyn.dewar@mckinsey.com
scott.keller@mckinsey.com
vikram.malhotra@mckinsey.com

原　注

1. 上位２割を占める高パフォーマンスCEOのデータは、マッキンゼーが独自に作成した、70カ国の24の業界における上場企業3500社の7800名のCEOに関する25年分のデータベースに基づいている。この計算は上位２割入りした高パフォーマンスCEOのうち、大企業のCEOによる年平均TRS（株主総利回り）に基づいて算出されている（ここでの大企業とは、『フォーブス』による「世界有力企業ランキング（フォーブス2000）」の上位1000社に入っている企業を指す）。
2. Timothy Quigley, Donald Hambrick, "Has the 'CEO Effect' Increased in Recent Decades? A New Explanation for the Great Rise in America's Attention to Corporate Leaders," *Strategic Management Journal*, May 2014.
3. リーダーシップ開発の分野で独自の科学的研究を行っている、センター・フォー・クリエイティブ・リーダーシップの調査に基づいている。
4. https://www.forbes.com/sites/susanadams/2014/04/11/ceos-staying-in-their-jobs-longer/?sh=3db21cf567d6; https://www.kornferry.com/about-us/press/age-and-tenure-in-the-c-suite.
5. https://www.strategyand.pwc.com/gx/en/insights/ceo-success.html.
6. Chris Bradley, Martin Hirt, and Sven Smit, *Strategy Beyond the Hockey Stick: People, Probabilities, and Big Moves to Beat the Odds*, Hoboken, NJ: John Wiley & Sons, 2018.（クリス・ブラッドリー、マーティン・ハート、スヴェン・シュミット『マッキンゼー　ホッケースティック戦略――成長戦略の策定と実行』野崎大輔訳、東洋経済新報社、2019年）
7. James Citrin, Claudius Hildebrand, Robert Stark, "The CEO Life Cycle," *Harvard Business Review*, November-December 2019.
8. スティーヴン・ダブナーがニコラス・ブルーム他数名に、CEOの役割についてインタビューを行っているポッドキャストの記録より。"What Does a C.E.O. Actually Do?," Freakonomics radio podcast, Episode 314.
9. Henry Mintzberg, *The Nature of Managerial Work*, New York: Harper & Row, 1973.（ヘンリー

・ミンツバーグ『マネジャーの仕事』奥村哲史・須貝栄訳、白桃書房、1993 年）

10. CNN によるスティーブ・タッピンへのインタビューより。"Why Being a CEO 'Should Come with a Health Warning'," March 2010.

11. "What Does a C.E.O. Actually Do?," Freakonomics radio podcast, Episode 314.

12. Bradley et al., *Strategy Beyond the Hockey Stick.*

13. ジェフリー・M・オブライエンによるネットフリックス CEO リード・ヘイスティングスへのインタビューより。"The Netflix Effect," *Wired*, December 1, 2002. https://www.wired.com/2002/12/netflix-6/.

14. Allyson Lieberman, "Many Shoes to Fill; Ceo Latest to Hot-Foot Adidas," *New York Post*, March 3, 2000. https://nypost.com/2000/03/03/many-shoes-to-fill-ceo-latest-to-hot-foot-adidas/.

15. https://www.cnbc.com/2018/08/23/intuit-ceo-brad-smith-will-step-down-at-end-of-year.html.

16. https://www.kantola.com/Brad-Smith-PDPD-433-S.aspx.

17. Daniel Kahneman, Paul Slovic, Amos Tversky, *Judgment Under Uncertainty: Heuristics and Biases*, Cambridge, UK: Cambridge University Press, 1982.

18. Bradley et al., *Strategy Beyond the Hockey Stick.*

19. Piers Anthony, *Castle Roogna*, book 3 in the Xanth series. New York: Ballantine Books, 1987.（ピアズ・アンソニイ『ルーグナ城の秘密――魔法の国ザンス３』山田順子訳、早川書房、1984 年）

20. Yuval Atsmon, "How Nimble Resource Allocation Can Double Your Company's Value," McKinsey.com, August 2016.

21. Adam Brandenburger and Barry Nalebuff, "Inside Intel," *Harvard Business Review* magazine, November-December 1996.

22. 次の論文より。Brian Wansink, Robert Kent, Stephen Hoch, "An anchoring and adjustment model of purchase quantity decisions," *Journal of Marketing Research*, February 1998. ダニエル・カーネマンの次の文献でも取り上げられている。*Thinking, Fast and Slow*, New York: Farrar, Straus and Giroux, 2011.（ダニエル・カーネマン『ファスト&スロー――あなたの意思はどのように決まるか？［上・下］』村井章子訳、ハヤカワ・ノンフィクション文庫、2014 年）

23. Stephen Hall, Dan Lovallo, Reinier Musters, "How to Put Your Money Where Your Strategy Is," *McKinsey Quarterly*, March 2012.

24. Scott Keller, Bill Schaninger, *Beyond Performance 2.0: A Proven Approach to Leading Large-Scale Change*, Hoboken, NJ: John Wiley & Sons, 2019.

25. 同上。

26. Charles Duhigg, *The Power of Habit: Why We Do What We Do in Life and Business*, New York: Random House, February 2012.（チャールズ・デュヒッグ『習慣の力〔新版〕』渡会圭子訳、ハヤカワ・ノンフィクション文庫、2019 年）

27. Keller and Schaninger, *Beyond Performance 2.0.*

28. Rita Gunter McGrath, "How the Growth Outliers Do It," *Harvard Business Review*, January–February 2012.（リタ・ギュンター・マグレイス『10 年連続で高業績を続ける秘訣』DIAMOND ハーバード・ビジネス・レビュー編集部訳、ダイヤモンド社、2015 年）

29. Scott Keller, Mary Meaney, *Leading Organizations: Ten Timeless Truths*, London: Bloomsbury Publishing, April 2017（スコット・ケラー、メアリー・ミーニー『マッキンゼー　勝ち続ける組織の 10 の法則』マッキンゼー・アンド・カンパニー・ジャパン　人材・組織・パフォーマンスグループ訳、日本経済新聞出版、2022 年）. この文献は次の 2 つの文献に基づいている。Phil Rosenzweig, *The Halo Effect: How Managers Let Themselves Be Deceived*, New York: Free Press, 2007（フィル・ローゼンツワイグ『なぜビジネス書は間違うのか』桃井緑美子訳、日経 BP、2008 年）. Dan Bilefsky, Anita Raghavan, "Once Called Europe's GE, ABB and Star CEO Tumbled," *Wall Street Journal*, January 23, 2003.

30. Tom Peters, "Beyond the Matrix Organization," *McKinsey Quarterly*, September 1979.

31. Aaron de Smet, Sarah Kleinman, Kirsten Weerda, "The Helix Organization," *McKinsey Quarterly*, October 2019.

32. Keller and Meaney, *Leading Organizations.*

33. Keller and Meaney, *Leading Organizations.*

34. Ram Charan, Dominic Barton, Dennis Carey, *Talent Wins: The New Playbook for Putting People First*, Boston, MA: Harvard Business Press, March 2018.（ラム・チャラン、ドミニク・バートン、デニス・ケアリー『Talent Wins（タレント・ウィンズ）——人材ファーストの企業戦略』中島正樹・齋藤佐保里・堀井摩耶監訳、栗木さつき訳、日本経済新聞出版、2019

年)

35. Keller and Schaninger, *Beyond Performance 2.0.*

36. Michael Lewis, *The Blind Side: Evolution of a Game*, New York: W. W. Norton and Company, 2006.(マイケル・ルイス『ブラインド・サイド——アメフトがもたらした奇蹟』河口正史監修、藤澤将雄訳、武田ランダムハウスジャパン、2009年)

37. ケン・フレイザーとハーバード大学経営大学院教授ツェダル・ニーリーとの対談より。https://hbswk.hbs.edu/item/merck-ceo-ken-frazier-speaks-about-a-covid-cure-racism-and-why-leaders-need-to-walk-the-talk.

38. Fred Adair, Richard Rosen, "CEOs Misperceive Top Teams' Performance," *Harvard Business Review*, September 2007.

39. Ferris Jabr, "The Social Life of Forests," *New York Times Magazine*, December 2020.

40. Jan Hubbard, "It's No Dream: Olympic Team Loses," *Los Angeles Time*s, June 25, 1992; https://www.latimes.com/archives/la-xpm-1992-06-25-sp-1411-story.html.

41. Todd Johnson, "'Dream Team' Documentary's 5 Most Intriguing Moments," theGrio, June 13, 2012; https://thegrio.com/2012/06/13/dream-team-documentarys-5-most-intriguing-moments/.

42. *The Dream Team Scrimmages Against Chris Webber and the 1992 Select Team* (2012年6月13日に公開された、ザック・レヴィット監督のドキュメンタリー映画 *The Dream Team* より抜粋)。https://www.youtube.com/watch?v=5xHoYnuMLZQ.

43. Adair and Rosen, "CEOs Misperceive Top Teams' Performance."

44. Kenwyn Smith, David Berg, *Paradoxes of Group Life*, San Francisco: Jossey-Bass, 1987.

45. Cyril Northcote Parkinson, *Parkinson's Law, or the Pursuit of Progress*, London: John Murray, 1958.(C・N・パーキンソン『パーキンソンの法則』森永晴彦訳、至誠堂、1996年)

46. Keller and Meaney, *Leading Organizations.*

47. Dan Lovallo, Olivier Sibony, "The Case for Behavioral Strategy," *McKinsey Quarterly*, March 2010.

48. Keller and Meaney, *Leading Organizations.*

49. Danielle Kosecki, "How Do the Tour de France Riders Train," bicycling.com, August 2020; https://www.bicycling.com/tour-de-france/a28355159/how-tour-de-france-riders-train/.

50. Sun Tzu, *The Art of War*, Harwich, MA: World Publications Group, 2007.（孫武『孫子の兵法 信念と心がまえ』青柳浩明編訳、日本能率協会マネジメントセンター、2017 年　他）

51. McKinsey Global Board Survey 2019.

52. 2020 年にアメリカの上場企業の経営幹部のうち 551 名を対象に行われた、次の調査を参照のこと。The PwC and The Conference Board study, "Board Effectiveness: A Survey of the C-Suite."

53. フランクリン・D・ルーズベルト大統領図書館の資料より。http://www.fdrlibrary.marist.edu/daybyday/resource/march-1933-4/.

54.「当社エクイティグループは社内の方針や手順に従って、懲戒処分をはじめとする必要な対策を講じました。その中には、特定の社員の雇用終了および離職も含まれています」と次期会長のデビッド・アンセルは述べ、さらに「職場での性的嫌がらせや性的暴力は、絶対に許されません。当社エクイティグループは、この問題に対する世間の関心を高めるために、社内での経緯をすべて公表することにしました」と語った。https://nairobinews.nation.co.ke/equity-bank-sacks-manager-accused-of-sexually-harassing-interns/.

55. Franklin Gevurtz, "The Historical and Political Origins of the Corporate Board of Directors," *Hofstra Law Review*: Vol. 33, Iss. 1, Article 3, 2004.

56. Rakesh Khurana, *Searching for a Corporate Savior: The Irrational Quest for Charismatic CEOs*, Princeton, NJ: Princeton University Press, September 2011.（ラケシュ・クラーナ『カリスマ幻想――アメリカ型コーポレートガバナンスの限界』加護野忠男監訳、橋本碩也訳、税務経理協会、2005 年）

57. https://en.wikipedia.org/wiki/Gerousia.

58. 2011 年 6 月にマッキンゼーが 1597 名の企業取締役を対象に行った、ガバナンスについての次の調査を参照のこと。Chinta Bhagat, Martin Hirt, Conor Kehoe, "Tapping the Strategic Potential of Boards," *McKinsey Quarterly*, February 2013.

59. McKinsey Global Board Survey 2019.

60. McKinsey Global Board Survey 2019.

61. PwC and Conference Board study, "Board Effectiveness: A Survey of the C-Suite."

62. Christian Casal, Christian Caspar, "Building a Forward-looking Board," *McKinsey Quarterly*, February 2014.

63. 1997年にジム・キャリーがオプラ・ウィンフリーの番組で語った内容より。https://www.oprah.com/oprahs-lifeclass/what-oprah-learned-from-jim-carrey-video.

64. PwC and Conference Board study, "Board Effectiveness: A Survey of the C-Suite."

65. John Browne, Robin Nuttal, Tommy Stadlen, *Connect: How Companies Succeed by Engaging Radically with Society*, New York: PublicAffairs, March 2016.

66. Victor Frankl, *Man's Search for Meaning*, Boston, MA: Beacon Press, 2006.（V・E・フランクル『夜と霧――ドイツ強制収容所の体験記録』霜山徳爾訳、みすず書房、1985年　他）

67. Susie Cranston, Scott Keller, "Increasing the 'Meaning Quotient' of Work," *McKinsey Quarterly*, January 2013.

68. 2017 Cone Communications CSR study; https://www.conecomm.com/research-blog/2017-csr-study.

69. Achieve Consulting Inc, "Millennial Impact Report," June 2014. https://www.shrm.org/resourcesandtools/hr-topics/behavioral-competencies/global-and-cultural-effectiveness/pages/millennial-impact.aspx.

70. https://www.businessroundtable.org/business-roundtable-redefines-the-purpose-of-a-corporation-to-promote-an-economy-that-serves-all-americans.

71. アーンスト・アンド・ヤングと『ハーバード・ビジネス・レビュー』による、次の調査に基づいている。https://assets.ey.com/content/dam/ey-sites/ey-com/en_gl/topics/purpose/purpose-pdfs/ey-the-entrepreneurs-purpose.pdf.

72. 2019年10月にアメリカの企業に勤める管理職と第一線の従業員1214名を対象に行われた、マッキンゼー組織目的調査に基づいている。

73. 2019 Edelman Trust Barometer Special Report, "In Brands We Trust?" https://www.edelman.com/sites/g/files/aatuss191/files/2019-06/2019_edelman_trust_barometer_special_report_in_brands_we_trust.pdf.

74. https://battleinvestmentgroup.com/speech-by-dave-packard-to-hp-managers/.

75. https://www.jpmorganchase.com/impact/path-forward.

76. Jonathan Emmett, Gunner Schrah, Matt Schrimper, Alexandra Wood, "COVID-19 and the Employee Experience: How Leaders Can Seize the Moment," McKinsey.com, June 2020.

77. Peter Drucker, "The American CEO," *Wall Street Journal*, December 30, 2004.

78. Drucker, "The American CEO."

79. Sanjay Kalavar, Mihir Mysore, "Are You Prepared for a Corporate Crisis?," McKinsey.com, April 2017.

80. 1959年4月12日にインディアナ州インディアナポリスで開催された、黒人大学基金連合会議でのジョン・F・ケネディ上院議員の発言より。

81. Ronald A. Heifetz, Marty Linsky, *Leadership on the Line: Staying Alive Through the Dangers of Leading*, Boston, MA: Harvard Business Press, 2002.（ロナルド・A・ハイフェッツ、マーティ・リンスキー『[新訳] 最前線のリーダーシップ――何が生死を分けるのか』野津智子訳、英治出版、2018年　他）

82. Neal H. Kissel and Patrick Foley, "The 3 Challenges Every New CEO Faces," *Harvard Business Review*, January 23, 2019.

83. Jim Loehr, Tony Schwartz, "The Making of a Corporate Athlete," *Harvard Business Review* magazine, January 2001.

84. マハトマ・ガンディーの言葉とされる感動的な話。次を参照のこと。"Breaking the Sugar Habit"; https://www.habitsforwellbeing.com/breaking-the-sugar-habit-an-inspirational-story-attributed-to-gandhi/.

85. Paul Hersey, *The Situational Leader*, Cary, NC: Center for Leadership Studies, 1984（ポール・ハーシー『状況対応マネジャー――1分間マネジャーは残りの59分をどう使う』山本成二訳、日本生産性本部、1985年）. Kenneth Blanchard, Spencer Johnson, *The One Minute Manager*, New York: HarperCollins, 1982.（K・ブランチャード、S・ジョンソン『1分間マネジャー――何を示し、どう褒め、どう叱るか！』小林薫訳、ダイヤモンド社、1983年）

86. Annie McKee, Richard Boyatzis, Frances Johnston, *Becoming a Resonant Leader: Develop Your Emotional Intelligence, Renew Your Relationships, Sustain Your Effectiveness*, Boston, MA: Harvard Business Press, 2008.

87. https://leadershipdevotional.org/humility-7/.

88. Hermann Hesse, *Journey to the East*, New Delhi: Book Faith India, 2002.（ヘルマン・ヘッセ『ヘルマン・ヘッセ全集〈第10巻〉東方巡礼』高橋健二訳、新潮社、1957年　他）

89. https://www.greenleaf.org/what-is-servant-leadership/.

90. NPR, "Decathlon Winner Ashton Eaton Repeats as the 'World's Greatest Athlete,'" CPR News

[Colorado Public Radio], August 19, 2016. https://www.cpr.org/2016/08/19/decathlon-winner-ashton-eaton-repeats-as-the-worlds-greatest-athlete/.

91. Bill George, "The CEO's Guide to Retirement," *Harvard Business Review* magazine, November-December 2019.

92. Friedrich Nietzsche, *The Genealogy of Morals*, North Chelmsford, MA: Courier Corp., 2012.（ニーチェ『道徳の系譜』木場深定訳、岩波文庫、1964 年　他）

93. Violina P. Rindova and William H. Starbuck, "Ancient Chinese Theories of Control," *Journal of Management Inquiry* 6 (1997), pp. 144–159. http://pages.stern.nyu.edu/~wstarbuc/ChinCtrl.html.

付録1

CEOエクセレンス評価と優先順位づけのためのツール

我々はマッキンゼー・アンド・カンパニーにおけるCEOエクセレンス研究グループのリーダーとして、CEOへの就任プロセスの支援、在職中のパフォーマンスの評価、そして退任の時期および方法の決定を幾度となく経験してきた。その実績に基づいて、我々はCEOの優先事項と有効性の把握を促す一連のツールを開発した。本項目には、各CEOから高く評価された3つのエクササイズを記載した。

1つ目のエクササイズでは、CEOの責務を6つに分類した上で、領域ごとに変革の必要性をどの程度感じているかを評価する。通常これは、あなた自身が各領域に見出している可能性の大きさと、取締役会または外部ステークホルダーの助言・忠告、の2つに基づいて決める。2つ目のエクササイズでは、各領域における3つのサブカテゴリーへのアプローチを自己採点する。3つ目のエクササイズでは、前述の2つのエクササイズの結果に基づいて大幅な改善が見込める領域を特定し、知見を行動へと昇華させる。

多くのCEOはこれらのエクササイズについて、自己採点だけでなく、第三者（チームおよび取締役会のメンバー等）に評価してもらうとより効果的であるとしている。これにより導出されたテーマあるいは認識のずれは「私設顧問団」（第18章で詳述）で報告され、さらなる成功をもたらす行動を明らかにする。

ワークシート 1：CEO としての責務

変革の必要性をどの程度感じているか？

責務	要素	1	2	3	4	5
方向を定める	ビジョン 戦略 リソース配分	あくまで慎重に行動すべき				大胆な変革が必要
組織を整合させる	企業文化 組織設計 人材強化	現状を微調整				全領域のオーバーホールが必要
リーダーを動かす	トップチーム構成 チームワーク 運営リズム	適材適所、チームワークも良好				人材と力関係の大幅な見直しが必要
取締役会を引き入れる	関係構築 決議能力 取締役会	取締役会に問題はなく、良好な関係を築いている				取締役会の能力が不足しており、協働が困難
ステークホルダーと連携する	社会的責任 相互連携 真実の瞬間	主なステークホルダーと堅固な信頼関係を築いている				大半のステークホルダーとの関係性のリセットが必要
自身のパフォーマンスを最大化する	時間とエネルギー リーダーシップモデル 全体観	現在の基本姿勢が十分に機能している				新たなオペレーティングモデルの導入が必要

ワークシート2：自分は今リーダーとしてどう振る舞っているか（1/6）

会社のリーダーとしての自分の振る舞いに最も近いのは、以下の記述のうちのどれか？　太字で記されている部分を参考に、それぞれ評価すること。参考として、関連するマインドセットを　　で示した。

	要改善	可	良好
方向を定める	議論百出に任せる	主力事業の進化	大胆な変革の推進
ビジョン	**現場の自律性を養うため**、トップダウンのビジョンは示さない	**業界内の競合に勝つためのビジョン**を示し、従業員を鼓舞している	**状況を別の視点から捉え**た上で野心的な目標を掲げ、成功の定義を見直している
戦略	**無数のボトムアップの改革案**をふるいにかけ、その一部を実行している	我が社の企業戦略は、**各事業部門の戦略の総計と事業間のシナジーを合算したもの**となっている	会社全体が一丸となり、**早い段階から高頻度で大胆な動きに出ている**
リソース配分	基本的に従来のやり方を踏襲し、予算やリソースの配分は**時間をかけて少しずつ**改善している	**リソース配分の見直しは年に1度**、会社が掲げる目標とバランスをとりながら実行している	常に**社外の人間のつもりで行動**し、困難であっても高い頻度でリソースを再配分している

ワークシート 2：自分は今リーダーとしてどう振る舞っているか（2/6）

会社のリーダーとしての自分の振る舞いに最も近いのは、以下の記述のうちのどれか？　太字で記されている部分を参考に、それぞれ評価すること。参考として、関連するマインドセットを　　で示した。

	要改善	可	良好
組織を整合させる	「数字に表れない部分」は他人に任せる	「数字に表れない部分」にも可能な範囲で取り組む	「数字に表れない部分」にも全力で取り組む
企業文化	一連の価値基準とリーダーシップモデルを保有し、**人事部門によって厳密に管理されている**	**CEOとして企業文化を強化するメッセージを発信**し、それに準じた行動をとっている（指針は人事が作成）	**最重要事項を特定**し、自ら責任を負うか、協働によるアプローチを徹底している
組織設計	**組織を定期的に再編成**（例：1～2年おき）し、弱点を克服している	グローバルな展開か地域密着か、それぞれのメリットを比較した上で**必要なトレードオフを実施**	重責を担うことができる組織の堅固な核と、必要に応じて体制を変える機敏性を両立している
人材強化	重役と主要施策のリーダーを、**同一の候補者リストの中から選んでいる**	**高パフォーマンスの人材は激励して昇進**させ、低パフォーマンスの人材に対しては然るべき措置を取っている	**優秀な人材に固執せず**、役職ごとに最も適した人材を配置する適材適所の方針を徹底している

ワークシート2：自分は今リーダーとしてどう振る舞っているか（3/6）

会社のリーダーとしての自分の振る舞いに最も近いのは、以下の記述のうちのどれか？ 太字で記されている部分を参考に、それぞれ評価すること。参考として、関連するマインドセットを　　で示した。

	要改善	可	良好
リーダーを動かす	慣習的な方法でチームを管理している	チームを正しく機能させている	チームの心理状態の改善に努めている
トップチーム構成	**手持ちのカードで勝負する**（混乱を招いてまで何かを変えようとはしない）	チーム全体が**有能で信頼できる人材**で編成されるよう徹底している	各自のスキルが互いを補完することで人数分以上の力を発揮し、一丸となって変革に取り組む**仕組みを構築している**
チームワーク	チームは団結できているが、**他部署との交流はほとんどない**	チーム内に**効果的な行動規範**があり、健全な議論が行われている	データ集約、意見交換、機敏性を継続的に改善することで、**チームを主役の座に据えている**
運営リズム	誰もが会議に時間を要しすぎだと考えているが、誰もあえて**やり方を変えようとしない**	会議が**定期的に実施**されており、内容はよく整理されている	会議の開催時期、内容、進行手順が明確に決まっており、戦略の策定と遂行についての**議論が白熱**

ワークシート 2：自分は今リーダーとしてどう振る舞っているか（4/6）

会社のリーダーとしての自分の振る舞いに最も近いのは、以下の記述のうちのどれか？ 太字で記されている部分を参考に、それぞれ評価すること。参考として、関連するマインドセットを で示した。

	要改善	可	良好
取締役会を引き入れる	干渉しない	取締役会の信任義務を支援	取締役会による事業支援の後押し
関係構築	**要求された情報を提供**し、必要に応じて取締役会との対話の機会を設けている	取締役会のメンバーとの**良好な関係構築**に積極的に取り組んでいる	積極的に情報を公開し、取締役会の見解に関心を示すことで、**信頼関係の基盤を構築**している
決議能力	取締役会の構成に関しては**取締役会長または筆頭取締役に一任**している	**取締役の選任の候補について意見を述べ**、事業内容について取締役会に積極的に説明している	取締役会を構成する**年長者たちの知恵に敬意を払い、**各メンバーと積極的に対話することで、事業内容について理解を深めてもらっている
取締役会	**議題の決定は取締役会に一任**しており、内容に応じて自分の役割を決めている	**効率的かつ実り多い**取締役会議の実施に尽力している	（信任義務の支援に留まることなく）自分の考えを率直に述べ、取締役会とともに**企業のあるべき姿の実現に注力している**

ワークシート2：自分は今リーダーとしてどう振る舞っているか（5/6）

会社のリーダーとしての自分の振る舞いに最も近いのは、以下の記述のうちのどれか？ 太字で記されている部分を参考に、それぞれ評価すること。参考として、関連するマインドセットを　　で示した。

	要改善	可	良好
ステークホルダーと連携する	事業への注力を継続する	優先すべきステークホルダーを戦略的に選定する	常に「なぜ？」から始める
社会的責任	社会的責任という概念がトレンドとなっているが、あくまで**株主価値の創出に注力している**	**企業の社会的責任**について、事実に裏づけされた説得力のある**ストーリー**の構築を徹底している	自社事業の社会的意義を定義し、事業の中核に組み込むことで、**社会の趨勢に影響を与えている**
相互連携	最優先事項である事業運営に集中するため、**外部との交流は最小限に留めている**	**優先すべきステークホルダーを積極的に定義**し、明確な目的を持って対話に臨んでいる	ステークホルダーと自社のニーズが一致する部分を**見極め**た上で、状況に応じて効率化を図っている
真実の瞬間	危機は予測不可能であり、発生後に**場当たり的に対応**している	危機的状況が発生した場合、**明確な手順**に従って迅速に対応している	レジリエンスの構築、早期段階での脅威の特定、「ピンチはチャンス」のマインドセットにより**万全の危機管理体制を維持**

ワークシート2：自分は今リーダーとしてどう振る舞っているか（6/6）

会社のリーダーとしての自分の振る舞いに最も近いのは、以下の記述のうちのどれか？　太字で記されている部分を参考に、それぞれ評価すること。参考として、関連するマインドセットを ░░ で示した。

	要改善	可	良好
自身のパフォーマンスを最大化する	常に「スイッチ」が入っている	整然と効率よく行動する	自分にしかできないことをする
時間とエネルギー	**他人からの依頼**を中心に予定を立てている―常に受け身	優秀な補佐の尽力を得て、会社にとっての**優先事項にできるかぎりの時間を割いている**	ニーズに応じたサポートを提供してくれるオフィスの尽力により、時間とエネルギーを**一連のスプリント**として管理している
リーダーシップモデル	**会社のニーズに応えている**が、それ以上の責任は負わない	**自分の強みを生かす努力をしている**が、それ以外には関心がない	**「あるべき姿」を心に描き**、信念と価値観を大事にしながらも、必要に応じて行動を改めている
全体観	誰もが自分をあてにしていて、気分が**外部要因に左右されている**	会社の動向を左右する立場にいるが、**その大部分がコントロール不可**だと感じている	他人の成功を後押しすることが自分の役目であるという**謙虚な姿勢を保ち**、その能力の改善に努めている

ワークシート３：改善すべき領域と関連する行動の優先順位づけ

ワークシート１および２の回答内容に基づいて、以下の質問に回答すること

6つの責務領域のうち、変革の必要性を強く感じている部分（ワークシート１を参照）において、**エクセレンスの獲得に向けて強化すべき行動習慣**（ワークシート２を参照）があるか？

18の行動習慣領域のうち、**「要改善」に該当する項目**（ワークシート２を参照）はあるか？

変革の必要性をあまり感じていない責務領域（ワークシート１を参照）において、（ワークシート２の「可」で十分であるにもかかわらず）**取り組みが過剰気味の行動習慣**領域があるか？

CEOとしてのインパクトをさらに強化するために、**改善が可能または改善すべき領域を３つ挙げる**とすればどれか？

これらのポイントを検証した上で、改善に向けた施策を開発し、確固たる信念を持って推進するための**具体的なネクストステップ**は何か？

付録2

CEO略歴

私たちは本書を執筆するにあたり、ベストなCEOであるとはどういうことなのかについて深く掘り下げた。そうして調べた結果、この役目への理解が一気に深まったと同時に、この役目をうまくこなしている人々への心からの尊敬と称賛の念がますます高まった。この調査の道のりでツアーガイドとして協力してくださった、数多くの極めて優れたリーダーたちに大いに感謝する。彼らはみな、人間ドラマ、高いリスクを伴う意思決定、勝った戦や負けた戦、学んだ教訓、そして獲得した知恵にあふれたストーリーを語ってくださり、その内容の濃さはそれぞれの方で一冊ずつ本が執筆できるほどだった（中には、すでにそういった本を出されている方もいるが！）。ここでは調査に協力してくださった方々の経歴を簡単に紹介する。複数の企業でCEOを務めた方については、「はじめに」で説明したベストなCEO選出方法でリスト入りの基準を満たしたときにCEOを務めていた企業を中心に紹介している。また、全世界での新型コロナウイルス感染症パンデミックによる業績の一時的な急変を考慮して、ここに掲載している企業の収益と従業員数は2019年度のものであり、時価総額は2019年末時点のものであることにも留意してほしい。

ジャック・アシェンブロワ

ヴァレオ

収益：220億ドル　時価総額：80億ドル

従業員数：115,000人（33カ国）

【主な役職歴】

ヴァレオ：会長（2016年〜現在）、CEO（2009〜2022年）

フランス首相府（1987〜1988年）

ヴェオリア、BNPパリバの取締役

【CEOとしてもたらしたインパクト】

ヴァレオを「フランスの自動車部品のデパート」から、電気自動車と自動運転技術を柱にしたグローバルテクノロジー企業へと変革した。主に本業の成長を通じて同社のEBITDAを3倍にし、時価総額を10倍以上にした。

【受賞歴等】

『ハーバード・ビジネス・レビュー』の「トップ100CEO」に6回選出された（そのうち3回はトップ10入り）。

レジオン・ドヌール勲章シュヴァリエおよび国家功労勲章シュヴァリエを受章。

＊　＊　＊

リラック・アッシャー＝トピルスキー

イスラエル・ディスカウント銀行（IDB）

収益：30億ドル　時価総額：50億ドル

従業員数：9,000人（2カ国）

【主な役職歴】

イスラエル・ディスカウント銀行：CEO（2014〜2019年）

FIMIオポチュニティファンド：シニアパートナー（2019年〜現在）

G1、カマダ、リモニプラスト：会長

アミアド、テルアビブ大学の取締役や理事など

【CEOとしてもたらしたインパクト】

純利益を3倍にし、銀行経費率を2割近く大きく改善し、さらには労働組合との生産的な関係を再構築したことで、イスラエル第3位の同行の軌跡を革新した。

【受賞歴等】

2019年、銀行部門での目覚ましい活躍に対して『エルサレム・ポスト』賞が贈られた。
イスラエルの銀行で最年少CEOとなった。

＊　＊　＊

ダグ・ベイカー・ジュニア

エコラボ

収益：150億ドル　　時価総額：560億ドル

従業員数：50,000人（100カ国）

【主な役職歴】

エコラボ：会長（2006年～現在）、CEO（2004～2020年）

メイヨー・クリニック、ターゲット、ホーリー・クロス大学の取締役や理事など

【CEOとしてもたらしたインパクト】

産業用洗浄製品会社である同社を、人々、そしてなくてはならない資源を守ることを使命とするグローバルなミッションドリブン型組織へと変革した。100件以上の買収を行い、同社の時価総額を7倍にした。

【受賞歴等】

『ハーバード・ビジネス・レビュー』の「トップ100CEO」に5回選出された。
2020年、『バロンズ』の「世界のベストCEO」リストに選ばれた。
2018年、コロンビア大学経営大学院「優れた企業経営を称えるデミング杯」受賞。
エコラボは、エシスフィアの「世界で最も倫理的な企業」リストに14年連続で選ばれたわずか7社のうちの1社である。

＊　＊　＊

アジェイ・バンガ

マスターカード

収益：170億ドル　　時価総額：2,980億ドル

従業員数：19,000人（66カ国）

【主な役職歴】

マスターカード：代表取締役会長（2021年～現在）、社長兼

CEO（2010～2020年）
国際商業会議所会長
ダウ、ワイルコーネル医科学大学院の取締役や理事など

【CEOとしてもたらしたインパクト】

市場の再定義を行い、透明性と説明責任を実現できる企業文化を構築することで、アメリカのグローバル決済サービス会社である同社を大きく発展させた。収益を3倍、時価総額を13倍にした。

【受賞歴等】

『ハーバード・ビジネス・レビュー』の「トップ100CEO」に6回選出された（そのうち1回はトップ10入り）。
『フォーチュン』の「今年度の最優秀ビジネスパーソン」で4回トップ10入り。
インド大統領よりパドマ・シュリー勲章を授与された。
アメリカのバラク・オバマ大統領政権時代に通商政策交渉諮問委員会、アメリカ国家サイバーセキュリティ強化委員会の委員を務めた。

＊　＊　＊

メアリー・バーラ

ゼネラルモーターズ（GM）

収益：1,370億ドル　　時価総額：520億ドル
従業員数：164,000人（23カ国）

【主な役職歴】

ゼネラルモーターズ：会長（2016年～現在）、CEO（2014年～現在）
ウォルト・ディズニー・カンパニー、デューク大学、デトロイト経済クラブ、ビジネス・ラウンドテーブル（教育労働委員会会長、人種的な平等と正義に関する特別委員会会長も含む）の取締役や理事など
スタンフォード大学経営大学院諮問委員会、ワンテン、ビジネスカウンシルのメンバー
GMインクルージョン諮問委員会会長兼設立メンバー

【CEOとしてもたらしたインパクト】

不採算市場から撤退し、移動の将来や、電気自動車・自動運転車市場に重点を置いた新たな戦略を立案することで、GMの挑戦的かつ革新的なビジョンを強く推進している。その間に、同社の一株当たり利益を3倍近くにまで上昇させた。

【受賞歴等】

2014年、『タイム』の「世界で最も影響力のある100人」に選出された。

『フォーブス』の「最も影響力のある女性」で、2014年以降毎年トップ7入り。

『バロンズ』の「世界のベストCEO」リストに4回選ばれた。

『フォーチュン』の「世界で最も偉大なリーダー50人」に3回選出された（そのうち2回はトップ10入り）。

2018年、イェール大学最高経営責任者リーダーシップ研究所「伝説的リーダーシップ賞」受賞。

＊　＊　＊

オリバー・ベイト

アリアンツ

収益：1,260億ドル　時価総額：1,020億ドル

従業員数：147,000人（70カ国以上）

【主な役職歴】

アリアンツ：CEO（2015年〜現在）

国際金融協会、ジュネーブ協会の取締役や理事など

シンガポール金融管理局国際諮問委員会、汎ヨーロッパ保険フォーラム、ヨーロッパ金融サービスラウンドテーブルのメンバー

【CEOとしてもたらしたインパクト】

ドイツを本拠地とする同社を、世界最大級かつ最もデジタル化が進んだ保険会社の一つへ成長させた。その間、気候変動イニシアティブにも積極的に取り組んできた。経費率を同業他社よりも下げると同時に顧客ロイヤリティを向上させ、さらには株主総利回りを同業他社よりも6パーセント上回らせた。

【受賞歴等】

2019年、『ハーバード・ビジネス・レビュー』の「トップ100CEO」に選出された。

＊　＊　＊

アラン・ベジャニ

マジドアルフッタイム

収益：100億ドル　時価総額：非公開

従業員数：43,000人（16カ国）

【主な役職歴】

マジドアルフッタイム：CEO（2015年～現在）

世界経済フォーラム（WEF）国際ビジネス評議会、アトランティック・カウンシル国際諮問委員会のメンバー

WEF中東・北アフリカ地域スチュワードシップ委員会／地域活動委員会共同委員長

WEFサステナブルな開発インパクト・サミット共同議長

WEF中東・北アフリカ地域サミット共同議長

【CEOとしてもたらしたインパクト】

マジドアルフッタイムの長期的戦略の方向性を再定義し、国際的に高く評価される中東・アフリカ・中央アジア地域ナンバーワンのショッピングモール、地域社会向けサービス施設、小売店、レジャー施設の開発を目指した。業績と健全性で新たな軌跡を描くために全社的な改革を行い、顧客中心主義と才能主義の企業文化を築きながら、収益を4割、EBITDAを3割、そして営業キャッシュフローを5割増加させた。ステークホルダー資本主義のマインドセットに基づいた取り組みによって、マジドアルフッタイムは中東で初めてネットポジティブサステナビリティ戦略を取り入れた企業となった。

【受賞歴等】

『フォーブス中東版』の「トップCEO」リスト入り。

『フォーブス中東版』の「地域企業を率いる国際的CEOトップ50人」に選出された。

『フォーブス中東版』の「UAEにおいて最も影響力のある外国人ビジネスパーソン50人」に選ばれた。

＊　＊　＊

フランク・ブレイク

ホーム・デポ

収益：1,100億ドル　時価総額：2,380億ドル

従業員数：416,000人（3カ国）

【主な役職歴】

ホーム・デポ：会長（2007～2015年）、CEO（2007～2014

年)
ジョージア工科大学シェラービジネススクール名誉エグゼクティブフェロー(2016年〜現在)
デルタ航空会長、およびメイシーズ、プロクター・アンド・ギャンブル、ジョージア歴史協会の取締役や理事など

【CEOとしてもたらしたインパクト】

非中核事業からは撤退しつつ、その一方で従業員の士気を大きく高め、既存店売上高を向上させたことで、アメリカの小売店とサービスの文化を再活性化した。営業利益を300ベーシスポイント強、時価総額を6割近く増加させた。

【受賞歴等】

タークネット・リーダーシップグループとロバート・K・グリーンリーフ・サーバントリーダーシップセンターより、「優れたリーダーシップに対する特別功労賞」を授与された。
2019年、ジョージア歴史協会とジョージア州知事よりジョージア州評議員に任命された。

＊　＊　＊

ディック・ボーア

アホールド・デレーズ

収益:740億ドル　時価総額:270億ドル
従業員数:353,000人(11カ国)

【主な役職歴】

アホールド・デレーズ:社長兼CEO(2011〜2018年)
アルバート・ハイン:CEO(2000〜2011年)
ネスレ、ロイヤル・ダッチ・シェル、SHVホールディングスの取締役

【CEOとしてもたらしたインパクト】

CEO在職中の第1段階の戦略「小売店を再構築する」によって、この業界でウォルマート、コストコに次いで3番目に高いエコノミックプロフィットを生み出した。総責任者を務めた2016年のデレーズとの合併によって、オランダを本拠地とするアホールド・デレーズの従業員数を倍にし、世界で第2位の規模のスーパーマーケットチェーンをつくりあげた。

【受賞歴等】

アメリカとオランダの経済関係への多大な貢献に対して、「2017 年度オランダ・オン・ザ・ヒル・ハイネケン賞」が贈られた。

＊　＊　＊

アナ・ボティン

サンタンデールグループ

収益：560 億ドル　　時価総額：700 億ドル

従業員数：188,000 人（10 カ国）

【主な役職歴】

サンタンデールグループ：代表取締役会長（2014年～現在）
サンタンデール UK：CEO（2010 ～ 2014 年）
バネスト：代表取締役会長（2002 ～ 2010 年）
NGO「ティーチ・フォー・オール」のスペイン支部 Empieza por Educar 財団会長
コカ・コーラ、MIT「将来の仕事に関するタスクフォース」の取締役や理事など

【CEOとしてもたらしたインパクト】

スペインのグローバルな銀行グループである同行に、利益ある成長をもたらした。金利が下がる中で、営業純利益を 15 パーセント改善した。それと同時に、徹底的な顧客重視策を推進し、「簡潔に、人を大事に、公平に」という企業文化を従業員に浸透させた。

【受賞歴等】

2018 年、『フォーチュン』の「世界で最も偉大なリーダー 50 人」に選出された。
2018 年、『フォーチュン』の「今年度の最優秀ビジネスパーソン」リスト入り。
名誉大英帝国勲章デイムコマンダー受章
『フォーチュン』の「2020 年度世界最高の職場トップ 25」にサンタンデールグループが選出された。

＊　＊　＊

ピーター・ブラベック＝レッツマット

ネスレ

収益：960億ドル　　時価総額：3,130億ドル

従業員数：291,000人（83カ国）

【主な役職歴】

ネスレ：名誉会長（2017年〜現在）、会長（2005〜2017年）、CEO（1997〜2008年）

フォーミュラワン・グループ：会長（2012〜2016年）

ビオロジックルシェルシュ会長、世界経済フォーラム副議長

【CEOとしてもたらしたインパクト】

経費削減、イノベーション、迅速な意思決定に重点を置く、ペットフード会社ラルストン・ピュリナを買収するといった策で、就任当時からすでにスイスの大手食品会社だった同社を、より一層成長させた。毎年製品の少なくとも2割を一新し、栄養、健康、ウエルネスに力を入れる中で、同社の時価総額を3倍近くまで増やした。

【受賞歴等】

国家への貢献に対して、オーストリア共和国科学文化勲章を授与された。

メキシコ・アギラ・アステカ勲章を受章。

経済、政治、経済の分野での革新的な業績に対して贈られるシュンペーター協会「シュンペーター賞」を受賞。

＊　＊　＊

エド・ブリーン

タイコ・インターナショナル

収益：100億ドル　　時価総額：140億ドル

従業員数：70,000人（50カ国）

【主な役職歴】

デュポン：CEO（2015〜2019年、2020年〜現在）

タイコ・インターナショナル：会長兼CEO（2002〜2012年）

ジェネラル・インストゥルメント：CEO（1997〜2000年）

IFF、コムキャストの取締役

ニューマウンテンキャピタルの諮問委員会メンバー

【CEOとしてもたらしたインパクト】

より一層高いレベルの高潔さと説明責任を推進することで、不祥事まみれだった複合企業タイコを倒産の危機から救って安定させた。事業を合理化し、最終的には同社を6社に分割した。その間に株価は7倍に急騰した。

【受賞歴等】

2018年、アメリカ化学会「歴史的な企業改革に対するリーダーシップ賞」を受賞。
2009年、エシスフィアの「企業倫理において世界で最も影響力のある100人」に選出された。

＊　＊　＊

グレッグ・ケース

エーオン

収益：110億ドル　時価総額：490億ドル
従業員数：50,000人（96カ国）

【主な役職歴】

エーオン：CEO（2005年〜現在）
ディスカバー、アン&ロバート・H・ルリー小児病院、フィールド自然史博物館、がんと闘うCEOたち、セント・ジョーンズ大学リスクマネジメント学部の取締役や理事など

【CEOとしてもたらしたインパクト】

親会社をアイルランドに置いているグローバルなリスク管理会社エーオンの事業ポートフォリオを、一連の大胆なM&Aと子会社売却によって再編成した。それと同時に、企業文化と事業運営での大きな変革も進めた。その結果、在職期間中に同社のEBITDAを倍、時価総額を7倍にした。

【受賞歴等】

ダイバーシティ（多様性）とインクルージョン（包括性）の理解者・支持者としての活動に対して、数々の賞を受賞している。
『ハーバード・ビジネス・レビュー』の「トップ100CEO」に5回選出された。
2018年、経済開発委員会「オーウェン・B・バトラー教育優秀賞」を受賞。

＊　＊　＊

マーク・キャスパー

サーモフィッシャーサイエンティフィック

収益：260億ドル　時価総額：1,300億ドル

従業員数：75,000人（50カ国）

【主な役職歴】

サーモフィッシャーサイエンティフィック：会長（2020年～現在）、社長兼CEO（2009年～現在）

ケンドロラボラトリープロダクツ：CEO（2000～2001年）

USバンコープ、米中ビジネス協議会、ブリガム・アンド・ウィメンズ病院、ウェズリアン大学の取締役や理事など

【CEOとしてもたらしたインパクト】

アメリカに本社を置き、ライフサイエンス関連ツールや診断サービスを提供する同社の新型コロナウイルス感染症パンデミックへの迅速な対応は、トップチームが価値を生み出すために何が重要かを、キャスパーが徹底的に優先順位づけしたことで実現できた。さらに、キャスパーは同社のEBITDAを3倍、時価総額を7倍以上にした。

【受賞歴等】

2019年、『フォーブス』の「アメリカで最も革新的なリーダー」リスト入り。

『ハーバード・ビジネス・レビュー』の「トップ100CEO」に2回選出された。

＊　＊　＊

ケン・シェノルト

アメリカン・エキスプレス

収益：440億ドル　時価総額：1,020億ドル

従業員数：64,000人（40カ国）

【主な役職歴】

アメリカン・エキスプレス：会長兼CEO（2001～2018年）

ゼネラル・カタリスト・パートナーズ会長、およびエアビーアンドビー、バークシャー・ハサウェイ、全米大学体育協会（NCAA）、ハーバード・コーポレーション、国立アフリカ系アメリカ人歴史文化博物館の取締役や理事など

【CEOとしてもたらしたインパクト】

会員の決済に関する広いニーズに対応するため、アメリカン・エキスプレスの中核事業を「旅行と娯楽（T&E）」での決済以外にも拡大した。シェノルトのリーダーシップの

もとで、同社は世界最大規模の顧客ロイヤルティプログラムである「メンバーシップ・リワード」を導入し、カスタマーサービスのリーダー的企業として世界中に認められた。その間、同社の収益は倍、純利益は5倍以上になった。アメリカン・エキスプレスは今日もなお、世界最大級かつ最も有名なクレジットカード会社の一つだ。

【受賞歴等】

『バロンズ』の「世界のベストCEO」に何度もリスト入りした。
2018年、類まれな人生とキャリアを称えて、ヒストリーメーカーズから表彰された。
エボニーの「アフリカ系アメリカ人コミュニティの『今日の開拓者』50人」に選出された。
2014年、『フォーチュン』の第1回「世界で最も偉大なリーダー50人」に選ばれた。

＊　＊　＊

トビー・コスグローブ

クリーブランドクリニック

収益：110億ドル　　時価総額：非公開
従業員数：68,000人（4カ国）

【主な役職歴】

クリーブランドクリニック：CEO（2004～2017年）
アメリカ空軍：軍医（ベトナム戦争での功労に対してブロンズスターメダル授与）

【CEOとしてもたらしたインパクト】

患者ファースト（当時は急進的な取り組みだった）を実践することで、非営利学術医療機関である同院を立て直した。この方針は患者の満足度の向上のみならず、医療アウトカムの改善にもつながった。また、他地域へ進出して、収益を大幅に改善した。収益を倍にしたと同時に、ベッド数1,000床以上の病院を対象にした患者体験ランキングで同院を最下位から1位へ押し上げた。

【受賞歴等】

2013年、米国医学研究所の会員に選出された。
社会への貢献を称えてウッドロウ・ウィルソン・センター賞を授与された。
『モダン・ヘルスケア』の「最も影響力のある医療関連経営幹部50人」に2010年から2017年まで毎年選出された。

＊　＊　＊

ラリー・カルプ

ダナハー

収益：180億ドル　　時価総額：1,110億ドル

従業員数：60,000人（60カ国）

【主な役職歴】

ゼネラル・エレクトリック（GE）：会長兼CEO（2018年〜現在）

ダナハー：CEO（2001〜2014年）

ワシントン大学、ウェイクフォレスト大学の理事

【CEOとしてもたらしたインパクト】

ダナハーの事業のすべての面において、リーンマネジメントの考え方を取り入れた。高パフォーマンスを目指す企業文化によって効率性を改善し、資本を捻出して高成長企業を買収した。収益、時価総額ともに5倍に増やした。

【受賞歴等】

2014年、『ハーバード・ビジネス・レビュー』の「トップ100CEO」に選出された。

2020年、『バロンズ』の「世界のベストCEO」リスト入り。

＊　＊　＊

サンディ・カトラー

イートン・コーポレーション

収益：210億ドル　　時価総額：390億ドル

従業員数：101,000人（175カ国）

【主な役職歴】

イートン：会長兼CEO（2000〜2016年）

デュポン、キーコープの筆頭取締役

【CEOとしてもたらしたインパクト】

アメリカの自動車部品メーカーである同社の成長を促進するために多角化を図り、エネルギーマネジメント分野にも進出する。それと同時に、イノベーション、インパクト、誠実さを重視する企業文化を推進した。収益を5倍、時価総額を7倍近くにまで増やした。

【受賞歴等】


『ハーバード・ビジネス・レビュー』の「トップ100CEO」に2回選出された。

退任後、妻と息子とともに高級アメリカンフレンチレストランを開業。

＊　＊　＊

アリコ・ダンゴート

ダンゴート・グループ

収益：40億ドル　　時価総額：非公開
従業員数：30,000人（17カ国）

【主な役職歴】

ダンゴート・グループ：創業者兼CEO（1977年〜現在）
ダンゴート財団：会長（1994年〜現在）
アフリカ企業評議会、クリントン保健医療アクセスイニシアティブ、ワン・キャンペーンの取締役や理事など

【CEOとしてもたらしたインパクト】

日用品を扱う小規模の貿易会社だった同社を、セメントと砂糖が主力事業の西アフリカ最大のコングロマリットに成長させた。ナイジェリア最大の石油精製所と石油化学コンビナートの建設によって、グループの収益を6倍にし、同国の経済的自立を確保した。

【受賞歴等】


ナイジェリア勲章グランドコマンダー章を受章。

2014年、『タイム』の「世界で最も影響力のある100人」に選出された。

2019年、『フォーチュン』の「世界で最も偉大なリーダー50人」に選ばれた。

『CNBCファースト25』で「1989〜2014年において、ビジネスに最も多大なインパクトを与えた25人」に選出された。

2014年、『フォーブスアフリカ版』の「今年の人」に選出された。

その他、アフリカでのビジネス関連の賞を多数受賞している。

＊　＊　＊

リチャード・デイビス

USバンコープ

収益：230億ドル　時価総額：930億ドル

従業員数：70,000人（アメリカ）

【主な役職歴】

メイク・ア・ウィッシュ：社長兼CEO（2019年～現在）

USバンコープ：会長兼CEO（2006～2017年）

ダウ、マスターカード、メイヨー・クリニックの取締役や理事など

【CEOとしてもたらしたインパクト】

顧客と従業員を中心に据えた大胆な10年ビジョンと地域社会への積極的な貢献によって、アメリカを拠点とする同行の運営を拡大した。純利益を3割増やし、株価を6割以上上昇させた。

【受賞歴等】

2015年、アメリカ大統領より特別功労賞が贈られた。

2010年、『アメリカン・バンカー』の「今年度の最優秀バンカー」に選出された。

＊　＊　＊

ジェイミー・ダイモン

JPモルガン・チェース

収益：1,160億ドル　時価総額：4,370億ドル

従業員数：257,000人（60カ国）

【主な役職歴】

JPモルガン・チェース：会長兼CEO（2006年～現在）、社長（2004～2018年）

バンク・ワン：会長兼CEO（2000～2004年）

シティグループ：社長（1995～1998年）

ハーバード大学経営大学院、ニューヨーク大学医学部、カタリストの取締役や理事など

【CEOとしてもたらしたインパクト】

2008年の経済危機よりも前に、アメリカ最大の銀行であるJPモルガン・チェースのレジリエンスを強化していたことで、同行は危機の打撃に耐えることができた。それと同時にアメリカの銀行制度の改善に力を尽くした。ダイモンは徹底した透明性でよく知られており、ビジネス界で大きな発言力を持っている。2008年の経済危機を乗り切った

唯一の大手銀行CEOとして、JPモルガンの時価総額を3倍にし、同行を世界で最も価値の高い銀行に成長させた。

【受賞歴等】

2019年と2020年に、『フォーチュン』の「最も称賛されるフォーチュン500CEO」に選出された。

『タイム』の「世界で最も影響力のある100人」に4回選ばれた。

『ハーバード・ビジネス・レビュー』の「トップ100CEO」に3回選出された。

『バロンズ』の「世界のベストCEO」リストに2009年から毎年選出された。

＊　＊　＊

ミッチェル・エレグベ

インタースイッチ

収益：10億ドル以下　　時価総額：10億ドル（評価額）

従業員数：1,000人（5カ国）

【主な役職歴】

インタースイッチ：創業者兼CEO（2002年～現在）

エンデバーナイジェリア理事

アフリカリーダーシップ研究所デズモンド・ツツ司祭フェロー

【CEOとしてもたらしたインパクト】

ナイジェリアを本拠地とする決済サービス会社である同社を一から立ち上げ、対象地域を23カ国にまで広げ、個人や法人を対象とした金融ビジネスへも参入することで、同社をアフリカでの数少ないフィンテックユニコーン企業に育て上げた。

【受賞歴等】

2020年、『アフリカレポート』の「トップ50ディスラプター」に選出された。

2018年、『CEOトゥデイ』のアフリカ賞に選出された。

2012年、CNBCのオールアフリカビジネスリーダー賞で、「今年の西アフリカビジネスリーダー」に選ばれた。

2012年、アーンスト・アンド・ヤング「若き新進起業家賞（西アフリカ部門）」受賞。

＊　＊　＊

ロジャー・ファーガソン

TIAA

収益：410億ドル　　時価総額：非公開

従業員数：15,000人（24カ国）

【主な役職歴】

TIAA：社長兼CEO（2008～2021年）

連邦準備理事会（1999～2006年）

アルファベット、コーニング、ゼネラル・ミルズ、IFFの取締役

グループ・オヴ・サーティ、スミソニアン協会理事会、ニューヨーク州保険諮問機関のメンバー

アメリカ芸術科学アカデミーフェロー

【CEOとしてもたらしたインパクト】

アメリカの金融サービスグループTIAAの、主に投資ポートフォリオからのリターンだけに依存するビジネスモデルのリスクを察知し、同社の中心事業の強みを強化しながらも資本集約度の低い新たな事業を立ち上げた。深刻な金融危機とその余波、さらには新型コロナウイルス感染症パンデミックでも指導力を発揮して乗り切り、その結果運用資産残高と管理資産残高を3倍の1兆4,000億ドルへと増やした。

【受賞歴等】

オバマ大統領の経済顧問（2008～2011年）。

アメリカ同時多発テロ発生時にワシントンDCの連邦準備理事会本部にいた唯一の理事であったことから、テロ攻撃に対する同理事会の初期対応を中心となって行った。

2019年、ハーバード大学芸術科学大学院センテニアルメダル受賞。

＊　＊　＊

マイケル・フィッシャー

シンシナティ小児病院医療センター

収益：30億ドル　　時価総額：非公開

従業員数：16,000人（アメリカ）

【主な役職歴】

シンシナティ小児病院医療センター：社長兼CEO（2010～2021年）

シンシナティ商工会議所：CEO（2001～2005年）

プレミアマニュファクチャリングサポートサービス CEO
患者の安全のための小児病院ネットワーク会長

【CEOとしてもたらしたインパクト】

一流学術医療研究機関としてシンシナティ小児病院の医療レベルを大幅に高め、それと同時に患者と家族にとっての利用のしやすさを改善し、患者体験を向上させた。さらに、健康の社会的決定要因に対処するために、各方面との連携を大幅に増やした。寄付金を約3倍、収益を倍、患者受け入れ可能数を倍にした。

【受賞歴等】

2017年、『モダン・ヘルスケア』の「ヘルスケア業界で最も影響力のある100人」に選出された。
『USニューズ&ワールド・レポート』の「最も優れた小児病院」で、シンシナティ小児病院が10年連続トップ3入り。

＊　＊　＊

ビル・ジョージ

メドトロニック

収益：290億ドル　　時価総額：1,520億ドル
従業員数：105,000人（52カ国）

【主な役職歴】

メドトロニック：会長（1996～2002年）、CEO（1991～2001年）
ハーバード大学経営大学院：上級研究員（2004年～現在）
ベストセラー『True North リーダーたちの羅針盤』（生産性出版、2017年）著者

【CEOとしてもたらしたインパクト】

アメリカの医療機器会社である同社の事業ポートフォリオを、M&Aを通じて多様化した。その結果、同社の収益を5倍にし、時価総額を12倍以上にした。メドトロニック製品で誰かを助けられるまで何秒かかるかという同社の成果を測るための重要な指標は、以前の100秒から退任時には7秒にまで短縮された。

【受賞歴等】

2014年、フランクリン協会より「バウアー賞（ビジネスリーダーシップ部門）」が授与された。
2002年、公共放送サービス（PBS）とペンシルベニア大学ウォートン校の「この20年

間において最も影響力のあるビジネスパーソン 25 人」に選出された。
2018 年、アーサー・W・ページセンターより「高潔な広報活動に対するラリー・フォスター賞」が授与された。

＊　＊　＊

リン・グッド

デューク・エナジー

収益：250 億ドル　　時価総額：670 億ドル
従業員数：28,000 人（アメリカ）

【主な役職歴】

デューク・エナジー：会長、社長兼 CEO（2013 年～現在）
ボーイング、エジソン電気協会、ビジネス・ラウンドテーブルの取締役や理事など

【CEOとしてもたらしたインパクト】

顧客と地域社会のニーズに応えるという、デューク・エナジーが重視している方針をさらに強化した。同社の事業ポートフォリオの変革を成し遂げた。株主総利回りを同業他社よりも 1 割上回らせ、さらに、将来のクリーンエネルギーへの道を切り開いた。同社は 2005 年以降二酸化炭素排出量を 39 パーセント削減しており、目標は 2050 年までに二酸化炭素排出量を実質ゼロにすることだ。

【受賞歴等】

『フォーチュン』の「ビジネス界で最も影響力のある女性」で 8 年連続リスト入り（2013 ～ 2020 年）。
『フォーブス』の「世界で最も影響力のある女性 100 人」に 5 回選出された。

＊　＊　＊

ピユシュ・グプタ

DBS

収益：110 億ドル　　時価総額：480 億ドル
従業員数：28,000 人（18 の市場）

【主な役職歴】

DBS：CEO（2009 年～現在）

国際金融協会副会長
AIとデータの倫理的利用に関するシンガポール諮問委員会、マッキンゼー諮問委員会、ブレトン・ウッズ委員会の諮問委員会、サステナブルな開発のための世界経済人会議執行委員会のメンバー
シンガポール企業庁、シンガポール国立研究財団、シンガポール取締役会多様化協議会の取締役や理事など

【CEOとしてもたらしたインパクト】

行員たちのやる気を引き出し、DBSを金融サービスを提供するテクノロジー企業と再定義することによって、シンガポールを本拠地とする同行を東南アジア最大の銀行につくり変えた。収益を倍にし、自己資本利益率を500ベーシスポイント近く改善した。

【受賞歴等】

2020年、シンガポール大統領より公共服務星章を授与された。
2019年、『ハーバード・ビジネス・レビュー』の「トップ100CEO」に選出された。
2019年、『ハーバード・ビジネス・レビュー』の「この10年間におけるビジネス変革トップ20」で、DBSが10位に選ばれた。
2018～2020年、『グローバル・ファイナンス』『ユーロマネー』『ザ・バンカー』の「世界のベスト銀行」に選出された。

＊　＊　＊

ヘルベルト・ハイナー

アディダス

収益：270億ドル　時価総額：640億ドル
従業員数：53,000人（9カ国）

【主な役職歴】

アディダス：会長兼CEO（2001～2016年）
FCバイエルン・ミュンヘン：社長（2019年～現在）
アクセンチュア、アリアンツの取締役

【CEOとしてもたらしたインパクト】

各種ブランドと研究開発に投資すると同時に、最高のスポーツブランドになるという使命を達成するために組織を動かしたことで、ドイツのスポーツウェアメーカーである同社のグローバルな発展を強化した。収益を3倍にして、時価総額を10倍にした。

【受賞歴等】


『ハーバード・ビジネス・レビュー』の「トップ100CEO」に3回選出された（うち1回はトップ5入り）。

ドイツ連邦共和国功労勲章受章。

＊　＊　＊

リード・ヘイスティングス

ネットフリックス

収益：200億ドル　　時価総額：1,420億ドル
従業員数：9,000人（17カ国）

【主な役職歴】

ネットフリックス：共同CEO（2020年～現在）、共同創業者兼CEO（1997～2020年）
ピュア・ソフトウェア：創業者兼CEO（1991～1997年）
カリフォルニア州教育委員会：委員長（2000～2005年）
KIPP、パハラをはじめ多数の教育機関の理事

【CEOとしてもたらしたインパクト】

多くの人にとっての難題をチャンスとみなすことで、アメリカのDVD郵送レンタルサービス会社だった同社を、会員数2億人を誇るグローバルなビデオストリーミング配信サービス会社へ変革した。極めて高い透明性、フィードバック、創造性で知られる同社の企業文化を根づかせた。

【受賞歴等】


『フォーチュン』の「今年度の最優秀ビジネスパーソン」に3回リスト入り。

『タイム』の「世界で最も影響力のある100人」に2回選出された。

『ハーバード・ビジネス・レビュー』の「トップ100CEO」に3回選ばれた。

『バロンズ』の「世界のベストCEO」リストに9回選出された。

2014年、アスペン研究所「ヘンリー・クラウンリーダーシップ賞」受賞。

2019年、『ハーバード・ビジネス・レビュー』の「この10年間におけるビジネス変革トップ20」で、ネットフリックスが1位に選出された。

＊　＊　＊

マリリン・ヒューソン

ロッキード・マーティン

収益：600 億ドル　時価総額：1,100 億ドル

従業員数：110,000 人（19 カ国）

【主な役職歴】

ロッキード・マーティン：会長（2014 ～ 2021 年)、社長兼 CEO（2013 ～ 2020 年）

シェブロン、ジョンソン・エンド・ジョンソンの取締役

数々の非営利団体、業界団体、政府顧問団のトップや理事を務める

【CEOとしてもたらしたインパクト】

国の安全を強化しテクノロジーを進歩させるという、アメリカの軍需企業としての同社の最大の使命を守りつづけた。その中で、政治的に難しい局面でリーダーとしての手腕を発揮し、男性優位の業界で女性としてのハンディキャップを乗り越えてきた。EBITDA を倍、時価総額を 3 倍以上にした。

【受賞歴等】

2019 年、『タイム』の「世界で最も影響力のある 100 人」に選出された。

『チーフ・エクゼクティブ』の「2018 年度今年の CEO」に選出された。

2019 年、『バロンズ』の「世界のベスト CEO」リストに選ばれた。

『ハーバード・ビジネス・レビュー』の「トップ 100CEO」に 4 回選出された。

2017 年、『フォーチュン』の「今年度の最優秀ビジネスパーソン」でトップ 10 入り。

2018 年と 2019 年、『フォーチュン』の「ビジネス界で最も影響力のある女性」のトップに選ばれた（2013 ～ 2019 年毎年トップ 4 入り)。

『フォーブス』の「世界で最も影響力のある女性」で 2 回トップ 10 入り。

＊　＊　＊

平井一夫

ソニー

収益：770 億ドル　時価総額：870 億ドル

従業員数：112,000 人（70 を超える国と地域）

【主な役職歴】

ソニー：会長（2018 ～ 2019 年)、社長兼 CEO（2012 ～ 2018 年）

【CEOとしてもたらしたインパクト】

日本独自の企業文化を自身の流儀に変え、事業ポートフォリオを著しくスリム化することで、メディア兼家電大手である同社を変革した。営業利益を900ベーシスポイント以上改善し、CEO就任前には数年間連続して赤字だった同社の収益を回復した。

【受賞歴等】

2015年、第66回技術・工学エミー賞で特別功労賞を受賞。

＊　＊　＊

ユベール・ジョリー

ベスト・バイ

収益：440億ドル　　時価総額：230億ドル

従業員数：125,000人（3カ国）

【主な役職歴】

ベスト・バイ：会長（2015～2020年）、CEO（2012～2019年）

カールソン：CEO（2008～2012年）

ハーバード大学経営大学院：上級講師（2020年～現在）

【CEOとしてもたらしたインパクト】

アメリカの家電量販店である同社を倒産の危機から救い、顧客体験と従業員を大切にする企業文化を根づかせることで高収益企業へと変革した。既存店売上高を5年連続で向上させ、株価を4倍にした。

【受賞歴等】

レジオン・ドヌール勲章シュヴァリエを受章。

2018年、『ハーバード・ビジネス・レビュー』の「トップ100CEO」に選出された。

2018年、『バロンズ』の「世界のベストCEO」リストに選出された。

グラスドアの「アメリカのトップ100CEO」に4回選ばれた（うち1回はトップ10入り）。

＊　＊　＊

K・V・カマート

ICICI 銀行

収益：140 億ドル　　時価総額：490 億ドル

従業員数：85,000 人（17 カ国）

【主な役職歴】

ICICI 銀行：会長（2009～2015年）、CEO（1996～2009年）

新開発銀行：社長（2015 ～ 2020 年）

【CEOとしてもたらしたインパクト】

インドの小規模なホールセールレンダーだった同行を、先見の明、テクノロジーへの投資、画期的な人材育成管理、絶え間なく学ぶ意欲を通じて、同国最大の民間銀行へと変革した。株主総利回りを同業他社よりも 33 パーセントポイント上回らせると同時に、収益を 20 倍以上に増やした。

【受賞歴等】

2008 年、パドマ・ブーシャン勲章を受章。

2007 年、世界 HRD コングレスで「今年の CEO」に選出された。

2007 年、『フォーブスアジア版』の「今年度の最優秀ビジネスパーソン」に選ばれた。

＊　＊　＊

ゲイル・ケリー

ウエストパック銀行

収益：140 億ドル　　時価総額：610 億ドル

従業員数：33,000 人（7 カ国）

【主な役職歴】

ウエストパック銀行：CEO（2008 ～ 2015 年）

セント・ジョージ銀行：CEO（2002 ～ 2007 年）

シンガポールテレコム取締役

【CEOとしてもたらしたインパクト】

徹底した顧客重視策によって時価総額を倍にし、金融危機も巧みに乗り越えたことで、オーストラリアを本拠地とする同行を世界で最も称賛される企業の一つに成長させた。ダイバーシティ（多様性）とインクルージョン（包括性）を推進し、上位 4000 のリーダー職の 4 割を女性にするという目標を達成した。

【受賞歴等】

オーストラリアの大手銀行初の女性CEO。
『フォーブス』の「世界で最も影響力のある女性」で7年連続リスト入り（2008～2014年）。
『フィナンシャル・タイムズ』の「世界のビジネス界の女性トップ50」で、2回トップ20入り。

＊　＊　＊

ヨアン・ヴィー・クヌッドストープ

レゴ

収益：60億ドル　　時価総額：非公開
従業員数：19,000人（37カ国）

【主な役職歴】

レゴグループ：社長兼CEO（2004～2016年）、取締役会メンバー（2016年～現在）
レゴブランドグループ：代表取締役会長（2016年～現在）
国際経営開発研究所、スターバックスの取締役や理事など

【CEOとしてもたらしたインパクト】

デンマークの同族会社であるレゴの収益を5倍、EBITDAを16倍にして、同社を世界で最も利益性が高い玩具メーカーにした。集中型リーダーシップ、非中核資産の売却、創造性の合理化、レゴの大人ユーザー取り込みによって、赤字経営だった同社を再生した。

【受賞歴等】

2015年、AACSB「影響をもたらしたリーダー賞」を受賞。
2015年、経済開発委員会「グローバルリーダーシップ賞」を受賞。

＊　＊　＊

ロニー・レテン

アトラスコプコ

収益：110 億ドル　　時価総額：470 億ドル

従業員数：39,000 人（71 カ国）

【主な役職歴】

アトラスコプコ：社長兼 CEO（2009 ～ 2017 年）

エピロック：会長（2017 年～現在）

エリクソン：会長（2018 年～現在）

ピアブ：会長（2019 年～現在）

SKF 取締役

【CEOとしてもたらしたインパクト】

スウェーデンの産業機械メーカーである同社に極めて厳格なリソース配分手法を取り入れ、顧客のニーズにより的確に対応できるようにした。EBITDA を 3 倍、時価総額を 4 倍以上にした。

【受賞歴等】

『ハーバード・ビジネス・レビュー』の「トップ 100CEO」に 2 回選出された。

2013 年、ビジネス誌『トレンズ』の「今年の最優秀ベルギー人経営幹部」に選ばれた。

＊　＊　＊

モーリス・レヴィ

ピュブリシス

収益：120 億ドル　　時価総額：110 億ドル

従業員数：77,000 人（110 カ国）

【主な役職歴】

ピュブリシス：会長（2017 年～現在）、CEO（1987 ～ 2017 年）

パスツール・ワイツマン：社長（2015 年～現在）

アイリスキャピタルマネジメント取締役

【CEOとしてもたらしたインパクト】

グローバルな展望とデジタル化への深い理解を地域ごとの異なる文化と融合させることで、フランスの小規模な広告会社だった同社をグローバルな大手マーケティング広告会社へと変革した。大胆な買収策によって収益を 40 倍、時価総額を 100 倍にした。

【受賞歴等】

『ハーバード・ビジネス・レビュー』の「トップ100CEO」に2回選出された。
レジオン・ドヌール勲章コマンドゥールおよび国家功労勲章グラントフィシエを受章。
2008年、名誉毀損防止同盟「国際リーダーシップ賞」受賞。

＊　＊　＊

マッティ・リーヴォネン

ネステ

収益：160億ドル　　時価総額：270億ドル

従業員数：4,000人（14カ国）

【主な役職歴】

オイルタンキング：CEO（2019年〜現在）
ネステ：CEO（2008〜2018年）
フォータム：会長（2018〜2021年）
ソルベイ取締役

【CEOとしてもたらしたインパクト】

フィンランドのエネルギー会社であるネステの将来は再生可能エネルギーにあると見抜き、10年以上にわたって企業文化と事業ポートフォリオを大幅に変革したことで、同社を再生可能ディーゼル燃料やジェット燃料の世界最大の製造会社にした。EBITDAを4倍、時価総額をほぼ7倍にした。

【受賞歴等】

リーヴォネンのCEO在職期間中、コーポレートナイツ「世界で最もサステナブルな100社（グローバル100）」に毎年選ばれていた。最高順位は2018年の2位だった。

＊　＊　＊

マイク・マホーニー

ボストン・サイエンティフィック

収益：110億ドル　　時価総額：630億ドル

従業員数：36,000人（15カ国）

【主な役職歴】

ボストン・サイエンティフィック：会長兼CEO（2012年〜

現在）
ジョンソン・エンド・ジョンソン：部門チェア（2008 ～ 2012 年）
バクスターインターナショナル、ボーイズ＆ガールズクラブ・オブ・ボストンの取締役や理事など
ボストンカレッジ CEO クラブ、アメリカ心臓協会 CEO ラウンドテーブルの会長

【CEOとしてもたらしたインパクト】

アメリカの医療機器メーカーである同社の企業文化と事業ポートフォリオが抱えていた問題を見抜くと、直ちに新たなリーダーたちを招いて成長戦略を再定義した。時価総額を９倍近くまで大きくした。率先して行った企業文化の改革によって、同社は「従業員にとって最高の職場」の一つに選ばれ、数々の賞を獲得した。

【受賞歴等】

2019 年、『フォーブス』の「アメリカで最も革新的なリーダー」リスト入り。
ボストン・サイエンティフィックはダイバーシティ（多様性）への取り組みにおいて、数々のランキングで高い評価を得ている。

＊　＊　＊

ナンシー・マッキンストリー

ウォルターズ・クルワー

収益：50 億ドル　　時価総額：200 億ドル
従業員数：19,000 人（40 カ国以上）

【主な役職歴】

ウォルターズ・クルワー：会長兼 CEO（2003 年～現在）
CCH 法務情報サービス：CEO（1996 ～ 1999 年）
アボット、アクセンチュア、ラッセル・レイノルズ・アソシエイツの取締役
ヨーロッパ事業者ラウンドテーブル、コロンビア大学経営大学院監督委員会のメンバー

【CEOとしてもたらしたインパクト】

アメリカとオランダを本拠地とする、専門家向け情報ソフトフェア会社である同社の運営を全面的に見直した。事業ポートフォリオの見直しに重点を置いたデジタル変革を推進し、イノベーション力の向上と収益の増加に努めた。デジタル製品とサービス分野のシェアを 90 パーセントにまで伸ばし、それと同時に EBITDA を倍、時価総額を４倍にした。

【受賞歴等】

『ハーバード・ビジネス・レビュー』の「トップ100CEO」に2回選出された。

『フォーチュン』の「グローバルパワー50国際版（最も影響力のある女性）」で9回トップ10入り。

『フィナンシャル・タイムズ』の「世界のビジネス界の女性トップ50」で、3回トップ20入り。

『フォーブス』の「世界で最も影響力のある女性100人」に2回選出された。

＊　＊　＊

イヴァン・メネゼス

ディアジオ

収益：160億ドル　　時価総額：990億ドル

従業員数：28,000人（80カ国）

【主な役職歴】

ディアジオ：CEO（2013年〜現在）

タペストリー取締役

ケロッグ経営大学院諮問委員会メンバー

スコッチ・ウイスキー協会副会長

責任ある飲酒国際同盟CEOグループメンバー

【CEOとしてもたらしたインパクト】

イギリスを本拠地とする酒造会社である同社を、高級ブランドとイノベーションに重点を置いた戦略を綿密かつ着実に実践することで変革した。その間、包括的な企業文化を根づかせ、社会的責任を果たしたことに対して数々の賞を受賞した。CEO就任後、株価をほぼ倍にした。

【受賞歴等】

2021年度エンパワー－ヤフーファイナンス少数民族ロールモデルリストの「トップ上級幹部」に選出された。

2019年、『ハーバード・ビジネス・レビュー』の「トップ100CEO」に選出された。

2018年、女性ビジネスカウンシル「チェンジエージェントな男性賞」を受賞。

2018年、ディアジオが『マネジメントトゥデイ』の「イギリスで最も称賛される企業」に選ばれた。

＊　＊　＊

ヨハン・モリン

アッサ・アブロイ

収益：100億ドル　　時価総額：260億ドル

従業員数：49,000人（70カ国）

【主な役職歴】

アッサ・アブロイ：社長兼CEO（2005～2018年）

ニルフィスクアドバンス：CEO（2001～2005年）

サンドビック：会長（2015年～現在）

【CEOとしてもたらしたインパクト】

鍵をはじめとするセキュリティ製品のグローバルメーカーである同社において、従来の機械工業にデジタル技術を取り入れる必要性を早々と見抜き、CEO在職中に200社以上の企業を買収し、新興市場にも積極的に参入した。収益を3倍、時価総額を4倍以上にした。

【受賞歴等】

『ハーバード・ビジネス・レビュー』の「トップ100CEO」に3回選出された。

＊　＊　＊

ジェームズ・ムワンギ

エクイティグループ

収益：10億ドル以下　　時価総額：20億ドル

従業員数：8,000人（6カ国）

【主な役職歴】

エクイティグループ：CEO（2005年～現在）

エクイティグループ財団：設立者兼代表取締役会長（2008年～現在）

メル科学技術大学：総長

ケニア・ビジョン2030：委員長（2007～2019年）

国際金融公社（IFC）、イェール大学の諮問委員会メンバー

【CEOとしてもたらしたインパクト】

地域社会の繁栄に重点を置いた明確なビジョンを持つことで、ケニアを本拠地とするエ

クイティグループを東アフリカで最大の銀行にした（時価総額ベース）。収益を40倍、純利益を30倍以上にした。

【受賞歴等】


ケニア大統領賞を3回受賞。

2012年、『フォーブスアフリカ版』の「今年の人」に選出された。

2012年、アーンスト・アンド・ヤング「今年の世界的企業家」に選ばれた。

2020年、「オスロ平和のためのビジネス賞」受賞。

社会への貢献が認められ、5つの名誉博士号を授与された。

＊　＊　＊

サティア・ナデラ

マイクロソフト

収益：1,260億ドル　　時価総額：1兆2,000億ドル
従業員数：144,000人（190カ国以上）

【主な役職歴】

マイクロソフト：会長兼CEO（2021年～現在）、CEO（2014～2021年）
フレッド・ハッチンソンがん研究センター、スターバックス、シカゴ大学の取締役や理事など
ビジネスカウンシル議長

【CEOとしてもたらしたインパクト】

「『知ったかぶる人』から『何でも学ぼうとする人』になれ」というマインドセットに基づいた企業文化を育てることで、従来の事業にこだわりつづけて苦戦していたマイクロソフトを収益性の高い分野へと速やかに導いた。EBITDAをほぼ倍、時価総額を4倍にして、マイクロソフトを世界で2番目に時価総額が高い上場企業にした。

【受賞歴等】


2019年『フィナンシャル・タイムズ』の「今年の人」に選出された。

2019年、『フォーチュン』の「今年度の最優秀ビジネスパーソン」に選ばれた。

2018年、『タイム』の「世界で最も影響力のある100人」に選出された。

『ハーバード・ビジネス・レビュー』の「トップ100CEO」に2回選出された（うち1回はトップ10入り）。

『バロンズ』の「世界のベストCEO」リストに4回選ばれた。

＊　＊　＊

シャンタヌ・ナラヤン

アドビ

収益：110 億ドル　　時価総額：1,590 億ドル

従業員数：23,000 人（26 カ国）

【主な役職歴】

アドビ：会長（2017 年〜現在）、CEO（2007 年〜現在）

アメリカ－インド戦略パートナーシップフォーラム：副議長（2018 年〜現在）

オバマ大統領経営諮問委員会メンバー（2011 〜 2017 年）

ファイザー取締役

【CEOとしてもたらしたインパクト】

クラウドベースのサブスクリプションサービスをいち早く導入して、アドビのビジネスモデルをパッケージ型製品から「サービスとしてのソフトウェア」に移行させた。その結果、同社の収益を 3 倍以上、時価総額を 6 倍以上にした。

【受賞歴等】

インド大統領よりパドマ・シュリー勲章を授与された。

『フォーチュン』の「今年度の最優秀ビジネスパーソン」に 3 回選出された（うち 1 回はトップ 10 入り）。

『バロンズ』の「世界のベスト CEO」リストに 4 回選出された。

2018 年、「エコノミックタイムズが選ぶ今年のグローバルなインド人」に選ばれた。

＊　＊　＊

ロドニー（ロッド）・オニール

デルファイ・オートモーティブ（2017 年にアプティブに社名変更）

収益：140 億ドル　　時価総額：240 億ドル

従業員数：141,000 人（44 カ国）

【主な役職歴】

デルファイ：社長兼 CEO（2007 〜 2015 年）

デルファイ、スプリント・ネクステル、ミシガン製造業組合、インローズ、フォーカス：ホープの取締役や理事など

エグゼクティブリーダーシップカウンシルのメンバー
自動車殿堂入り（第75期）

【CEOとしてもたらしたインパクト】

アメリカの自動車部品技術メーカーである同社を経営破綻から救い、連邦破産法第11章の再生手続きに沿って立て直した。業界トレンド（「安全、環境に優しい、コネクティッド」）に基づいた製品ポートフォリオの見直し、顧客基盤の多様化、実行につなげる企業文化の浸透によって、デルファイを一流のグローバル自動車部品サプライヤーに変革していった。赤字だった同社の収益を回復し、EBITDAを20億ドル以上にまで増やした。

【受賞歴等】

2015年、自動車殿堂「今年の自動車業界リーダー」に選出された。
2010年、自動車殿堂功労賞を受賞。

＊　＊　＊

フレミング・オルンスコフ

シャイアー

収益：160億ドル　　時価総額：550億ドル
従業員数：23,000人（60カ国）

【主な役職歴】

ガルデルマ：CEO（2019年〜現在）
シャイアー：CEO（2013〜2019年）
ウォーターズコーポレーション：会長（2017年〜現在）

【CEOとしてもたらしたインパクト】

わずか6年間で収益と時価総額を3倍以上にし、新たに25カ国に進出した。これらはすべて、医薬品会社シャイアーを希少疾患の専門分野で世界を代表する会社にするというビジョンに基づいて行動した結果だ。

【受賞歴等】

2015年、『フィアースファーマ』の「バイオ医薬品業界で最も影響力のある25人」に選出された。
コペンハーゲン大学で医師の資格を取得。

＊　＊　＊

ジム・オーウェンズ

キャタピラー

収益：540億ドル　　時価総額：820億ドル

従業員数：102,000人（27カ国）

【主な役職歴】

キャタピラー：会長兼CEO（2004～2010年）

ピーターソン国際経済研究所理事

アスペン経済戦略グループメンバー

【CEOとしてもたらしたインパクト】

アメリカの建設機械製造会社であるキャタピラーを、各地域およびエンドマーケットに重点を置いた策、業績目標、提供する製品およびサービス、卓越した運営、従業員の当事者意識と充実感の向上といった各項目についての明確な戦略的ビジョンによって、低迷から救い出した。時価総額をほぼ倍にし、さらにはコスト構造を最適化したことで、同社は高度な景気循環型企業であるにもかかわらず、金融危機の最中も収益を維持できた。

【受賞歴等】

2007年、全米貿易協議会「世界貿易賞」を受賞。

＊　＊　＊

サンダー・ピチャイ

アルファベット

収益：1,620億ドル　　時価総額：9,230億ドル

従業員数：119,000人（50カ国）

【主な役職歴】

アルファベット：CEO（2019年～現在）

グーグル：CEO（2015年～現在）

キャピタルG顧問

【CEOとしてもたらしたインパクト】

テクノロジー企業グーグルを、主力製品以外の分野でも急速に発展させた。それと同時に、ピチャイの共感と協調にあふれる楽観的なリーダーシップスタイルは、多方面から称賛されている。グーグルのCEO就任以降、親会社であるアルファベットの株価を4倍にした。

【受賞歴等】

2020年、『タイム』の「世界で最も影響力のある100人」に選出された。
2016年、カーネギー財団「アメリカが誇る偉大な移民賞」を受賞。
2019年、アメリカ－インドビジネス協議会「グローバルリーダーシップ賞」を受賞。
2020年、コンパラブリー「ダイバーシティ（多様性）におけるベストCEO」に選ばれた。

＊　＊　＊

ヘンリク・ポールセン

オーステッド

収益：110億ドル　　時価総額：440億ドル
従業員数：7,000人（6カ国）

【主な役職歴】

オーステッド：CEO（2012～2020年）
TDCグループ：CEO（2008～2012年）
カールスバーグ、ISSの副会長
ノボノルディスク、オーステッド、ベルテルスマンの取締役
プリシディアム、WWFデンマークのメンバー

【CEOとしてもたらしたインパクト】

デンマークの元国営エネルギー会社だった同社の従来の化石燃料発電事業をほぼすべて売却して洋上風力発電に専念し、その後同社を世界最大の洋上風力発電会社にした。時価総額とEBITDAを3倍にし、迅速な戦略転換と業績改善をもたらした、実行を重視する企業文化を根づかせた。

【受賞歴等】

2020年、オーステッドはコーポレートナイツ「世界で最もサステナブルな100社（グローバル100）」の第1位に選ばれた。

＊　＊　＊

パトリック・プヤンヌ

トタル

収益：1,760 億ドル　　時価総額：1,430 億ドル

従業員数：108,000 人（80 カ国）

【主な役職歴】

トタル：CEO（2014 年〜現在）、会長（2015 年〜現在）

キャップジェミニ取締役

【CEOとしてもたらしたインパクト】

フランスの石油メジャーである同社の投資範囲を広げてエネルギーミックスを再生可能エネルギーにまで多様化し、それと同時に人、社会的責任、戦略、イノベーションを重視する組織設計へと変革を行った。株主総利回りを同業他社よりも 8 パーセントポイント上回らせた。

【受賞歴等】

2017 年、エナジー・インテリジェンスの「今年の石油会社エグゼクティブ」に選出された。

レジオン・ドヌール勲章シュヴァリエを受章。

＊　＊　＊

ケン・パウエル

ゼネラル・ミルズ

収益：180 億ドル　　時価総額：320 億ドル

従業員数：35,000 人（26 カ国）

【主な役職歴】

ゼネラル・ミルズ：会長兼 CEO（2007 〜 2017 年）

シリアル・パートナーズ・ワールドワイド：CEO（1999 〜 2004 年）

ミネソタ大学理事会議長

メドトロニック、CWT の取締役

【CEOとしてもたらしたインパクト】

アメリカの大手食品会社である同社の製品を、顧客の嗜好の変化に対応してより健康的なものに変えていき、それと同時に地域の文化への深い理解を製品に反映させた。時価総額をほぼ倍にし、株主総利回りを同業他社よりも 5 パーセントポイント以上上回らせ

た。

【受賞歴等】

2016年、キーストーンポリシーセンター功労賞を受賞。
2013年、経済開発委員会「コーポレートシチズンシップ賞」を受賞。
2010年、グラスドアの「アメリカで最も愛されているCEO」の第1位に選ばれた。

＊　＊　＊

カスパー・ローステッド

アディダス

収益：270億ドル　　時価総額：640億ドル
従業員数：53,000人（9カ国）

【主な役職歴】

アディダス：CEO（2016年〜現在）
ヘンケル：CEO（2008〜2016年）
ネスレ、シーメンスの取締役

【CEOとしてもたらしたインパクト】

ドイツの日用品メーカーのヘンケルでは業績と戦略実行に最大限の重点を置く策で、営業利益を600ベーシスポイント以上改善し、時価総額を3倍にした。アディダスでは率先してデジタル変革を行って売り上げと利益をともに改善し、就任以来株主総利回りをほぼ倍にした。

【受賞歴等】

2018年、『ハーバード・ビジネス・レビュー』の「トップ100CEO」に選出された。
2018年、『フォーチュン』の「今年度の最優秀ビジネスパーソン」でトップ5入り。
元デンマークハンドボールナショナルユースチームメンバー。

＊　＊　＊

ギル・シュエッド

チェック・ポイント・ソフトウェア

収益：20 億ドル　　時価総額：170 億ドル

従業員数：5,000 人（150 カ国以上）

【主な役職歴】

チェック・ポイント・ソフトウェア：創業者兼 CEO（1993 年～現在）

テルアビブ大学内「ユース大学」評議会議長

イェホロット協会議長

【CEOとしてもたらしたインパクト】

ハードウェアとソフトウェアソリューションを融合させるビジネスモデルへの移行と、使いやすい製品は標準化しやすいという気づきによって、イスラエルのテクノロジースタートアップ企業だった同社をグローバルサイバーセキュリティ会社へと成長させた。

【受賞歴等】

2018 年、イスラエル賞初のテクノロジー部門賞を受賞。

2010 年、アーンスト・アンド・ヤング「今年のイスラエル人起業家」に選出された。

2014 年、グローブ「今年の人」に選出された。

2003 年、世界経済フォーラム「明日のグローバルリーダープログラム」に選ばれた。

＊　＊　＊

ロベルト・セトゥバル

イタウ・ウニバンコ

収益：290 億ドル　　時価総額：840 億ドル

従業員数：95,000 人（18 カ国）

【主な役職歴】

イタウ・ウニバンコ：共同会長（2017 年～現在）、CEO（1994 ～ 2017 年）

ニューヨーク連邦準備銀行国際諮問委員会メンバー（2002 年～現在）

【CEOとしてもたらしたインパクト】

営業地域の拡大、投資銀行業務への参入のための一連の買収を中心となって行い、ブラジルを本拠地とする同行を世界でベスト 10 入りするグローバル金融機関へと変革した。収益を 25 倍、時価総額を 30 倍以上にした。

【受賞歴等】


2011年、『ユーロマネー』の「今年度の最優秀バンカー」に選ばれた。

『ハーバード・ビジネス・レビュー』の「トップ100CEO」に2回選出された（うち1回はトップ5入り）。

＊　＊　＊

フェイケ・シーベスマ

DSM

収益：100億ドル　時価総額：250億ドル
従業員数：23,000人（50カ国）

【主な役職歴】

DSM：名誉会長（2020年〜現在）、取締役会議長兼CEO（2007〜2020年）
適応に関するグローバルセンター共同議長（潘基文と）
フィリップス、ユニリーバの取締役
世界銀行グループグローバル気候リーダー（2017年）、カーボンプライス推進者（2019年）に任命

【CEOとしてもたらしたインパクト】

オランダを本拠地とする同社の事業を、イノベーションとサステナビリティ重視策および20件以上の買収と売却を通じて、バルクケミカルから栄養、健康、材料科学分野へ移行させるというパーパス起点の変革を率いた。時価総額を3倍以上にし、5.5倍以上の株主総利回りを実現した。

【受賞歴等】


2019年、『ハーバード・ビジネス・レビュー』の「トップ100CEO」に選出された。

2018年、『フォーチュン』の「世界で最も偉大なリーダー50人」に選ばれた。

2010年、ニューヨーク国連協会「年間人道賞」を受賞。

マーストリヒト大学（2012年）、フローニンゲン大学（2020年）より名誉博士号を授与された。

2021年、サステナビリティと社会への貢献に対して、オラニエ・ナッソー勲章グランドオフィサーを授与された。

『フォーチュン』の「世界を変革した企業」にDSMが3年連続で選ばれた（2017年は第2位）。

＊　＊　＊

ブラッド・D・スミス

イントゥイット

収益：70億ドル　　時価総額：680億ドル

従業員数：9,000人（6カ国）

【主な役職歴】

イントゥイット：会長（2016年〜現在）、CEO（2008〜2019年）

ノードストローム：会長（2018年〜現在）

サーベイモンキー取締役

アメリカの見過ごされている地域における教育の向上と企業家精神の育成を目的としたウィング2ウィング財団の設立者

【CEOとしてもたらしたインパクト】

アメリカのソフトウェア会社である同社のビジネスモデルをデスクトップからクラウドベースへと変革し、「世界中の人々の成功の原動力になる」という自身の使命を通じて顧客に喜びを与えることを重視した。収益を倍、時価総額をほぼ5倍にした。

【受賞歴等】

『ハーバード・ビジネス・レビュー』の「トップ100CEO」に2回選出された。

『フォーチュン』の「今年度の最優秀ビジネスパーソン」で2回リスト入り（うち1回はトップ10入り）。

2014〜2015年、アメリカの若い世代の金融ケイパビリティに関する大統領諮問委員会メンバー。

＊　＊　＊

ラース・レビアン・ソレンセン

ノボノルディスク

収益：180億ドル　　時価総額：1,370億ドル

従業員数：43,000人（80カ国）

【主な役職歴】

ノボノルディスク：CEO（2000〜2016年）

ノボノルディスク財団、ノボホールディングス：会長

（2018 年〜現在）
アクセル取締役会議長
エシティ、ユングブンツラワー、サーモフィッシャーサイエンティフィックの取締役

【CEOとしてもたらしたインパクト】

糖尿病治療用のバイオ医薬品への多額の投資を通じて、デンマークを本拠地とする同社の戦略的フォーカスを明確にした。それと同時に倫理的な企業活動と財務面での高業績のバランスをうまく取った。営業利益を 2 割回復し、収益と時価総額をともに 5 倍にした。

【受賞歴等】

2015 年と 2016 年、『ハーバード・ビジネス・レビュー』の「トップ 100CEO」で第 1 位に選ばれる。それ以外にも 2 回トップ 20 入りを果たしている。
2016 年、『フォーチュン』の「今年度の最優秀ビジネスパーソン」リスト入り。
レジオン・ドヌール勲章シュヴァリエを受章。
ダンネブロ勲章 3 等級を受章。
ノボノルディスクはコーポレートナイツ「世界で最もサステナブルな 100 社（グローバル 100）」で第 1 位に選ばれた。

＊　＊　＊

フランチェスコ・スタラーチェ

エネル

収益：870 億ドル　　時価総額：810 億ドル
従業員数：68,000 人（32 カ国）

【主な役職歴】

エネル：グループ CEO 兼ゼネラルマネージャー（2014 年〜現在）
エネル・グリーンパワー：CEO（2008 〜 2014 年）
エンデサ副会長
国連「万人のための持続可能なエネルギー」議長
2021 年 B20 イタリア「エネルギーと資源効率」タスクフォース議長（2020 年）
世界経済フォーラム「ネットゼロカーボン都市－体系的な効率性イニシアティブ」共同議長（2020 年）
「再生可能かつ低炭素な水素の生産」に関するヨーロッパクリーン水素同盟ラウンドテ

ーブル共同議長（2021年）
国連グローバル・コンパクト、ミラノ工科大学の理事

【CEOとしてもたらしたインパクト】

新興市場への参入、インフラのデジタル化、オープンイノベーションの促進によって、イタリアの電力会社である同社のよりサステナブルな将来への変革を推進した。時価総額を倍以上、新たな再生可能エネルギーによる発電速度を4倍にした。その結果、エネルは50ギガワット近い再生可能エネルギー発電能力を有する、世界最大の再生可能エネルギー民間企業になった。

【受賞歴等】

ブラジル、コロンビア、イタリア、メキシコ、ロシアでの事業に対して、各国で勲章を授与された。
2019年、カリフォルニア大学バークレー校「グローバルリーダーシップ賞」を受賞。
2020年、『インスティテューショナル・インベスター』で「ベスト公益事業経営幹部」に選ばれた。

＊　＊　＊

リップブー・タン

ケイデンス・デザイン・システムズ

収益：20億ドル　　時価総額：200億ドル
従業員数：8,000人（23カ国）

【主な役職歴】

ケイデンス・デザイン・システムズ：CEO（2009年～2021年）
ウォールデンインターナショナル：創業者兼会長（1987年～現在）
ヒューレット・パッカード・エンタープライズ、シュナイダーエレクトリック、ソフトバンク、電子システム設計協会、世界半導体連盟、カーネギーメロン大学の取締役や理事など

【CEOとしてもたらしたインパクト】

顧客（主に半導体やコンピューターチップメーカー）ファースト主義の推進と新規市場への参入によって、アメリカの電子設計会社である同社の窮地を救った。営業利益を3割以上改善し、時価総額を20倍にした。

【受賞歴等】

2016年、世界半導体連盟「モリス・チャン博士模範的リーダーシップ賞」を受賞。
2015～2020年、『フォーチュン』の「世界最高の職場トップ100」にケイデンスが6回選出された。

＊　＊　＊

ヨハン・タイス

KBC

収益：90億ドル　　時価総額：310億ドル
従業員数：42,000人（20カ国）

【主な役職歴】

KBC：会長兼CEO（2012年～現在）
欧州銀行連盟理事

【CEOとしてもたらしたインパクト】

ベルギーの金融サービス会社である同社のリスクポートフォリオの重大な問題を見抜いたあと、すべてのステークホルダーとの信頼関係の回復とデジタル変革の推進を行い、逆境に強い企業文化を浸透させた。純利益を4倍、時価総額を6倍近くにした。

【受賞歴等】

『ハーバード・ビジネス・レビュー』の「トップ100CEO」に5回選出された（うち3回トップ10入り）。
2016年、2017年、2020年、『インターナショナル・バンカー』の「西ヨーロッパの今年度最優秀銀行CEO」に選出された。
2017年、KBCが『ユーロマネー』の「世界最優秀銀行変革賞」を受賞。

＊　＊　＊

デビッド・トデイ

テルストラ

収益：180億ドル　　時価総額：300億ドル
従業員数：29,000人（21カ国）

【主な役職歴】

テルストラ：CEO（2009～2015年）

ゼロ：会長（2020年～現在）
タイロ・ペイメンツ：会長（2019年～現在）
オーストラリア連邦科学産業研究機構：会長（2015年～現在）
ラムゼー・ヘルスケア筆頭取締役

【CEOとしてもたらしたインパクト】

オーストラリアの通信会社であるテルストラで推進した、営業とサービスでのデジタル変革を通じて、よりきめ細かい顧客ファースト策とアジアへの拡大を実現した。その結果、時価総額は倍の750億ドルを記録し、同社は2014年に『オーストラリアン・フィナンシャル・レビュー』の「オーストラリアで最も称賛されている企業」に選ばれた。

【受賞歴等】

2015年、『ハーバード・ビジネス・レビュー』の「トップ100CEO」に選出された。
ビジネス界での功績と倫理的リーダーシップの推進に対して、オーストラリア勲章オフィサーを授与された。

＊　＊　＊

カーン・トラクーンフン

サイアム・セメント・グループ

収益：150億ドル　　時価総額：160億ドル
従業員数：54,000人（14カ国）

【主な役職歴】

サイアム・セメント・グループ：社長兼CEO（2006～2015年）、取締役会メンバー（2005年～現在）
アドバンスト・インフォ・サービス：会長（2020年～現在）
バンコク・ドゥシット・メディカル・サービス、インタッチ・ホールディングス、サイアム商業銀行の取締役や理事など

【CEOとしてもたらしたインパクト】

タイのコングロマリットである同社の事業ポートフォリオを大幅にスリム化し、すべての事業を統一された一つの使命に沿って推進した。それと同時に、セメントや建築資材を製造している同社にイノベーションを重視する企業文化を根づかせ、コーポレートシチズンシップに関する取り組みでも高い評価を獲得した。時価総額を倍にし、株主総利回りを同業他社よりも10パーセントポイント上回らせた。

【受賞歴等】

2011年、『ネーション』の「今年度の最優秀ビジネスパーソン」に選出された。
政府関係の数々の諮問委員会や各種委員会のメンバーとして、長年貢献してきた。

＊　＊　＊

魚谷雅彦

資生堂

収益：100億ドル　　時価総額：290億ドル
従業員数：45,000人（120カ国）

【主な役職歴】

資生堂：社長兼CEO（2014年〜現在）
日本化粧品工業連合会会長
日本経済団体連合会審議員会副議長

【CEOとしてもたらしたインパクト】

長年にわたる日本のヘリテージ（伝統）とグローバルなマーケティング力を組み合わせたハイブリッドリーダーシップモデルを採用することで、日本の老舗化粧品会社である同社を革新的な大手グローバル化粧品会社に成長させた。営業利益を600ベーシスポイント以上改善し、時価総額を4倍以上にした。

【受賞歴等】

魚谷がCEOに就任した2014年までの142年間の同社の歴史（1872年創業）の中で、初の外部出身CEOとなった。
2019年、企業の取締役会に女性を増やすことを目的として設立された、「30%クラブジャパン」の初代会長に就任した。

＊　＊　＊

ピーター・ボーザー

ロイヤル・ダッチ・シェル

収益：3,450億ドル　　時価総額：2,310億ドル
従業員数：83,000人（70カ国）

【主な役職歴】

シェル：CEO（2009〜2013年）

ABB：会長（2015年〜現在）
インテリム：CEO（2019〜2020年）
IBM、テマセク、カタリストの取締役や理事など
ザンクト・ガレン・シンポジウム議長
アジアビジネスカウンシルのメンバー

【CEOとしてもたらしたインパクト】

オランダとイギリスの企業が合併した歴史を持つ、石油とガスの巨大企業であるシェルにおいて、事業構造の単純化、説明責任の推進、世界中での新たなパートナーシップの締結を実現した。その結果、同社の収益、EBITDA、時価総額は約5割増しになった。

【受賞歴等】

2011年、ブルネイ勲章第一位を受章。

＊　＊　＊

アンドリュー・ウィルソン

エレクトロニック・アーツ

収益：60億ドル　　時価総額：310億ドル
従業員数：10,000人（16カ国）

【主な役職歴】

エレクトロニック・アーツ：CEO（2013年〜現在）
インテル取締役
北米サーフィン連盟会長

【CEOとしてもたらしたインパクト】

アメリカのコンピューターゲーム会社であるエレクトロニック・アーツにおいて、プレイヤーファーストの企業文化の浸透と、作品の質の改善を進めることで、それまでの6年間の不振を解消した。その結果、同社の収益が改善し、株主総利回りは同業他社よりも20パーセントポイント上回った。

【受賞歴等】

『フォーチュン』の「今年度の最優秀ビジネスパーソン」で2回リスト入り（うち1回はトップ5入り）。
2018年、『バロンズ』の「世界のベストCEO」リストに選出された。
2019年、『フォーブス』の「革新的なリーダー」リスト入り。
『フォーブス』の「アメリカで最も影響力の大きい40歳以下のCEO」で2回リスト入

り（2015年は第3位）。

＊　＊　＊

マージョリー・ヤン

エスケル

収益：10億ドル　　時価総額：非公開

従業員数：35,000人（5カ国）

【主な役職歴】

エスケル：会長（1995年〜現在）、CEO（1995〜2008年、2021年〜現在）

バドワイザーAPAC、セライ、アジア・スクール・オブ・ビジネスの取締役や理事など

ソウル国際経営諮問委員会議長

APECビジネス諮問委員会中国香港代表

【CEOとしてもたらしたインパクト】

香港を本拠地とする同族経営のアパレルメーカーである同社をグローバル化し、アジア地域の低コスト国に生産を移転するという業界の流れに逆行して、高級市場へ重点を移した。収益を3倍にし、同社を年間生産量1億枚を超える世界最大規模の綿シャツメーカーにした。

【受賞歴等】

香港特別行政区政府より金紫荊星章を授与された。

『フォーチュン』の「ビジネス界で最も影響力のある女性50人」に4回選出された。

2012年、『フォーブスアジア版』の「慈善活動の英雄48人」に選ばれた。

2011年、MIT同窓会組織より「ブロンズビーバー賞」が贈られた。

◎監訳者紹介

マッキンゼー・アンド・カンパニー・ジャパン
シニアパートナー・CEOエクセレンスグループ

経営者と共にクライアント企業の持続的成長を実現することを使命としているマッキンゼー・アンド・カンパニーにおいて、CEOカウンセラーとして、リーダーシップや行動様式のアドバイスを日常的に行っているシニアパートナー陣。

同社では、2023年以降、日本においても、未曾有の変曲点にある世界経済における経営者の卓越したリーダーシップ、すなわち「CEOエクセレンス」のさらなる強化に向けた活動を本格化していく予定である。

1. 代表監訳　北條元宏

シニアパートナー、関西オフィス代表
日本オフィス・CEOエクセレンスグループ・統括リーダー
コンサルティングと企業経営の双方の立場での経験に基づき、多くのCEOと協同して全社ポートフォリオ戦略および事業変革プログラムを推進。三菱商事（株）にて天然ガス事業開発に従事したのち、米系コンサルティング会社にて消費財・小売り産業およびプライベートエクイティ業界を担当、その後老舗消費財メーカーであるコクヨ（株）の経営再建と海外M&Aに成功し、マッキンゼーにてコンサルティングに復帰。ノースウエスタン大学ケロッグ経営大学院修士課程修了（MBA）、大阪大学法学部卒。

2. 共同監訳　野崎大輔

シニアパートナー、アジアにおける戦略・コーポレートファイナンスグループ、M&Aプラクティスのリーダー、東京オフィス
日本オフィス・CEOエクセレンスグループ・リーダー
全社戦略、事業ポートフォリオ戦略などの立案や、M&Aや合弁事業立ち上げを含むコーポレートトランザクション、その後の事業統合など大規模な戦略的アクションを全般的に支援。またエグゼクティブコーチング、次世代リーダーの育成など幅広い分野のコンサルティングを行う。2012年にマッキンゼーに復職する前にはKohlberg Kravis Roberts（KKR）及びゴールドマンサックスでの勤務経験を持つ。東京大学大学院人文科学研究科英語英文学専攻修士課程修了、東京大学文学部英文学科卒。

3. 日本代表　岩谷直幸

シニアパートナー、東京オフィス　日本オフィス・CEOエクセレンスグループ
日本、アジアの消費財・小売り企業や、様々な業界を横断して、日本発グローバル企業のビジョン策定、成長戦略策定、社員の意識改革を含めた組織変革、コスト・オペレーション改革、ダイバーシティ&インクルージョン推進等のテーマについて、企業変革プロジェクトを主導する。一橋大学在学中にクラウドテクノロジー会社HENNGEを共同創業、同社は現在東証グロース市場上場中。カーネギーメロン大学経営学大学院（テッパー・スクール・オブ・ビジネス）修士課程修了（MBA）。2021年より日本代表。

◎訳者略歴

尼丁千津子（あまちょう・ちづこ）

英語翻訳者。神戸大学理学部数学科卒。訳書にカンナ『移動力と接続性』、アベルソンほか『教養としてのデジタル講義』、ジョーンズ『馬のこころ』、クアンwithファブリカント『「ユーザーフレンドリー」全史』ほか多数。

マッキンゼー　CEOエクセレンス
一流経営者の要件

2022年12月20日　初版印刷
2022年12月25日　初版発行

＊

著　者　キャロリン・デュワー
　　　　スコット・ケラー
　　　　ヴィクラム・マルホトラ
監訳者　マッキンゼー・アンド・カンパニー・ジャパン
　　　　シニアパートナー・CEOエクセレンスグループ
訳　者　尼丁《あまちよう》千《ち》津《づ》子《こ》
発行者　早川　浩

＊

印刷所　三松堂株式会社
製本所　株式会社フォーネット社

＊

発行所　株式会社　早川書房
東京都千代田区神田多町2−2
電話　03-3252-3111
振替　00160-3-47799
https://www.hayakawa-online.co.jp
定価はカバーに表示してあります
ISBN978-4-15-210197-6　C0034
Printed and bound in Japan
乱丁・落丁本は小社制作部宛お送り下さい。
送料小社負担にてお取りかえいたします。